4개권역
역사학회
연구총서
①

江

역사상의 강
물길과 경제문화

대구사학회 · 부산경남사학회 · 호남사학회 · 호서사학회

역사상의 강 물길과 경제문화

편　저 / 대구사학회 · 부산경남사학회 · 호남사학회 · 호서사학회
발행인 / 최병식
발행처 / 주류성출판사
발행일 / 2009년 10월 15일
등록일 / 1992년 3월 19일 제 21-325호
주　소 / 서울특별시 서초구 서초동 1308-25 강남오피스텔 1309호
전　화 / 02-3481-1024(대표전화)
전　송 / 02-3482-0656
www.juluesung.co.kr
e-mail / juluesung@yahoo.co.kr

값 20,000원

ISBN 978-89-6246-027-8

4개권역
역사학회
연구총서
①

江

역사상의 강
물길과 경제문화

대구사학회 · 부산경남사학회 · 호남사학회 · 호서사학회

책을 펴내며

오늘날 한국 사회가 안고 있는 큰 문제 중의 하나는 모든 것이 수도권으로 집중하는 현상입니다. 행정, 경제, 교육, 문화, 의료는 물론 학문마저 수도권에 집중되고 있습니다. 그러나 지나친 집중은 동맥경화증을 일으켜 부작용을 낳습니다. 이 문제를 해결하기 위해서는 지역 균형 발전이 이루어져야 합니다. 학문의 세계도 마찬가지 입니다. 학문의 지역적 균형 발전은 무엇보다도 연구자들 사이의 긴밀한 교류와 지역 간의 소통에서 이루어집니다. 대구사학회, 부산경남사학회, 호남사학회, 호서사학회로 이루어진 4개 권역 역사학회가 공동으로 학술대회를 개최하는 것도 소통을 통한 학문의 균형적 발전을 이루기 위한 것입니다.

인간은 길을 만듭니다. 아무리 깊고 큰 강이라도 인간은 길로 이용했습니다. 이것이 물길입니다. 큰 강과 작은 강을 오르내리며 사람들은 서로 왕래하고, 물건들이 오고 가고, 문화가 교류되었습니다. 이러한 물길 가운데 목좋은 곳에는 시장이 서고, 마을이 만들어지고, 도시가 형성되었습니다.

넓은 평야와 대지에서 이루어지는 농경은 강을 떼어놓고는 생각할 수 없습니다. 강의 범람으로 인한 인명과 농경지의 피해를 막기 위해 사람들은 치산치수를 하였습니다. 치산치수는 강과 농경과의 관계를 잘 보여줍니다.

강은 지역과 지역을 연결시켜 주는 물길도 되지만 때로는 경계의 역할을 하기도 하고 국경이 되기도 합니다. 강을 마주보고 방어시설이 갖추어진 것도 이 때문입니다.

강을 통해 생산, 소비, 교류, 소통이 이루어지기 때문에 우리는 강을 인류 문명의 어머니라 부릅니다. 이러한 강의 중요성은 현대사회에 와서 더욱 강조되고 있습니다. 농업용수는 말할 필요도 없고 공업용수와 생활용수는 문명사회를 유지하는데 필수적인 조건이기 때문입니다. 물을 확보하기 위해 강의 관할을 둘러싸고 국가 간의 분쟁이 일어나기도 합니다. 오늘날 사회는 인류가 공생할 수 있도록 물과 강의 효율적 관리를 요구하고 있습니다. 강을 어떻게 관리하고 활용하였는가는 시기와 지역, 그리고 나라에 따라 여러 양태로 나타났습니다.

강이 지니고 있는 문명사적 의미는 아주 큽니다. 그러나 그 동안 역사학계는 강의 중요성을 높이 평가하면서도 강 자체에 대한 구체적인 연구에는 큰 관심을 갖지 못하였습니다. 여기에는 역사 지리에 대한 인식부족과 학계의 역량 부족이 작용한 것으로 보입니다. 강을 문명사적으로 이해하려면 역사학, 지리학, 경제학, 정치학 등 학제 간 접근이 필수적입니다. 학제 간의 교류와 교섭은 일차적으로 학회를 통해 이루어집니다. 이렇게 볼 때 4개권역 역사학회가 공동의 주제로 '강, 물길과 경제와 문화'를 설정하고 문화사적, 생태학적 관점에서 역사적으로 여러 나라들이 강을 중심으로 취락과 도시를 만들고 경제적 교역과 문화적 교류를 한 모습을 종합적으로 살펴보고자 하는 것은 시의적절하면서도 의미가 있는 작업이라고 생각합니다.

어떤 학문이든 인류가 안고 있는 문제를 진지하게 접근하고, 대안을 모색할 때만 살아남을 수 있습니다. 그간 역사학 연구는 과거 사실을 해명하는 데 만족해 온 경향이 강합니다. 그러나 역사학은 단순히 과거 사실을 해명하는 학문이 아닙니다. 우리 사회와 인류가 처한 현실을 지나간 사건을 토대로 진단하고 진지한 대안을 성찰해야 합니다. 그 방안의 일환이 4개권역 역사학계가 주관한 강을 주제로 한 학술대회입니다. 이번 학술 대회가 학문의 지역적 균형 발전을 도모하고 나아가 지역 간, 시대별, 분야별로 연구자들 사이에 교류와 소통의 장이 되고, 나아가 역사학계가 인문학의 르네상스를 가져오는데 초석이 되는 역할을 하기를 기대하는 바입니다.

본서는 4개권역 역사학회가 2008년 제6회 역사학 공동학술대회에서 발표한 논문들을 모은 것입니다. 여기에는 과거와 현재의 여러 나라들이 강을 어떻게 이용해 왔고 또 이용해야 하는가에 대해 여러 필자들이 깊이 있게 고민한 글들이 실려 있습니다.

본서가 세상에 모습을 드러내게 된 데는 많은 분들의 도움을 받았습니다. 먼저 좋은 글을 발표해주신 발표자 여러분에게 감사를 드립니다. 어려운 경제 상황 속에서도 본 학술대회를 물질적으로 뒷받침해 주신 계명대학교, 경북외국어대학교, 한국학술진흥재단, 경북문화재연구원, 성림문화재연구원, 울산문화재연구원, 백제문화재연구원, 우리문화재연구원, 거성, MS가스, 삼신종합건설, 이호 치과, 김차정 선생에게도 감사의 말씀을 드립니다. 열악한 출판환경에서도 전문학술 서적을 기꺼이 출판해 주시기로 한 주류성 최병식 사장과 모양 좋은 책을 만들어 주신 이준 이사, 편집진에게도 감사의 말씀을 드립니다. 아울러 이번 학술대회를 기획하고 책으로 묶어내기까지 많은 수고를 하신 강판권 대구사학회 총무이사에게도 감사의 말씀을 전합니다.

2009년 10월

4개권역 역사학회공동학술대회 대회장
대구사학회 회장　노 중 국

차 례

제2부 서양에서의 강과 문명

하천과 문명

최 영 준 _ 고려대학교 명예교수

I. 인간과 물

물은 모든 생명체에 없어서는 안 될 요소이지만 인간처럼 많은 양의 물을 다양한 방법으로 사용하는 생명체는 없다. 물은 인간의 문명수준 또는 생활수준과 비례하여 사용량이 증가해왔기 때문에 물의 존재를 배제하고는 인류역사를 논하기는 어렵다. 인간이 물에 대한 지식을 쌓고 기술적으로 물을 구하여 관리해온 과정은 분명히 인류역사상 중요한 사항임에도 불구하고 제도사적 측면에서 볼 때 이러한 것은 잡학(雜學)이 다루어야 할 허드레 일에 지나지 않았다. 그러나 20세기 중반 이래 일부 학자들이 관개와 농업, 저습지의 배수와 농경지개발 및 취락발달, 도시화와 용수의 확보, 수력개발과 산업발달, 내륙수로 개발과 유통 등 인간 생활의 기본이 되는 문제에 관심을 가지면서 이러한 세속적인 사항들이 생활사라는 지위를 확보하게 되었다.

인본주의적인 유자(儒者)들은 일찍이 우주만물 가운데 인간을 가장 귀한 존재라는 인식 하에 자연을 대하였다. 지자(知者)는 요수(樂水)한다고 한 유자들의 인식은 아마도 자신들의 치수능력에 대한 자부심에서 나온 것일지도 모른다. 그리고 그들이 모델로 내세우는 대표적인 문화적 영웅은 우왕(禹王)과 강태공일 것이다. 특히 황하하류의 염습(塩濕)한 땅에 강태공이 세운 제(齊)나라가 춘추시대의 패자로 군림할 수 있었던 데에는 치수가 중요한 비중을 차지하였을 것이다.

기계문명사회를 건설한 서양인들의 물에 대한 인식도 유자들과 크게 다르지 않아서 그들 역시 물은 인간이 관리하고 통제할 필요가 있는 자원이라고 생각한다. 그러나 물은 인간의 통제 대상일 수 없다. 일찍이 도가(道家)들은 우주상에 위대한 존재로 하늘, 땅, 제왕 등이 있으나 가장 위대한 것은 도(道), 즉 높은 곳에서 낮은 곳을 향하여 지표면의 낮은 골을 찾아 흘러내리는 물의 길이라 하였다. 발원지를 출발한 물은 중도에서 여러 골의 실개천

물을 모두 거두어 대하(大河)를 이루지만 어느 특정 골짜기의 물이 선두를 다투지 않고 차례를 지키며 바다에 이른다. 물은 세상에서 가장 부드러우면서도 어떤 굳은 암석도 갈고 녹여 자신의 길을 열 수 있는 위대한 힘을 가지고 있다. 그러므로 도가에서는 물이 자유롭게 흐르고자 스스로 마련한 하도가 넓고 비옥하다고 하여 강변의 땅을 침탈하는 것을 삼갔다. 혹시 인간이 그 땅을 개간하여 사용하다가 침수가 된 경우에는 주인인 물이 오랜만에 찾아와 인간에게 혹사당했던 토양을 잠시 쉬게 하는 것이라 여겨 물을 원망하지 않았다. 그런데 문명을 앞세운 인간은 수자원이 가장 풍부한 대하천 유역으로 모여들어 물과의 투쟁을 지속해왔다. 오늘날 인류가 겪는 대규모 재앙 가운데 가장 규모가 큰 것은 대하천이 일으키는 홍수와 과도한 관개농업으로 인한 사막화인데 이는 인간의 자만심이 초래한 결과에 지나지 않는다. 최근 10여 년간 우리는 중국의 대하천 범람과 북한 대동강 유역의 홍수 참사, 그리고 과도한 관개용수 사용으로 야기된 중앙아시아의 아랄해와 중앙 아프리카 차드(Chad)호의 축소에 관한 보도를 접하면서 자연에 도전해온 인간의 자만심이 얼마나 허망한가를 깨닫게 된다.

인간은 물을 음료수, 관개용수, 공업용수, 동력 그리고 교통로로 이용해왔다. 물의 용도는 문명의 발달에 따라 다양화되었는데 음용수와 생활용수 사용은 원시시대부터 오늘날까지 변함이 없다. 관개용수는 농경문화가 시작된 신석기시대 이후 오늘날까지 지속적으로 이용되어왔으며 공업용수는 산업혁명을 계기로 사용량이 급증해 왔다. 동력 용수는 공업용 수차의 발명이래 증가하기 시작하여 19세기 말 수력발전기술 개발을 계기로 중요시되기 시작하였다. 내륙수로는 인간의 물 사용 역사상 관개용수와 더불어 가장 큰 비중을 차지해온 부문으로, 사람과 화물의 수송을 통하여 배후지에 활력을 제공함으로써 지역경제를 발전시키고 문화적 통합을 촉진시켰다.

인간의 물 사용 역사는 시대별로 고찰할 수도 있겠으나 용도별 고찰이 더 바람직 할 것으로 사료된다. 그러므로 필자는 문명발달과 가장 관계가 깊은 관개와 수운을 중심으로 물 이용문제를 논하고자 한다.

Ⅱ. 농업의 발달과 관개용수

신석기혁명(Neolithic Revolution)

과거의 중등학교 역사 및 지리교과서는 메소포타미아, 나일강유역, 인다스강유역, 황하유역을 4대문명발상지로 기술했었다. 그런데 20세기 중반부터 소위 오아시스 문명설이라 일컬었던 이 학설은 과학적 근거가 약하여 비판의 대상이 되었고 그 대신 산록지방설(hilly country theory)이 문명기원의 정설로 자리 잡게 되었다.

오아시스문명설은 사학자들이 혐오하는 환경결정논자들에 의해 제창된 학설이다. 이 설의 요지는 마지막 빙하기(Würm빙기)가 끝난 후 시작된 지구의 온난화 결과 메소포타미아, 이집트, 인도 서부 등지에서 사막화 현상이 일어나게 되었으며, 이들 지역의 오아시스로 많은 동식물들이 집결하여 유전인자의 저장소(gene pool)가 형성되었다는 것, 그리고 인간은 오아시스 식물 중 일부를 농작물로, 초식동물의 일부를 가축으로 길들여 직접 식량을 생산함으로써 인류문명의 혁명 즉 신석기혁명을 일으키게 되었다는 것이다. 그러나 오아시스론자들은 단조로운 사막의 기후환경은 다양한 식생을 수용할 수 없다는 사실을 간과하였다.

1930년대부터 식물학, 지질학, 지리학, 고고학 등 다양한 분야의 학자들이 세계 각지를 답사하면서 정밀하게 수집한 자료를 과학적인 방법으로 분석한 결과 4대강 유역보다 3000~4000년 전 일부 고산지대 산록에서 농경문화가 발달하기 시작했다는 사실을 밝혀내었다. 바빌로프(Vavilov, N. I.)와 브레이드 우드(Braidwood, R. L.) 등은 1930년대에 메소포타미아의 동북서쪽을 둘러싸고 있는 자그로스(Zagros)산맥 · 타우루스(Taurus)산맥 · 레바논(Lebanon)산맥의 500~1500m 산록지방이 인류 최초의 농경문화 발상지라고 주장하였다. 그 후에도 상당수의 지리학자와 고고학자들이 지속적인 연구를 수행함으로써 산록설은 상당한 연구실적을 축적하게 되었으며 할란(Harlan, J.R.)에 의하여 40년간의 연구성과가 정리되었다. 할란은 아시아 · 아프리카 · 아메리카대륙 각지에서 수집한 자료를 동위원소측정법(radio carbon dating), 화분분석법(pollen analysis) 등 과학적 기법으로 처리한 후 문헌연구 결과를 참조하여 농경문화의 3대 기원지(서남아시아 산록, 멕시코 고원, 황토고원)와 4대 비중심지(아프리카, 인도, 동남아시아, 안데스 고원)를 제시하였다.

3대 기원지의 신석기혁명은 B. C. 7,000~3,000년경 특정지역에서 시작되었다. 그 지역들은 대체로 범위가 좁고 자연환경이 독특하여, 주변지역과 소통이 적은 미지역(微地域 · microenvironment)이었다. 빙하기가 끝나고 현세(Holocene)로 접어들면서 지구의 기온이 갑자기 높아지자 저지대는 급속히 사막화하고 고산빙하가 녹아 사막의 하천들은 범람하기 시작하였다. 빙기동안 저지대에 서식했던 식물의 대부분은 고사했으나 일부는 바람을 타고 고위도지방이나 고산지대로 이동하여 새로운 피난처(refuge area)를 조성하였는데 특히 고산지대는 고도에 따라 비슷한 종의 식물들이 밀집하며 유전인자의 저장소를 형성하였다. 이곳에는 또한 초식 및 잡식동물들이 모여들었고 인간 역시 고온 건조하고 홍수 위험이 큰 저지대보다 생활여건이 좋은 고산 산록에 집중적으로 거주하였다. 산록지대는 연중 기온변화가 적은 상춘기후이고 강수량은 400~1,000mm정도이며 건기에도 고산 빙하의 융빙수가 흘러 항상 수량이 풍부하였다. 또한 일조량이 많고 쾌청일수가 길며 자외선 · 적외선에 노출되는 기회가 많기 때문에 동식물의 돌연변이 가능성이 높다. 또한 동종 동식물의 잡종교배도 활발하였으므로 인간은 돌연변이 종과 우수한 잡종을 선별하여 야생식물을 농작물로 재배하고, 야생동물을 가축으로 사육함으로써 정착문명을 발달시킬 수 있었다. 학자들은 자그로스 산맥에서 레바논 산맥으로 이어지는 이 산록의 문명지대를 자그로스 호(zagrosian arc)라 일컬었으며 종래의 비옥한 초생달지역(Fertile crescent)의 동의어로 사용하고 있다.

자그로스 호의 주민들은 B. C. 7000~5500년부터 티스리스 · 유프라테스강 상류 및 지류의 소하천에 댐을 막고 수로를 파서 농경지와 취락에 용수를 공급하였다. 이들은 밀, 보리, 콩 등의 농작물, 올리브, 사과, 밤, 피칸, 페스타치오 등의 유실수를 재배하고 돼지, 양, 염소, 소, 당나귀 등을 사육하다가 중앙아시아의 말과 낙타도 도입하였다. 주요 농경취락은 아나톨리아의 챠탈 휴유크(Çatal Hüyük), 자그로스산지의 수사(Susa), 레바논 산지의 (제리코)Jericho 등 수십 처이다. 그런데 빠른 인구증가로 농경지 및 목초지가 부족해짐에 따라 B. C. 4000년경 산록의 주민들 일부가 메소포타미아의 저지대로 이주한 후(산록에서 축적한 기술을 활용하여) 운하를 굴착하여 배수하고 제방을 축조하여 홍수에 대비하였다. B. C. 6000년경 페르샤만의 해수면은 현재보다 20m정도 높아 현재의 바그다드(Bagdad)부근까지, 그리고 B. C. 4000년경에는 10m정도 높아 우르(Ur)까지 바닷물이 들어왔으므로 초기의 이주자들은 용이하게 어염을 구할 수 있었을 것이다.

B. C. 6,000년경 중국의 황토고원은 상수리나무, 소나무 등으로 구성된 혼합림으로 덮여있었으며 코끼리, 코뿔소 등이 서식할 정도로 기후가 온난하였다. B. C. 6,000~4,000년경 이 지역에서는 수수, 기장, 삼 등의 농작물을 재배하고 돼지, 염소를 사육하였다. B.C. 4,000~3,000년 황토고원을 중심으로 앙소문명(仰韶文明)이 발달하였고, B. C. 3,500~2500년에는 황하 중 하류로부터 산동반도에 걸쳐 용산문명(龍山文明)이 일어났다. 이 양대문명의 결합

으로 황하유역을 중심으로 한 중원문화가 성립되었다. 용산문화기에 하남성에서 벼농사가 행해졌으며 뒤를 이어 서역으로부터 밀 보리 등 작물과 양·소 등의 가축이 전래되었다.

B. C. 7,000~5,000년 멕시코 고원의 테와칸(Tehuacan)계곡과 타마울리파스(Tamaulipas)산지에서 옥수수, 콩, 호박, 고추, 담배 등을 재배하는 농경문화가 싹트기 시작하였다. 테와칸 계곡은 반사막지대인 멕시코고원 주위의 고산지대 빙하에서 공급된 융빙수가 흘러 비교적 물이 풍부한 지역이다. 테와칸인들 역시 인구압에 의하여 멕시코 고원의 호수가로 이동하여 관개시설을 확충하고 취락을 건설하였으며, 이 농경문화는 멕시코 및 중앙아메리카 각지로 확산되었다.

고대도시 혁명

고대도시의 출현을 고고학들은 신석기혁명에 비견되는 제2의 위대한 혁명이라고 부른다. 고대도시는 신석기 혁명의 3대 핵심지역과 가까운 메소포타미아, 황하 중류, 멕시코고원, 그리고 나일강 유역, 인다스강 유역, 지중해 연안 등지에서 B. C. 4,000~1,500년 사이에 등장하였다. 이 도시들은 촌락형 농경사회 단계를 넘어 1~5만 규모의 인구를 가진 도시국가 체제를 갖추었다. 일반적으로 도시국가는 지배계급의 본거지를 중심으로 반경 약 15km(경우에 따라 10~40km)권역내의 종속취락 5~10개를 직접 통제하였다. 도시국가의 면적은 대체로 1500㎢ 내외였으나 중심도시의 교통로 결절도가 높고 토지가 비옥하여 인구가 많은 경우에는 2000~3000㎢, 약소한 경우에는 수백 ㎢에 그쳤다. 이러한 도시국가가 메소포타미아에는 우르, 수사, 니네베 등 20~30개에 달하였다. 시기적인 차이는 다소 있으나 이집트(B. C. 3100), 인더스강(B. C. 2500), 중국(B. C. 1600), 멕시코(B. C. 100) 등지에도 도시국가들이 다수 출현하였다. 대표적인 도시국가로는 나일강 상류의 테베, 중류의 멤피스, 인다스강 상류의 하라파, 중하류의 모헨조-다로, 중국의 안양, 멕시코 고원의 테오티와칸, 유카탄 반도의 티칼, 팔렌케 등 고대 마야 도시국가군들이다. 신대륙 고대도시들은 대하천변에 입지했던 구대륙과 달리 호반 또는 세노테라는 샘을 중심으로 발달했던 점에서 대조적이다.

도시국가는 동양식 전제왕권의 강력한 정치조직을 바탕으로 많은 인력을 투입하여 수리관개문명을 일으키면서 성립되기 시작하였다. 이러한 도시들은 신분에 따른 계급분화, 노동분화, 문자와 학문발달, 법제도, 금속문명을 발달시키고 인접도시는 물론 원거리 교역망까지 가동하였다.

도시국가들 중 상당수는 전쟁이나 자연재해로 인하여 파괴 및 소멸된 예가 적지 않다. 전산업시대의 전쟁은 인간의 정복욕 때문에도 일어나지만 수해나 한재의 영향이 더 심각하였다. 한발로 스텝지방의 초지가 마르면 유목민들은 농경사회를 침범하여 도시를 파괴하고 농경지에 자신들의 가축을 방목한다. 그러나 유목민들 가운데 일부는 점령지에 왕국을 건설하고 성장기, 전성기를 보낸 후 제4세대에 이르러 몰락의 길로 들어선다. 따라서 오아시스 왕조의 순환주기는 100~120년에 불과하다. 중국의 역대 왕조들 역시 주변 유목민들의 침입에 시달려 200~300년 정도 존속했으므로 우리나라에 비해 단명하였다.

수해에 의한 도시국가의 소멸은 메소포타미아, 인다스강유역, 황하유역에서 빈번하였다. 구약성서의 노아의 방주에 관한 내용은 티그리스 · 유프라테스 강의 범람과 유관하다고 보는 학자들이 적지 않은데, 메소포타미아 주민들은 해마다 2~3월에 발생하는 홍수가 나일강의 5배나 되는 토사를 쏟아내기 때문에 물에 대한 공포감에서 벗어나기 어려웠다. 특히 하부 메소포타미아의 수메르인들은 홍수에 민감한 반응을 보여 일찍이 배수용 운하망을 구축하고 하천 변에 제방을 건설하였다. 그럼에도 불구하고 유프라테스 · 티그리스 강은 B.C. 1950~1790년 사이에 5~6차례의 유로변경을 발생시켜 많은 고대도시들이 토사로 매몰되거나 유실되었으며 이는 B. C. 1600년 이후 100

여 년간에 걸친 메소포타미아의 암흑기 출현의 원인이 되었다. 인다스강 상류의 하라파와 중하류의 모헨조-다로 역시 인다스강 홍수에 의한 파괴와 유로변경으로 인하여 쇠망하였다.

중국 황하는 유출량이 양자강의 약8%에 불과한 하천이지만 발원지의 고산빙하가 녹아 흐르는 계절과 몬순기에는 자주 범람하여 연간 약 16억톤(양자강은 6억톤)의 토사를 운반한다. 황하유역은 강수량이 비교적 적은 (300~700mm) 지역이지만 수천 년간 황토고원의 삼림이 인간에 의한 벌채, 전시의 화공(火攻), 과도한 방목, 제전(梯田)개발 등으로 황폐화하여 해마다 침식에 의한 토사유출이 극심하다. 유출된 토사의 3/4은 하상(河床)에 퇴적되어 하도가 평야면 보다 높은 현하(懸河)를 만들었다. 홍수기록이 시작된 B. C. 206년부터 오늘날까지 황하의 홍수는 1590여회 발생하였고 유로변화에 까지 영향을 준 대홍수는 26차이며 이 가운데 10여 차례는 대규모의 지형변화를 가져왔다. 과거에는 홍수가 빈발하지 않았으나 청조이래 빈도가 잦아졌으며 20세기 이후 평균 5년에 한 번 정도 홍수가 발생하고 있다. 지난 4,000년간 황토고원의 삼림축적률은 53%에서 8%로 감소하였는데 특히 14세기 이후 삼림 축소속도가 빨라졌다. 식생파괴로 인한 침식작용이 왕성하게 진행되어 평탄했던 황토원에 깊은 협곡이 형성되었고 황토고원 북부는 사막화가 진행되고 있다. 황하의 홍수범위는 황토고원 말단부인 화원구(花園口)를 경계로 상류부의 관중평야 일대와 하류부의 화북평야에 걸친 약 25만㎢로서 화북평야에서는 하(夏)~주(周)대의 유적이 매우 드물게 발견되는 바, 이는 이 지역이 과거에는 인간 정착이 곤란할 정도로 저습했으며 침수가 잦았음을 의미한다. 고대는 물론 당 · 송대의 도시 중에도 대홍수시 매몰된 예가 적지 않은데 대표적인 예는 송대의 개봉이다.

영역국가는 도시국들 중에 지리적 결절도가 높은 지역에 입지한 나라가 성장하면서 하나의 하천유역 내에 분포하는 나라들을 병합하여 형성된다. 영남지방의 신라가 대표적인 사례이다. 메소포타미아의 영역국가는 북부의 아수르(Assur)와 중·남부의 아카드(Akkad)가 공존하다가 B. C. 1700년경 바빌로니아로 통합되었고, 나일강 하곡은 상류부의 고왕조, 중류부의 중왕조를 거쳐 B. C. 1570년경 통일을 이루었다. 아나톨리아에서도 철기문명을 가진 히타이트가 부상하여 소아시아반도와 시리아 일대에 걸친 왕국을 건설(B. C. 1590)하였다. 그러나 B. C. 880년에는 메소포타미아 북부 니네베에 도읍한 아시리아가 오늘날의 서남아시아 대부분을 차지하는 대제국으로 부상하면서 하천유역 문화권 개념이 깨어지게 되었다. 지역이 넓은 중국은 B. C. 4세기경 진(秦)에 의한 중원의 통일이 이루어지고 제국의 기틀은 19세기까지 이어졌다.

고대제국의 경제는 토지경제(Physiognomy)에 기반을 두고 있었으므로 지배층은 농업생산능력을 높이기 위하여 대규모 관개시설을 만들고, 농사의 절기를 알려주는 달력을 만들었으며 토지측량 및 달력제작의 기본이 되는 천문학과 수학을 발전시켰으며, 왕권의 상징인 도량형, 문자, 법령을 통일하였다. 또한 수도와 전략요충의 방어시설을 정비하고 군대를 양성하여 유목민 등 외적침입에 대비하였다.

서양의 중세는 정치·경제·문화적 침체기였던 반면에 중국을 비롯한 동부아시아, 이슬람세계, 신대륙은 지속적인 발전을 이루었다. 특히 중국은 남송대에 괄목할만한 농업의 발전을 기록하였다. 이른바 강남농법은 양자강 유역 저습지 개간을 통하여 성취한 것인데, 호반의 저습지에 관·배수용 수로를 굴착하여 얻은 흙으로 넓은 제방을 쌓고 낮은 곳은 논·양어장으로 이용하고 인공 뚝 위에는 취락·도로·밭을 조성하되 밭작물로 목화, 뽕나무, 차나무를 재배하였다. 분전법으로 지력을 높이기도 하였으나 호수 또는 크리크를 준설한 흙을 객토하여 지력을 높여 토지생산력을 향상시켰다. 호북·호남·절강·강소성 일대는 중국농업의 핵심이 되었다. 산동반도에서 양자강 하구에 이르는 황해 연안도 당~청대 약 1,200여 년간에 시행된 간척으로 약 6만㎢의 농경지와 염전을 개발하였다. 이 간척 농지는 회하와 양자강에서 취수한 관개용수를 이용하여 세계적인 목화산지가 되었다. 그러나 과도한 저습지개간은 오늘날 중국이 자주 겪고 있는 수해의 원인의 하나가 되었다. 당대에 약 10,000㎢의 면적을 가졌던 동정호는 청대에 6,300㎢, 오늘날 2,740㎢로 축소되었고, 현재 3,900㎢의 파양호 역시 과거에 비해 많이 축소되었다. 이 호수들은 과거에 양자강의 홍수조절 역할을 했으나 과도한 개발에 따라 2004년 대홍수시 개간지 주민들에게 막대한 피해를 주었다.

이슬람 세계에서는 이란고원, 파키스탄, 신강성의 하미분지 및 투르판 분지에서 카나트(카레즈)라 부르는 독특한 관개기술을 개발하였다. 카나트는 B. C. 500년경 페르시아의 다리우스시대에 개발되어 타지역으로 확산된 것으로 이란에는 현재 3만여 개의 카나트 시설 중 22,000여개가 사용 중이다.

신대륙의 관·배수 시설로는 아즈텍시대의 치남파(Chinampa)와 잉카시대의 페루해안의 것을 들 수 있다. 전자는 호수 바닥의 비옥한 흙을 준설하여 인공 섬을 만들고 그 토지에 농작물을 심는 방법으로 강남의 객토법과 유사한 점이 많다. 후자는 안데스 산지에서 흘러내리는 융빙수를 댐에 저장하였다가 인공수로를 통하여 관개하는 방식인데, 서남아시아의 오아시스 농법과 같은 것이다.

Ⅲ. 내륙수로

하천교통

물이 인간에게 제공하는 혜택 가운데 두 번째로 중요한 것은 물길이다. 취락의 하천변 입지를 논한 학자들 가운데 대표적인 인물로 우리나라에서는 이중환을, 그리고 이슬람권에서는 이븐 할둔(Ibn Khaldun)을 들 수 있다.

이중환은 취락의 입지로 계거를 으뜸으로 꼽고 강거는 그 다음이며 해거 (海居)는 가장 못하다고 하였는데 그 이유로 계거(溪居)는 관개가 쉽고 수해가 적으며 자급자족이 가능할뿐더러 미풍양속을 해치는 요소들을 쉽게 차단할 수 있기 때문이라 하였다. 그러나 계거는 교통이 불편하고 공간이 협소하여 작은 취락터로 적합할 뿐이다. 반면에 강거(江居)는 들이 넓게 열려 산물이 풍부하고 수육로들이 결절함으로 사방에서 사람과 물화가 모여들어 큰 도회를 이룬다. 즉 강거(江居)는 산물의 집산과 기술쇄신 및 확산의 거점으로 발달할 수 있다. 중세 이슬람 세계를 대표하는 학자인 이븐 할둔은 외적의 침입으로부터 보호받을 수 있는 강 또는 바다로 둘러싸인 곳, 지형이 험한 언덕 등 방어상의 요지, 내륙수로와 도로가 모이는 교통요지, 맑고 깨끗한 물이 풍부한 강변이나 샘물가에 도시가 발달한다고 하였다.

지구상에는 수많은 큰 강들이 있으나 내륙수로의 가치가 높은 것은 그리 많지 않다. 대표적인 강으로는 양자강 · 주강 · 메콩강(아시아), 라인강 · 도나우강 · 볼가강 · 로느강 · 가론느강 · 테임스강(유럽), 미시시피강 · 세인트로렌스강 · 허드슨강(북미주), 아마존강 · 라플라타강(남미주) 등이고 세계적인 대하천인 황하 · 아무르강 · 오브강 · 예니세이강 · 콩고강 · 콜로라도강 등은 이용도가 극히 낮다.

하천은 선사시대부터 수송로로 이용되어왔다. 그러나 선박을 발명하기 전까지 인간은 통나무, 목제 뗏목(삼림지대), 대나무 뗏목(중국남부 · 동남아시아), 파피루스 묶음떼(나일강), 갈대떼(메소포타미아), 짐승가죽떼(메소포타미아 · 중앙아시아) 등을 이용하였으므로 수송능력은 빈약하였다. 물론 아시리아의 니네베 왕궁 조영시 메소포타미아 북부 쿠르디스탄에서 채석한 거석을 티그리스강의 뗏목으로 운반하였다는 기록과 이집트의 피라밋과 신전

건축용으로 쓰인 50톤짜리 거석을 나일강의 파피루스 떼로 수송하였다는 기록은 거대한 뗏목의 수송능력을 짐작하게 한다.

선박의 건조는 판재와 밀접한 관계가 있으므로 금속문명기에 비로소 등장하였다. 현재 알려진 바로 인류최초의 목조선박은 B. C. 2,300년경 이집트에서 발명되었다고 하나 이 지역은 나무가 자라지 않는 곳이므로 레바논산맥의 삼나무 판목을 수입하여 건조하였으며 방향타와 돛을 달았고 50~60개의 노를 사용하였다.

중국은 17세기경 '전 세계가 보유한 선박수보다 더 많은 배를 가지고 있는 나라'로 평가될 정도로 선척의 수가 많음은 물론 배의 종류도 다양하였다. 상·주대의 문자 가운데 주(舟)자가 있는 것으로 보아 중국은 오랜 역사를 가진 조선국임이 분명하나 배를 사용한 기록은 춘추시대 오(吳)의 수군 활동상에 대해 언급한 것이 최초이며, 진시황대(B.C. 219)의 백월(百越) 정벌 시에도 수군함대가 동원되었다.

중국은 서고동저의 지형적 특성을 가지고 있어 대부분의 하천이 서부고지에서 발원하며 동부의 평야를 지나 황해 및 동중국해로 유입하는데 양자강(6300km), 황하(5400km), 회하(1000km), 주강 등의 대 하천들은 수로로 이용되었다. 그런데 이들 하천은 유로가 평행하기 때문에 서로 연계되지 못하여 불편한 점이 적지 않았으며 황하-회하-양자강을 연결하는 운하를 건설함으로써 수송상의 난제가 해결되었다.

양자강은 본류와 지류를 합쳐 가항수로 총연장이 7만km에 달하는 세계 제1의 하천교통로이다. 기선 가항수로만 3000km에 달하고 1000톤급 기선은 중경까지, 1만톤급 기선은 남경(중수기에는 무한)까지 소강하는데 삼협 댐 건설로 수운사정은 더 개선될 것이다. 양자강은 상류의 사천분지로부터 하류에 이르기까지 4~5억의 인구가 분포하는 세계적인 농업지역(쌀·밀·목화·차·누에고치 생산지)인 동시에 철, 석탄, 안티몬 등 지하자원이 풍부하고 공업이 발달한 곳이다. 그러므로 이 수로를 따라 중경, 의창, 무한, 남경, 진강, 상해 등의 대도시들이 입지하였다.

나일강, 유프라테스 · 티그리스강 · , 인다스강, 황하 등 고대 도시국가문명의 요람들이 토사의 매몰로 인한 수로사정의 악화와 전근대적 산업구조로 인한 경제적 침체에 따른 수로 기능의 약화를 경험한 반면 온대 지방의 하천이용은 더욱 활발해졌다. 물론 정치적 분열이 심했던 중세 유럽에서 여러 나라 국경을 통과하는 라인강 · 도나우강 등은 선박 통행상 많은 불편을 겪었으나 국제하천법이 제정된 후 유럽 대륙의 대동맥 역할을 수행하게 되었다.

오늘날 세계 5대 가항수로의 지위를 누리고 있는 테임스강과 허드슨강은 작은 하천에 불과하지만 하구에는 각각 런던과 뉴욕이라는 세계적 상공업도시를 포용하고 있다. 이들 하천은 수량의 변화가 적고 하류부는 조석간만의 차가 커서 밀물 때 수심이 수 미터씩 상승하기 때문에 대양기선의 출입이 자유롭다. 그러므로 런던은 잉글랜드의 거의 전역, 허드슨 강은 이리(Erie) 운하를 경유하여 오대호지역에 이르는 넓은 배후지를 확보하였다.

하천이 내륙수로의 기능을 발휘할 때 이 교통로는 유역 주민에게 활력을 제공한다. 그러나 하나의 하천이 수로 기능을 가지려면 첫째, 수량이 풍부하고 하상계수(河床系數)가 적으며 둘째, 수심이 깊고 강폭이 넓으며 셋째, 하천 경사도가 작고, 넷째, 유로의 굴곡이 적으며 , 다섯째, 결빙기가 없거나 짧고 여섯째, 사회 · 정치적으로 안정된 수로여야 하며, 일곱째, 유역의 인구가 많고 생산력이 높아야 한다. 이러한 조건을 갖추었다 해도 하천수로는 주행(舟行)의 계절성 , 일방성 , 위험성이라는 약점을 지니고 있다. 그러나 하천은 운송비가 저렴하기 때문에 일찍부터 중량이 무겁고 부피가 큰 화물의 수송과 전시의 물자수송에 이용되어 왔다.

하천수로의 운송능력은 지역 및 시대에 따라 차이가 있었다. 1870년대 일본의 하천은 육로에 비해 25배의 수송능력을 가지고 있었다고 하는데, 육로 수송이 우마의 길마수송인지 또는 우마차수송인지는 불명확하다. 한편 아담 스미스는 구체적으로 강선 한척의 수송량은 2명의 마부가 모는 8두마차 50 대와 같다고 하였다. 우리나라에는 이러한 수·육로의 비교연구사례가 없으나 다산이 "평탄한 길에서 열 사람이 수레를 끌 경우 100사람의 힘을 낼 수 있다"고 하였고, 이중환은 "말은 수송능력에 있어서 수레 다음이며, 수레는 배만 못하다."고 하여 선박의 중요성을 언급한 바 있다. 우차 한대가 쌀 10섬을 운반할 수 있다면 조선시대 한강의 대선 한 척은 250~300석을 적재하였으므로 그 비율은 1:25~30이 된다. 3국의 수송비 비교에 다소 무리가 따르지만 한국과 일본이 비슷하고 영국은 우리보다 하천 수송비가 저렴하였음을 알 수 있다. 우리나라 하천의 특성을 세계의 주요 하천과 비교해 보면 우리 역사의 한 단면을 살필 수 있을 것이다.

우리나라의 하천은 동고서저의 지형적 영향으로 대부분 동부산지에서 발원하여 황해로 유입되지만 섬진강과 낙동강은 북~남 유로를 취한다. 따라서 평야의 대부분은 서남쪽에 편재되고 이점은 인구분포에도 영향을 주고 있다. 압록강 하류의 의주와 낙동강 하구 동쪽의 동래를 직선으로 연결하면 대체로 북서북~남동남 방향이 되는데, 이 선을 따라 의주·안주·평양·황주·개성·서울·충주·상주·대구·밀양 등 우리 역사상 주목을 받아온 지역 중심지들이 배열된다.

서해안으로 흐르는 서남서 방향의 하천들은 산맥을 사이로 유역을 달리하기 때문에 서로 연계되지 않으나 한강과 낙동강의 상류부는 새재를 경계로 30~40 km를 격하여 서로 반대방향으로 흐르기 때문에 한강 유역의 충주와 낙동강 유역의 상주 사이에 연수육로를 개발하면 서울과 영남을 연결하는 500km의 종관수송로가 성립되었다. 그러므로 초기의 백제는 이 방향으로 남진을 시도하였고 뒤를 이어 고구려가 백제를 몰아내고 영남북부까지 진출했으며 최후에는 신라가 이 통로를 따라 북진하여 한반도의 통일을 성사시켰다. 아마도 한강유역을 차지하는 자가 한반도를 장악한다는 결정론적 논리는 여기에서 나왔을 것이다.

한강과 낙동강 수운의 발달과정을 전략적 측면에서 고찰하면 흥미있는 사실을 발견할 수 있다. 기원전 3세기경 두 하천 유역에는 많은 성읍국가들이 존재하였는데 남한강과 북한강 합류지점에서 건국한 백제가 성장하면서 중원지방으로 진출하여 진한계 주민들을 압박하게 되자 이들은 2세기 중엽부터 영남지방으로 이주하였다. 이들의 이주과정에서 계립령(A. D. 156년)과 죽령(A. D. 158년)에 길이 열렸으며 신라로 들어간 이들은 중원지방에서 개발한 철기기술로 청동기문명을 가진 선주민을 압도하여 석(昔)씨 왕계를 열었다.

남한강 유역을 차지한 백제가 얻은 이득은 교역로의 확대였을 것이다. 고대사회 교역의 유형을 chiefdom에 의해 통제되는 교역, 지리적 결절지로 집산되는 중심지교역, 상인간의 교역 등 세가지로 구분한다. 성읍국 단계에는 상인들 스스로 무장을 갖추는 동시에 교역로 상의 지배자로부터 신변을 보호받는 대가로 정치 · 군사적 정보를 제공하는 첩자역할을 했을 것이다. 한반도 중앙부의 백제는 동서남북의 정보수집에 유리하여 한강 · 임진강 유역을 장악할 수 있었을 것이다. 고구려 장수왕의 한강유역 진출 역시 단순한 영토확장이라는 관점보다 북부지방에서 귀한 미곡을 구하고 남한강 유역의 목재와 철을 획득하였으며 서해안과 내륙지방을 연결하는 어염의 교역로도 장악하였다는 경제적 측면을 감안해야 할 것이다. 한강수로는 고구려군의 병참수송로였듯이 신라군의 북진시에는 신라군의 전략물자 수송로 역할도 하였을 것이다.

한강의 조운로 개발은 고려 정종대부터이다. 충주(덕흥창)와 원주(흥원창)에 조창을 두고 세곡을 거두어 개경의 동강포(임진강 하류)로 수송하였다. 고려말 왜구의 준동으로 남해와 서해의 조운이 마비됨에 따라 1371년부터 왜적의 약탈을 피할 수 있는 한 ~ 낙동강 루트를 개발하였으며 남한강과 달천의 합류지점에 경원창을 세워 영남 60여 읍의 세곡을 개경으로 운송하였다.

고대부터 조선시대까지 한~낙동강 수로는 전략적으로나 경제적으로 중요하였기 때문에 상류로부터 하류에 이르기까지 요지마다 관방이 설치되었다. 한강 상류로부터 하류까지 온달산성(영춘), 적성(단양), 황석산성(청풍), 대림산성(괴산), 장미산성(충주), 파사성(여주), 아차산성(서울), 행주산성(고양), 봉산성(통진) 등이 수로변에 서있다. 낙동강 역시 용궁의 용비산성, 현풍성, 밀양의 삼랑리토성, 작원관, 다대포성 등이 설치되었다. 한·낙동강 외에도 주요 하천의 요지에는 대부분 이러한 시설들이 분포한다.

우리는 흔히 새재는 경상도 선비들이 과거를 보기 위해 넘던 고개라 하지만 길은 특권층만을 위해 닦인 것이 아니라 만인을 위해 존재하는 것이기 때문에 상인을 비롯한 양인들이 이 길을 가장 많이 사용했으므로 평민들이 길의 주인공이었다. 하천 수로 역시 국가의 세곡운반 기능은 작은 역할이고 수로를 개발하고 활용한 사람들은 선상과 수부들이었다. 왜냐하면 세곡운반은 추수 직후와 경창 수납기에 한정된 반면 선상의 활동은 결빙기와 홍수기를 제외하고 연중 지속되었으며, 또 내륙지방 주민들은 이 수로를 통하여 생산물을 출하하고 동시에 어염을 비롯한 생필품을 공급받았기 때문이다. 그러므로 강변에는 평야지역의 정기시장과 달리 하류지방의 어염선이 들어오는 때마다 열리는 이른바 '갯벌장'이 열려 물물교환이 이루어졌다. 선상들은 하류부터 상류의 소강종점까지 이동하였으나 수로조건에 따라 소강할 수 있는 선박의 종류가 달랐다.

내륙수로로서 우리나라 하천의 조건은 그리 양호한 편은 아니었다. 우리나라 하천의 특성을 구체적으로 검토해보기로 한다.

우리나라는 대체로 1,000~1,400mm의 다우지이다. 강수량의 대부분이 여름철 3개월에 집중되어 계절적으로 하천 수량의 변화가 큰데, 하천의 경사가 급하기 때문에 유속이 빠르다. 따라서 하천의 수량에 영향을 주는 유출율이 한강은 53.2%, 낙동강 47.6%인데 비해 세느강 27.8%, 양자강 39.1%, 나일강 4.3%에 불과하다. 하천의 최대유량과 최소유량을 나타내는 하상계수도 테임스강(1:8), 라인강(1:18), 나일강(1:30), 미시시피강(1:118) 등에 비해 한강(1:393), 낙동강(1:633), 영산강(1:2665) 등은 극심한 수준이다. 수량변화는 지역에 따라 다르나 고수위와 저수위의 차이가 10~20배에 달하여 주요 하천의 주요지점 평균 수위는 하류에서는 수 미터에 달하지만 중류는 1m 내외, 상류는 30cm내외에 불과하다. 이러한 수로조건 하에서 우리 선조들은 한강 상류의 영월(남한강), 금성(북한강), 낙동강 상류의 안동, 월포(내성천), 진주(남강), 금강상류의 부강, 영산강 상류 영산포, 대동강 상류의 순천까지 소강했었다. 서남해로 흐르는 하천의 하류부는 조석의 영향을 받는 감조구간(感潮區間)이므로 밀물때에 대동강은 평양, 한강은 용산, 금강은 강경, 영산강은 영산포, 낙동강은 삼랑진까지 해선들이 출입하였다. 그러므로 이러한 취락들은 조선시대 말까지 상업취락으로 반영하였다.

상류로 향할수록 여울, 사퇴, 암초 등이 증가하여 소강에 어려움을 겪었는데, 사퇴에서는 퇴적되는 모래를 수시로 가래로 파 '뱃골'을 텃으며 이곳을 통과할 때마다 이른바 '골세'라는 통행료를 지불하였고, 여울을 만나면 여러 배의 수부들이 협조하여 배를 끌었다. 그러나 중상류에서도 호(湖)·담(潭)·연(淵)이라 불리는 수역에서는 배들이 돛을 올리고 순항할 수 있었다.

한강의 경우 수로의 개발은 산간지방 벌목에 동원되었던 연군들에 의해 상류지방 사정이 세상에 알려짐에 따라 관(官)의 가렴주구와 토색질에 견디지 못한 빈농과 천주교신자들이 새로운 지리적 정보를 믿고 산지로 이주하면서 시작되었다. 이들은 신대륙에서 도입된 감자, 옥수수 재배로 식량을 해결하고 담배, 콩, 참깨 등을 환금작물로 재배하였으며 점차 조생종 벼를 도입하면서 영서지방을 개척하기 시작하였다. 성천초와 함께 명성을 얻었던 영월초는 영월·정선·영춘·주천·제천·단양 일대에서 재배된 고급 담배로서 화전개발과 남한강 수운발달에 기여한 작물의 하나였다. 이와 같은 내륙수로의 발달은 하천유역을 중심으로 한 단일문화권 형성에 영향을 주었다. 예를 들면 황석어 젓갈 문화권(대동강·재령강유역), 새우젓문화권(한강·임진강유역), 새우젓·조개젓문화권(금강유역), 멸치젓 문화권(낙동강유역)과 같은 식품문화권, 경기방언권(한강유역), 경상도방언권(낙동강유역), 평안도방언권(대동강유역) 등 언어지리 문화권 등이 하천교통과 밀접한 관계가 있다. 그러나 이중환이 지적한 바와 같이 과도한 화전개발은 임상의 파괴로 인한 토양침식을 유발하였고 이 토양이 강을 타고 운반되어 하상이 높아짐으로써 선박의 통행에 막대한 지장을 초래하였다.

우리나라의 수로교통은 일제의 침략과 함께 쇠퇴하기 시작하였다. 경부선과 경의선 개통, 신작로 개수로 내륙지방의 화물이 새로 도입된 근대교통로로 흡수되고 경북선, 충북선, 안성선, 수인선 등의 개통으로 국지적으로 이용되던 구간마저도 그 기능이 소멸되었다. 그러나 하천수로 대부분은 이미 토사매몰로 평저선 운행조차 여의치 못할 정도가 되었다.

운하

운하는 하천의 지형적 약점을 합리적으로 극복하기 위하여 만든 인공 강이다. 자연하천의 유로는 굴곡이 심하고 암초, 여울, 폭포 등이 존재하기 때문에 수로로서는 불편한 점이 많다. 또한 다른 하천과는 분수령을 이루는 산지 때문에 연계가 이루어지지 않는다. 이를 극복하기 위하여 인간은 일정한 폭과 수심을 유지할 수 있는 운하를 파게 되었다. 운하는 B. C. 1,700년경 바빌로니아의 함무라비 때에 처음으로 건설되어 관개수로 겸 석재, 목재, 갈대

등 건축재와 곡물, 포도주 항아리 등 하중과 부피가 큰 화물의 수송로로 이용되었다. 중국은 군사작전용으로 운하를 건설하기 시작하였는데 최초의 운하 기록은 B. C. 515년 오(吳)의 오자서가 대초전쟁시 양자강과 회하 사이에 건설한 것이며 이 후 진시황대에 양자강 지류 상강과 주강 지류 이강 사이에 영거를 굴착하고 갑문을 설치함으로써 남령산맥 위로 배가 넘어갈 수 있게 되었다. 수대의 운하는 동도 낙양쪽으로 크게 휘어져 있었으나 원대에 이르러 연경과 항주를 잇는 최단거리로 노선을 조정함에 따라 1,700 km의 신운하가 완공되었다. 대운하는 하천 유역간의 비고차를 극복하기 위하여 요소마다 갑문을 설치하여 평균 8~10m의 수심을 유지하였으며 운하 폭은 약 100m에 달하여 세계 최고의 수준을 유지하였다. 명대(明代)에는 잦은 홍수와 유로변화로 토사가 쌓였으며 농민봉기로 인한 사회적 혼란으로 관리가 소홀하여 운영상 애로가 있었으나 왜구의 준동이 심할 때 안전한 수송로로 중요시되었다.

서양의 근대 운하는 르네상스시대 이탈리아에서 발달하기 시작하였다. 13~15세기 말 이탈리아 북부 롬바르디아 평원의 중심도시인 밀라노는 포강과 지류들을 연결하는 네 개의 운하(160km)와 연결되는 요지에 입지하였는데, 지형적으로 고도차가 있는 수로의 요지에 다빈치가 갑문을 설계함으로써 선박통행을 용이하게 하였다. 다 빈치(Leonardo da Vinci)는 프랑스 남부 지중해와 대서양 사이의 미디 운하 갑문도 설계하였으며 이를 계기로 17세기의 프랑스는 세느, 로느 등 4대강을 연결하는 운하망을 갖게 되었다. 그러나 프랑스의 운하는 폭이 좁고 수심이 얕아 중국의 대운하와 같은 수송 기능을 발휘하지는 못하였다.

독일과 네덜란드는 라인강을 공유하는 나라로서 운하망이 발달한 모범적인 국가들이다. 특히 독일은 라인강과 도나우강, 라인강과 엘베강 등이 운하로 연결되어 일찍이 석탄, 철광석 등의 자원과 공업제품 수송에 이용해왔다.

　영국은 서부 유럽에서 운하개발이 늦어 1765년 비로소 최초의 운하를 건설하였다. 그러나 지형이 저평하고 하천의 유량변화가 적으며 유속이 완만한 하천들이 많아 운하건설이 용이하였으므로 18세기말 잉글랜드와 웨일스 지방의 하천들이 거의 운하망으로 연결되었다. 이 운하들은 농축산물, 석탄, 철광석, 카올린 등의 원료와 공업제품을 저렴한 비용으로 수송하여 산업혁명을 촉진시켰다. 미국은 1817년 허드슨강 상류와 일호를 연결하는 운하를 건설한 후 미시간호와 미시시피강을 운하로 연결하고 멕시코만 연안에도 대운하를 굴착하였다. 이를 계기로 서부 개척이 촉진되고 중서부지방의 농산물, 임산물, 철광석, 석탄이 동부 및 남부로 수송되고 공업제품이 내륙으로 옮겨져 중서부의 공업화 및 농업발전에 영향을 주었다. 그러나 철도 및 도로교통의 발달에 따라 19세기 후반부터 이른바 운하시대(canal era)는 종언을 고하게 되었다.

　물론 오늘날에도 세계적인 대하천을 연결하는 일부 운하들은 기능을 유지하고 있으나 이는 국제하천법이 발효함으로써 가능해진 것이다. 그러한 운하로 대표적인 예는 라인강과 도나우강을 연결하는 것이다.

　최근 한반도 대운하 계획으로 우리 사회가 혼란스러웠는데 이 계획의 핵심은 한강과 낙동강을 운하로 연결하는 문제이다. 한~낙동강 운하계획의 입안자들은 라인~도나우 운하를 모델로 삼은듯한데 이들은 마땅히 중국사 전공학자들의 지혜를 빌려 대운하 연구부터 착수했어야 할 것이다. 동시에 고려·조선시대 한반도의 하천교통 및 운하굴착사례(김포 굴포 · 태안반도의 안흥량 등)연구 등을 고찰해야 할 것이다. 그러나 무엇보다 중요한 사실은 세계 어느 곳에도 자연의 강 자체를 운하로 파낸 예는 없다는 점이다. 조물주가 창조하신 한강과 낙동강이 지도에서 사라진다는 것은 우리의 동맥이 손상됨을 의미한다.

Ⅳ. 논의 및 전망

강은 인간에게 재앙을 안겨 주기도 하지만 강이 인간에게 베푸는 혜택이 너무도 많기 때문에 인간은 예부터 강을 의지하면서 살아왔다. 인간은 강에서 마실 물과 생활용수를 구하고 강이 만들어 놓은 들에 농사를 지으면서 강물을 끌어 관개를 하였다. 곡식을 찧거나 빻을 때는 물의 힘을 이용하는 물레방아(수대, 수용, 수마)를 만들어 사용하였고 20세기에 들어서서는 전기까지 생산하게 되었다. 산업혁명부터는 각종 공장에 필요한 막대한 양의 물을 강에서 취수하였다. 뿐만 아니라 인간은 수천 년간 강에 배를 띄어 화물과 사람을 수송해 왔다. 강을 끼고 많은 도시들이 발달하고 이 도시들을 연결하는 교통망이 형성되었다. 따라서 인간의 문명사는 강에 의지하여 성립 발전해왔다고 해도 크게 틀린 말은 아니다.

그러나 초기의 문명은 큰 강변에서 시작된 것이 아니고 강 상류의 계곡과 산간분지에서 싹튼 것이며 인지가 발달하면서 점차 대하천 유역으로 문명이 이식, 확산되었다. 대하천 유역에 강력한 지배력을 가진 자가 등장하면서 국가가 성립되고 지배세력은 관개시설과 수송로로 막대한 인원을 동원하는 가운데 직업에 따른 계급의 분화가 이루어졌다. 이 과정에서 농업과 하천교통 분야에 종사한 자들은 하층에 소속되어 고역을 치르는 동안 지배층은 여가를 활용하여 학문, 예술, 법체계 등을 발전시킬 수 있었다. 그러므로 하천 문명사는 자연히 지배층을 중심으로 기록되어 왔으며 피지배층은 자신의 생활을 기록하고 보전할 여력이 없었다. 비록 문자에 의한 기록이 부족할지라도 그들의 생활 자취는 현재의 문화경관과 생활관행 속에 어느 정도 남아 있다. 이러한 사실들은 제도사의 그늘에 가려 빛을 보지 못하다가 20세기 후반에 이르러 비로소 생활사란 이름으로 경제사학, 문화인류학, 역사지리학, 역사학계의 주목을 받기 시작하였다. 생활사 연구의 실적은 아직 미미한 실정이고 발굴과 연구를 기다리는 보물은 적지 않다. 인문학을 대표하는 학문의 하나인 역사학이 이 분야에 보다 많은 관심을 가지게 된다면 우리의 문화사 내용이 더욱 다양하고 충실해 질 것으로 기대한다.

| 참고문헌 |

〈 동양문헌 〉

건설부

  1981 河川便覽

高麗史

      권79 食貨志 2 漕運

駱承政 · 樂嘉祥

  1996 中國大洪水, 北京:中國書店

  1996 中國大洪水, 北京 中國書店 다음 줄에 문헌 하나 추가 : 大矢雅彦 1993.

      河川の開發と平野, 東京:大明堂

東史綱目

      제 14下 丙申 恭愍田敬王孝王 5년 6월

牧民心書

      권2, 工典 6條 제1 山林

奧田久

  1978 內陸水路の歷史地理的研究, 東京, 大明堂

星文武 夫

  1971 大運河, 동경: 近藤 出版社

수자원개발공사

  1970 한국의 물자원

新增東國輿地勝覽

      권46 原州牧 倉庫條

劉秀

  1994 明淸沿海濕地開發研究, 汕頭大學出版社

임대희 외(역)

　　1991　地理로 본 中國史(鄒逸麟 원저), 미간행본

張全明

　　2006　中國歷史地理學導論, 武漢: 華中師範大學出版社

朝鮮總督府

　　1929　朝鮮河川調査報告書 附表

朝鮮總督府 專賣局

　　1926　朝鮮種煙草の起源及分類調査

中國水利史硏究會

　　1985　中國水利史硏究論叢, 圖書刊行會

천관우

　　1975　"삼한의 국가형성(상)," 한국학보 2, 일지사

최영준

　　2004　한국의 옛길 嶺南大路, 고려대학교 민족문화연구원

　　1997　국토와 민족생활사, 한길사

〈 서양문헌 〉

Adams, R. M.

　　1972　"The Origin of Cities," in *The Old World Archaeology: Foundation of Civilization*(ed. BY Lamberg-Karlovsky, C. C.), San Francisco : W. H. Freeman.

Braidwood, R. J.

　　1972　"The Agricultural Revolution", in *Old World Archaeology*, San francisco : W. H. Freeman

Braudel, F.

1988 *The Structures of Everyday Life*,(translated by Sian Reynolds), London : Collins/Fontana Press

Brinton, C. and others

1976 *A History of Civilization: Prehistory to 1300*, Englewood Cliffs: Prentice-Hall.

Butzer, K. W.

1971 *Archaeology and Environment*, Chicago: Aldine.

1976 *Early Hydraulic Civilization in Egypt*, The University of Chicago Press.

Butlin, R. A.

1993 *Historical Geography through the Gates of Space and Time*, London: Edward Arnold.

Cantor, L. M.

1969 *A World Geography of Irrigation*, New York: Praeger pub.

Chang Te-tzu

1977 "The Rice Culture," in *The Early History of Agriculture*(ed. by Hutchinson, J. and Others), Oxford University Press.

Childe, G.

1951 *Man Make Himself*, New York: Mentor.

Coe, M. D

1973 *The Maya*, New York: Praeger Pub

Coe, M. D.

1977 *Mexico*, New York: Praeger Pub.

Cole, S.

1967 The *Neolithic Revolution*, London: The British Museum.

Crompton, G.(ed.)

1996 *Canals and Inland Navigation*, Suffolk, U.K.: Gerald Crompton.

Dales, G. F.

1972 "The Decline of the Harrapans," in *Old World Archaeology*: Foundation of Civilization(ed. by Lamberg` Karlovstey, C. C.), San Francisco: W. H. Freeman.

Darby, H. C.

1973 "The Age of the Improver: 1600~1800,"in *A New Historical Geography of England*(ed. by Darby, H. C.), Cambridge University.

Edmonds, R. L.

1994 *Pattern of China's Lost Harmony*, London:: Routledge.

Fagan, B. M.

1977 *People of the Earth, Boston*: Little Brown and Co.

Flannery, C. V.

"Origins and Ecological Effects of Early Domestication in Iran and the Near East,"in *Prehistoric Agriculture*(ed, by Struever,S.), Garden City: The American Museum of Natural History.

Harlan, J. R.

1971 "Agricultural Origin: Centers and Noncenters, "*Science*, vol.174 (4008)

Hole, F.

1994 "Environmental Instabilities and Urban Origins,"in *The Chiefdoms and Early States in the Near East*(ed. by Stein, G. 1. and Rotham, M. S.) Madison: Prehistory Press.

Huntington, E.

1919 *The Pulse of Asia*, Boston: Hougton Mifflin.

Ibn Khaldun

1987 *The Muqaddimah* (Translated by Rosenthal F.), London: Routledge.

Katz, F.

1972 *The Ancient American Civilization*. New York: Praeger Pub.

Kranzberg, M. and Pursell, Jr. C. W.

1967 *Technology in Western Civilization*, London: Oxford Univ. Press.

Leeming, F.

1985 *Rural China Today*, London: Longman.

Li Chi

1977 *Anyang, Seatle*: University of Washing Press.

Lloyd, S.

1978 *The Archaeology of Mesopotamia*, London: Thames and Hudon.

Macneish, R. S.

1973, "The Origins of New World Civilization," in *Cities: Their Origin, Growth and Human Impacts* (ed. by Kingsley, D.), San Francisco: Freeman.

Maisels, C. K.

1990 *The Emergence of Civilization*, London,: Routledge.

de Mieroop, M. V

2005 *A History of the Ancient Near East*: Ca 3,000~323 B. C., Oxford: Blackwell Pub.

Mellaart, J.

1975 *The Neolithic of the Near East*, New York: Charles Scribner' s Sons.

Needham, J.

1971 Wang Ling and Lu Gwei-Djen, *Science and Civilization in China,* vol. 4, Cambridge University Press.

Reeves, J. D.

1973 "The Concept of an Altithermal Cultural Hiatus in Northen Prehistory," *American Anthropologist*, 75(5).

Renfrew, C.

1975 "Trade as an Action at a Distance: Question of Integration and Communication" in *Ancient Civilization and Trade*(ed, by J. A. Sabloff and C. C. Lamberg- Karlovsky), Albergueque; University of New Mexico.

Sabloff, J. A.

1975 and Lamberg-Karlovskey,C. C., *Ancient Civilization and Trade*, University of New Mexico press.

Schneider, D. M.

1996 *An Introduction to American Archaeology*, Englewood Cliffs: Prentice`Hall Inc.

Smith, A.

1952 *An Inquiry into the Nature and Causes of the Wealth of Nature*, Chicago: Encyclopaedia Britannica.

Snodgrass, A. M.

1992 Archaeology and the study of the Great City, *"in City and Country in the Ancient world*(ed. by J. Rich and H. A. Wallace), London: Routledge.

Taylor, G. R.

1989, *The Transportation Revolution*, 1815~1860, New York: M. E. Sharpe.

Toynbee, A. J.

1962 *A Study of History*, vol.3., New York: Oxford University Press.

Tregear, T. R.

1980 *China: A Geographical Survey*, New York: John Wiley and Sons.

Vavilov, N. I.

1994 *Origin and Geography of cultivated Plants*(Translated from Russian by D. L?ve), The Cambridge University Press.

Wenke, R.

1975 *Patterns in Prehistory*: Humankinds First Three Million Years, Oxford University Press.

Wittfogel, K. A.

1963 *Oriental Deopotism: A Comparative study of Total Power*, New Haven: Yale University Press.

Zhao Songquiao

1994 *Geography of China*, New York: John Wiley and Sons.

한국 고대 국가의 형성과 관개 수리의 역할

강 봉 원 _ 경주대학교 문화재학부 교수

1. 수리시설의 이론과 배경

대규모 수리시설과 국가단계 사회의 형성은 세계의 역사, 고고, 및 인류학계의 중요한 연구과제들 중의 하나이다. 이 연구주제와 관련하여 기념비적인 역할을 한 것은 1957년 카를 위트포겔(Karl Wittfogel)에 의해서 출판된 『동양적 전제주의』(Oriental Despotism)이다. 그는 이 논저에서 '고대사회에서 대규모 관개 수리시설의 축조가 국가단계의 사회를 발생시키는데 결정적인 역할을 하였다'는 가설을 제기하였다. 고대 국가형성과 관련하여 그가 도출한 가설에 대해 긍정적이거나 이의를 제기하는 엄청나게 많은 수의 논저가 출판되었다. 그러나 학문의 세계가 늘 그러하듯 이 가설에 대해 아직 명쾌하게 결론이 난 것은 아니다. 따라서 위트포겔에 의해서 창출된 '수리이론'에 대해서는 적지 않은 의문이 해결되지 않은 채 남아있다.

위트포겔의 수리이론이 많은 취약점을 가지고 있는 것은 사실이다. 그러나 그의 이론이 엄청나게 많은 학자들의 학문적 관심을 불러일으키고 신·구대륙에 걸쳐서 국가 단계 사회 발생의 연구(Adams 1966; Butzer 1976; Downing and Gibson 1974; Earle 1978, 1980, 1997:72-89; Hunt et al. 2005; Lees 1973; Price 1971, 1977; Sanders and Price 1968; Service 1975; Stanish 1994)와 일반적인 이론적 논쟁(Hunt 1988, 1989; Hunt and Hunt 1976; Leach 1959; Mitchell 1973; Pfaffenberger 1989; Price 1994; Scaborough 1991; Woodbury 1961)에 지대한 공헌을 한 것에 대해서는 재론의 여지가 없다. 동시에 다수의 인류 및 고고학자들이 대규모 수리시설과 국가 형성과의 관계에 대하여 대안적 설명이나 혹은 예외를 찾아보고자 다양한 연구를 수행하였다.

이 논문은 한국 고대, 특히 신라에 축조된 대규모의 수리시설을 토대로 위트포겔의 '수리이론'에 대하여 반론을 제기한 것이다. 즉 한국 고대의 경우

'수리시설'은 중앙집권적 정치조직체의 성립을 초래한 '요인'이 아니고 '결과'라는 것에 초점을 맞춘 것이다. 바꾸어 말하자면, 국가 형성이 먼저 이루어진 이후에 대규모의 수리시설들이 축조되었다는 것이다.

이 견해를 검증하기 위해서 본고에서는 신라에서 기원 후 5세기와 6세기 사이에 건축되었을 것으로 추정되는 우리나라의 현존하는 가장 오래된 저수지들 중의 하나인 '청제(菁堤)'에 관해서 고찰하여 보고자 한다.

'청제'는 '청못'이라고도 불려지는 저수지로 경북 영천시(永川市) 도남동(道南洞) 산 7-11번지에 위치하고 있다. 1968년 12월 신라 삼산학술조사단에 의해서 이 저수지의 북쪽에서 비가 발견되었다. 이 비는 '청제비'라고 불려지며 보물 517호로 지정되어 있다. 이 비석은 양면을 가지고 있는데 한 면에는 병진(丙辰)의 간지(干支)가 있는 것으로 보통 병진축제기(丙辰築堤記)로, 다른 한 면에는 정원(貞元) 14년(798년, 신라 원성왕 14년)이라는 절대연대가 있으며 그 면에 새겨져 있는 내용을 근거로 정원수치기(貞元修治記)로 학계에 통용되고 있다(이기백 1984:281). 또 이 청제비 옆에는 조선 숙종 14년(1688, 康熙 27년)에 세워진 청제중립비(菁堤重立碑)가 나란히 서 있다. 조선시대에 세워진 중립비에 새겨진 내용은 이 논문의 내용과 직접적인 관련이 없다. 그러므로 신라시대에 세워진 청제비의 양면에 새겨진 내용만을 이 글에서 검토하기로 하겠다.

청제비문에는 청제의 축조 과업을 총괄하고 수행하였던 사람들의 직명(職名), 부명(部名), 인명(人名), 그리고 관등(官等)을 기록해 놓고 있다. 아울러 이 비문에는 저수지 축조에 동원된 인원의 총수에 관해서도 언급해 놓았다. 청제비 비문의 판독과 내용에 대한 역사적 해석에 대해서는 논란의 여지가 있다. 그러나 이 비문은 청제의 축조연대와 저수지와 관련된 전반적인 사항뿐만 아니라 신라의 역역(力役)체제와 관련된 정치적인 측면에 대한 정보까지도 제공하고 있다. 이 논문에서는 청제와 청제비문 그리고 역사적으로 알려져 있는 고대 저수지를 토대로 한국 고대 국가 형성에 대한 문제에 대해 고찰하여 보고자 한다. 아울러 『삼국사기』에 기록되어 있는 고대 산성 축조 관련 기사를 간접적인 자료로 이용하고자 한다.

이 사례 연구는 한국 고대사회, 보다 광범위하게는 세계의 다른 지역에 있어서 국가형성과 관련하여 관개수리의 역할에 대한 대안적 해석을 제공할 수 있다는 차원에서 중요하다. 아울러 이 논문에서 학자들이 국가형성과 관련하여 대규모의 인력 동원을 설명함에 있어서 대규모 수리사업 만이 아니고 다른 토목공사(예를 들면, 축성이나 종교 및 기념비적 건축물)에 대해서도 주의를 기울여야 한다는 점을 다소나마 부각시키고자 한다.

위트포겔(Wittfogel 1957)에 의해서 창출된 관개수리 이론은 지난 반세기 동안 국가형성 문제를 다루는데 있어서 중요한 역할을 차지하였고 많은 연구 수행을 촉발시켰다. 그의 저작 내용 중에서 세계의 역사, 인류 및 고고학계에 걸쳐서 가장 격렬한 논쟁을 유발시킨 것은 아래에서 인용한 부분이다.

> 대량의 물은 수로를 통해서 운반되거나 일정한 범위 내에 가두어 두는데 이는 대규모의 노동력을 통해서 만이 가능하다. 아울러 이 대규모의 노동력은 조정, 훈련, 그리고 통솔되어져야 한다. 건조한 저지대와 평야를 차지하기를 갈망하는 많은 농부들은 농기계가 없는 상황에서 성공할 가능성이 있는 조직적 책략을 유발시키지 않으면 안된다. 그들은 다른 동료들과 협동해서 일해야 하고 관리 혹은 통솔자들의 권위에 스스로를 낮추어야만 한다(Wittfogel 1957:18).

여기에 더하여 위트포겔(Wittfogel 1957:18, 25)은 소규모의 수리시설들은 중앙집권체제의 권력 개입 없이 지역 주민들이 협동을 통하여 건설·유지하였다고 지적한다. 농경은 복합사회가 형성되기 훨씬 전에 시작되었기 때문에 이 설명은 어느 정도 설득력이 있어 보인다. 예를 들어, 하와이 원주민들의 관개(灌漑) 체계는 소규모로 초(超) 지역사회 조직을 필요로 하지 않는 한 지역 사회만을 토대로 운용되는 것으로 판명되었다(Earle 1980:22, 1997:76).

한국 청동기시대(대략 기원전 1000년에서 300년까지)의 고고학적 증거에 의하면 소규모 관개수리시설들은 평등사회(즉, 무리 혹은 부족사회)에서 조차도 축조·유지되었던 것으로 나타난다(이홍종 외 2004:90-94, 120-128, 147-148; 이상길·김미영 2003:165; 박영철 외 2000:25-40). 한국의 청동기시대 사람들은 소규모의 수리시설 뿐만 아니라 그들의 주거지역 주위의 환호시설들도 집권화된 정치조직이 없는 상황에서 축조하였다(배덕환 2000; 부산대학교 박물관 1995; 이한상 2006).

위트포겔의 관개수리이론이 설득력이 없다고 판단하는 다수의 인류학자들은 세계의 여러 지역에서 고대 국가형성과 관련된 자신들의 연구를 수행하여 다른 결론을 도출하였다. 예를 들면, 써어비스(Service 1975:274)는 "페루에서 대규모 수리시설은 대도시 제국(帝國)보다 훨씬 앞서는 반면, 다른 경우에는 대규모 수리시설은 정치적 발전 이후에 발생되었다"고 주장한다. 바꾸어 말하자면 정치와 수리시설 두 개의 큰 시스템 사이에 어떤 연계성이 있었다고 가정한다면 보다 중요한 역할을 한 것은 정치적 시스템이었다는 것이다. 카르네이로(Carneiro 1970:734)의 경우에도 중앙집권화 된 정치조직(즉, 국가)이 먼저 생성되고 난 후에 대규모의 수리시설의 축조가 이루어진다고 주장한다.

이와는 대조적으로 미국 애리조나 주의 피닉스에 있는 인디안 원주민 호호캄(Hohokam) 문화의 경우 대규모의 수리시설들은 집권적 정치 조직체의 개입없이 지역 주민들에 의해 축조되고 또 효율적으로 운영되었다는 것으로 밝혀졌다(Woodbury 1961:556-557). 리치(Leach 1959:23)도 실론(Ceylon)

에서 똑같은 사실을 발견하였다. 그는 실론에서 관찰되는 증거로는 위트포젤의 가설을 입증할 수 없다고 주장하였다. 즉, 대규모의 수리시설들이 위트포젤의 가설에서 요구하는 수리관료사회의 발생에 큰 역할을 하였다는 명백한 증거가 없다는 것이다(Leach 1959:23). 이곳에서의 연구 결과를 토대로 그는 아래와 같은 결론에 이르게 된다.

> 대규모 수리시설로부터 중앙정부의 통제 하에 큰 노동력의 존재를 추론하는 것은 수용하기 어렵다. 또 수리시설로부터 식량자원을 공급받게 되는 인구의 크기를 추정하는 것도 불가능하다. 그리고 고대 국가에 있어서 정치적 권위의 속성에 관해서도 추론한다는 것이 쉽지 않다(Leach 1959:23).

네팅(Netting 1974:73-74)과 미첼(Mitchell 1973)도 이와 같은 리치의 견해에 동조하고 있다. 특히, 미첼(Mitchell 1973:533)은 "대규모의 수리시설이 반드시 상명하달(上命下達) 식의 조직적인 노동력을 요구하거나 양산하는 것은 아니고...사회는 관개수리 행위를 집권화 된 방식으로 이끌고 갈 수도 있고 그렇지 않을 수도 있으므로 그러한 방식이 필요한 것은 아니다"라고 주장한다. 그러나 리치(Leach 1961:16)는 나중에 발표한 논문에서 고전적 신하리스(Sinhalese, 스리랑카) 왕국은 "위트포젤이 수력문명이라고 명명하였던 것과 놀라울 정도로 부합하는 특징적인 예"라고 서술하고 있다. 다른 한편, 리치(Leach 1961:17)는 중앙정부가, 과거에 그랬던 것처럼, 대규모의 저수지 작업과 수로에 물을 공급하는 것을 책임지고 있다(...and the very much larger central reservoirs and feeder canals which now, as formerly, are under the control of the central government)고 함으로서 실론(Ceylon)의 경우에 많은 혼란을 야기하고 있다.

밀론(Millon 1962:56) 역시 관개수리 체계의 크기와 정치적 집권사이에 관계가 있는지의 여부를 검토하였다. 그는 "중앙집권 체제의 정치적 권위의 정도와 수리체계의 규모, 혹은 그것을 지지하는 사람들의 수와는 명백한 연관성이 없고, 나아가 수리의 실행이 중앙권력의 실질적인 성장을 초래하는 것은 아니다"라고 결론짓고 있다(Millon 1962:56). 그의 결론은 몇몇 학자들에 의해서 수용되어 오고 있다(Lees 1973:23-24; Mitchell 1973:533). 그러나 헌트와 헌트(Hunt and Hunt 1976:393-394)가 지적하듯이 밀론의 주요 연구과제는 위트포겔의 연구관심사 중의 지극히 한 부분인 물의 배급에만 관련되어 있다. 나아가 밀론의 연구는 많은 "방법론에 있어서의 문제와 불확실한 추정을 하고 있기 때문에"(Sanders and Price 1968:181), 그의 결론이 전적으로 설득력이 있는 것이 아니다.

이와 같은 '닭과 계란 중에 무엇이 먼저 왔는가' 라는 식의 질문에 다소의 불만을 가지고 있는 미첼(Mitchell 1973:533)은 "이러한 추정은 잘못된 이슈를 유발한다"고하면서 수리와 정치적 통제는 "상호작용으로 인한 시너지 양상으로" 함께 발전하였다고 주장한다. 여기에 더하여 그는 규모에 상관없이 수리작업은 중앙집권적 정치적 권위를 필요로 하지 않으며 수리시설 작업에 있어서 협동은 오히려 불리한 것으로 치부되기도 한다고 주장한다 (Mitchell 1973:533; Hunt 1988:335-336).

아래에서 논의하듯이 대규모 수리체계는 하나의 과업을 수행하기 위하여 많은 수의 노동자들과 정치적 관리자를 동시에 필요로 한다. 예를 들어 대규모의 저수지를 축조하기 위해서는 높은 지위에 있는 정부 관료와 엄청난 수의 노동력뿐만 아니라 정교한 기술과 그에 따른 전문가들이 요구된다. 이러한 의미에서 래닝(Lanning 1967:181)의 다음과 같은 결론은 한국의 사례와 관련하여 상당히 설득력이 있다: "그러므로 우리는 수리가 집권적 권력의 발생을 유도하는 것이라고 말할 수 없다. 오히려 권력이 먼저 집중되고 난 후에 수리시설들을 축조하고 유지하는 것이 가능해진다. 따라서 수리는 문명의 산물(産物)이지 문명의 원인이 아니다." 문헌자료에 의하면 고대 한국에서 비록 물의 배분과 저수지 유지 및 관리가 어떻게 운용되었는지에 대해서는 잘 알려져 있지 않지만 중앙집권 정치체가 대규모의 저수지 축조에 깊이 개입되어 있다는 것을 시사한다.

필자는 미첼(Mitchell 1973:533)에 의해서 제기된 "수리와 정치적 통제의 동반 상승 발전"의 가능성을 배제하지는 않지만 한국 고대의 수리작업이 협동 혹은 중앙집권화가 불리하다는 예외적인 사례를 보여준다고는 생각하지 않는다. 또 필자는 수리이론에 관한 위트포겔의 주장을 지지하지 않고 반대의 입장에 있다. 따라서 많은 노동력을 필요로 하는 대규모의 저수지 축조가 중앙집권적 정치체의 발전에 결정적인 역할을 하지 않았다고 간주한다. 그러나 중앙집권적 조직체의 정도와 수리시설의 규모에는 긍정적인 상관관계가 있다고 생각한다(Nicholas and Neitzel 1984; Price 1994:192-195).

위트포겔(Wittfogel 1957:18)은 역역(力役)에 관해서 "사람들이 그들의 동료들과 협동해서 일을 해야 하고 영도(領導)하는 체제에 자신들의 지위를 낮추어야 한다"고 주장한다. 이러한 주장의 이면(裏面)에는 사람들이 중앙집권적 체제에 의해 역역으로 동원되기 전에 이미 많은 수의 사람들이 그들 공동의 경제적인 이익을 위해 수리시설에 자발적으로 참여하였다는 것을 암시한다. 이것은 결국 자치적인 마을의 주민들이 위에서부터의 동원이 아니고 자발적으로 수리시설 축조에 참여하기 시작하여 함께 작업을 했고 그들의 주권(主權)을 포기한 것처럼 보인다(Carneiro 1970). 그러나 적어도 한국 고대사회에서 규모가 큰 저수지를 축조할 경우 그 지역의 노동자들의 수는 그것을 감당할 만큼 충분하지 않았다고 추정된다. 왜냐하면 저수지가 놓여있는 위치와 거주지역은 서로 지리적으로 멀리 떨어져 있기 때문이다. 따라서 제기되는 의문점은 '어떻게' 그리고 '왜' 많은 사람들이 대규모 수리시설 축조현장으로 왔을 것인가이다. 주민들이 그들 모두의 이익을 위해서 자

발적으로 수리시설 축조현장에 갔는지 혹은 중앙집권 정치체의 조세의 일
환인 역역으로 동원되었는가가 연구의 핵심인 것이다.

위트포겔은 중국과 일본의 수리체계를 간단하게 조사하였다(Wittfogel
1957:24-27, 32-37, 197-200). 비록 그의 저술이 출판 된지 반 세기가 지났지
만 동아시아 여러 나라에서 수리체계에 관한 연구는 그다지 많이 이루어진
것은 아니다. 동 아시아 제국(諸國)의 크기, 오랜 수도(水稻) 농경의 역사, 그
리고 지난 수십 년간 괄목할 정도로 축적된 수리관련 고고학 자료를 고려할
때 이 연구주제의 학문적 연구 성과는 아직 미미하여 향후 이 방면의 학문
적 관심이 증대되기를 기대한다. 동 아시아인들의 생업경제가 농업, 특히 벼
농사에 크게 의존하고 있었고 따라서 다양한 수리시설을 축조하였을 것으
로 추정된다. 따라서 문헌 및 고고학 자료를 연계하여 수리시설의 축조와 복
합사회의 기원과의 관계에 대한 연구를 수행한다면 좋은 결과를 가져올 수
있을 것으로 생각된다.

II. 고대 관개 수리에 대한 연구사와 청제

한국의 역사 및 고고학자들은 고대 저수지, 수리체계, 혹은 수리이론 전반
에 관해서 그다지 많은 학문적 주의를 기울인 것은 아니다. 한국 고대에 축
조된 것으로 여겨지는 세 곳의 수리시설에 대하여 고고학적 시·발굴조사
작업이 수행되었다. 하나는 전북 김제 벽골제에서 이루어진 것이고(윤무병
1976, 1998), 다른 하나는 동아대학교 박물관(1993)에 의해 경남 밀양의 수
산제에서 이루어졌다. 마지막으로 상주 공검지의 유허지에서 시굴조사가 이
루어진 바 있다(박정화 2006:43-55). 이들을 제외하면 한국의 역사 및 고고
학자들에 의해서 수행된 우리나라 고대 수리시설 자체에 대한 전반적인 연

구는 지금까지 다소 피상적인 것에 지나지 않는다.

벽골제에서 수행된 발굴조사 결과 세 개의 탄소연대측정 자료가 얻어졌는데 다음과 같다: 350 A.D.(KAERI-149-1), 374 A.D.(KAERI-149-2), 그리고 330A.D. (KAERI-149-1)(Pak and Yang 1974). 그러나 이들 절대연대 측정에 사용된 시료가 2~3 cm 정도의 두께로 부식된 식물이기 때문에 다소 신빙성이 떨어진다. 다른 한편, 『삼국지』위서 동이전에 등장하는 삼한지역의 도작 농경에 대한 기사를 참조하고 한반도에 역사적으로 전해 내려오고 있는 저수지들(예, 상주 공검지, 밀양 수산제, 의성 대제지), 또 동시에 현존하고 있는 것(김제 벽골지, 제천 의림지)들을 토대로 한국의 역사가들은 기원후 1세기와 3세기 사이에 다섯 개의 저수지가 축조되었을 것으로 추정해 오고 있다(이병도 · 김재원 1959:306)(그림 1). 그러나 이들 저수지에 대한 연대를 액면 그대로 수용하기에 충분한 고고학적 근거가 있는 것은 아니다.

한국의 일부 학자들이 위트포겔의 수리이론에 대해서 주의를 기울였다(예를 들면, 김광억 1985; 김정배 1983; 신용하 1986; 최광식 1987; 하일식 2006:316-318). 하지만 수리이론을 한국 고대사상에 있어서 국가형성을 설명하기 위하여 우리나라의 고고학적 자료나 문헌자료와 연계하여 연구를 실시한 예는 많지 않다. 근래 이기동(2006)의 논고에서 위트포겔의 '수력사회' 론이 한국 고대의 국가권력과 연

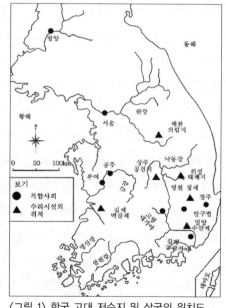

〈그림 1〉 한국 고대 저수지 및 삼국의 위치도

계하여 논의되어 향후 이 방면으로의 연구에 많은 참고가 될 것으로 사료된다. 아울러 한국 학자들이 몇 개의 고대 저수지의 제반 현황에 대한 조사를 실시한 예가 다소 있어 이 방면에 많은 도움을 주고있다(권병탁 1987; 박정화 2006; 성정용 2006; 이우태 1985, 1992; 전덕재 2007). 이러한 일부 연구성과 이외 한국 학자들의 수리이론에 관한 연구관심은 서구 학자들의 그것과는 상당한 괴리가 있다. 다른 연구 논저들의 대부분은 저수지 기념비에 새겨진 비문의 판독(判讀)과 해석을 토대로 신라의 정치제도 파악 등에 초점이 맞추어져 있어 연구하는 시각이 다소 다르다.

『삼국사기』에 수리시설에 관한 가장 이른 것은 신라 흘해 이사금 21년(329년)조의 "비로소 벽골지를 축조하였는데 둑의 길이가 1천 8백보였다"(始開碧骨池 岸長 一千八百步)는 기사이다. 그러나 벽골제가 위치하고 있는 곳은 당시 백제의 영역에 속하였기 때문에 신라의 수리시설로 간주하기가 불가능하다(강봉원 2003:59-61). 그 다음으로 등장하는 것이『삼국사기』신라본기 눌지왕 13년(433)조에 "시제를 신축하였는데 둑 길이가 2170보 [약 4 km]이다(新築矢堤 岸長二千一百七十步)"라는 기사이다. 이 이외에 신라에서 수리시설 축조와 관련된 좀 더 구체적인 내용은 그다지 명확하지 않다. 우리나라에서 그동안 세 개의 저수지 축조 기념비가 발견되었다. 하나는 1946년 대구 대안동(大安洞)에서 임창순(1958)에 의해서 발견된 '무술 오작비'(戊戌 塢作碑)'이다. 이 비는 현재 경북대학교 박물관에 전시되어 있으며 우리나라 학계에서는 일반적으로 이것을 '오작비'라고 부른다. 이 비를 최초로 발견하였던 임창순(1958)은 이 비문에 보이는 '오(塢)'를 토대로 이 비문과 관련된 시설이 '저수지'라기 보다는 '군사 방어용 토루'와 관련되어 있는 것으로 주장하였다. 그러나 1968년 영천의 '청제비'(菁堤碑)가 발견되고 난 다음 임창순은 이 '오작비'가 '군사 시설물'이 아닌 '저수지 축조 기념비'일 것이라고 본인의 견해를 수정하였다(이우태 1992:44). 이 '오작비'의 비문에 보이는 '무술(戊戌)'의 간지는 신라 진지왕(眞智王) 3년(578)으로 학계에 일반적으로 수용되고 있다. 비록 이 비문이 한국 고대의 수리체계와 신라사 연구에 필요한 귀중한 내용을 담고 있지만 지면 관계상 이 논문에서는 다루지 않겠다.

두 번째의 비석은 1968년 경북 영천시에서 발견되었다. 이것은 청제비로서 양면에 두 번의 각각 다른 시점에 새겨진 비문이 있다. 청제비의 이른 시기에 해당하는 비문은 '병진'(丙辰)이라는 간지(干支)가 있어서 사학계에서는 보통 병진축제기(丙辰築堤記)라고 불려진다. 그 뒷면에 새겨진 비문에는 정원(貞元) 14년(신라 원성왕 14년, 798)이라는 절대연대가 있는 것으로 보통 '정원수치기'(貞元修治記)로 불려진다(이기백 1984:281). 이 청제비의 앞뒤 양면에 새겨진 비문의 내용이 본 논문의 중요한 연구자료를 제공한다. 이 비문은 신라의 역사와 한국 고대사에 관한 전반적인 연구 촉발에 아주 좋은 기회를 제공하고 있다. 이 청제비 바로 옆에는 '강희'(康熙) 27년(조선시대 숙종 14년, 1688)에 제작한 청제중립비(菁堤重立碑)가 서 있다. 이 중립비의 내용에 의하면 청제 저수지로 인하여 발생하는 몽리(蒙利)는 벼 300 석 (53,760 liter)이라고 하고 있다. 이 중립(重立) 비문의 내용은 본 논문의 논리 전개와는 관계가 깊지 않기 때문에 더 이상 다루지 않기로 하겠다.

한국 및 일본의 역사학자들이 그동안 수행한 연구는 비문에 적혀있는 자자구구의 해독과 병진축제기의 내용에 대한 것이다. 그들은 신라 중고기(中古期) 금석문에 보이는 직명(職名)-부명(部名)-인명(人名)-관등명(官等名) 등을 파악하여 신라의 역역(力役) 체제, 나아가서는 신라의 지방통치체제 등을 이해하고자 하였다. 이러한 작업이 신라사를 연구하는데 중요한 것은 부인할 수 없는 사실이다. 하지만 다른 한편 이 청제와 관련된 인류 및 고고학적 연구과제에 대한 측면이 간과되어 버리는 결과를 초래할 수도 있다. 예를 들어, 청제에 대한 적극적인 고고학 조사는 거의 수행된 적이 없다. 결과적으로 청제 축조에 대한 기술적인 측면에 관한 연구는 위에서 언급한 바와 같지만(권병탁 1987; 이우태 1985, 1992; 전덕재 2007) 한국 고대의 관개수리 시설 축조와 중앙집권 정치체제의 발생 즉 국가형성과의 관계에 대해서는 그다지 연구되지 않았다. 이는 학문의 성격이 다소 다르기 때문에 발생되는 것이라고 생각된다.

청제는 경상북도 영천시 도남동 산 7-1에 위치하고 있으며 신라의 수도였던 경주에서 북쪽 40 km 정도 떨어진 곳에 있다(그림 2). 청제 제방의 길이는 대략 225 m 둑의 높이는 19 m 정도 된다. 이 수치는 필자가 실제로 청제에 가서 잰 것이며 다른 연구자와도 대강 일치하고 있다(이우태 1985:109, 1992:42). 현재 영천시가 보유하고 있는 청제에 관한 기본적인 계측치를 보면 다음과 같다:(유역)면적: 135 ha, 저수량 521,000 m³, 제방 높이 12.5 m, 길이 244 m, 제방 폭 3 m, 수혜 면적 154 ha, 담수면적 214,000 m² 이다(2008

〈그림 2〉 영천 청제 전경

년 8월, 영천시 건설과 최현덕 제공).

그런데 청제 제방의 길이가 현재 영천시가 가지고 있는 것(244 m)과 강봉원이 실측하고 이우태(1985:109)가 제시한 것(225 m)과는 약간 다르다는 것을 알 수 있다. 또 제방의 높이에서 적지 않은 차이가 있다는 것을 알 수 있다. 이 상이성이 어디에서 기인하는지 알기 위해서는 좀 더 정밀한 측량이 수행되어야 하겠다. 그러나 영천시에서 청제를 계측할 때 전문 토목기사가 이를 담당하였을 것으로 여겨지기 때문에 이것이 좀 더 신빙성이 있을 것으로 판단된다. 어쨌든 이 상이성이 본 논문의 내용에 크게 영향을 미치는 것은 아니므로 일단 넘어가기로 하겠다.

청제는 상당한 양의 물을 담을 수 있다(521,000 m³). 수자원(水資源)은 이 저수지의 서남쪽 3 km 정도 떨어진 곳에 위치하고 있는 채약산(採藥山, 표고 498.6 m)이다. 이 저수지는 다른 수리 시설과는 연결되어 있지 않은 한 개의 독자적인 것이다. 현재 영천시에서 이 저수지의 시설관리를 하고 있으나 저수지 물의 사용은 지역 주민들이 담당하고 있는 것으로 추정된다. 이 저수지로 인한 몽리 면적은 154 ha 에 이른다(2008 영천시 건설과 오광길 제공). 그런데 이 몽리 면적은 영천시 남부동에 있는 논의 전체 면적인 299 ha(영천시 2002:73)에 비하면 상당히 넓은 지역이다. 영천시 담당 공무원 오광길(2008 사신)과 이 문제에 대해서 논의한 바 이 저수지 이외에도 곳곳에 소규모의 저수지들이 있으므로 이들과 연계되어 몽리 면적이 다소 넓어졌을 가능성이 있다고 한다. 그러나 영천시에 존재하고 있는 다른 대규모의 저수지로 인한 몽리 면적과 비교하여 볼 때 거의 맞아들어 간다고 하였다.

이 청제는 헌트(Hunt 1988:347)가 제시하고 있는 준거(準據)에 의하면 통합된 행정조직 체제의 존재를 주장하기에는 '소규모'의 저수지여서 문제의 소지가 있을 수 있다. 그러나 헌트가 주장하는 수리체계에 관한 기초 자료는 현대 국가에서 가지고 온 사례라는 것을 명심할 필요가 있다. 따라서 헌트(Hunt 1988:346)가 지적하는 바와 같이 그의 연구 결과를 "다른 종류의 국가, 다른 시기에 해당하는 국가, 그리고 전(前)국가 사회"(to other kinds of states, to states in other time periods, and to nonstate societies)에 적용하기는 어렵다. 왜냐하면 관개수리 시설의 규모에 관한 한 현대 국가들과 고대 사회들 사이에 큰 간극이 있다는 것을 고려해야 하기 때문이다. 그러한 의미에서 이 청제가 최초로 축조 될 때(기원 후 5-6세기 사이) 동원된 약 7000명으로 추산되는 역역 노동자들의 규모와 수를 고려하면 이 저수지의 규모는 작지 않은 것으로 간주되어야 한다.

청제비는 적갈색(赤葛色)의 화강암으로 만들어 졌으며 높이 135 cm, 폭 93.5 cm 그리고 두께 45 cm 이다. 위에서 언급한 바와 같이 이 비는 양면(兩面)을 가지고 있는 바 이른 시기의 병진년 비명(碑銘)은 대략 107 자가 새겨져 있는 것으로 파악되고 있다. 병진(丙辰)의 절대연대 추정은 학자들마다 견해가 조금씩 달라서 가장 이른 것은 416년이고 다음으로 476년, 536년, 그리고 드물게 596으로 보기도 한다. 한국 고대사학계 대다수의 학자들이 병진년을 536으로 보고 있다. 그러나 필자는 이보다 이르게 볼 수 있을 가능성을 제시하였는데 이 절대연대에 관한 좀 더 상세한 논의는 아래에서 하도록 하겠다. 동일한 비의 다른 면에 있는 것은 나중의 것으로 청제를 수치(修治)하고 난후 새겨 놓은 것으로 127 자이다. 이 비문에 보이는 정원(貞元, 14년)이라는 당(唐) 나라의 연호를 토대로 이것이 798년에 새겨진 것으로 파악되고 있다. 이 절대연대에 대해서는 한국 및 일본의 역사학자들 사이에 이견(異見)이 없다.

이들 두 비문의 기록은 한국 고대의 저수지 연구를 위해서 만이 아니고 신라의 정치제도와 역역동원을 고찰하는데 귀중한 자료를 제공해 오고 있다. 신라는 대체로 기원 후 5세기 초에는 중앙집권적 관료체제를 이루었던 것으로 파악되고 있기 때문에 이 논문은 이른 시기에 새겨진 병진명의 비문과 우선적으로 관련되어 있다. 그러나 그 뒷면에 기록되어 있는 정원명의 비문도 노동력 동원과 관련된 역역의 형태에 대해서 귀중한 정보를 제공하고 있기 때문에 이 논문에서 이용될 것이다.

병진명 비문들의 글자는 상당 부분 망실되었거나 혹은 판독이 불가능하다. 그러나 그 비문의 내용과 『삼국사기』에 출현하는 관련 내용을 비교 분석하여 신라에서 중앙집권화 과정에서 관개수리의 역할에 관하여 인류 및 고고학적 해석을 시도하여 보고자 한다.

Ⅲ. 청제 병진명의 해석

신라 역사를 연구하는 데 있어서 청제 병진명의 연대 파악은 중요한 연구 주제들 중의 하나이다. 왜냐하면 절대연대 그 자체를 밝히는 것도 중요하지만 그 연대가 신라 역사에 관한 전반적인 상황을 이해하는데 있어서 결정적인 영향을 미치기 때문이다. 청제가 축조될 즈음 신라의 중앙집권체제 확립의 정도를 알아보기 위해서는 청제비와 청제 자체에 대한 연대를 먼저 고찰해야 할 필요가 있다. 한국의 역사학자 및 고고학자들은 문헌자료와 더불어 신라의 영역 내의 여러 곳에서 발견된 다른 비석들에 나타나는 특정한 관직명이나 인명 등을 교차 분석하여 청제비 연대의 근사치를 얻고자 하였다.

청제비 병진명 비문은 중국 남북조시대의 해서(楷書)로 쓰여졌으며 모두 10行이지만 각 행의 글자 수는 일정하지 않아 9~12자로 되어있다(그림 3). 전체 글자 수는 학자마다 다소의 차이가 있으며 대략 107자 정도로 추정되고 있다(주보돈 1992:24). 비문이 전반적으로 많이 마멸되어 글자 자자구구의 정확한 수는 물론이고 그것들에 대한 개별 연구자들의 판독에도 이견이 많아 다소 논쟁의 여지가 없지 않다. 그 내용을 번역하면 대략 다음과 같다.

병진년 [학자들에 따라서 416, 476, 536, 혹은 596년으로 추정] 2월 8일 이 저수지 축조가 완료되었다. 이 저수지 제방 하단부의 길이는 61심 [약 146 m]이고 길이 [이 제방의 상단부]는 92 심 [약 221 m]이고, 폭 [제방 하단부]은 22 심 [약 52 m], 높이는 8 심 [19 m], 상단부 폭은 3 심 [7m]이다. 칠천 명이 이 역사(役事)에 참여하였는데 280 방 [25명을 기준으로 한 노동력 조직]이다. 사인(使人)은 喙 [及梁部] 출신의 화척즉지 대사제 [大舍第, 경위 17관등 중에서 12관등]이고, △차(次)는 소사제 [小舍第, 13관등], 술리(述利) 대오제 [大鳥第, 15관등] 시지(尸支) 소오제 [小鳥帝, 16관등], 차△ 소오(小鳥) 일지(一支)[관직명에 대한 접미어]...간지 [干支, 외위 11등에서 7번째로 경위 17관등의 13관등과 동일한 직급]이다. 도(徒)는 이리(ㆍ利) 이다(주보돈 1992:27, 참고).

위에서 언급한 바와 같이 몇 개의 글자는 완전히 마멸되었고 몇몇의 글자들은 확실하게 판독되지 않는다. 많은 학자들이 글자 하나를 두고 달리 판독하는 경우도 있다. 다소의 학자들이 완전히 마멸된 부분에 대해서 여러 가지 추정을 하기도 한다. 결과적으로 이러한 부분에 대해 다양한 역사적 설명이 제시되었다. 신라의 금석문 기록에 관하여 한 가지 학계에 일반적으로 수용되는 것은 비문이 일관된 순서로 작성된다는 점이다. 즉, 관직명이 가장 먼저 오고, 출신지역, 인명, 그리고 마지막으로 관등명이 온다는 것이다. 이러한 정형성(定型性)에 의거하여 역사가들은 신라에 있어서 토목사업을 관리ㆍ감독하였던 관직자들의 정체성을 파악하고자 노력하고 있다.

위에서 언급한 바와 같이 한국과 일본의 역사학자들은 청제비 건립에 대한 네 가지의 다른 절대연대를 제시하였다. 그러나 대부분의 학자들은 『삼국사기』 신라본기 법흥왕 18년(531)조에 보이는 '봄 3월, 유사(有司)에게 명하여 제방(堤防)을 수리하였다' (春三月 命有司修理?防)라는 기사에 근거하고 아울러 기타 역사적인 정황과 비문에 나타나는 '병진(丙辰)' 년과 연계하여 이 비는 신라 법흥왕 23년(536)에 건립되었을 것이라고 주장하고 있다(이기백 1984:304; 오성 1978:175; 전덕재 2007:155; 주보돈 2002:77; 하일식 2006). 아울러 청제비에 외위(外位) 제7등인 간(干)이 보이는 점과 바로 위의 인명을 지방민으로 간주하여 이러한 표기 방식을 근거로 청제와 청제비가 법흥왕대에 각각 축조 및 작성되었을 것이라고 주장한다(주보돈 1992:28).

이와는 대조적으로 몇몇의 다른 학자들은 청제의 완성과 비의 건립연대를 476년으로 간주하기도 한다(강봉원 2003:63; 강봉룡 1994:27; 김창호 1998:653; 이우태 1985, 1992:40). 이에 대한 좀 더 상세한 설명은 아래에서 하기로 하겠다. 이 두 개의 절대연대 중에서 어느 것을 취신하는 가의 여부에 관계없이 신라에서 국가단계 사회의 형성은 대규모 수리시설 축조에 앞서 이루어졌다는 것을 의미한다. 왜냐하면 영천 지방의 사람들이 그들의 농경을 위한 필요에 의해서 자발적으로 청제를 건설하였으며 그러는 과정과 결과로서 신라가 국가 단계 사회로 발전한 것이 아니라 신라가 국가 단계의 사회로 발전되어 중앙집권체제가 갖추어진 '이후'에 국가 차

判讀文

⑩	⑨	⑧	⑦	⑥	⑤	④	③	②	①	
衆	使	△	尸	叱	使	七	廣	塢	丙	1
祉	伊	人	支	次	人	千	卅	△	辰	2
利	尺	尒	小	△	喙	人	二	六	年	3
只	只	新	烏	小	剚	災	得	十	二	4
尸	珎	亼	帝	舍	尺	二	高	一	月	5
利	巳	利	次	第	夘	百	八	得	八	6
干	伊	乃	ア	述	智	八	九	鄧	日	7
支	卽	利	小	利	大	十	十	另		8
徙	刀	△	烏	大	舍	方	二	邑		9
尒	主	一	烏	第			得	古		10
利	干	支	第				作	夫		11
							入	沢		12

〈그림 3〉 영천 청제 병진명 (좌)과 판독문 (우)

원의 토목공사의 일환으로 지방민을 동원하여 청제를 축조하였던 것이기 때문이다.

그런데 다수의 역사가들이 위에서 제시한 『삼국사기』 신라본기 법흥왕 23년 기사를 청제비 건립의 연대로 결정하는데 있어서 유력한 근거로 수용하지만 이 내용을 청제의 초축 연대로 직접 관련지우기는 용이하지 않다. 이 기사는 기사에서 보이듯이 확인되지 않은 많은 저수지들 중의 하나에 대한 수즙(修葺)에 관한 것일 뿐이다. 따라서 이 기사에 언급되어 있는 저수지를 청제로 결론을 내리기에는 증거가 불충분하다고 생각한다. 여기에 더하여 만약에 청제를 수즙했다고 가정하면 왜 청제가 완공된지 5년 정도의 시간이 경과하였을 뿐인데 수즙이 필요하였는지에 대한 이유를 이해할 수 없다. 왜냐하면, 청제비 정원(貞元) 수치기(修治記)와 청제 중립비(菁堤 重立碑)의 비문에 의하면 청제는 최초로 축조되고 난 후 대략 1500년 동안 두 번의 수리-즉, 798년에 한 번 그리고 1688년에 한 번-가 있었을 뿐이지만 아직도 건재하며 여전히 사용되고 있기 때문이다.

위에서 언급한 바와 같이 눌지왕 13년(433)년 조에 보이는 시제(矢堤) 축조관련 기사를 수용하고 청제의 초축 연대를 한국 고대 사학계에서 대부분의 학자가 수용하는 536 년으로 간주한다면 시제(矢堤)는 청제보다 100 년 전에 이미 축조되었다는 것으로 볼 수 있다.

『삼국사기』에 등장하는 시제의 축조연대를 전혀 터무니없는 것으로 단정하는 것은 재고해 보아야 한다고 생각된다. 왜냐하면 『삼국사기』의 신빙성에 관해서는 학계의 해묵은 논쟁의 쟁점이지만 신라본기에 관한 한 내물왕 때부터는 대체로 액면 그대로 수용할 수 있음이 어느 정도 인정되고 있기 때문이다. 따라서 내물왕 이후 실성왕대가 지난 눌지왕대에 해당하는 『삼국사기』 신라본기의 역사적인 사실성에 관해서는 신빙성이 높아서 그대로 수용할 수 있지 않을까 사료된다. 아울러 『삼국사기』 신라본기에는 이 연대를 뒷받침하여 줄 수 있는 몇 가지의 간접적인 증거가 있다. 『삼국사기』 신라본기에는 5세기를 기점으로 신라영역 내에서 수행되었던 많은 토목·건축 공사에 대한 기사를 싣고 있다. 특히 이 시기에는 산성이 많이 축조되었다는 것을 알 수 있다. 신라 나아가서는 고대 한반도에 축조되었던 거의 대부분의 산성들은 산 정상 혹은 중턱에 위치하고 있으며 이들 방어시설을 축조하기 위해서는 많은 노동력을 필요로 하였다.

『삼국사기』에 등장하는 토목·건축의 기사를 토대로 아래의 표를 작성하였다(표 1). 이 표에서는 특히 산성의 축조에 관하여 4세기 및 5세기 사이에 급격한 대조를 보여주고 있다. 즉, 4세기에는 한 건의 토목공사도 시행되지 않은 반면 5세기에는 18개의 산성이 축조되었다는 기록이 있다. 표에서 볼 수 있듯이 『삼국사기』에는 산성의 축조에 관한 많은 기록이 있다. 여기에 더하여 신라 영역 내에서 발견된 산성 축조와 관련된 기념비도 적지 않게 발견되었다. 물론 이 기념비들의 내용이 이 논문과 직접적인 관계가 있는 것은 아니다. 산성 축조와 관련된 『삼국사기』에 기록된 내용을 예로 들어 보기로 하겠다.

〈표 1〉 기원전 100년 – 기원 후 700년 사이 수행된 토목·건축 사업의 수
(자료 : 『삼국사기』 신라본기).

세기	산성	궁궐	사원	기타/모름	계
1 B.C.	1	1	0	0	2
1 A.D.	2	0	0	0	2
2 A.D.	3	2	0	1	6
3 A.D.	1	1	0	0	2
4 A.D.	0	0	0	0	0
5 A.D.	18	1	0	1	20
6 A.D.	18	0	6	0	24
7 A.D.	20	3	8	1	32
계	63	8	14	3	88

가. 자비왕 6년,(463년), 봄 2월 왕은 왜인이 자주 국내를 침범하는 까닭으로 바닷
   가에 두 성을 쌓았다. [春二月 王以倭人屢侵疆場 緣邊築二城, 『삼국사기』 신라
   본기].

나. 자비왕 11년,(468년), 가을 9월 하슬라 사람으로 나이 15세 이상 된 자를 징발
   하여 이하(泥河, 이천이라고도 함)에 성을 쌓았다 [秋九月 徵何瑟羅人 年十五
   已上 築城於泥河, 『삼국사기』 신라본기].

다. 자비왕 13년,(470년), 삼년산성(三年山城) [3년은 역사를 시작하여 3년이 걸렸
   기 때문에 이름 한 것임]을 쌓았다 [築三年山城(三年者 自興役始終三年訖功 故
   名之), 『삼국사기』 신라본기].

라. 자비왕 14년,(471년), 봄 2월 모로성을 쌓았다. [春二月 築芼老城, 『삼국사기』
   신라본기].

마. 자비왕 17년,(474년), 일모, 사시, 광석, 답달, 구례, 좌라에 성을 쌓았다 [築一
   牟, 沙尸, 廣石, 沓達, 仇禮, 坐羅等城, 『삼국사기』 신라본기].

위에서 제시한 자료 '가~마'는 모두 신라 자비왕 재위 시(458-478)에 신
라 영역 내에서 산성을 축조하였다는 내용이다. 중요한 것은 자비왕 재위 시
에 신라에서 특히 많은 산성을 축조하기 시작하였다는 사실이다. 더 나아가
서 사료 '나'의 하슬라 [강릉]와 '다'의 보은 지역은 신라의 왕경으로부터
아주 멀리 떨어진 곳이다(그림 4). 이것은 신라가 정치적인 중심지인 경주를
벗어난 지역에서 삼년산성과 같은 대규모의 공사를 실시함에 있어서 역역
(力役)을 동원할 수 있을 정도의 중앙집권적 정치조직체를 이루어 놓았다는

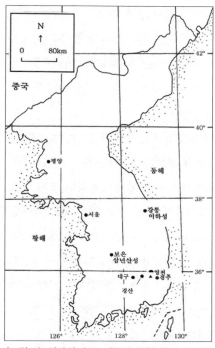

<그림 4> 신라의 수도 경주와 영천 청제 (▲) 및 신라 산성 위치도

것을 의미한다. 기원 후 5세기 후반 신라의 이러한 역사적인 맥락을 고려하여 영천 청제의 축조가 476년에 이루어졌을 가능성이 없지 않다고 생각되는 것이다.

청제와 그에 따른 청제비 축조 연대를 결정하는 것은 연대 그 자체를 넘어서 신라 역사를 연구하는데 아주 중요한 문제를 내포하고 있다. 즉, 청제는 고대사회로서는 대규모의 토목공사이기 때문에 비문에 나타나듯이 많은 노동력을 필요로 하였다. 아울러 역역(力役)을 그 인근 마을 혹은 먼 행정구역에 부과시켰으며 또 이 청제 축조과업을 관리·감독할 수 있는 중앙 및 지방의 관리들을 파견했다는 것이 중요하다. 그것은 곧 신라가 어느 정도의 중앙집권정치 체제를 확립하였기 때문이라는 것을 의미하기 때문에 신라 왕권의 확립과 직접적인 관계가 있다.

이것과 관련해서 우리가 관심 있게 보아야 할 역사적 상황은 신라는 내물왕(356-402) 때부터 김씨가 독점적으로 왕위를 계승하게 되었다는 것이다. 일반적으로 알려져 있듯이 그때까지 신라의 왕위는 박, 석, 김의 세 씨족들에 의해서 번갈아 가면서 계승되었다. 특히, 눌지왕(417-458)부터는 '부자상속제' 왕위 계승이 확립되었다(이기백·이기동 1984:151; 이기동 1980:74). 아울러 자비왕(458-479)과 소지왕(479-500) 사이에 중앙집권체제를 재편하게 되는 또 다른 정치적 구조개혁이 단행되었다. 신라의 고유한 6부촌이 여섯 개의 행정구역 즉 '6부'로 개편된 것이 그것이다. 이러한 정치적인 조치를 취할 수 있기까지는 신라가 적어도 내물왕 대(356-402)에는 이미 어느 정도 체계를 갖춘 중앙집권적 정치권력을 수립했다고 주장하는 것이 일리가 있다고 생각된다(이기백·이기동 1984:149-150).

이 중앙집권 정치체제의 확립에 대한 고고학적 증거로서는 엄청나게 화려한 부장품을 넣은 대형 고총고분들로서 적석목곽분의 출현을 들 수 있다. 이 적석목곽분들의 편년을 어떻게 하는가에 따라 역사적 상황이 크게 달라질 수 있다. 신라의 적석목곽분은 4세기(김용성 1997:107-109; 박광렬 2007:223; 이희준 2007:84; 최병현 1992:354-367, 1993:104-106; Pearson 1989 et al.) 혹은 5세기 초부터(신경철 1985; 최종규 1983) 축조되기 시작하였던 것으로 이해되고 있다. 특히 이희준(2007:84)은 "4세기대의 경주 지역 고총 중에 황남대총에 견줄 超大形墳이 있었을 가능성이 없지는 않지만 현재로서는 5세기 초의 황남대총이 이를 웅변한다 하겠다"라고 하고 있는 것을 보면 4세기 대의 적석목곽분의 발생을 충분하게 고려해야 한다고 생각한다. 아울러 분묘의 분석에 의하면 규모나 부장품의 질적인 측면에서 하층민과 지배계층 사이에 상당한 차이가 있음이 확인되고 있다. 이러한 사실은 결국 신라가 4세기 후반 혹은 5세기 초 대체로 내물왕 대에는 어느 정도의 중앙집권적인 체제를 갖추었다는 역사학계의 일반적인 해석을 뒷받침하는 고고학적 증거라고 생각한다(이 문제에 관한 상세한 고고학적 분석은 강봉원 2008:279-303 참조).

청제 축조에 반영되어 있는 중앙집권 체제의 정도를 파악하기 위하여 청제비 병진명의 내용을 좀 더 상세하게 고찰하여 볼 필요가 있다. 일인(日人) 역사학자 이시우에(石上 1974)가 비문을 판독하고 해석해 놓은 내용을 토대로 표를 만들었다(표 2). 표에서 볼 수 있듯이 비에는 많은 관직명과 중앙 정

〈표 2〉 청제비 병진명에 보이는(職名), 부명(部名), 인명(人名), 그리고 관등명(官等名)

직명	부명	인명	관등명	관등	경/외위
使人	–	척△△	大舍第	12관등	경위
–	–	△△	小舍第	13관등	경위
–	–	逃利	大鳥第	15관등	경위
△△	–	末△	小鳥	16관등	경위
–	–	一支	小鳥	16관등	경위
△人	–	△△尒利乃利	–	–	–
–	–	△丁△	–	–	–
使△人	–	只珍巴伊	–	–	–
–	–	卽刀	–	–	–
–	衆△村	只△△△	干	7관등	외위
–	–	支△尒利	–	–	–

자료 출처: 石上 1974:234. △은 판독이 불가능한 글자.

부 행정관리들의 이름이 새겨져 있다. 비문에 등장하는 관리의 정확한 수는 학계에서 오래동안 논쟁의 쟁점이 되고 있는 것이다. 이기백(1984:301)과 오성(1978:177)은 8명의 관리가 청제 축조에 참여하였다고 주장하였다. 이시우에(石上 1974:234)는 11명, 김창호(1998:651)는 14명의 관리가 이 저수지 축조에 참가하여 과업을 지휘·감독하였다고 주장하고 있다. 비록 이 저수지 축조에 참가한 관리의 정확한 수에 대해 다소의 이견이 있는 것은 사실이지만 최소한 8명 이상의 관리가 파견되어 이 과업을 감독하였던 것은 확실하다. 바로 이러한 점이 대규모 수리시설이 축조된 '이후'에 국가가 형성되었는가 아니면 국가단계의 사회가 '먼저' 형성되고 그 '이후'에 수리시설이 축조되었는가를 판단하는데 결정적인 역할을 하는 것이다.

표 2에서 볼 수 있듯이 적어도 5명의 경위(京位)직 관리가 신라의 수도로부터 청제 축조 현장에 파견되어 수리사업을 관리·감독했다는 것을 알 수 있다. 반면 외위(外位)직에 있는 지방관리 한 사람이 이 사업을 감독할 수 있도록 임명되었다는 것을 알 수 있다.

따라서 신라에서 대규모 저수지 축조는 5세기 초부터 중앙 정치권력의 통제 하에서 이루어졌다는 것을 알 수 있다. 이러한 것에 근거를 두고 필자는 청제의 축조와 기념비의 건립을 476년으로 간주하는 것이다. 더욱이 위에서 제시한 신라 눌지왕 때의『삼국사기』신라본기 눌지왕 13년(433)조에 보이는 시제(矢堤) 축조기사를 고려한다면 476년이라는 절대연대도 전혀 근거가 없는 것은 아니라고 할 수 있다. 청제 축조와 그 기념비 건립의 절대연대를 결정하는 것보다 더 중요한 것은 대규모 저수지의 축조가 신라 국가 형성 과정에 결정적인 역할을 담당하지 않았다는 사실이다. 결국 대규모 수리시설들은 중앙집권정치 혹은 국가발생의 '요인'이라기보다는 '결과'라는 것을 알 수 있다.

Ⅳ. 청제 정원명의 해석

신라의 정치·사회 구조와 관련하여 청제비 병진명의 합리적인 이해를 구하기 위해서는 같은 비의 뒷면에 새겨져 있는 정원(貞元) 수치기(修治記) 내용을 검토해야 할 필요가 있다. 위에서 언급한 바와 같이 정원수치기는 청제가 축조되고 난 후 대략 300년 정도 지난 다음 이것을 수리한 사실에 대해서 기록한 것이다(그림 5). 사실 초축(初築)이후 얼마동안의 기간이 지났는지는 초축의 절대연대를 언제로 보는가에 따라 다를 수 있다. 예를 들어, 초축이 476년이라면 322년, 536년이라면 262년이 지난 이후에 수치를 실시하게된 것이다. 청제의 수치와 관련하여 다른 자료가 전무한 상태이므로 이 저수지의 수치는 비문에 기록되어 있는 바와 같이 제방 둑을 수리했다고 보는 것이 합리적이라고 생각한다. 그러나 청제의 역사가 유구함과 청제 축조의 완성을 기록하기 위해서 처음 건립하였던 비의 반대편의 면이 수치기를

〈그림 5〉 영천 청제 정원명(貞元銘).

기록하는 것으로 사용되었다는 사실로 판단하여 볼 때 798년에 수행된 수치가 처음이 아니었을까 추정하여 볼 수 있다.

청제비 정원 14년 수치기의 비문 내용을 번역하여 대략 아래와 같다.

정원 14년 [798] 戊寅 4월 13일에 청제를 수치(修治)하고 이 비문을 기록한다. 이 저수지의 둑이 훼손되었다고 하여 소내사(所內使)에게 명하여 그것을 알아보게 하였다. 구장(玖長)은 35보(步), 안립홍지심(岸立弘至深)은 6步 3尺, 상배굴리(上排掘里)는 12步였다. 이와 같은 일을 2월 12일 시작하여 4월 13일 사이에 종료하였다. 모두 합쳐서 부척(斧尺)이 136, 법공부(法功夫)가 14,140 명이며 이 가운데 전칠각조역(典柒角助役)은 절화 [切火, 영천]·압량 [押梁, 경산] 두 군에서 각각 △인을 차출하였다. 이를 감독한 소내사는 상간(上干) 년(年) 내말(內末), 사수(史須), 가태수(加太守) 수량(須梁) 옥순(玉純) 내말이다(주보돈 1992:31, 참고).

비문에 보이는 간지(干支)에 의하면 이 비문의 내용은 798년에 기록된 것이 명백하고 이 연대는 학계에서도 일반적으로 수용되고 있다. 위의 비문 내용에서 볼 수 있듯이 14,300명 정도의 사람들이 거의 60일간 동원되었다. 이것으로 볼 때 청제의 수치에 초축 때 보다 더 많은 노동력이 소요되었다는 것을 알 수 있다. 이렇게 많은 수의 사람들이 동원되었다는 사실을 최초에 이 저수지를 축조할 때 7000명의 사람들이 동원되었던 것에 비해 볼 때 아주 놀라운 것이다. 여기에 역역(力役)으로 참가한 사람들은 이 저수지에서 대략 10 km 내의 반경 안에 거주하였던 사람들이었다(그림 1, 4 참조). 이 노동자들은 청제의 몽리(蒙利)를 받을 수 있는 지역 밖에 거주하였던 사람들이기 때문에 위트포겔(Wittfogel)이 주장하는 소규모의 저수지 축조에 이용되었던 협동적인 '지역 주민'의 일부로서 간주될 수 없다.

이우태(1985:122-123)는 이 기록을 분석하여 이러한 상황을 다른 각도에서 해석하였다. 즉, 그는 이 저수지 수치 과제가 신라 왕실에 의해서 궁핍한 백성들에게 일자리를 창출하기 위해서 계획된 것일 가능성이 있다는 해석을 제시하였다. 그는 청제를 수치 할 시기를 전후하여 태풍, 서리, 기근, 괴질, 누리, 그리고 홍수 등과 같은 자연재해가 자주 발생하였다는 점을 강조하였다. 그러면서 그는 청제의 수치에 참가한 노동자들은 역역으로 동원된 것이 아니라 임금을 지급받았다는 것을 주장하였다(이우태 1985:123). 역사적인 자료의 한계성 때문에 이 설을 확인하거나 혹은 배제하기는 어렵지만 상당히 흥미있는 해석이며 향후 좀 더 상세하게 고찰하여 볼 가치가 있는 것으로 사료된다. 이 주제에 관해서 좀 더 상세한 것은 이 논문의 범위 밖에 해당하는 것이므로 더 이상 거론하지는 않겠다.

신라에서 중앙집권화 된 정치조직체의 존재를 검토하여 보기 위해서 청제비 정원명(貞元銘)에 보이는 직명(職名), 부명(部名), 인명(人名), 그리고 관등명(官等名) 등에 관하여 표를 만들었다(표 3).

<표 3> 청제비 정원명에 보이는 직명(職名), 부명(部名), 인명(人名), 그리고 관등명(官等名)

직명	부명	인명	관등명	관등	경/외위
所內使	上干	年	乃末	6/11	외/경위
所內使	-	史須	大舍	12/17	경위
加太守	沙梁	玉純	乃末	12/17	경위

자료 출처: 石上 1974:235과 이기백 1984:288 표 '다'.

표에서 볼 수 있듯이 정원명은 글씨가 뚜렷하여 병진명(丙辰銘)과는 달리 판독이 거의 완벽하게 가능하여 여기에 기재된 세 개의 관직명을 모두 알 수 있다. 청제 수치를 관리·감독하기 위하여 참가한 두 명의 관리는 신라의 중앙 정부에서 파견되었다. 나아가 그들은 왕경에 거주하면서 정치적으로 비교적 높은 지위를 점유하고 있었으며 지방에 거주하고 있는 외위(外位)의 관리보다 직위가 높았던 것으로 확인되고 있다. 한 명의 지방 관리가 청제 수치의 감독자로 지명되었다. 여기에서 한 가지 주목해야 할 것은 신라 정부에서 정원년에 청제를 수치할 때 병진년 초축 때 보다 훨씬 더 많은 노동력을 동원하였지만 한편 더 적은 수의 관리가 임명되었다는 사실이다. 이 이유는 명백하지 않은 바 향후 더 연구되어야 할 과제라고 생각된다.

청제비 정원명 비문 내용을 통해서 청제의 축조와 수치에 관한 몇 가지 사실을 추론할 수 있다. 첫째, 청제 수치를 실시하는 것도 작지 않은 과제로서 많은 노동력을 필요로 하였다는 사실이다. 둘째, 역역(力役)에 동원된 노동자들은 인근의 마을에서 동원되었는데 이것은 청제의 수치(修治)가 당시 신라에서는 규모가 상당히 컸다는 것을 시사한다. 마지막으로, 위에서 본 바와 같이 청제를 수치하는데 14,300명 정도의 노동자가 동원되어 60일이 소요되었다고 되어 있는데, 청제의 초축에는 동원된 역역 인원이 그 절반에 해당하는 7,000명이었으므로 이들이 동원된 기간은 60일을 훨씬 더 상회하였을 것으로 추정된다.

V. 논의 및 전망

신라에서 중앙집권적 정치조직체는 4세기 중엽과 5세기 초엽 사이(즉, 356-402년 사이 내물왕 재위 기간)에 확립되었을 것이라는 가설을 입증할 수 있는 상당한 역사 및 고고자료가 있다. 그러나 경우에 따라서 그 자료들은 직접적인 것이 아니고 간접적 혹은 자의적이며 상황성을 가진 것이라고도 생각할 수 있다. 따라서 중앙집권적 정치조직의 존재를 조사하기 위해서는 청제비 병진명 및 정원명의 비문 내용이 제1차 증거로 사용되어야 한다.

다른 한편, 대규모 저수지들의 지리적 위치를 토대로 위트포겔의 수리이론과 고대 국가형성과의 관계에 접근해 볼 수도 있겠다. 즉, 우리나라 삼국시대에 축조된 것으로 전해지고 있는 저수지들과 삼국의 정치적 중심지에 대한 지리적 위치를 파악하여 수리가설을 검증하여 볼 수 있다는 것이다. 따라서 위에서 제시한 그림 1에서 볼 수 있듯이 여섯 개의 저수지들 중에 어떤 것도 지리적인 위치의 측면에서 초기의 복합사회와 그 정치적 중심지(예, 통구-고구려, 서울-백제, 경주-신라)와 관련되어 있지 않다. 만약 대규모 수리시설의 축조가 국가 형성의 과정에서 중요한 역할을 하였다면 논리적으로 삼국이나 혹은 다른 복합사회의 중심지도 수리시설 가까이에 위치하여야 한다. 만약 역사적으로 알려져 있는 여섯 개의 저수지들이 중앙정부가 존재하지 않는 '평등사회'의 체제하에서 자발적으로 축조되어 운영 · 관리되었고, 또 만약 위트포겔(Wittfogel 1957)에 의해서 주장된 바와 같이 저수지 축조의 과업이 복합사회의 출현을 자극하였다면 최초의 국가(들)는 최소한 이들 역사적인 수리시설 인근에서 발생하여야 한다. 그러나 그림 1에서 보는 바와 같이 역사적으로 알려져 있는 저수지들과 삼국의 정치적 중심지 사이에 있는 지리적인 괴리(乖離)가 상당히 크다. 이것은 수리시설의 축조과정이 한국 고대 국가 형성에 큰 영향을 미치지 않았다는 것을 강하게 시사한다고 해석할 수 있겠다.

청제비 병진명의 비문은 역역으로 동원된 사람들이 어디에 거주한 사람이었는지에 대한 언급이 없다. 따라서 우리는 그 사람들이 어느 마을에서 차출되었는지 알 수 없다. 위에서 서술한 바와 같이 청제비 정원명의 비문 내용에 의하면 청제를 수치하기 위하여 필요한 역역들의 대부분은 청제 인근의 행정구역인 영천과 경산에서 동원되었다. 좀 더 상세한 정보는 없지만 이것을 토대로 청제 초축 당시에도 필요한 대부분의 노동자들을 인근 지역에서 동원되지 않았을까 짐작만 해 볼 수 있다. 그 인근 마을이라는 것은 노동력의 운용을 계산해 볼 때 청제로부터 걸어서 한두 시간 이내의 거리에 거주하고 있는 사람일 것으로 추정하여 볼 수 있다.

청제비 병진명의 비문 내용에 의하면 7000명의 역역이 청제의 최초 축조에 동원되었다고 되어 있다. 청제 수치에는 약 14,300명이 60일간 동원되었다고 기록되어있다. 이러한 노동력은 엄청난 투자이고 그 지방의 저수지 이용자들의 자력(資力)을 상회한다. 신라 왕실이 청제 초축에 7000명의 역역들을 적어도 60일 이상 동원할 수 있었다는 사실은 신라는 청제를 축조하기 전(아무리 늦어도 536년이나 그 이전)에 이미 고도의 중앙집권 정치체제를 갖추었다는 것을 시사한다.

청제는 신라의 수도 경주로부터 북쪽 약 40 km에 위치하고 있는데, 『삼국사기』에 의하면 이곳은 삼한시대에 독립소국으로 '골벌국'(骨伐國, 영천)이라고 불린 곳으로 현재의 경북 영천시에 해당하는 곳이다. 『삼국사기』 신라본기 조분이사금(助賁尼師今) 7년(236년) 봄 2월 조에, "골벌국왕(骨伐國王) 아음부(阿音夫)가 많은 사람을 거느리고 와 항복하여 집과 토지를 주어 안정시키고 그 땅을 군으로 만들었다"는 기사가 있다. 이 기사를 고려할 때 영천은 신라에서 지리적으로 가까운 곳에 위치하고 있기 때문에 비교적 이른 시기에 신라에 통합된 것으로 보인다. 신라가 5세기와 6세기 사이에 인근의 행정구역으로부터 역역을 동원할 수 있는 정치력을 가지고 있었다는 것은 신라 왕실의 정치적 권위가 신라의 외곽까지 미쳤다는 것을 강하게 시사한다. 궁극적으로 신라로부터 지리적으로 상당히 멀리 떨어져 있던 독립소국들이 차츰씩 신라의 행정구역으로 편입되었던 것이다.

신라는 사회 구성원들 모두가 출생하자마자 혈통의 존비(尊卑)에 의해 사회 위계질서가 결정되는 아주 엄격한 신분제도인 골품제도에 집착하였다. 신라사회의 골품제도는 한국사에 있어서 일반적으로 잘 알려져 있는 것이어서 상세한 설명을 할 필요는 없다. 신라의 이 독특하고 고유한 골품제도는 신라가 발전하는 긴 과정의 산물로서 이해되어야 할 것이다. 따라서 이 제도는 오랜 기간동안 사용되어 오고 있던 것으로 법흥왕 7년(520)에 율령을 반포할 때 법제화된 것으로 보인다. 신라의 정체체계는 관등과 사회적 지위와 강한 상관관계가 있다는 것을 보여주고 있다. 청제 저수지 축조를 지휘·감독할 수 있도록 관리가 임명되어 파견된 사람의 정치적인 지위가 신라의 경위(京位) 12 관등에서 16 관등 사이에 있었다는 사실이 중요하다. 왜냐하면 이것은, 다시 한 번 반복하자면, 신라가 청제를 축조하기 전에 이미 중앙집권화된 국가 단계의 사회를 수립하였다는 것을 강하게 시사하기 때문이다. 이것은 대규모의 저수지 축조는 신라의 중앙집권적 정치조직체의 발생에 있어서 '요인'이 아니라 '결과'였다는 구체적인 증거이다.

이 논문에서 청제비 병진명과 정원명을 『삼국사기』와 접목하여 대규모 수리시설의 축조와 중앙집권 정치조직체와의 관계를 검토하여 보았다. 분석의 결과에 의하면 신라에서 수리시설의 축조와 수치는 중앙집권화된 정치조직체 내의 관리가 요구된다는 것을 보여준다. 즉, 중앙집권화된 권력이 저수지 그리고 다른 대규모의 토목사업에 필요한 역역을 동원할 수 있는 정치적 힘을 소유하고 있었다는 것이다. 좀 더 구체적으로 이 연구는 신라의 경우 대규모의 수시시설들은 중앙집권적 정치조직체가 존재한 '이후'에 축조되었다는 것을 보여준다. 이 사례 연구가 세계의 다른 여러 곳에서 수행되고 있는 국가 형성 연구에 있어서 동인(動因, causative factor)을 탐색하는데 기여하게 되기를 바라는 바이다.

많은 학자들이 위트포겔이 제시한 '수리 가설'을 수용 할 것인가 혹은 배제 할 것인가에 대한 사례를 찾고자 노력해 오고 있다. 어떤 의미에 있어서 이 사례 연구는 기성의 연구 접근 방식과 크게 다르지 않다. 이 논문의 목적은 '수리 이론' 자체를 단순히 '수용' 혹은 '거부' 하는 것에만 있는 것은 아니다. 오히려 규모의 크기에 상관없이 수리 시설이 수천년 동안 집약적인 벼농사를 짓는데 있어서 영속적이었다는 것을 고대 한국을 포함한 아시아 제국(諸國)으로부터의 사례 연구를 제시한다. 아울러 이 논문이 향후 한국고대사상에 있어서 수리 시설에 대한 연구가 다소나마 활성화되는데 기여하게 되기를 바란다.

| 참고문헌 |

강봉룡

  1994 『신라 지방통치체제연구』, 서울대학교 대학원 사학과 박사학위 논
      문, 서울대학교.

강봉원

  2003 「한국 고대 국가형성에 있어서 관개수리의 역할: 위트포겔
      (Wittfogel)의 수리이론과 관련하여」,『한국상고사학보』39, pp.51-
      80.

  2008 『한국 고고학의 일 방향』, 학연문화사.

권병탁

  1987 「신라 관개제도연구: 영천 청제를 중심으로」,『신라문화제 학술발
      표회 논문』8, pp.161-174.

김광억

  1985 「국가형성에 관한 인류학적 이론과 한국고대사」,『문화인류학』17,
      pp.17-33.

김용성

  1997 『대구·경산지역 고총고분의 연구』, 영남대학교 대학원 문화인류
      학과 박사학위 논문.

김정배

  1983 『한국 민족문화의 기원』, 고려대학교출판부.

김창호

  1998 「영천 청제비 병진명의 축조연대」,『경주대학교 논문집』10, pp.643-
      655.

동아대학교박물관

1993 『밀양 수산제 수문지 기초조사보고서』, 동아대학교 박물관.

박광렬

2007 「신라 적석목곽분 출토 황금유물과 초전불교」, 『문화사학』 27,
pp.203-228.

박영철 · 이상길 · 서영남

2000 「경남 울산 무거동 옥현 유적의 구석기시대 유물검토」. 『영남고고
학』 26, pp.25-40.

박정화

2006 「상주 공검지의 축조과정과 그 성격」, 『한국 고대의 국가권력과 수
리시설(계명대학교 사학과 쉰돌기념 국제학술대회, 한 · 중 · 일의
고대 수리시설 비교 연구 발표요지)』, 계명대학교 한국학연구원, pp.
43-55.

배덕환

2000 『한반도 동남부지역 청동기시대 마을 연구』, 동아대학교 고고미술
사학과 석사논문.

부산대학교 박물관

1995 『울산 검단리 마을 유적』, 부산대학교 박물관.

성정용

2006 「김제 벽골제의 성격과 축조시기 재론」, 『한국 고대의 국가권력과
수리시설(계명대학교 사학과 쉰돌기념 국제학술대회, 한 · 중 · 일
의 고대 수리시설 비교 연구 발표요지」, 계명대학교 한국학연구원,
pp. 25-42.

신경철

1985 「고식등자고」, 『부대사학』 9, pp.57-99.

신용하

1986 『아시아적 생산양식론』. 까치출판사.

오성

1978 「영천 청제비 병진명에 대한 재검토」, 『역사학보』 79, pp.173-185.

영천시

2002 『 영천시 통계연보』, 한진출판사.

윤무병

1976 「벽골제 발굴보고」, 『백제연구』 7, pp.67-90.

1998 「벽골제의 제방과 수문」, 『김제, 벽골제 수리민속 유물전시
관 개관기념 국제학술토론회 발표논문집』, 김제벽골제개발위원
회 · 김제시 편, 신아출판사, pp.9-15.

이기동

1980 『신라 골품제 사회와 화랑도』, 일조각.

2006 「한국 고대의 국가권력과 수리시설」, 『한국 고대의 국가권력과 수리
시설(계명대학교 사학과 쉰돌기념 국제학술대회, 한 · 중 · 일의 고대
수리시설 비교 연구 발표요지)』, 계명대학교 한국학연구원, pp.1-8.

이기백

1984 『신라정치사회사연구』, 일조각.

이기백 · 이기동

1984 『한국 고대사 강좌』, 일조각.

이병도 · 김재원

1959 『한국사: 고대편』, 을유문화사.

이상길 · 김미영

2003 「밀양 금천리 유적」, 『고구려 고고학의 제문제(제27회 한국 고고학
전국대회 발표 논문집)』, pp. 159-184.

이우태

1985 「영천 청제비를 통해 본 청제의 축조와 수치」, 『변태섭 박사 화갑 기념 사학 논총』, 삼영사, pp. 101-124.

1992 「신라의 수리기술」, 『신라문화제 학술발표회 논문』 13, pp.35-50.

이홍종 · 박성희 · 이희진

2004 『마전리 유적』, 고려대학교 매장문화재연구소.

이희준

2007 『신라고고학연구』, 사회평론.

임창순

1958 「대구에서 신 발견된 무술오작비소고」, 『사학연구』 1, pp.1-17.

전덕재

2007 「통일신라의 수전농법과 영천 청제」, 『한 · 중 · 일의 고대 수리시설 비교연구(계명대학교 한국학 연구총서)』 18, pp.125-168.

주보돈

1992 「영천 청제비」, 『역주 한국고대사금석문, 제2권(신라 1 · 가야 편)』, 한국고대사회연구소 편, 오정인쇄, pp.24-29.

2002 『금석문과 신라사』, 지식산업사.

최광식

1987 「고대 국가형성에 대한 이론적 검토」, 『신라문화』 3 · 4, pp.73-86.

최병현

1992 『신라 고분연구』, 일지사.

1993 「신라 고분 편년의 제문제: 경주 월성로 · 복천동 · 대성동고분의 상대편년을 중심으로」, 『한국고고학보』 30, pp.101-143.

최종규

1983 「중기 고분의 성격에 대한 약간의 고찰」, 『부대사학』 7, pp.1-45.

하일식

　　2006 「영천 청제비 병진명과 정원명: 지금까지 연구와 앞으로의 과제」,
　　　　『한국 고대의 국가권력과 수리시설(계명대학교 사학과 쉰돌기념 국
　　　　제학술대회, 한・중・일의 고대 수리시설 비교 연구 발표요지)』, 계
　　　　명대학교 한국학연구원, pp.82-90.

石上英一

　　1974 「古代における日本の稅制と新羅の稅制」, 『古代朝鮮と日本』, 朝鮮史
　　　　研究會編 旗田巍監修, pp.227-264. 龍溪書舍, pp.227-264.

Robert McC Adams, *The Evolution of Urban Society* (Chicago: Aldine 1966).

Karl W. Butzer, *Early Hydraulic Civilization in Egypt: A Study in Cultural
　　Ecology* (Chicago: University of Press 1976).

Robert L. Carneiro, "A Theory of the Origin of the State," *Science* 169 (1970),
　　733-738.

Theodore E. Downing, and McGuire Gibson. Editors, "Irrigation's Impact
　　on Society," *Anthropological Papers of the University of Arizona
　　No. 25* (Tucson: The University of Arizona Press 1974).

Timothy K. Earle, *Economic and Social Organization of a Complex
　　Chiefdom: The Kalelea District, Kaua'i, Hawaii.* Anthropological
　　Papers of the University of Michigan No. 63. (Ann Arbor: The
　　University of Michigan 1978).

Timothy K. Earle, "Prehistoric Irrigation in the Hawaiian Islands: An
　　Evaluation of Evolutionary Significance," *Archaeology and Physical
　　Anthropology in Oceania* 15 (1980), 1-28.

Timothy K, Earle, *How Chiefs Come to Power: The Political Economy in
　　Prehistory* (Stanford: Stanford University Press 1997).

Robert C. Hunt, "Size and the Structure of Authority in Canal Irrigation Systems," *Journal of Anthropological Research* 44 (1988), 335-355.

Robert C. Hunt, "Appropriate Social Organization? Water User Associations in Bureaucratic Canal Irrigation Systems," *Human Organization* 48 (1989), 79-90.

Robert C. Hunt and Eva Hunt, "Canal Irrigation and Local Social Organization," Current *Anthropology* 17 (1976), 389-411.

Robert C. Hunt, David Guillet, David R. Abbott, James Bayman, Paul Fish, Suzanne Fish, Keith Kintigh, and James A. Neely, "Plausible Ethnographic Analogies for the Social Organization of Hohokam Canal Irrigation," *American Antiquity* 70 (2005), 433-456.

Edward P. Lanning, *Peru before the Incas* (Englewood Cliffs: Prentice-Hall Press 1967).

Edmund R. Leach, "Hydraulic Society in Ceylon," *Past and Present* 15 (1959), 2-26.

Edmund R. Leach, *Pul Eliya: A Village in Ceylon.* New York: Cambridge University Press 1961).

Susan H. Lees, *Sociopolitical Aspects of Canal Irrigation in the Valley of Oaxaca.* Memoirs of the Museum of Anthropology, University of Michigan, No. 6. (Ann Arbor: The University of Michigan 1973).

Ren Millon, "Variations in Social Response to the Practice of Irrigation Agriculture," *Civilization in Arid Lands* (ed. by R. Woodbury). University of Utah Anthropological Papers, No. 62. (Salt Lake City: The University of Utah Press 1962), 56-88.

William P. Mitchell, "The Hydraulic Hypothesis: A Reappraisal," *Current Anthropology* 14 (1973), 532-534.

Robert McC. Netting, "The System Nobody Knows: Village Irrigation in the Swiss Alps," *Irrigation's Impact on Society* (ed. by Theodore E. Downing, and McGuire Gibson). Anthropological Papers of the University of Arizona No. 25. (Tucson: The University of Arizona Press 1974), 67-75.

Linda Nicholas and Jill Neitzel, "Canal Irrigation and Sociopolitical Organization in the Lower Salt River Valley: A Diachronic Analysis," *Prehistoric Agricultural Strategies in the Southwest* (ed. by Suzanne Fish and Paul Fish). Arizona State University Anthropological Research Papers No. 33. (Tempe: Arizona State University 1984), 161-178.

Chan-kirl Pak and Kyung-rin Yang, "KAERI Radiocarbon Measurements III," *Radiocarbon* 16 (1974), 162-197.

Richard Pearson, Jong-wook Lee, Wonyoung Koh, and Anne Underhill, "Social Ranking in the Kingdom of Old *Silla*, Korea: Analysis of Burials," *Journal of Anthropological Archaeology* 8 (1989), 1-50.

Bryan Pfaffenberger, "Fetishised Objects and Humanised Nature towards and Anthropology of Technology," *Man* 23 (1989), 236-252.

Barbara Price, "Pre-Hispanic Irrigation Agriculture in Nuclear America," *Latin American Research Review* 6 (1971), 3-60.

Barbara Price, "Shifts in Production and Organization: A Cluster-Interaction Model," *Current Anthropology* 18 (1977), 209-233.

David Price, "Wittfogel's Neglected Hydraulic/Hydro agricultural Distinction," Journal of *Anthropological Research* 50 (1994), 187-204.

William T. Sanders and Barbara J. Price, *Mesoamerica: The Evolution of a Civilization.* (New York: Random House 1968).

Vernon L. Scarborough, "Water Management Adaptations in Nonindustrial Complex Societies: An Archaeological Perspective," *Archaeological Method and Theory* vol. 3 (ed. by Michael B. Schiffer) (Tucson: The University of Arizona Press 1991), 101-154.

Elman R. Service, *Origins of the State and Civilization: The Process of Cultural Evolution* (New York: W. W. Norton and Company 1975).

Charles Stanish, "The Hydraulic Hypothesis Revisited: Lake Titicaca Basin Raised Fields in Theoretical Perspective," *Latin American Antiquity* 5 (1994), 312-332.

Karl A. Wittfogel, *Oriental Despotism: A Comparative Study of Total Power* (New Haven: Yale University Press 1957).

Richard B. Woodbury, "A Reappraisal of Hohokam Irrigation," *American Anthropologist* 63 (1961), 550-560.

삼국시대 낙동강 수로를 둘러싼 신라와 가야세력

전 덕 재 _ 경주대학교 문화재학부 교수

I. 낙동강의 생태

낙동강은 강원도 태백산 황지에서 發源하여 영남 전 지역을 유역권으로 하여 그 중앙 저지대를 南流하다가 南海로 흘러들어가는 하천이다. 신라가 삼국을 통일한 이후부터 조선시대까지 낙동강은 선박의 운항로로서 널리 이용되었다. 그러나 삼국시대에 신라와 가야세력이 낙동강을 경계로 대치하였으므로 단순히 수로교통로로서만 주목받았다고 보기 어렵다. 낙동강 수로의 통제권을 장악하는 것은 두 나라의 死活이 걸린 문제였으므로 그 중·하류에 위치한 나루들은 전략적 요충지로서 적극 활용되었다고 볼 수 있기 때문이다.

삼국시대에 개설한 낙동강 하류의 대표적인 나루가 黃山津과 두 곳의 伽倻津(加耶津)이다. 낙동강을 경계로 신라와 가야세력이 대치할 때에 신라는 이것들을 기반으로 그 수로를 통제 장악하고, 나아가 그 서안의 가야세력을 압도하며 성장할 수 있었다.[1] 낙동강 중류에[2] 위치한 나루 가운데 『三國史記』에 전하는 것이 加兮津이다.[3] 가혜진은 경북 고령군 개진면 개포리에 위치한 開山津(開浦)으로 비정된다. 이밖에 낙동강 중류에 위치한 나루의 현황은 조선시대 지리서와 고지도에서 살필 수 있다. 비록 문헌자료에 전하지 않지만, 신라와 대가야가 낙동강을 경계로 대치하고 있을 때에 이것들이 동안과 서안을 연결하는 교통로로서 뿐만 아니라 낙동강 수로교통의 요지로서 중시되었을 것으로 짐작된다. 이러한 추정은 나루 근처에 신라와 대가야가 산성을 쌓은 사실을 통하여 보완할 수 있다. 신라와 대가야가 한편으로 이들 나루를 통한 상대방의 침략에 대비하기 위하여, 다른 한편으로 낙동강 수로교통의 안전을 담보하기 위하여 나루 근처에 산성을 쌓았다고 볼 수 있기 때문이다.

본고는 조선시대 지리서와 고지도에 전하는 나루의 위치를 고증한 다음,

이들과 낙동강 중류에 분포하는 산성과의 관계를 고찰하고, 이것을 기초로 하여 낙동강 수로를 둘러싼 신라와 대가야의 동향을 살피기 위하여 준비된 것이다. 이를 위하여 다음과 같은 순서로 논지를 전개할 예정이다. 먼저 Ⅱ 휴에서는 낙동강 중류에 沿한 여러 郡에서 편찬한 郡誌 등을 참고하여 조선시대 지리서와 고지도에 전하는 나루의 위치를 고증하고, 이어서 지표조사를 통하여 확인된 산성과 이들 나루와의 관계를 고찰할 것이다. 특히 여기서는 삼국시대에도 이들 나루가 낙동강 동안과 서안을 연결하는 교통로로서 활용되었기 때문에 그 근처에 산성을 집중적으로 쌓았음을 논증하는 데에 초점을 맞출 것이다. Ⅲ휴에서는 앞 장의 검토 결과를 기초로 하여 4세기~6세기 전반 사이에 낙동강 수로를 둘러싸고 전개된 신라와 대가야의 대립 양상과 그 변천을 고찰하려고 한다. 여기서는 먼저 신라가 5세기 무렵에서 중반까지 낙동강 수로를 확고하게 통제, 장악하였다가 5세기 후반에 대가야가 성장하면서 낙동강 수로를 둘러싸고 두 나라가 첨예하게 대립한 사실을 고찰한 다음, 이어서 4세기 낙동강 수로를 둘러싼 신라와 가야세력의 동향을 살필 예정이다. 본고가 향후 낙동강 수로교통의 역사적 추이를 연구하는 데에 기초 자료가 되기를 바라며, 아울러 신라와 가야의 관계를 새로운 시각에서 접근한 연구로서 주목받기를 기대한다. 부족한 점은 추후에 보완할 것을 약속하는 바이다. 많은 질정을 바란다.

Ⅱ. 낙동강 중류의 나루와 산성

낙동강 중류의 나루 현황

대구광역시 달성군을 비롯하여 낙동강을 끼고 있는 여러 시·군의 문화유적분포지도에 많은 수의 나루터가 표시되어 있다. 이들 나루터 가운데 대부분은 1905년 경부선 철도 개설 이후 쇠락의 길을 걷기 시작하여 현재 거의 활용되지 않고 있다. 철도와 자동차가 교통수단으로 널리 쓰이기 이전 시기에 낙동강의 수로를 통한 선박의 운항이 활발하게 이루어졌고, 그에 따라 낙동강가에 위치한 포구와 나루가 교통이나 교역의 중심지로서 널리 각광을 받았음은 주지의 사실이다. 조선시대에 간행된 여러 지리서와 고지도에 낙동강 중류지역의 나루에 대한 정보가 전하는데, 그것들은 당시 낙동강 수로를 통한 輪運의 요지이거나 또는 낙동강 동안에서 서안을 연결하는 교통로로 기능하였을 것으로 추정된다. 다음의 〈표 1〉은 조선 전·중기의 지리서에 전하는 낙동강 중류지역의 나루들을 조사하여 정리한 것이다. 이 가운데 대구도호부의 금호진, 달천진, 저탄진은 금호강에, 황둔진은 황강에, 정암

〈표1〉 조선 전·중기 지리서에 보이는 낙동강 중류지역의 나루 일람표

지리서 / 군현명	고려사 지리지	경상도지리지	세종실록지리지	경상도속찬지리지	신증동국여지승람
대구도호부	東安津(하빈현) 沙門津(화원현)			琴湖津 達川津 楮灘津 (모두 금호강에 위치)	달천진 (금호강) 사문진 동안진
성주목		茂溪津(가리현) 東安津	동안진 무계진	동안진 무계진(가리현)	所耶江 (高道巖津) [5] 동안진 무계진
현풍현				杳谷津 馬丁津	답곡진 마정진 寡乙浦(신증) [6]
고령현	加兮津 (『삼국사기』에 전함)				開山江
초계군	黃苊津(황강)	황둔진 甘勿伊倉津	황둔진 甘勿尼倉津	황둔진	황둔진 甘勿倉津
창녕현		甘勿倉津 礪浦(馬首院津)		감물창진	감물창진 梨旨浦
의령현			鼎巖津(남강)	정암진	정암진 于叱浦

진은 남강에 위치한 나루이고, 그 밖의 나머지는 모두 낙동강 본류에 위치한 나루이다.[4]

대구광역시 경계와 연결되는 낙동강 중류의 나루로서 가장 북쪽에 위치한 것이 東安津이다. 경북 성주군 선남면 선원리의 무릉마을과 도원마을 사이에 東安倉이라고도 부른 신창(新倉 또는 새창)이 위치하였고, 그 근처에 동안진이 소재하였다고 알려졌다.[7] 여기서 낙동강을 건너면 대구광역시 달성군 하빈면 하산리 霞鶩亭나루에 닿았다. 현재 하산리와 선원리 사이에 성주대교가 가설되어 있다. 대구도호부의 낙동강가에 위치한 또 다른 나루가 沙門津으로서 낙동강과 금호강이 합류하는 달성군 화원읍 성산 1리에 위치하였다. 여기서 낙동강을 건너면 고령군 다산면 호촌 2리 사문마을에 닿았다. 사문진은 호촌리에서 모래를 거쳐 배를 탄다고 하여 붙여진 명칭이라고 한다.[8]

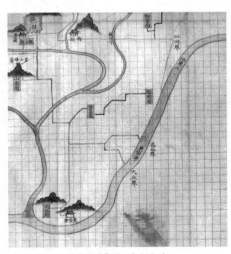

〈그림 1〉 동안진(조선후기 지방지도)

동안진과 더불어 성주목에 위치한 대표적인 나루가 바로 茂溪津이다. 현재 고령군 성산면에 무계리란 마을이 존재하며, 나루의 명칭은 여기에서 유래되었을 것이다. 19세기 말 발간 지도에 무계진은 낙동강의 하중도에 위치하였다고 전하며, 후에 홍수에 의하여 유실되었다고 알려졌다.[9] 그 후 낙동강 서안 나루의 현황과 관련하여 근대에 開山津, 沙門津과 더불어 고령의 3진으로 일컫는 陶津이 무계리 남쪽인 강정리 강정마을에 위치하였음을 주목할 필요가 있다. 강정마을에서 三大里 멍더미에 이르기까지 늪이 조성되어 있었다. 마을 뒷산의 명칭을 따서 그것을 德山浦라고 부른다. 강정마을뿐만 아니라 멍더미에도 낙동강을 건너가는 나루(멍덤나루 또는 德山津)가 존재하였다. 陶津은 엄밀하게 말하여 강정마을에 위치한 나루와 멍덤나루 모두를 지칭하는 것이라고 볼 수 있다. 도진은 주변의 沙彙陶窯地와 箕山陶窯地에서 생산된 도자기를 이곳 나루를 통하여 김해, 안동 등 각지로 반출한 것에서 유래하였다고 한다.[10] 무계리의 무계마을에 위치한 무계진이 홍수에 의하여 유실된 이후에 강정리와 삼대리의 도진이 크게 번성하였음을 엿보게 해준다. 무계진과 도진의 맞은편은 대구광역시 달성군 논공읍 위천리에 해당한다. 무계진을 一名 明德津이라고 불렀다고 하며, 위천리 낙동강변에 위치한 명덕마을에서 유래된 것이다. 위천마을에 나루가 있었기 때문에 위나리, 또는 우나리라고 부르기도 한다.[11]

『경상도속찬지리지』와 『신증동국여지승람』에 현풍현에 畓谷津과 馬丁津이 위치하였다고 전한다. 답곡진은 畓谷津이라고도 표기하며, 고령군 우곡면 답곡리 논실마을에 위치하였다. 답곡리란 명칭은 여기에 논이 많아서 논실(畓谷)이라고 부른 데서 유래하였다고 한다.[12] 낙동강을 건너면 대구광역시 달성군 구지면 倉 1里 창골(倉洞) 또는 花山 2리에 닿았다. 답곡진 하류에 馬丁津이 있었다. 마정진은 『경상도속찬지리지』에 처음 나온 이래 여러 지리서나 고지도에도 빠짐없이 언급되었다. 다만 『조선 후기 지방지도』(경상도편) 현풍현지도에는 마정

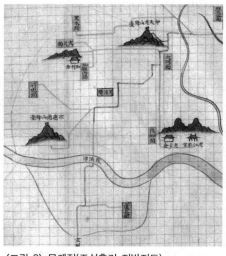

〈그림 2〉 무계진(조선후기 지방지도)

〈그림 3〉 대암진

진은 보이지 않고, 대신 답곡면 남쪽에 臺巖津과 客基津만이 표시되어 있을 뿐이다. 『해동지도』 현풍현지도 설명문에 마정진에 관한 언급이 보이나 정작 지도에는 그것을 표시하지 않았다.

1871년에 간행된 현풍현읍지에 臺巖津은 현 서쪽 20리에 위치한다고 전한다. 그런데 『신증동국여지승람』 권27 경상도 현풍현 산천조나 『여지도서』 현풍현읍지 산천조에 臺巖이 현 서쪽 또는 서남쪽 25리에 소재한다고 전한다. 대암은 현재 대구광역시 달성군 구지면 대암 1리 낙동강변에 있다. 이 마을에서 낙동강 건너편의 고령군 우곡면 포리 개밭골을 연결하는 나루가 존재하였는데, 그것을 臺巖津 또는 대바우나루, 대방우나루라고 부른다.[13] 『신증동국여지승람』 등에서 마정진은 현 남쪽 27리 답곡진 하류에 있다고 언급하였다. 대암이 현 서남쪽 25리에 위치하였으므로 마정진은 그것보다 대략 2리 정도 아래쪽에 있었던 셈이 된다. 『조선 후기 지방지도』(경상도편) 현풍현지도에 대암진 아래에 客基津이 있다고 표시되어 있다. 객기진은 다른 지리서나 고지도에 보이지 않는다. 지도상으로 대암진과 객기진의 거리가 얼마였는가를 판별하기 어렵지만, 마정진이 대암 남쪽 2리 정도에 위치한 나루였음을 참조하건대, 그것은 객기진과 동일한 나루거나 아주 가까운 거리에 있었다고 추정하여도 크게 잘못은 아닐 듯싶다.

객기진은 경북 고령군 우곡면 객기리 손터마을에 위치한다. 여기서 낙동강을 건너면 경남 창녕군 이방면 송곡리 새골마을에 닿는다. 새골마을은 구지면 대암 2리와 경계지점이면서 대암 1리에 위치한 대암과 약간 떨어진 거리에 있다. 낙동강 서안의 객기리는 會川과 낙동강이 합류하는 지점의 북쪽에 위치하였고, 회천 남쪽은 합천군 덕곡면지역이다. 이처럼 객기진이 옛 현풍현과 창녕현 및 초계군의 경계지점에 위치한 나루였다는 점에서 여러 지리서에 현풍현 남쪽 낙동강에 위치하였다고 전하는 馬丁津과 매우 밀접한 관계를 지녔음이 확실시된다.[14]

조선 전 · 중기 초계군에 위치한 나루가 黃芚津과 甘勿倉津이다. 황둔진은 낙동강이 아니라 黃江(또는 黃芚江)에 위치한 나루로서 경남 합천군 쌍책면 성산리 내촌마을에 위치하였다. 근래에는 성산나루라고 불렀다. 나루의 南岸에 橫步院이 위치하였는데, 이에 근거하여『조선 후기 지방지도』(경상도편) 초계군지도에서는 황둔진을 橫步院津이라고 표기하였다. 또『해동지도』초계군지도에서는 그것을 行步津이라고 표기하였다. 감물창진은 경남 창녕군 이방면 현창리 대밭골과 합천군 청덕면 대부리를 연결하던 나루이다. 이

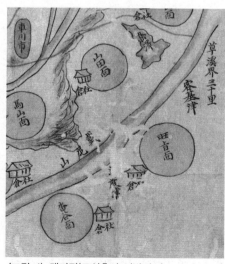

〈그림 4〉 객기진(조선후기 지방지도)

것은 玄倉津이라고도 부른다. 감물창진의 명칭은 甘勿倉이 위치한 津이라는 뜻으로서 현창리 倉山마을에 창고가 있었다고 알려졌다.[15]

이밖에 조선 전 · 중기 창녕현에 礪浦와 梨旨浦, 의령현에 于旽浦가 낙동강변에 위치하였다고 전한다.『경상도지리지』序 道內租稅捧上條에 창녕현의 稅穀은 현의 서쪽 礪浦에

서 배에 싣고 낙동강 수로를 따라 慶原倉까지 운송하였다는 내용이 보인다.[16] 여포는 창녕현의 서쪽 낙동강가에 위치한 것으로 추정되지만, 그에 대한 기록은 더 이상 찾을 수 없다. '여늪(여눕)'을 音借하여 한문으로 표기하면 礪浦가 된다. 여늪과 관련이 깊은 나루가 바로 조선 후기의 읍지와 고지도에 보이는 馬首院津이다. 이것은 창녕군 유어면 부곡리와 의령군 낙서면 여의리 여늪(여눕)나루를 연결하던 나루였다. 馬首라는 지명은 마을의 형상이 말과 같다고 하여 유래되었다. 이 마을에 仇谷院이 소재하여서 일반적으로 馬首院이라고 불렀다고 한다.[17] 마수원의 낙동강 건너편 의령군 낙서면 여의리는 옛날 제방이 없던 시절에 온통 수침지역으로서 군데군데 늪이 있어 여늪(여눕)이라고 불렀다고 하는데, 이것을 音借하여 礪浦라고 표기한 것으로 보인다.[18] 마수원이란 표현은 이미 임진년(1592) 초여름에 정인홍이 쓴 「遺與兒孫昌後看」이란 글에 보이며,[19] 18세기 후반에 이종휘가 지은 「世管亭記」에 '馬首院津'이라는 표현이 보인다.[20] 조선 중기에 이미 낙동강 동안의 마수원마을에 위치한 나루를 마수원진이라고 불렀음을 알려주는 것이다. 아울러 礪浦라는 명칭에서 조선 전기에 그것을 여늪(여눕)이라고도 불렀음을 짐작해볼 수 있다.

이지포는 창녕군 이방면 성산리 배말리(梨旨)와 그 동편 토평천 건너 유어면 가항리지역에 걸쳐 있었던 커다란 늪을 가리킨다. 유어면 가항리 웃등대마을의 맞은편 낙동강 서안에 위치한 나루가 바로 上浦(웃개나루)이다. 『신증동국여지승람』 권31 경상도 의령현 산천조에 世干川과 낙동강이 교차하여 흐르는 곳에 于叱浦가 위치한다고 전한다. 세간천은 현재 新反川이라고 부르며, 상포는 바로 신반천과 낙동강이 합류하는 지점에 위치하였다. 우질포와 상포는 동일한 나루를 가리키는 셈이 된다. 본래 于叱浦는 웃개의 音·訓借에 해당한다. 즉 于(亏)는 그 음이 '우'이고, 叱은 略音借로서 사이 시옷이며, 浦는 그 訓이 '개 포'이다. 따라서 우질포는 '웃개'란 우리말을 음과

지리서 / 군현명	여지도서	해동지도	1832년 읍지	대동지지	동여도	1871년 읍지	조선 후기 지방지도	1895년 읍지
대구도호부	達川津(금호강) 沙門津 東安津	江亭津 동안진 사문진 22)	달천진 동안진	琴湖津(금호강) 沙門驛	달천진	달천진 안동진 (동안진)	강창진 無咎津 이천진 강정진	달천진 동안진
성주목	所耶江(高道巖津) 東安津 茂溪津	동안진 무계진	동안진 사문진 무계진	동안진 무계진	동안진 茂溪	동안진 무계진		所也江(고도암진 또는 孔巖津) 동안진 사문진 무계진 蔚於津(초계) 23)
현풍현	沓谷津 馬丁津 寡乙浦	답곡진 마정진 栢山津 雙山津 津渡 과을포	답곡진 마정진 과을포	답곡진 마정진		답곡진 마정진 과을포	客基津 대암진 백산진 水門津	畓谷津 마정진 대암진 과을포
고령현	開山江(開山浦)	開山津 桃津	개산강(개산포)			개산강(개산포)	개산포	개산강(개산포)
초계군	黃芚津(황강) 甘勿倉津	行步津(황둔진) 감물창진 三鶴津 仰津	황둔진 감물창진 삼학진(지도)	황둔진 玄倉津(감물창진) 삼학진 앙진	황둔강진 삼학진 앙진	황둔강(진) 감물창진 삼학진	畝洞津(황강) 24) 橫步院津(황강) 삼학진 앙진 현창진	황둔강(진) 감물창진 삼학진
창녕현	甘勿倉津 梨旨浦 牛山津 馬首院津 朴只谷津	감물창진(현창진) 마수진 박지곡진 삼학진 우산진 亏於津(蔚津) 이지포	감물창진 이지포 우산진 울진 마수원진 박지곡진	박지곡진(津) 우산진 마수원진 감물창진	감물창진 박지곡진 우산진 이지포	감물창진 이지포 우산진 마수원진 박지곡진	朴只津 앙진 우산진 현창진	감물창진 이지포 우산진 울진 마수원진 박지곡진
의령현	鼎巖津(남강) 亏叱浦 朴津	정암진 우질포	정암진 우질포 박진	정암진 박진	정암진 우질포	정암진 우질포 박진	박진 濂倉津(남강)	上浦 林津 馬首津 25)

훈을 차용하여 한문으로 표기한 것이라고 할 수 있다. 일반적으로 상포라는 명칭은 이것이 의령현의 나루 가운데 가장 위쪽에 위치한 것이었기 때문에 웃개, 즉 가장 위(상류쪽)의 나루라고 불렀던 것에서 유래하였다고 이해한다.[21]

<표 2>는 조선 후기의 읍지나 고지도에 보이는 낙동강변의 나루를 조사하여 정리한 것이다. 조선 전·중기의 지리서에 보이는 나루들이 대체로 조선 후기의 읍지와 고지도에도 보이는 편이라고 말할 수 있다. 반면에 조선 후기의 고지도와 읍지에만 언급된 나루들이 여럿 있는데, 대구도호부의 江亭津과 江倉津, 현풍현의 栢山津과 雙山津, 臺巖津, 水門津, 客基津, 津渡, 고령현의 開山浦와 桃津, 초계군의 三鶴津과 仰津, 창녕현의 牛山津, 蔚津(?於津), 朴只谷津(朴津), 馬首院津, 의령현의 朴津과 馬首津 등이다. 이 가운데 대암진과 객기진은 앞에서 그 위치를 고증하였고, 창녕현의 박지곡진과 의령현의 박진, 마수원진과 마수진은 동일한 나루를 가리킨다고 볼 수 있다.

대구도호부의 강정진은 대구광역시 달성군 다사읍 죽곡 2리 강정마을에 위치한 나루로서 여기서 배를 타고 건너면 고령군 다산면 곽촌리에 닿는다. 강창진은 금호강 하류인 대구광역시 달서구 파호동 강창마을에 위치하였다. 파호동의 옛 이름은 머무강창이었으며, 머무동은 금호강으로 올라오는 소금배가 머무는 동네라는 것에서 유래되었다고 한다.[26]

현풍현의 栢山津은 고령군 개진면 옥산리에 위치한 나루로서 여기서 배를 타고 낙동강을 건너면 대구광역시 달성군 현풍읍 자모리에 닿았다. 본래 개진면의 玉山里는 옛날 벼슬아치들이 귀양살이하던 玉島와 잣나무가 많았던 잣나무산(잣뫼, 栢山)이 있어 玉島의 '玉' 자와 잣나무산, 즉 栢山의 '山' 자를 합친 것에서 유래되었다고 한다.[27] 백산진을 잣미나루(잣뫼나루), 옥산나루라고 부르기도 하며, 옥산리에서 현풍읍 오산리로 건너가는 홀개나루(笏浦津)도 있었다. 雙山津과 관련하여 쌍산이 대구광역시 달성군 논공읍 남 1리에 위치하고, 거기에 쌍산역터가 있다는 점이 주목된다. 남 2리에서 배를 타고 낙동강을 건너면 고령군 개진면 인안 2리에 닿는데, 현재 인안 2리에 위치한 나루를 인안나루라고 부른다. 쌍산진은 바로 낙동강 동안의 논공읍 남 2리에 위치한 나루를 가리킨다고 볼 수 있다.

水門津은 대구광역시 현풍읍 성하 2리에 위치한 나루이다. 성하 2리에서 강을 건너면, 고령군 개진면 부리에 닿는다. 여기에 『신증동국여지승람』 등의 여러 지리서에 전하는 長澤(長池), 즉 진늪이 있었다. 진늪 동쪽에 나루머리(津頭), 또는 津村이라는 마을이 있었다.[28] 일반적으로 나루머리를 웃배가

나루라고 부르며, 이 나루의 맞은편 나루가 박석진나루이다. 현재 두 나루 사이에 박석진교가 놓여 있다. 달성군의 『문화유적분포지도』에 웃배가나루는 진두들, 즉 장택의 동북쪽에 위치한 곳으로 표시되어 있다. 진두들 남쪽에서 강을 건너면, 물문나루, 즉 水門津에 닿는다. 이것은 서산성북쪽의 성하 2리를 연결하는 나루였다. 『해동지도』 현풍현지도에 보이는 津渡는 고령군 개진면 釜里 진늪의 동쪽에 위치한 나루머리(津頭)를 가리키는 것으로 보인다.

고령현의 동쪽을 흐르는 낙

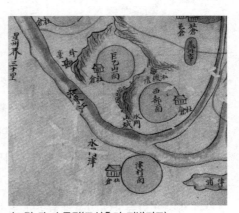

〈그림 5〉 수문진(조선후기 지방지도)

〈그림 6〉 수문진 전경

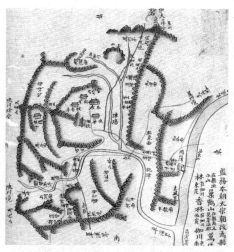

<그림 7> 개산진(해동지도)

동강을 여러 지리서에 開山
江이라고 부른다고 전한다.
조선 후기에 간행된 읍지와
고지도에 개산강변에 위치한
江倉이 開山浦에 위치한다고
언급하였다.[29] 개산포는 開浦
라고 부르며, 고령군 개진면
개포 1리에 위치하였다.[30] 여
기서 배를 타고 낙동강을 건
너면 대구광역시 달성군 구지
면 도동 1리에 닿았다. 한편
고령현의 桃津은 낙동강 지류의 하나인 회천에 위치한 나루로서 고령군 우
곡면 도진리에 소재한 것이다. 초계군의 三鶴津은 합천군 덕곡면 삼학리(외
삼학마을)에 위치한 나루로서 창녕군 이방면 송곡리나 장천리 방면 또는 건
너편의 등림리나루 또는 江津나루와 연결하였다.[31] 한편 등림리나루에서 낙
동강을 건너 황강의 하류에 위치한 합천군 덕곡면 삼학리 말정마을이나 낙
동강과 황강이 합류하는 지점의 남쪽에 위치한 청덕면 적포리 상적포(창덕
중학교)와 연결하기도 하였다. 구한말에 제작된 지형도에는 적포 대신 南扉
라는 지명이 보여 적포의 옛 지명이 남비였음을 알려준다. 기존의 연구에 의
하면, 감물창진이 모래의 퇴적으로 쇠퇴한 1900년대 이후에 적포가 중요한
포구로서 등장하였다고 한다.[32]

고지도와 읍지에 초계군에 삼학진 이외에 仰津이 더 있다고 전한다. 앙진
은 합천군 청덕면 仰津里 적교마을에 위치한 나루인데, 이곳은 新反川과 낙
동강의 합류 지점 위쪽에 해당한다. 앙진은 우러리, 우르리나루라고도 부르
며, 거기에서 낙동강을 건너면 창녕군 이방면 현창리 梨南마을에 닿는다. 현

<표 3> 조선시대 지리서와 고지도에 보이는 낙동강 중류에 위치한 나루 현황

나루	낙동강 동안	낙동강 서안	출 전
東安津	대구광역시 달성군 하빈면 하산리 霞鶩亭나루	경북 성주군 선남면 선원리 새창마을	경지(경상도지리지), 세지(세종실록지리지), 속찬(경상도속찬지리지), 승람(신증동국여지승람), 여지도서, 해동지도, 32읍지(1832년읍지), 대동지지, 동여도, 71읍지(1871년 읍지), 지방지도(조선 후기 지방지도), 95읍지(1895년 읍지)
江亭津	대구광역시 달성군 다사읍 죽곡 2리 강정마을	경북 고령군 다산면 곽촌리	해동지도, 지방지도
江倉津	대구광역시 달서구 파호동 강창마을(금호강 하류)		지방지도
沙門津	대구광역시 달성군 화원읍 성산 1리	경북 고령군 다산면 호촌 2리 沙門	경지, 승람, 여지도서, 해동지도, 32읍지, 95읍지
茂溪津	대구광역시 달성군 논공읍 위천리 명덕마을	경북 고령군 성산면 무계리	경지, 세지, 속찬, 승람, 여지도서, 해동지도, 32읍지, 대동지지, 동여도, 지방지도, 95읍지
雙山津	대구광역시 달성군 논공읍 남 2리	경북 고령군 개진면 인안 2리 인안나루	해동지도
寡乙浦	대구광역시 달성군 현풍읍 성하 2리	경북 고령군 개진면 부리 진늪(長澤) 나루머리(津頭) 근처	승람(신증), 여지도서, 해동지도, 32읍지, 71읍지, 95읍지
水門津	대구광역시 달성군 현풍읍 성하 2리	경북 고령군 개진면 부리 진두들 남쪽	지방지도
栢山津	대구광역시 달성군 현풍읍 자모리	경북 고령군 개진면 옥산리	해동지도, 지방지도
開山津	경북 고령군 개진면 개포 1리	대구광역시 달성군 구지면 도동 1리	여지도서, 해동지도, 32읍지, 71읍지, 지방지도, 95읍지
沓(畓)谷津	대구광역시 달성군 구지면 창 1리 창골 또는 화산 2리	경북 고령군 우곡면 답곡리 논실나루	속찬, 승람, 여지도서, 해동지도, 32읍지, 대동지지, 71읍지, 95읍지
臺巖津	대구광역시 달성군 구지면 대암 1리	경북 고령군 우곡면 포리 개밭골	71읍지, 지방지도, 95읍지
馬丁津(客基津)	경남 창녕군 이방면 송곡리 새골마을	경북 고령군 우곡면 객기리 정터마을 또는 손터마을	속찬, 승람, 여지도서, 해동지도, 32읍지, 71읍지, 지방지도(客基津), 95읍지
牛山津	경남 창녕군 이방면 장천리 우산마을 윗마	경남 합천군 덕곡면 율지리 율지동(밤마)	여지도서, 해동지도, 32읍지, 대동지지, 동여도, 71읍지, 지방지도, 95읍지
三鶴津	경남 창녕군 이방면 등림리 죽전마을	경남 합천군 덕곡면 삼학리 외삼학마을	해동지도, 32읍지, 대동지지, 동여도, 71읍지, 지방지도, 95읍지
甘勿倉津	경남 창녕군 이방면 현창리 대밭골	경남 합천군 청덕면 대부리	경지, 세지, 속찬, 승람, 여지도서, 해동지도, 32읍지, 대동지지, 71읍지, 지방지도(玄倉津), 동여도, 95읍지
黃芚津		합천군 쌍책면 성산리 내촌마을	고려사, 경지, 세지, 속찬, 승람, 여지도서, 해동지도(行步津), 32읍지, 대동지지, 동여도, 71읍지, 지방지도(橫步院津), 95읍지

	경남 창녕군		
仰津 (蔚津, 亏 於 津, 蔚 於津)	경남 창녕군 이방면 현창리 梨南마을	경남 합천군 청덕면 양진리 적교마을	여지도서, 해동지도(창녕현), 32읍지, 동여도, 71읍지, 지방지도, 95읍지
梨旨浦	경남 창녕군 이방면 성산리 배말리마을	?	승람, 여지도서, 해동지도, 32읍지, 동여도, 71읍지, 95읍지
亏叱浦 (上浦)	경남 창녕군 유어면 가항리 웃등대	경남 의령군 낙서면 아근리 웃개마을 (上浦)	승람, 여지도서, 32읍지, 동여도, 71읍지, 95읍지(上浦津; 의령군)
礪浦 (馬首院津)	경남 창녕군 유어면 부곡리	경남 의령군 낙서면 여의리 여늪(여늪)나리	경지(礪浦), 여지도서, 해동지도, 32읍지, 대동지지, 71읍지, 95읍지
朴津 (朴只谷津)	경남 창녕군 남지읍 월하리 월상마을 낙나리가	경남 의령군 부림면 경산리 박진마을	여지도서, 해동지도, 32읍지, 대동지지, 동여도, 71읍지, 지방지도, 95읍지

재 앙진리와 현창리 이남 마을 사이에 적포교가 가설되어 있다.[33] 창녕현의 仰津을 일부 고지도와 읍지에서는 蔚津(또는 蔚於津, ?於津)이라고 표기하였다. 우러리나루, 우르리나루를 音借하여 이렇게 표기한 것으로 보인다. 한편 창녕현에 우산진이 더 있었는데, 이것은 창녕군 이방면 장천리 우산마을의 윗마에서 합천군 덕곡면 율지리 밤마(율지마을)를 연결하던 나루였다.[34] 낙동강 서안의 나루를 율지나루라고 부르며, 회천과 낙동강이 합류하는 지점 남쪽에 위치하였다. 조선시대에 율지나루가 크게 번성하여 그 근처의 낙동 강변에 栗旨場이 서기도 하였다. 마지막으로 창녕현의 朴只谷津(朴津)은 창 녕군 남지읍 월하리 월상마을 낙나리가에 위치하였고, 그 맞은편의 의령현 박지곡진은 의령군 부림면 경산리 박진마을에 위치하였다. 박지곡진 아래에 洛東江과 南江이 만나는 지점인 창녕군 남지읍 용산리에 伽倻津(또는 岐江 津)이 위치하였다. 지금까지 살핀 낙동강 중류지역의 나루를 위쪽에서부터 정리하면 〈표3〉과 같다.

낙동강 중류 동·서안의 山城과 그 성격

앞 절에서 낙동강 중류지역의 나루들을 정리하였다. 현재 조선시대의 나루들이 삼국시대부터 존재한 것인가를 입증하기가 곤란하다. 다만 이들 나루의 근처에 신라와 대가야가 쌓았다고 추정되는 산성들이 분포하였는데, 이에서 삼국시대에도 이들 나루가 낙동강 동안과 서안을 연결하는 교통로였을 뿐만 아니라 낙동강 수로교통의 요지로서 중시되었음을 유추해볼 수 있다. 지금까지 지표조사 등을 통하여 조사된 산성들을 정리하면 다음과 같다.

〈표 4〉 낙동강 중류지역 동·서안에 위치한 산성 일람표

명칭	위치	소재지	종류	둘레	성벽형태	근처의 나루
하산리성지	동안	대구광역시 달성군 하빈면 하산리	테뫼식	788m	토석혼축	서안: 동안진
문산리성지	동안	대구광역시 달성군 다사읍 문산리	테뫼식	900m	토석혼축, 석축	
죽곡리성지	동안	대구광역시 달성군 다사읍 죽곡리	테뫼식	950m	석축	동안: 강정진
화원고성 (구라리, 성산토성)	동안	대구광역시 달성군 화원읍 구라리	테뫼식	850~1600m	토축, 토석혼축	동안: 사문진
월성리성지	서안	경북 고령군 다산면 월성리	테뫼식	300m	삭토, 토석혼축	동안: 사문진
위천리성지	동안	대구광역시 달성군 논공읍 위천리	테뫼식	250m	토석혼축	서안: 무계진, 도진
무계리성지	서안	경북 고령군 성산면 무계리	테뫼식	400m	토석혼축, 석축	서안: 무계진
봉화산성	서안	경북 고령군 성산면 강정리	테뫼식	700m?	토석혼축	서안: 도진
서산성(수문진성)	동안	대구광역시 달성군 현풍읍 성하 1리	테뫼식	800m	석축, 토석혼축	동안: 수문진
석문산성	동안	대구광역시 달성군 구지면 도동리 절골마을	포곡식	2600m	석축, 토석혼축	서안: 개산진
도진리성지	서안	경북 고령군 우곡면 도진리	테뫼식	700m	토석혼축, 석축	서안: 개산진
내리토성	동안	대구광역시 달성군 구지면 내리 상담마을	테뫼식	550m	삭토, 토석혼축	동안: 답곡진
독산성	서안	경남 합천군 덕곡면 학리·율지리	테뫼식	400m	토석혼축, 석축	동안: 우산진
송곡리성지	동안	경남 창녕군 이방면 송곡리	테뫼식	600m	토석혼축	동안: 우산진 서안: 마정진
등림리성지	동안	경남 창녕군 이방면 등림리	테뫼식	500m?	토석혼축	서안: 삼학진
상적포성지	서안	경남 합천군 청덕면 적포리 상적포마을	테뫼식	250m	토석혼축, 석축	서안: 적포
두곡리성지	서안	경남 합천군 청덕면 두곡리	테뫼식	500m	토석혼축	서안: 적포
성산성	동안	경남 창녕군 이방면 성산리	테뫼식	400m	토석혼축, 석축	동안: 이지포 서안: 상포
앙진리성지	서안	경남 합천군 청덕면 앙진리	테뫼식	200m	토석혼축	동안: 이지포 서안: 앙진, 상포
유곡리성지 구진산성지	서안	경남 의령군 지정면 유곡리	테뫼식	900m	토석혼축	서안: 박지곡진
(산정상부) 고곡산성지	동안	경남 창녕군 남지읍 고곡리	테뫼식	?	토석혼축	동안: 박지곡진
(돌출 구릉)	동안	경남 창녕군 남지읍 고곡리	테뫼식	428m	석축	동안: 박지곡진

<표 4>에 보이는 산성 가운데 『신증동국여지승람』 등을 비롯한 지리서와 고지도에 보이는 것은 화원고성, 石門山城(石山城), 西山城(水門鎭城, 水門山城)에 불과하다. 나머지는 지표조사를 통하여 조사된 것이다. 낙동강 중류의 대구광역시 경계에서 가장 북쪽에 위치한 산성이 하산리성지이다. 이것은 동안진 맞은편 낙동강 동안에 위치하였다.[35] 동안진은 성주군의 동편에서 南流하고 성주의 중심부를 흐르는 伊川과 낙동강이 합류하는 삼각지에 위치한 나루이다. 조선시대에 근처에 성주목의 稅穀을 모아 저장하는 東安倉(江倉)이 위치하였고, 여기에서 江船이 세곡을 싣고 동래 부산창으로 출발하였다고 전한다.[36] 동안진은 대구에서 다사읍을 거쳐 성주읍을 연결하는 육로교통의 요지였을 뿐만 아니라 낙동강 상류의 洛東津과 하류의 여러 포구와 나루를 연결하는 수로교통의 요지이기도 하였다. 하산리성지는 일차적으로 동안진에서 달성군 다사읍을 연결하는 육로교통로의 안전을 담보하기 위하여 쌓았다고 볼 수 있다. 나아가 조선시대에 동안진이 낙동강 수로교통의 요지였음을 감안하건대, 삼국시대에도 역시 그러하였다고 추론해볼 수 있다. 대체로 하산리성지를 5세기 말엽에 축조한 것으로 추정하므로[37] 신라에서 그것을 쌓았다고 봄이 합리적일 것이다.

죽곡리성지와 화원고성은 금호강과 낙동강이 합류하는 지점의 북쪽과 남쪽에 위치한 성이다. 두 산성의 근처에 각기 江亭津과 沙門津이 위치하였다. 두 나루는 금호강을 통해 대구로 들어가는 관문나루였다. 이 가운데 후자가 중요한 역할을 수행하였다. 조선 전기에 사문진이 낙동강 상류와 하류를 연결하는 수로교통의 요지로서 기능하였기 때문에 여기에 왜에서 이입된 물품을 보관하는 倭物庫를 설치하기도 하였다.[38] 화원고성의 축조 연대를 정확하게 알 수 없으나 대체로 그것이 본래 토성이었다는 점에 유의하여 4세기대로 추정하고 있다.[39] 사문진이 낙동강과 금호강 수로를 연결하는 수로교통의 요지이자 대구로 통하는 관문 역할을 수행하였으므로 일찍부터 신

라가 커다란 관심을 보였을
것이다. 이러한 추정은 근처
에 위치한 성산리고분군에
서 신라 양식의 토기를 비롯
하여 신라계통의 다양한 금
속유물이 다수 출토된 사실
을 통하여 보완할 수 있다.[40]
늦어도 5세기 초에 신라가

〈그림 9〉 사문진 전경

사문진을 개설하고, 그것을 보호하기 위하여 화원고성을 쌓았다고 보여지며,
신라는 그것을 기반으로 낙동강 중류지역의 수로를 확고하게 통제, 장악하
려고 노력하였을 것이다.[41] 대가야는 사문진을 통한 신라의 잠재적인 침략
에 대비하여 낙동강 서안에 관방시설을 정비할 필요가 있었을 텐데, 그것이
바로 다산면 월성리에 위치한 월성리성지이다.[42] 월성리 마을의 동편 낙동
강과 접하는 해발 40m 구릉에 위치하며, 여기서 낙동강 건너편의 화원고성
과 설화리성지, 화원읍 일대의 조망이 가능하다. 낙동강 동안에서 쳐들어오
는 신라군의 움직임을 조망하거나 또는 낙동강 수로를 감시할 수 있는 전략
적 요충지였던 것이다.[43]

조선시대에 동안진과 더불어 낙동강 중류지역의 나루를 대표하는 것이 고
령군 성산면 무계리에 위치한 茂溪津이었다. 무계진 근처의 강정리와 삼대
리에 陶津이 위치하였는데, 무계리와 더불어 이곳은 대구에서 논공읍을 지
나 고령을 연결하는 교통의 요지였을 뿐만 아니라 여기에서 북쪽으로 성주,
남쪽으로 현풍과 창녕으로 연결되었다. 이처럼 무계리가 육로교통의 요지였
기 때문에 조선시대에 여기에 茂溪驛을 설치하기도 하였다. 나아가 조선 인
조대에 인근의 전세곡을 성주의 茂溪倉에 輸運한 다음 漕運으로 서울에 납
입하였다는 기록이 전하므로[44] 낙동강 수로교통의 요지로서 중시되었다고

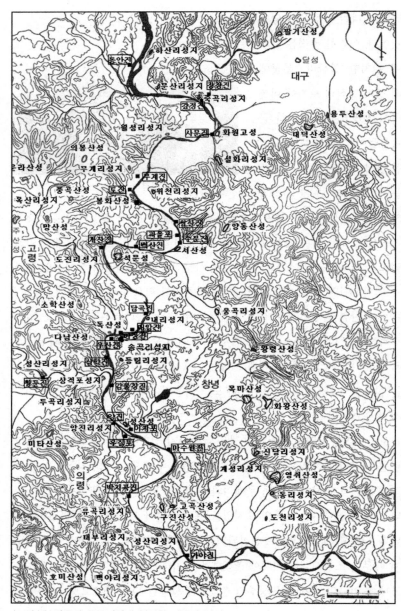

<그림 8> 낙동강 중류지역에 위치한 나루와 산성

볼 수 있다. 조선 후기에 무계진에서 어염과 농산물의 교환이 활발하게 이루어져 근처에 戊溪場이 개설되기도 하였다. 다만 조선 말기에 무계진이 낙동강의 홍수로 유실되면서 상대적으로 도진이 번성하였고, 그로 말미암아 무계장이 도진 근처의 득성리로 옮겨지기도 하였다.⁴⁵⁾

조선시대에 무계진이 육로와 낙동강 수로교통의 요지였음을 감안하건대, 삼국시대의 무계진과 도진 역시 그러하였을 것으로 짐작된다. 이런한 추정은 신라와 대가야가 낙동강 동안과 서안에 각기 위천리성 및 무계리성, 봉화산성을 쌓은 것을 통해서 방증할 수 있다. 무계진의 맞은편에 위치한 위천리에 위나리, 위나루라고도 불리는 明德津이 위치하였다. 위천리는 대구에서 논공을 거쳐 현풍, 창녕에 이르고, 다시 여기에서 낙동강을 건너 고령과 성주를 연결하는 교통의 요지였다. 신라는 낙동강 서안의 무계진 또는 도진에서 동안으로 진출할지도 모르는 대가야세력을 방비하기 위하여, 또는 육상과 낙동강 수로의 안전을 담보하기 위하여 위천리성을 쌓았을 것으로 짐작해볼 수 있다. 실제로 위천리성지는 낙동강의 곡류지점에 위치하여 거기에서 낙동강 서안 및 화원읍과 옥포면 일대, 현풍으로 유입되는 낙동강 지류의 조망이 가능하다.

대가야 역시 위천리에서 고령지역으로 진출하는 신라군에 대비하기 위하여 무계리성과 봉화산성을 쌓았을 것이다. 무계리성지 내에서 대가야식 토기가 발견되고, 인근에 위치한 박곡리고분군에서 출토된 토기들이 지산리고분군의 그것들과 양식이 비슷한 것을 통하여 이러한 추정을 뒷받침할 수 있다.⁴⁶⁾ 무계리성지 동편에서 북에서 남으로 흐르는 낙동강 지류와 아울러 건너편의 화원고성과 위천리성지를 조망할 수 있고, 남쪽으로 봉화산성을 중심으로 하는 성산면 일대를 조망할 수 있다. 무계리성은 성주방면의 교통로 근처에 위치한 것에 반하여 봉화산성은 낙동강 동안에서 고령방면으로 연결하는 교통로 근처에 위치하였다. 봉화산성에서 동안의 위천리성지를 비롯

한 옥포면에서 현풍읍에 이르는 넓은 지역이 시야에 들어오므로 위천리에서 도진을 통하여 고령으로 진출하는 신라군을 대비하거나 낙동강 수로의 감시를 위한 목적에서 그것을 축조하였다고 추정해볼 수 있다.

〈그림 10〉 개포리 전경

　수문진은 고령군 개진면에서 현풍읍을 연결하는 교통로상에 위치한 나루이다. 현재 대구와 창녕을 연결하는 5번국도가 현풍을 지난다. 따라서 낙동강 서안의 개진면에서 대구와 창녕을 가고자 할 때, 수문진을 통과하는 것이 가장 긴요하다고 볼 수 있다. 신라의 입장에서 대가야세력이 현풍방면으로 진출하는 것을 효과적으로 방어하기 위하여 수문진 근처에 산성을 쌓았을 것인데, 그것이 서산성, 즉 水門山城 또는 水門鎭城이다. 산성은 낙동강의 곡류지점이자 현풍천과 낙동강이 만나는 끝자락에 위치하였는데, 여기에서 낙동강을 비롯하여 건너편 고령 일대, 현풍에서 창녕으로 향하는 넓은 들을 조망할 수 있다. 반대편 낙동강 서안지역에서 서산성에 대응한 산성은 발견되지 않았다. 신라가 5세기에 이미 서산성을 축조하였다고 추정되므로[47] 수문진의 개설 시점 역시 그 무렵이나 그 이전으로 소급할 수 있지 않을까 한다.

　낙동강 수로를 이용하여 고령으로 가고자 할 때, 가장 빠르고 쉬운 코스가 바로 개진면 開山浦(開浦)를 거쳐 고령으로 나아가는 것이다. 개산포가 고령에서 가장 가까운 낙동강의 나루이기 때문이다. 낙동강은 대구와 현풍, 고령지역을 흐르면서 S자형으로 곡류하는데, 개산포는 낙동강의 곡류 구간 가운데 가장 서쪽에 위치한 나루에 해당한다. 이러한 입지 조건 때문에 조선 후기에 개산포에 고령의 稅穀을 儲峙하는 江倉을 두었고, 江船이 여기에서 稅

穀을 싣고 동래 부산창으로 출발하기도 하였다.[48] 개산포를 통하여 신라군의 낙동강 서안 진출을 예상해볼 수 있고, 대가야가 그것을 기반으로 동안 지역으로 진출하였음을 추정해볼 수 있다. 대가야와 신라는 상대방의 침략을 방어하기 위하여 도진리산성과 石門城을 쌓았을 것이다. 개산포 서쪽에 會川과 나란히 南走하는 능선이 위치하고, 도진리산성은 능선의 중턱에 해당하는 해발 300m 지점에 쌓은 것이다. 근처에 도진리고분군이 위치하고, 여기서 S자로 곡류하는 낙동강과 아울러 개산포를 조망할 수 있다. 개산포 근처에 개산리고분군이 위치한다. 이곳과 도진리고분군에서 대가야식 토기가 여럿 출토되었다.[49] 도진리산성을 쌓은 주체가 바로 대가야였음을 시사해주는 유물로서 주목된다. 석문성은 도진리성지 맞은편 낙동강 동안에 쌓은 것이다. 여기서 현풍에서 흘러오는 낙동강 및 맞은편 고령군 개진면 일대의 조망이 가능하다.

內里城址 역시 낙동강이 곡류하는 지점에 위치한 것인데, 근처에 畓谷津이 위치하였다. 답곡진을 거쳐 낙동강 동안으로 진출하는 대가야군의 침략을 방어하기 위하여 쌓은 것으로 추정된다. 답곡진 하류에 근래에 객기진으로 부른 馬丁津이 위치하였다. 그것에 대응하는 동안의 나루는 장천리 옆 마을인 송곡리 새골마을에 위치하였다. 마정진, 즉 객기진은 낙동강과 회천이 합류하는 북쪽에 위치하였고, 그 남쪽에 위치한 나루가 율지나루인데, 여기서 강을 건너면 창녕군 이방면 장천리 우산마을 윗마의 牛山津에 다다른다. 마정진과 우산진은 고령 및 합천군 초계에서 낙동강 동안의 현풍과 창녕을

〈그림 11〉 독산성

연결하는 교통로상에 위치하였다. 특히 우산진의 맞은편 율지리는 낙동강과 회천이 합류하는 수로교통의 요지이기도 하였다. 조선 후기에 율지나루를 이용한 교역이 활발하여 낙동강변에 율지장이 서기도 하였다. 마정진에서 출발하는 대가야군의 침략을 방어하기 위하여 신라가 쌓은 산성이 바로 송곡리산성이다. 이것은 이방면 송곡리의 낙동강변에 위치한 산성으로서 낙동강과 아울러 맞은편 고령군 우곡면과 아울러 낙동강과 회천의 합류지점의 조망이 가능하다.[50] 반면에 낙동강과 회천의 합류 지점 남쪽에 위치한 산성이 篤山城이다. 인근의 학리고분군에서 대가야식 토기가 출토되므로[51] 산성을 쌓은 주체는 대가야로 추정된다. 독산성에서 낙동강과 회천의 합류지점이 잘 조망되며, 나아가 창녕군 일대의 지형도 시야에 들어온다. 대가야가 우산진을 통하여 낙동강으로 진출하는 신라군을 방비하기 위하여, 그리고 낙동강 수로를 감시하기 위하여 독산성을 쌓은 것으로 보인다.

삼학진은 황강과 낙동강이 합류하는 지점 북쪽 외삼학마을에서 창녕군 이방면 송곡리나 장천리 방면, 또는 반대편의 등림리 죽전(대밭골)마을을 연결하는 나루이다. 등림리나루에서 낙동강을 건너 황강과 낙동강의 합류 지점인 합천군 덕곡면 삼학리 말정이나 청덕면 적포리 상적포(청덕중학교) 등과 통하기도 하였다. 등림리에 등림리성지가 소재한다. 낙동강 서안에서 창녕방면으로 진출하는 대가야세력을 방비하기 위한 목적에서 그것을 쌓았을 것이다.

창녕군 이방면 등림리 맞은편의 낙동강 서안에서 상적포성지와 두곡리성지가 조사되었다. 그것들은 모두 황강과 낙동강의 합류 지점 남쪽에 위치하였는데, 전자는 황강 하류와 아울러 그것이 낙동강과 합류하는 지점을 조망할 수 있는 곳에 위치하여 황강을 거슬러 올라가는 선박들의 동향을 감시, 견제하기에 유리한 입지적 조건을 지닌 것으로 평가된다. 두곡리성지는 상적포성지의 남쪽에 위치하였는데, 후자를 후방에서 보완해주는 성격을 지녔

〈그림 12〉 앙진리 성지

을 것이다.

조선시대에 합천군 초계에서 창녕으로 통하는 수로교통로상에 위치한 나루가 바로 甘勿倉津이었다. 『여지도서』 초계군읍지에 군의 세곡을 감물창진 근처의 낙동강 서안 江倉에 저치하였다가 거기에서 세곡을 江船에다 싣고 동래 부산창으로 싣고 갔다고 전한다.[52] 또한 1832년에 간행된 초계군읍지에 초계의 城內場을 소개하면서 '감물창진의 상선들이 어염을 싣고 와서 시장에 내다 팔았다'고 전하기도 한다.[53] 감물창진의 상선이 황강을 거슬러 올라가 합천군 쌍책면 성산리의 황둔진에 정박하고, 성내장에 이르러 어염을 팔았던 것으로 보인다. 조선시대에 감물창진이 초계의 황둔진에서 창녕으로 통하는 교통의 요지였음을 알려주는 자료들이다.[54] 이를 통하여 신라세력이 감물창진에서 황강을 거슬러 올라가 초계의 황둔진에 진출하였음을 추정해 볼 수 있다. 대가야는 신라의 이러한 움직임을 견제하기 위하여 상적포성을 쌓았을 것이다.

합천군 청덕면 앙진리에 앙진리성지가 소재한다. 이것은 신반천과 낙동강이 합류하는 지점의 북쪽에 위치하였다. 낙동강 동안 토평천과 낙동강이 합류하는 지점 북쪽에 성산성이 소재한다. 앙진리성지에서 성산성, 토평천과 낙동강의 합류 지점 및 신반천과 낙동강의 합류지점이 잘 조망된다. 신반천과 낙동강 합류지점 남쪽 의령군 낙서면 아근리 웃개마을에 上浦(우질포)가 위치하였다. 여기서 낙동강을 건너면 창녕군 유어면 가항리 웃등대에 닿았다. 웃등대는 토평천과 낙동강의 합류 지점 남쪽에 위치하며, 옛날에 이방면 성산리와 유어면 가항리에 걸쳐 이지포가 소재하였다. 상포는 본래 이지포와 연결되는 나루였을 것으로 추정된다. 앙진리성지에서 상포가 조망되므로 그것은 이지포에서 상포로 연결되는 수로교통로를 감시하는 기능도 하였을 것이다. 토평천과 낙동강의 합류지점은 창녕으로 나아가는 관문역할을 수행하였으므로 신라가 대가야세력이 의령이나 합천 방면에서 창녕으로 진출하는 것을 견제하기 위하여 성산성을 쌓았다는 추론도 가능할 듯싶다.

창녕에서 남서 경남지역, 즉 의령이나 진주를 연결하는 주요 교통의 요지로서 기능한 것이 박지곡진이다. 그 근처의 낙동강 서안에 유곡리성지, 동안에 고곡산성(구진산성)이 위치하였다. 유곡리성지는 박지곡진의 남쪽 낙동강변의 돌출된 구릉 끝자락에 위치하였다. 주변에 유곡리고분군과 태부리고분군이 위치하고 있다. 유곡리고분군에서 5세기대에 창녕계 토기가 발견되다가 6세기 전후한 시기에 대가야식 토기가 발견되는 것으로 보건대,[55] 유곡리성은 6세기를 전후한 시기에 대가야가 창녕에서 의령, 진주방면으로 진출하려는 신라세력을 견제하기 위하여 쌓았을 가능성이 높다고 보인다. 유곡리성에서 창녕 고곡산성과 그 주변 지형이 조망되고, 남쪽으로 태부리성지와 아울러 의령군 지정면 성산리의 성산리성지도 시야에 들어온다. 낙동강을 통한 움직임과 아울러 그 동안에 위치한 신라세력의 동향을 감시하기에 매우 유리한 입지조건을 갖추고 있었던 것이다.

고곡산성(구진산성)은 박지곡진을 건너 영산·창녕으로 통하는 도로 근처에 위치하였다. 두 성 모두 구진산에 위치하였는데, 산정에 위치한 것을 구진산성, 동쪽으로 돌출된 구릉에 위치한 성곽을 고곡산성이라고 부른다. 여기서 낙동강 서안의 의령지역과 동쪽의 영산에서 창녕에 이르는 넓은 평야지대가 조망된다. 특히 여기서 낙동강과 남강의 합류지점에 대한 감시가 용이한 편이다. 신라가 낙동강 동안지역에 대한 통제를 강화한 이후에 의령방면에서 박지곡진을 거쳐 영산·창녕방면으로 진출하려는 대가야세력을 견제하면서, 동시에 낙동강을 통한 수운의 안전을 담보하기 위하여 고곡산성과 구진산성을 쌓은 것으로 추정된다. 낙동강과 남강이 합류하는 지점인 창녕군 남지읍 용산리에서 산성이 확인되지 않았다. 반면에 낙동강 서안의 의령군 지정면 성산리에서 성산리산성이 조사되었다. 종래에 대가야가 그것을 쌓았다고 주장하기도 하였으나56) 명확한 근거가 발견되지 않았다. 성산리산성을 쌓은 주체에 대해서는 앞으로 좀 더 신중한 검토가 필요할 듯싶다. 이 문제는 5~6세기에 대가야가 의령의 남강변까지 진출하였느냐의 여부와 직결된다. 이에 대한 사항은 다음 장에서 자세하게 검토할 예정이다.

Ⅲ. 낙동강 수로와 신라와 가야세력의 대립

5세기 후반~6세기 전반 大加耶의 東進과 신라의 대응

앞 장에서 낙동강 중류에 위치한 나루와 산성을 정리하였다. 이번 장에서는 Ⅱ후에서 검토한 사실을 기초로 하여 낙동강 수로를 둘러싼 신라와 가야세력의 동향을 고찰하려고 한다. 먼저 5세기 후반~6세기 전반 낙동강 중류 수로를 둘러싼 신라와 대가야의 동향을 살피고자 할 때, 무엇보다도 먼저 합천군 쌍책면 성산리 옥전고분군의 발굴 조사를 주목할 필요가 있다.57) 옥전고분군은 경상대학교 박물관이 여러 차례 발굴하여 이미 여러 권의 발굴보고서가 간행되었고, 이에 대한 연구도 활발하게 진행되었다.58) 옥전고분 가운데 특히 주목을 받은 것은 M1, M2호분과 M3호분이다. M1, M2호분은 수혈식석곽분의 거대한 고총고분으로서 고분군 축조세력의 수장급 무덤으로 추정되고 있다.[59] 이들 고분에서 신라 양식의 창녕계 토기가 집중적으로 발굴 조사되었고, 게다가 신라 양식의 마구로 널리 알려진 偏圓魚尾形 杏葉과 아울러 로만글라스(M1호분)가 출토되었다. 로만글라스는 경주 금령총의 출토품과 유사한 것으로서 경주 이외의 지역에서 유일하게 출토된 것이다. 반면에 다음 단계에 조성된 M3호분에서는 金銅裝飾 鞍橋 및 劍稜形 杏葉 등의 馬具類, 龍鳳文環頭大刀 등을 비롯한 威勢品, 그리고 대가야 양식의 토기가 대량 출토되었다.

M1, M2호분에서는 신라계 토기나 유물이, M3호분에서는 대가야 양식의 토기가 집중적으로 출토되었다. 전자를 축조할 당시에 신라가 옥전고분군 축조세력에 대하여 커다란 영향력을 행사하였고, 후자를 축조할 당시에는 대가야가 크게 영향을 미쳤다고 추론할 수 있다. 여기서 문제는 M1, M2호분과 M3호분을 축조한 시기에 관해서이다. 옥전고분군 발굴에 직접 참여한 조영제교수는 전자는 5세기 3/4분기, 후자는 5세기 4/4분기에 축조된 것으로 편년하였다.[60] 반면에 이희준교수는 전자를 5세기 전반에 축조한 것으로, 후자를 5세기 3/4분기에 축조한 것으로 편년하였다.[61] 필자는 이들 고분의 축조 연대를 고고학적인 방법론을 활용하여 세밀하게 편년할 수 있는 능력은 없다. 다만 M3호분을 축조한 시기는 대가야가 팽창한 시기와 관련되었다고 추정되므로 그 축조 시기를 나름대로 가늠해볼 수 있을 것이다.

5세기 중·후반 대가야의 성장은 지산동고분군의 발굴 조사를 통하여 고고학적으로 입증되었다. 더구나 대가야는 479년에 南齊에 독자적으로 사신을 파견하였을 뿐만 아니라[62] 481년(소지마립간 3)에는 신라를 도와 고구려의 침략을 물리치기까지 하였다.[63] 5세기 중·후반 대가야의 성장 배경은 고구려의 남진에서 찾을 수 있다. 고구려가 427년 평양으로 천도하고 남진정책을 적극 추진하자, 신라와 백제는 서로 동맹하여 고구려에 대항하는 데에 전력을 기울였다. 대가야는 바로 이와 같은 정세를 활용하여 세력을 키웠던 것이다.

신라가 5세기 중·후반에 고구려의 남진에 전력을 기울였으므로 자연히 낙동강 서안지역에 위치한 옥전고분 축조세력에 대한 신라의 정치적 영향력이 위축될 수밖에 없었을 것이다. 이를 틈타서 대가야가 옥전고분 축조세력에 대한 정치적 영향력을 강화하였고, 그 결과 옥전고분의 부장 유물도 신라 양식의 토기나 유물에서 대가야 양식으로 전환되었을 것이다. 이에서 대가야 양식의 토기가 집중적으로 출토

〈그림 13〉 합천 옥전고분군

〈그림 14〉 합천 옥전고분 M1호분 출토 로만글라스

된 M3호분은 5세기 후반에 축조되었다는 추론이 가능하고, 나아가 5세기 중반 이전에 M1, M2호분을 축조하였다고 유추해볼 수 있지 않을까 한다.

옥전고분군이 소재한 성산리에 황강의 수로교통의 요지인 黃芚津이 위치하였다. 황강은 합천군 청덕면 적포리에서 낙동강과 합류한다. 조선시대에 창녕에서 초계를 연결하는 수로교통로상에 위치한 나루가 감물창진이었다. 초계의 대표적인 나루가 황둔진이었으므로 창녕의 감물창진에서 배를 타고 황강을 거슬러 올라가 초계의 황둔진에 다다랐던 것으로 보인다. 조선시대의 사례를 참조할 때, 삼국시대에도 역시 그러하였을 것으로 짐작해볼 수 있다. 5세기 중반 이전에 축조한 M1, M2호분에서 집중적으로 출토된 신라계

유물은 당시에 황강과 낙동강을 연결하는 수로를 신라가 통제, 장악하였음을 전제로 할 때 합리적인 이해가 가능할 듯싶다. 이것은 5세기 중반까지 대가야가 황강 하류와 그 이남지역으로 진출하지 못하였음을 시사해주는 증표이기도 하다. 황강 이남에 위치한 의령의 유곡리고분군에서 5세기 전후한 시기로 편년되는 신라 양식의 창녕계 토기가 조사되는 것을 통하여[64] 이러한 추정을 보완할 수 있다.

대가야가 5세기 후반에 옥전고분군 축조세력에 대하여 정치적 영향력을 행사한 것에서 황강의 수로를 장악하여 황강 하류와 그 이남지역으로 진출하였음을 유추해볼 수 있다. 앞에서 황강 이남의 낙동강 서안에 상적포성지와 두곡리성지, 앙진리성지, 유곡리성지가 소재하였음을 살폈다. 유곡리성지 근처의 유곡리고분군에서 신라 양식의 토기와 더불어 대가야 양식의 토기가 발견되었다. 특히 대가야 토기는 주로 5세기 후반 이후로 편년되는 것들이 조사되었다고 한다. 5세기 후반 이후에 대가야세력이 박지곡진이 위치한 유곡리지역에 진출하였음을 엿보게 해준다. 종래에 유곡리성의 경우 낙동강 서안에 위치한 다른 성들과 마찬가지로 동벽 일부를 돌로 偏築하고, 대부분은 토석혼축과 삭토법으로 축조하였다는 점에 주목하여 대가야에서 5세기 말에 축조하였다고 추정한 견해가 제기되었다.[65] 이러한 견해와 아울러 유곡리고분군에서 5세기 이후 대가야 양식의 토기가 조사되는 점 등을 함께 고려하건대, 5세기 후반에 대가야가 황강 하류와 그 이남으로 진출하여 상적포성과 앙진리성 등을 축조하였다고 추정하여도 커다란 잘못은 아닐 듯싶다.

그런데 종래에 남강과 낙동강이 합류하는 지점에 위치한 성산리성(지정면 성산리) 역시 대가야에 의하여 축조된 것으로 추정하였다.[66] 만약에 이러한 견해가 사실이라면, 남강 수로를 대가야가 통제, 장악하였다는 추론도 가능할 것이다. 그러나 이러한 추론은 문제가 있다. 5세기에 신라는 낙동강과 남강이 합류하는 지점인 창녕군 남지읍 용산리에 가야진을 설치하여 낙동강과 남강의 수로에 대하여 커다란 관심을 기울였다. 낙동강 동안에 위치한 나루를 가야진이라고 명명한 이유는 신라가 이곳을 발판으로 가야로 진출하였던 것에서 찾을 수 있다.[67] 가야진의 존재를 염두에 둘 때, 성산리에 대가야가 성을 쌓았다고 추정하는 것은 재고가 필요할 듯싶다.[68] 낙동강과 남강이 합류하는 지점까지 대가야가 진출하지 못하였음은 남강 유역에 위치한 예둔리고분군에서 대가야 양식의 토기가 거의 조사되지 않은 사실을 통하여 반증이 가능하다.

경상대학교 박물관에서 의령군 정곡면 예둔리 남강 하류변에 위치한 예둔리고분군을 1992년에 발굴 조사하였다. 38기의 목곽묘를 비롯하여 여러 양식의 무덤들이 조사되었는데, 특히 수혈식석곽묘에서는 신라 양식의 창녕계 토기, 함안 양식과 고성 양식(진주·진양 양식)의 토기만이 발견되었을 뿐, 대가야 양식의 토기가 전혀 발견되지 않았다.[69] 한편 의령군 대의면 천곡리고분군에서도 주로 함안 양식과 진주 양식의 토기가 출토되고, 일부 퇴화된 대가야 양식과 신라 양식의 토기가 조사되었다고 하며,[70] 의령군 의령읍 중동리의 중동리고분군에서도 비슷한 양상을 보였다고 한다.[71] 두 고분군은 대가야가 의령지역에 강력한 영향력을 행사하지 못하고, 고분의 축조세력이 함안이나 진주, 고성의 가야세력과 활발하게 교류하였음을 알려준다. 게다가 예둔리고분군에서 출토된 토기들은 대가야가 남강 하류지역에 진출하지 못하였음을 반증해준다. 이와 같은 의령지역의 고고학적인 상황을 염두에 둔다면, 대가야가 낙동강과 남강을 연결하는 수로를 장악, 통제하지 못하였다고 봄이 합리적일 것이다. 나아가 성산리성을 대가야가 축조하였다는 주장도 재고가 필요할 듯하며, 대가야가 진출한 동남쪽 경계는 대체로 유곡리고분군이 위치한 지역 근처였다고 정리하여도 좋을 것이다.

5세기 후반 대가야의 동진에 대하여 신라는 어떻게 대응하였을까? 당시 신라는 고구려의 남진을 저지하는 데에 군사력을 집중하였으므로 대가야의 동진에 총력을 기울였다고 보기 어렵다. 그러나 대가야의 동진에 대하여 어떠한 방식으로든지 대응하였을 텐데, 그것과 관련하여 낙동강 동안에 위치한 여러 성들을 주목할 필요가 있다. 동안의 성 가운데 화원고성은 4세기대에 축조한 것으로 알려졌다. 그렇다면 나머지 성들은 언제 축조하였을까? 종래에 문산리성지의 절개면에서 확인된 판축토가 인근 문산리고분군의 봉토조사에서 확인된 것과 비슷하여서 고총고분을 조영할 때에 사용된 축조방법이 성곽의 판축기법에 그대로 사용된 것으로 보이며, 비록 문산리성지에서 수습된 토기는 5세기 말~6세기 초로 편년되지만, 문산리고분군에서 고총고분이 5세기 2/4분기에 비로소 조영되기 시작한 사실을 주목하여 그것의 축조 시기를 5세기 중엽~말엽 경으로 추정하였다.[72] 나아가 죽곡리산성의 경우도 동일한 논리에서 같은 시기에 축조한 것으로 이해하였다. 4세기 말~5세기 초에 축조하였다고 추정한 서산성을 제외한 나머지 동안지역 성의 경우 성안에서 채집된 유물들을 근거로 대체로 5세기 말 또는 6세기 초에 축조하였다고 보았다.[73]

『삼국사기』 신라본기에 자비마립간대에서 소지마립간대에 걸쳐 변방지역에 집중적으로 성을 축조하였음을 전한다. 자비마립간 6년(463)에 왜의 침략을 막기 위하여 변방에 2성을 쌓은 것을 시작으로 468년에 泥河에 성을 쌓았고, 이어 三年山城(470), 芼老城(471년), 一牟城과 沙尸城, 廣石城, 沓達城, 仇禮城, 坐羅城(474년)을 쌓았다. 소지마립간대에 仇伐城(485년)을 비롯하여 刀那城(488년), 鄙羅城(490년)을 쌓았고, 486년에는 三年山城과 屈山城을 증축하기도 하였다. 이들 산성은 대체로 소백산맥에 집중되어 있다. 고구려의 남진에 대비하기 위하여 축성하였다고 볼 수 있는 것이다. 왜의 침략을 막기 위하여 남쪽 변경지역에 2성을 쌓은 것으로 보건대, 비록 문헌에 전하지 않지만, 5세기 후반에서 6세기 초반에 걸쳐 신라가 대가야의 동진에 대비하기 위하여 그 동안에 산성을 쌓았다는 추정이 가능할 것이다. 앞에서 낙동강 동안의 성들을 5세기 말 또는 6세기 초에 축조하였다고 추정한 견해는 이와 관련하여 크게 참고가 된다고 하겠다.

그런데 낙동강 동안에 산성을 축조한 주체는 낙동강 유역에 위치한 복속소국이나 읍락집단이 아니라 신라국가 자체였다는 점을 주목할 필요가 있다. 역부를 동원할 때, 낙동강 동안지역에 위치한 복속소국이나 읍락집단 지배층의 적극적인 협조를 받았다고 보아야 한다. 486년(소지마립간 8)에 신라는 一善界(경북 구미시 선산읍)의 丁夫 3,000명을 징발하여 삼년산성과 굴산성을 증축하였다.[74] 삼년산(충북 보은군 보은읍)이나 굴산(충북 옥천군 청성면)지역의 주민들을 동원한 것이 아니라 일선지역의 주민들을 동원하여 증축한 점이 유의된다. 이것은 신라가 일선지역을 영역으로 편제한 다음, 그 지역의 주민들을 체계적인 방법으로 力役에 징발하였음을 시사해주기 때문이다. 일선지역의 사례를 참조할 때, 축성과정은 곧 신라국가의 복속소국이나 읍락집단의 자율성을 부정하고 그 지역을 영역으로 편제하는 작업과 직결되었다고 추정해볼 수 있다.[75]

이처럼 5세기 후반 변방지역에 산성을 축조하는 작업 자체가 신라의 영역화작업과 불가분의 관계를 지녔으므로 낙동강 동안에 산성을 쌓는 과정에서 동안지역의 복속소국이나 읍락을 신라의 영역으로 재편하는 작업이 진행되었다고 봄이 순리적일 것이다. 결과적으로 신라는 5세기 후반에 대가야의 동진에 대비하기 위하여 낙동강 동안지역에 산성을 구축하면서 동시에 동안지역의 영역화를 추진하여 신라국가의 지배력을 더 강화하는, 즉 내부의 통합을 공고하게 다졌다고 볼 수 있는 것이다. 504년(지증왕 5)에 役夫를 징발하여 波里城 등 12성을 쌓은 이후에[76] 『삼국사기』 신라본기에 축성 기사가 한동안 전하지 않는다. 이 무렵에 변방지역에 산성을 쌓고, 복속소국이나 읍락을 신라의 영역으로 편제하는 작업이 마무리되었기 때문으로 추정된다. 다음 해에 왕이 몸소 나라 안의 주나 군, 현의 영역을 획정하였다는 기사가 전하는데,[77] 비록 이 기록 자체가 전면적인 주군제의 실시를 알려주는 기사는 아니지만,[78] 일단 축성과 연계시켜 지방을 영역으로 편제하는 작업이 대체로 마무리되었음을 알려주는 상징적인 자료라는 점에서 매우 유의된다고 하겠다. 이에 의거할 때, 낙동강 동안지역에 위치한 성들도 대략 504년 무렵 또는 그 이전에 축조하였다고 봄이 자연스럽다고 말할 수 있을 것이다. 521년의 사정을 전하는 『梁職貢圖』에서[79] 백제의 傍小國으로서 낙동강 서안에 叛波(대가야), 卓(탁순), 多羅, 前羅(아라가야)가 있다고 말한 반면에 東岸에는 오직 斯羅, 즉 新羅만이 있다고 언급한 것은 이러한 정황을 전제로 할 때 합리적인 이해가 가능하다고 하겠다.[80]

신라가 5세기 후반에서 6세기 초반 사이에 대가야의 동진에 대비하여 낙동강 동안지역에 여러 성들을 축조하자, 그에 맞추어 대가야 역시 낙동강 서안에 여러 성들을 축조하는 조치를 취하였을 것으로 짐작된다.[81] 이러면서 6세기 초반에 신라와 대가야는 낙동강을 경계로 서로 대치하였다고 볼 수 있겠는데, 5세기 후반에서 신라가 고구려의 남진에 전력을 기울이고, 대가야가 신라를 구원하기도 하였으므로 당시에 두 나라 사이의 커다란 충돌은 일어나지 않았던 것으로 보인다. 그러나 6세기 초반에 고구려의 남진이 둔화되면서 사정이 크게 달라지게 된다. 495년 고구려가 백제의 雉壤城을 공격하자, 백제가 신라에 구원을 요청하여 장군 德智가 군사를 이끌고 와서 고구려군이 퇴각하였다.[82] 이후부터 신라와 백제가 공동으로 고구려의 침략에 대응하였다는 기사는 한동안 보이지 않는다. 반면에 백제가 동성왕 23년(501)에 炭峴에 柵을 설치하여 신라의 침략에 대비하였다는 기사가 돌연 등장한다.[83] 고구려의 남진이 둔화되자, 백제가 신라의 침략에 대비하여 보은·옥천방면에서 공주방면으로 나아갈 때에 要害之地에 해당하는 炭峴에 木柵을 설치한 것으로 보인다.

『삼국사기』 고구려본기와 백제본기 6세기 초반의 기사에 백제가 고구려를 침략하여 승리한 내용이 여럿 보인다. 무령왕은 521년에 양나라에 사신을 파견하여, '여러 차례 고구려를 깨뜨려 비로소 우호를 통하였으며, 다시 강한 나라가 되었다' 라고 말하였는데,[84] 무령왕대에 백제가 고구려와 싸워 여러 차례 승리하였음을 과시한 자료로 주목된다. 이처럼 6세기를 전후한 시기에 고구려의 남진이 둔화되면서 신라와 백제는 가야지역에 눈을 돌리기 시작하였다. 『일본서기』 권17 계체천황 7년(513) 여름 6월조에 백제가 일본에 사신을 보내 반파국(대가야)이 백제의 己汶을 빼앗았다고 알린 내용이 전한다.[85] 기문은 전북 남원, 임실, 장수지역으로 추정하는 견해가 널리 받아들여지고 있다. 실제로 대가야가 이들 지역에 진출한 사실은 남원과 장수, 임실지역의 여러 고분군에서 대가야 양식의 토기가 대량으로 출토된 사실을 통하여 입증이 되고 있다. 대체로 5세기 후반에 대가야가 노령산맥을 넘어 기문지역으로 진출한 것으로 이해한다.[86]

그런데 同册 계체천황 7년 11월 辛亥條에 왜가 백제에게 己汶과 帶沙를 주었다고 전한다.[87] 왜가 백제에게 기문 등을 할양하였다는 표현은 일반적으로 백제가 그 지역을 대가야에게서 빼앗은 사실을 말한다고 해석한다. 513년 무렵에 백제가 대가야로부터 기문지역을 빼앗았음을 알려주는 자료인데, 『양직공도』에서 백제의 곁에 위치한 소국의 하나로 上己文을 언급한 것으로 보아서 이때부터 521무렵까지 기문지역은 백제의 영향력 하에 있었다고 볼 수 있다. 한편 대사(경남 하동)는 대가야의 대외교섭 창구 역할을 하던 곳이었다. 『일본서기』 권17 계체천황 23년 봄 3월조에 가라왕이 多沙津은 官家를 둔 이래 신이 朝貢하는 나루였다고 언급하였으므로[88] 일찍부터 대가야가 다사진을 통하여 외국과 대외교섭을 가졌음을 유추할 수 있다. 종래에 479년 加羅王 荷知가 남제에 사신을 파견하였을 때에 사신이 다사진에서 출발하였다고 주장한 견해가 제기되었다. 그리고 고령→거창→함양→남원→섬진강으로 이어지는 루트를 이용하여 하동에 도달하였을 것으로 추정하였다.[89] 대가야가 기문지역을 차지하고, 섬진강을 통하여 하동에 다다랐다고 보았던 것이다. 계체천황 7년 11월 辛亥條는 513년 무렵에 기문과 더불어 대사마저 백제에게 빼앗겼음을 알려주고 있다. 이럼으로써 대가야는 외국과 통할 수 있는 관문항을 상실하게 되었던 것이다.

백제가 기문과 대사지역을 점령할 무렵에 신라도 낙동강을 건너 서진하였다. 『삼국사기』 신라본기에 496년(소지마립간 18)에 가야국(대가야)에서 흰 꿩을 보냈다는 기사가 보이므로[90] 당시까지 신라와 대가야의 관계는 우호적이었다고 말할 수 있다. 이후 신라본기 지증왕대의 기록에 신라가 대가야를 압박하였다는 내용은 전하지 않는다. 그런데 『삼국사기』 이사부열전에 다음과 같은 기록이 전하고 있어 주목된다.

(이사부가) 智度路王 때에 변경지역에 관리로 파견되었다가 居道의 꾀를 답습하여 馬戲로서 가야국을 속여 취하였다.

이어서 이사부가 지증왕 13년 壬辰(512)에 何瑟羅州 군주가 되어 우산국을 정복하였다는 기사가 보이므로 그가 가야국을 취한 시기는 지증왕 원년(500)에서 지증왕 13년(512) 사이라고 볼 수 있다.[91] 6세기 초반에 신라가 가

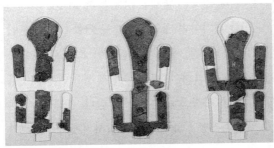

〈그림 15〉 옥전 M6호분 출토 금동관

〈그림 16〉 금동관(복원)

야지역으로 진출하였음을 알려주는 자료로서 주목된다.[92] 이처럼 6세기 초반에 백제와 신라가 대가야를 전방위적으로 압박하였으므로 이에 대해서 대가야가 커다란 위기의식을 느꼈을 것이고, 다음의 자료는 이러한 위기상황을 극복하기 위한 노력의 일환으로 주목된다.

伴跛는 子呑과 帶沙에 성을 쌓아 滿奚와 연결하고, 烽?와 邸閣을 설치하여 일본에 대비하였다. 다시 爾列比, 麻須比에 성을 쌓아 麻且奚, 推封에 잇고, 士卒과 兵器를 모아서 신라를 핍박하였다. 자녀를 약취하고, 村邑을 약탈하니, 적이 가해진 곳에는 남는 것이 드물 지경이었다. 무릇 포악하고 사치스럽고 괴롭히고 업신여기고 베어 죽임이 너무 많아서 상세히 적을 수가 없었다(『일본서기』 권17 계체천황 8년 3월).

계체천황 8년은 기년상 514년에 해당한다. 伴跛(대가야)가 신라와 백제의 압박에 대응하여 자탄과 대사, 이열비 등에 성을 쌓고, 특히 신라를 노략질하여 많은 피해를 입혔음을 알려주는 자료이다. 대사는 경남 하동으로 비정된다. 子呑은 다른 기록에 보이는 子他와 연결되는데, 정확한 위치를 알기 어렵다. 대체로 경남 진주 근방으로 추정하는 견해가 우세한 듯하다.[93] 滿奚는 지금의 전남 광양시 광양읍의 옛 지명인 馬老에 주목하여 그곳으로 비정하기도 한다.[94] 비록 자탄과 만해의 정확한 위치는 알 수 없지만, 백제가 513년에 多沙津(帶沙津)을 빼앗자, 대가야가 군대를 보내 그곳을 다시 탈환한 다음, 대사와 그 근처에 성을 쌓아 왜나 백제의 공격에 대비한 것으로 보인다.

한편 爾列比는 종래에 의령군 부림면으로 비정하였다.[95] 麻須比의 위치에 대하여 종래에 옛지명이 三支 또는 麻杖인 합천군 삼가면으로 고증하였다.[96] 그러나 마수비를 麻杖과 직접적으로 연결시킬 수 있는가에 대해서는 확신이 서지 않는다. 경남 창녕군 유어면 부곡리에 馬首院津이 위치하였다. 馬首라는 지명은 마을의 형상이 말과 같다고 하여 유래되었다. 이 마을에 仇谷院이 소재하여서 일반적으로 馬首院이라고 불렀다고 한다. 마수원이란 표현은 이미 임진년(1592) 초여름에 정인홍이 쓴 「遺與兒孫昌後看」이란 글에 보이므로 그 이전부터 사용된 지명임이 확실시된다. 마수비에서 比는 지명어미로 추정된다. 따라서 馬首와 麻須는 서로 통할 수도 있을 것이다. 다만 현재까지 마수원 주변에서 삼국시대에 쌓은 성이 발견되지 않았으므로 마수비를 마수원이라고 단정하긴 곤란할 것이다. 여기서는 일단 하나의 가능성으로서만 제기해둔다.

推封의 위치에 대하여 종래에 옛지명이 推良火인 현풍과 옛지명이 推火인 밀양설이 제기되었다.[97] 5세기 후반에 대가야가 남강과 낙동강이 합류하는 지점까지 진출하지 못한 점, 5세기 단계에 그 지점에 신라가 가야진을 기반으로 가야세력을 압박하였던 사실 등을 감안한다면, 514년 당시에 신라가 낙동강을 거슬러 내려가 밀양까지 진출하였다는 것은 상식적으로 납득하기 어렵다. 반면에 현풍은 수문진을 통하여 낙동강을 건너 쉽게 도달할 수 있는 곳에 해당한다. 여기다가 추량화는 후에 玄驍 또는 玄風으로 개칭하였다. 推封의 '封'과 현풍의 '風'이 서로 통한다는 점도 간과할 수 없다. 이와 같은 여러 정황들을 가지고 추측하건대, 추봉은 추화보다는 추량화로 비정하는 것이 합리적이라고 사료된다.

麻且奚의 위치에 대하여 종래에 전혀 고증하지 못하였다. 다만 이와 관련하여 경남 창녕군 장마면의 경우, 옛 계성현의 구역을 중심으로 하여 북쪽과 서쪽의 윗지역은 장가면, 아래지역인 남쪽과 동쪽은 馬耳面 또는 馬古面(麻姑面) 등 2개의 면이 합쳐진 것이었다는 점이 주목을 끈다. 『해동지도』 영산현지도에 馬耳面이 보이고, 그 근처에 馬耳池가 표시되어 있다.[98] 馬耳面과 馬耳池(麻姑池)는 근처에 위치한 馬耳山이란 山名에서 연유하였을 것이다. 이것은 장마면 유리와 강리 사이에 위치하였다.[99] 馬耳는 산의 모양이 말의

귀처럼 생겼기 때문에 유래하였다고 추정되며, 말귀를 마귀, 마고, 마구라고도 불렀다고 한다. 따라서 이것을 다시 馬古, 麻姑라고도 표기하였던 것으로 보인다. 『신증동국여지승람』 권27 경상도 영산현 寓居條에 李詹(1345~1405)의 집이 馬古里에 있다고 전하는 것으로 보아서 마이 또는 마고라는 지명은 고려시대에도 존속하였음을 확인할 수 있다. 그런데 흥미로운 사실은 『대동지지』에서 馬耳를 '馬丹'이라고 잘못 표기하였다는 점이다.[100] 이에 주목한다면, 馬耳 또는 麻耳를 麻且로 잘못 읽거나 표기할 수 있을 것이다. 이러한 측면에서 마차해는 馬耳의 誤記일 가능성도 완전히 배제할 수 없을 것이다. 물론 이에 대해서는 더 이상 확증할 만한 증거가 없기 때문에 단정은 유보하기로 한다.

만약에 마수비를 마수원으로, 마차해를 장가면 유리와 강리 일대로 비정할 수 있다면, 514년에 대가야가 의령군 부림면과 마수원 근처의 낙동강 서안에 성을 쌓아서 신라의 침략에 대비하였고, 수문진을 통하여 낙동강을 건너 현풍을, 유곡리성 근처에 위치한 박진을 통하여 낙동강을 건너 장마면 유리와 강리 일대에 나아가 전방기지 등을 마련하여 그 주변지역에 사는 사람들을 마구 죽이고, 村邑을 약탈하였다고 볼 수도 있을 것이다. 대가야가 이처럼 낙동강을 건너 현풍(또는 창녕군 장가면 유리나 강리 일대?) 등을 공격한 것은 신라의 서진에 대한 대응의 일환으로 볼 수 있을 것이다. 그러나 대가야가 그 후에도 지속적으로 낙동강 동안 현풍 등의 지역을 점령하였다고 보기 힘들다. 현풍이나 창녕지역에서 대가야 양식의 토기가 집중적으로 출토되는 고분이 발견되지 않기 때문이다.

『일본서기』 권17 계체천황 23년(529)조에 왜가 多沙津을 백제에게 내려주자, 대가야가 신라와 한편이 되어 왜를 원망하였다는 내용이 보인다. 이때 신라가 처음에 王女를 대가야왕의 부인으로 삼아 100인을 함께 보내어 왕녀의 從者로 삼았다가 분쟁이 발생하여 왕녀를 되돌려 달라고 요청하였으나 대가야왕이 거절하자, 마침내 布那牟羅 등의 성을 침략하고 또 북쪽 경계의 5성을 쳐부수었다고 한다. 『삼국사기』 신라본기에서 522년(법흥왕 9)에 가야국왕이 사신을 보내 혼인을 청하였으므로 伊湌 比助夫의 누이를 그에게 시집보냈다고 전하고,[101] 524년에 왕이 남쪽 변경의 새로 넓힌 땅을 두루 돌아볼 때에 가야국왕이 찾아와서 만났다고 전한다.[102] 본래 신라와 대가야가 혼인동맹을 맺은 것은 522년이었고, 그들 사이에 분쟁이 발생하여 동맹이 결렬된 것은 529년 무렵으로 추정된다. 『일본서기』 찬자는 이러한 일련의 과정을 계체천황 23년조에 모아서 정리한 것으로 볼 수 있다.

　『일본서기』에서 왜가 백제에게 다사진을 사여하자, 대가야가 왜를 원망하여 신라와 한편이 되어 왜를 원망하였다고 하였다. 여기서 왜가 다사진을 백제에게 사여한 것은 백제가 다사진을 대가야에게서 빼앗았다는 의미로 해석하는 것이 옳다. 그 시기는 대가야와 신라가 혼인동맹을 맺은 522년 무렵일 것이다. 그 후 두 나라는 동맹관계를 계속 유지하다가 결국 529년 무렵에 갈라선 것으로 보인다. 이와 같은 역사적 추이를 염두에 둔다면, 522년 무렵에 신라와 대가야 사이의 갈등 관계는 해소되었다고 볼 수 있고, 결과적으로 대가야가 낙동강 동안지역에 진출하였다가 철수한 시기는 그 이전이었다고 추론해볼 수 있다. 추측컨대, 대가야군은 낙동강 동안 현풍 등으로 진출하였다가 곧바로 다시 낙동강 서안으로 퇴각한 것이 아닐까 한다. 낙동강 동안에서 신라군을 방어하는 것이 그리 쉽지 않았을 것이기 때문이다. 대가야군이 낙동강 동안에서 철수하고 522년에 다사진을 다시 백제에게 빼앗긴 것으로 보아서 514년에 확대된 전선에서 백제군의 공격을 받아 대가야가 어려움에 처하였던 것으로 보이며, 급기야 백제의 동진을 저지하기 위하여 신라와의 동맹을 추진한 것으로 여겨진다. 그러나 529년에 신라와의 동맹마저 깨지게 되고, 이어서 금관가야와 탁순, 탁기탄이 신라에게 항복하면서 대가야는 신라의 동진에 커다란 위기감을 느꼈으며, 마침내 540년대에 백제에게 의존하며 신라의 동진에 대응하였음은 기존의 연구에서 자세하게 논증하였으므로 여기서 더 이상 언급하지 않겠다.

5세기 중반과 그 이전 신라와 가야세력의 동향

5세기 중반이나 그 이전에 축조된 옥전고분군 M1, M2호분에서 신라 양식의 창녕계 토기가 대거 출토되었다. 그런데 당시 이른바 창녕계 토기는 낙동강 하류지역에서도 두루 발견된다. 부산지역의 복천동고분군과 당감동고분군, 괴정동고분군, 생곡동 가달고분군, 김해 예안리고분군에서도 출토되었다. 기존의 연구에 따르면, 주곽과 부곽 모두 수혈식석곽인 계남리 1호분과 4호분에서 정형화된 창녕계 토기가 출토되고, 이들 고분을 조영한 시기에 창녕계 토기가 주변지역으로 반출되어 확산되었다고 한다.[103]

계남리 1호분과 4호분에서 창녕계 토기와 더불어 출자형 금동관과 신라계 馬具인 편원어미형 행엽, 신라계 耳飾이 출토되었다.[104] 동일한 현상은 옥전고분군 M1, M2호분에서도 확인할 수 있다. 출자형 금동관은 옥전고분군을 제외하고 주로 낙동강 동안의 고총고분에서 출토되며, 형식은 경주에서 출토된 금관과 흡사하다. 이것은 창녕계 토기의 확산 배후에 신라국가가 존재하였음을 유추케 해주는 것이다. 이들 고분에서 출토된 신라계 유물들을 통해서 그것들을 축조한 시기에 신라가 낙동강 중류 수로를 통제, 장악했음을 추정해볼 수 있다. 더구나 옥전고분군은 황강 수로교통의 요지인 성산리 황둔진 배후에 위치하였으므로 당시에 신라가 그것까지 장악하였다는 추정도 가능하다. 나아가 낙동강 하류 부산 복천동고분군과 생곡동 가달고분군, 김해 예안리고분군에서 창녕계 토기가 두루 출토되었는데, 그러한 고분군을 조영한 시기에 신라가 낙동강 하류 수로마저 통제, 장악하였음을 짐작해볼 수 있다. 창녕계 토기가 낙동강 유역에 두루 확산된 시기에 신라가 그 중류와 하류의 수로를 통제, 장악한 셈인데, 여기서 문제는 계남리 1호분과 4호분을 축조한 시기, 즉 창녕계 토기가 확산된 시기에 관해서이다.

창녕지역의 고분을 체계적으로 검토한 정징원교수와 홍보식선생은 계남리 1호분과 4호분의 축조 연대를 5세기 3/4분기로 설정하였다.[105] 반면에 이희준교수는 그 고분들의 축조 연대를 4세기 4/4분기로 설정하여[106] 커다란 의견 차이를 보였다. 앞에서 옥전고분 M1호와 M2호분을 5세기 중반이나 그 이전에 축조하였을 가능성이 높다고 추정하였다. 그런데 계남리 1호와 4호분은 이것보다 약간 앞선 시기에 축조하였다고 이해하는 것이 일반적이다.[107] 따라서 적어도 5세기 전반에는 창녕계 토기가 낙동강 중류와 하류지역의 동안과 서안지역에 확산되기 시작하였다고 볼 수 있는 것이다. 낙동강 중류지역에서 비교적 위쪽에 위치한 지역도 역시 마찬가지였을 텐데, 대구광역시 달성군 다사읍의 문산리고분군에서 출토된 부장품을 통해서 이를 입증할 수 있다.

영남문화재연구원 등에서 문산리고분군의 봉토분 6기와 석곽묘 343기를 발굴하였다. 6기의 봉토분에서 신라 양식이면서 대구 낙동강 동안의 지역색을 띤 토기들과 아울러 출자형 금동관, (白樺)樹皮製冠帽, 銀製鳥翼形冠飾, 銀製?帶, 上圓下方素環頭大刀, 鐵支銀製偏圓魚尾形 杏葉과 재갈 등의 마구류, 細環耳飾 등의 장신구류 등이 출토되었다.[108] 특히 Ⅰ지구 3호분 4곽에서 출토된 출자형 금동관에 보수의 흔적이 보여 주목을 끌었는데, 종래에 그것을 5세기 2/4분기부터 축조하였다고 추정하였다.[109] 피장자가 생전에 금동관을 착용하였다가 보수했을 것이므로 그가 출자형 금동관을 위세품으로 보유한 시기는 5세기 1/4분기나 그 이전이라고 보아야 한다. 5세기 전반에 다사읍 문산리고분의 축조세력이 신라의 정치적 통제를 받았음을 알려주는 측면이다. 그것은 낙동강변에 위치한 문산리성지 근처에 소재하였다. 5세기 1/4분기에 신라가 다사읍 문산리 근처의 낙동강 수로를 통제, 장악하였다고 보아도 문제가 되지 않을 것이다. 근처의 죽곡리고분군에서 출자형 금동관이 출토되지 않았지만, 고분의 축조 기법이나 출토 토기의 양식상의 특징을 감안할 때, 죽곡리고분군의 축조 세력 역시 신라의 통제를 받았을 것이다.[110]

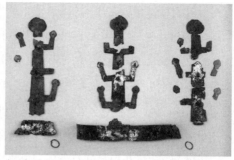

〈그림 17〉 문산리 고분군 ㅣ 지구 3호분 4곽 출토 금동관

한편 금호강과 낙동강이 합류하는 지점, 즉 낙동강 수로에서 대구로 향하는 관문나루인 사문진 근처에 성산동고분군이 소재한다. 성산동고분 1호분을 발굴한 결과, 銀製冠帽, 金製垂飾附耳飾, 은제과대 등이 출토되었다. 여타의 고분에서는 기본적으로 신라 양식이면서 대구 낙동강 동안의 지역색이 강한 토기와 아울러 전형적인 신라계 토기가 대거 출토되었다.[111] 토기를 비롯한 죽곡리고분군과 성산동고분군의 출토 유물들을 통하여 적어도 5세기 전반 무렵에 신라가 낙동강과 금호강이 합류하는 지점, 즉 낙동강 수로를 통하여 대구로 향하는 관문지역을 확고하게 통제, 장악하였다고 추측해볼 수 있다.

대구광역시 달성군 다사읍의 낙동강 서안은 성주군에 해당한다. 3세기 와질토기 문화 단계까지 고령지역과 성주지역은 문화적 동질성을 지녔다가 5세기 이후 성주지역의 정치세력이 신라에 예속되면서 대가야와 다른 길을 걷게 되었는데, 이것은 성산고분을 비롯한 성주지역의 5세기 고분에서 신라 양식의 토기가 집중적으로 출토되는 사실을 통하여 방증할 수 있다. 반면에 대가천 상류를 경계로 그 이남의 고령지역에서는 대가야 양식의 토기가 발견되어 대조를 이루었다.[112] 5세기에 성주의 정치세력이 신라의 영향권 아래에 놓여 있었으므로 금호강과 낙동강의 합류지점 위쪽의 낙동강 중류의 수로도 신라가 통제, 장악하였다고 봄이 합리적일 것이다.

이상의 검토에 의한다면, 적어도 5세기 전반에 신라는 낙동강 하류뿐만 아니라 중류의 수로도 실질적으로 통제, 장악하였다고 볼 수 있겠는데, 아마도 이것을 기반으로 신라는 복속소국이나 읍락집단에 대한 통제력을 더욱 강화하였음을 쉬이 짐작해볼 수 있다. 5세기 후반에서 6세기 초반에 걸쳐 낙동강 동안지역에 성을 쌓으면서 동시에 신라의 영역으로 편제하는 작업을 추진할 수 있었던 배경은 바로 이에서 찾을 수 있을 것이다.

그러면 과연 5세기 이전의 상황은 어떠했을까가 궁금하다. 대구의 낙동강 동안지역에 소재한 4세기대의 고분군이 바로 다사읍 문양리고분군이다. 발굴 조사 결과, 여기에서 4세기대의 목곽묘 31기가 조사되었는데, 爐形土器를 비롯하여 고배, 細席打捺短頸壺 등의 토기류와 철정, 유·무경식 철촉, 철모, 철겸, 따비, 단조철부 등의 철기류가 출토되었다. 문양리고분 15호 목곽묘에서 외절구연고배가 출토되었는데, 이것은 김해지역에서 이입된 것으로 알려졌다. 공반 출토된 爐形器臺는 함안지역을 중심으로 하는 낙동강 하류에서 생산되어 이입된 것으로 추정되고 있다. 전반적으로 토기들은 대구 낙동강 동안의 지역색이 뚜렷하게 성립하기 이전 시대의 것에 해당한다고 한다.[113]

김해와 함안지역에서 유입된 토기들이 문양리고분군에서 출토된 것에서 4세기대 낙동강 중류 대구지역의 정치세력이 하류지역에 위치한 가야세력과 교류하였음을 엿볼 수 있는데, 이에서 4세기대에 신라가 낙동강 중류와 하류의 수로를 확고하게 통제, 장악하지 못하였다는 유추도 가능할 것이다. 부산 복천동고분군에서 창녕계 토기가 부장되기 이전에 함안지역의 토기들이 부장되었다.[114] 그리고 낙동강 하류의 부산시 화명동고분군에서 초기 단계의 수혈식석곽묘가 조사되었는데, 거기에서 출토되는 토기는 김해와 부산지역에서 출토된 가야 양식의 도질토기였다고 한다.[115] 4세기대에 낙동강 수로를 통하여 부산의 거칠산국 지배자들이 가야세력과 널리 교류하였음을 알려주는 자료들이다. 동일한 양상을 5세기 전반 또는 그 이전에 조영한 옥전고분에서도 찾을 수 있다.

옥전고분 23호분은 목곽묘로서 M1호와 M2호분의 전단계에 축조된 무덤이다. 후자가 5세기 중반이나 그 이전에 축조된 것이므로 전자는 5세기 전반 또는 그 이전 시기에 조영되었다고 볼 수 있다. 23호분에서 64점의 토기가 출토되었는데, 여기에서 신라 양식의 창녕계 토기, 즉 有蓋式 二段交互透窓 高杯가 2점

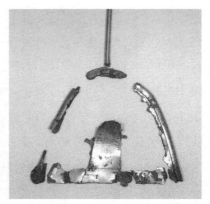

〈그림 18〉 합천 옥전고분 M23호분 출토 금동관모

만 발견되었을 뿐이고 나머지는 신라 양식과 관련이 적다. 특히 그들 가운데 상당수는 부산이나 함안, 김해지역 및 고령지역 토기와 형식상으로 서로 연결된다고 주장한 연구성과가 제기되어 주목된다.[116] 더구나 여기서 출토된 금동제 관모가 백제계 금동관과 형식상 유사하다는 견해가 제기되기도 하였다.[117] 또한 23호분에서 출토된 鐵地金銅製心葉形 杏葉을 고구려 馬具로부터 영향을 받은 형식으로 해석하는 연구자들도 있다.[118] 23호분의 부장 유물은 4세기대 또는 5세기 초까지도 옥전고분의 축조세력이 황강과 낙동강 수로를 통하여 낙동강 하류지역에 위치한 여러 가야세력과 교류하고, 뿐만 아니라 고령의 대가야와도 교류하였음을 엿보게 해준다. 5세기 전반 이전 신라가 황강의 수로를 적절하게 통제, 장악하지 못하였음을 이를 통해서 엿볼 수 있을 것이다.

4세기 후반에 낙동강 중·하류 수로의 통제권을 확고하게 장악하지 못하였음은 『일본서기』권9 신공황후 섭정 49년 봄 3월조에 왜군이 신라를 격파하고 평정한 가야 7국의 하나로 창녕의 比自㶱이 포함되어 있었던 사실을 통해서도 방증할 수 있다.[119] 이 기사의 신빙성을 둘러싸고 논란이 분분하다.

여기서 그것에 대하여 자세하게 언급하지 않도록 하겠다. 다만 종래에 왜군의 신라와 가라 7국 평정은 인정하기 어렵지만, 4세기 후반에 비자발이 다른 가야의 여러 나라들과 함께 백제 및 왜와 교역을 개시한 사실을 과장되게 반영한 기사라고 이해한 견해를 참조한다면,[120] 당시에 창녕의 비자발은 신라국가의 통제에서 벗어나 가야세력의 일원으로 활동하였다는 추론도 가능할 것이다.[121] 4세기대 낙동강 중·하류 수로를 확고하게 통제, 장악하지 못했음을 시사해주는 자료로서 유의된다.

그러나 여기서 4세기대 신라와 가야세력의 낙동강 수로를 둘러싼 동향과 관련하여 간과해서는 안 되는 사료가 있다.

군사를 파견하여 比只國, 多伐國, 草八國을 쳐서 병합하였다(『삼국사기』 신라본기제1 파사니사금 29년 5월).

초팔국의 위치와 관련하여 합천군 초계의 옛지명이 草八兮縣이라는 점이 주목된다. 이에 근거하여 초팔국은 합천군 초계면으로 비정한다. 대체로 비지국은 창녕군 창녕읍에 위치한 소국으로, 다벌국은 대구에 위치한 소국으로 비정한다. 파사니사금 29년은 기년상 108년에 해당하나 그것을 그대로 신뢰하기 곤란하다. 신라본기 초기기록이 기년상에 많은 문제점을 드러내고 있기 때문이다. 『삼국사기』 신라본기 니사금시기의 기록에 신라가 주위의 소국을 정복한 기사가 자주 보이다가[122] 마립간시기의 기록에는 그러한 기사가 전혀 보이지 않는다. 신라가 주변의 소국들을 4세기 후반 마립간시기 이전에 정복하거나 복속시켜 그들과 지배-복속관계를 맺었다고 볼 수 있다. 위의 자료는 낙동강 동안에 위치한 소국뿐만 아니라 서안에 위치한 초팔국과도 그러한 관계를 맺었음을 알려주는 증거인 것이다.

3세기 말이나 4세기 초에 발생한 포상팔국의 난 이후 신라가 낙동강 수로를 둘러싼 가야와의 경쟁에서 우위를 차지하였고,[123] 낙동강 하류 동안지역에 황산진과 가야진을 그 무렵쯤에 개설하였다.[124] 공고하다고 말할 수 없으나 나름대로 낙동강 하류의 수로에 대한 통제력을 행사하였음을 엿보게 해주는 측면으로 주목을 끈다. 그러나 4세기 후반 이전에 낙동강 동안의 여러 소국지역에서 신라의 강력한 통제를 받았음을 알려주는, 또는 밀접한 관계를 지녔음을 명확하게 입증해주는 고고학적인 유적이나 유물은 아직까지 발견되지 않았다. 비록 신라가 주변의 소국을 정복하거나 복속시켜 지배-복속관계를 맺었으나 그들에 대한 통제가 비교적 미약하였음을 반영해주는 측면으로 유의된다.

Ⅳ. 논의 및 전망

지금까지 본문에서 낙동강 중류에 위치한 나루의 현황을 살피고, 이와 아울러 나루 근처에 위치한 山城의 축조 배경과 그 성격을 고찰한 다음, 4세기에서 6세기 전반에 걸쳐 낙동강 중류의 수로를 둘러싼 신라와 대가야의 동향을 검토하였다. 본문에서 살핀 내용을 요약 정리하는 것으로 맺음말에 대신하고자 한다.

조선시대 지리서와 고지도에 낙동강 중류에 위치한 나루에 관한 정보가 비교적 풍부하게 전한다. 東安津과 江亭津, 沙門津, 茂溪津, 水門津, 開山津, 沓谷津, 馬丁津(客基津), 牛山津, 甘勿倉津, 黃芚津(황강), 仰津, ?叱浦(上浦), 礪浦(馬首院津), 朴津(朴只谷津) 등이 대표적인 나루에 해당한다. 그런데 동안진 근처에 하산리성지가, 강정진 근처에 죽곡리성지, 사문진 근처 동안에 화원고성, 그 서안에 월성리성지, 무계진 근처 서안에 무계리성지와 봉화산성이, 그 동안에 위천리성지가 위치하였다. 그리고 수문진 근처에 西山城(水門鎭

城)이, 개산진 근처의 서안에 도진리성지가, 동안에 石門山城이 위치하였으며, 내리토성은 답곡진 근처의 낙동강 동안에 위치하였다. 독산성과 송곡리성지는 우산진 근처의 서안과 동안에 위치한 산성이었고, 상적포성지와 두곡리성지는 낙동강과 황강이 합류하는 곳에, 앙진리성지와 성산성은 낙동강과 신반천 또는 낙동강과 토평천이 합류하는 앙진과 상포, 이지포 근처에, 유곡리성지와 구진산성은 박진 근처에 위치한 산성이었다. 신라는 5세기 후반에 고구려의 남진에 대비하기 위하여 소백산맥 근처에 집중적으로 산성을 축조하였는데, 이 무렵에 대가야의 동진을 방비하기 위하여 낙동강 동안에 산성들을 집중적으로 쌓은 것으로 보이며, 이에 대응하여 대가야 역시 서안에 산성들을 축조한 것으로 추정된다.

4세기 단계나 그 이전에 신라가 낙동강 동안의 여러 소국들을 정복하여 지배-복속관계를 맺었다. 황산진이나 가야진을 개설하고, 화원고성을 비롯한 일부 산성을 축조하여 나름대로 낙동강 수로를 통제하였다고 추정되지만, 고고학상으로 낙동강 동안지역에 대한 신라의 통제가 매우 공고하였음을 알려주는 유적이나 유물이 아직까지 발견되지 않은 점, 4세기 후반에 창녕지역의 比自?이 가야세력과 연계한 점 등을 고려하건대, 당시 신라의 통제력은 그리 강하였다고 보기 어렵지 않을까 한다. 5세기 단계에 낙동강 동안의 중류와 하류지역 및 성주지역의 고분, 합천군 쌍책면 성산리의 옥전고분에서 신라계 토기와 금속유물이 집중적으로 출토되었다. 당시 신라가 낙동강 수로를 확고하게 통제, 장악하였음을 이러한 사실을 통하여 추론할 수 있다.

427년 평양 천도 이후 고구려가 남진을 적극적으로 추진하자, 신라는 백제와 동맹을 맺어 고구려에 대항하였다. 이러한 틈을 타서 대가야가 5세기 후반에 크게 성장하였는데, 이때 대가야는 옥전고분군 축조세력에 대한 정치적 영향력을 강화한 다음, 이를 기초로 황강 하류와 그 이남지역까지 진출하여 상적포성과 두곡리성, 앙진리성, 유곡리성 등을 쌓아 낙동강을 경계로 신라와 대치하였다. 6세기 전후한 시기에 고구려의 남진이 둔화되자, 신라와 백제가 대가야를 압박하면서 대가야가 커다란 위기를 맞이하였고, 이를 타개하기 위하여 514년에 帶沙(경남 하동)와 그 근처에 성을 쌓아 왜나 백제의 침략에 대비하고, 爾列比(경남 합천군 부림면)와 麻須比에 성을 쌓은 다음, 낙동강을 건너 推封(대구광역시 현풍읍)과 麻且奚 등을 공격하였다. 522년 무렵에 백제에게 다시 대사를 빼앗겨 대외교섭 통로가 막히게 되자, 대가야는 신라와 혼인동맹을 맺어 백제 및 왜에 대응하였다. 두 나라의 동맹은 529년 무렵에 결렬되었고, 이후 대가야는 백제와 연결하여 신라의 東進을 저지하려고 노력하다가 결국 562년에 신라에게 병합되고 말았다.

이상이 본문에서 살핀 요지이다. 영남지방의 젖줄인 낙동강 水路에 관한 연구가 미진한 상황에서 본고는 향후 낙동강 수로교통의 역사를 종합적, 체계적으로 정리하는 기초 연구의 하나로서 적극 활용되리라고 기대된다. 나아가 5~6세기 대가야 역사뿐만 아니라 당시 낙동강 동안에 위치한 복속 소국들에 대한 신라국가의 통제 방식과 그들 지역의 영역화 과정에 대한 이해의 진전에 조금이나마 도움이 되었을 것으로 믿어진다. 본고에서 6세기 전반 대가야와 가야소국의 관계 및 후자의 동향, 그리고 각국의 위치를 세밀하게 고증하고 논지를 전개하지 못하였다. 이러한 연구를 기초로 하여 낙동강 수로를 둘러싼 신라와 대가야의 동향을 살필 때, 신라와 가야세력의 관계를 종합적이고 체계적으로 조망할 수 있음은 물론이다. 차후에 낙동강 수로를 둘러싼 신라와 가야 각국의 이해관계 및 그 추이에 초점을 맞춘 논고를 별도로 발표하여 이를 보완하도록 하겠다.

남한강 유역 조선백자 출토품을
통해 본 생산과 소비

- 충주·원주·여주·광주 일대를 중심으로 -

김 경 중 _ 경기도자박물관 학예연구사

Ⅰ. 남한강의 실태

남한강은 오대산에서 발원하여 정선과 단양을 거쳐 충주, 원주, 여주를 지나 북한강과 합수하여 서울을 가로지르며 총 길이 약 390㎞의 강이다. 한반도의 동서로 흐르는 남한강은 선사시대부터 현대에 이르기까지 우리나라 사회 · 문화 · 경제 전반에 걸쳐 큰 영향을 주었으며, 이와 관련된 생활상과 문화교류, 경제 · 정치적 영향 등 다각적인 연구가 진행되고 있다. 이와 더불어 남한강 물길이 조선시대 사회, 경제 전반에 미친 영향에 대한 연구도 이루어지고 있다. 하지만 조선시대 중요한 생산품 중에 하나인 磁器와 남한강과의 관련성 등에 대한 연구는 전무한 편이다. 그 이유는 1990년대까지 선사시대 유적이 주요 관심사로, 조선시대 소비유적[1]에 대한 관심이 크지 않았기 때문이다. 최근에도 남한강 유역의 선사 관련 유적이 많이 조사되고 있기는 하지만, 건물지와 같은 조선시대 소비유적과 백자가마터와 같은 생산유적(이하 백자가마터)[2]에 대한 발굴조사가 많이 이루어져 이에 대한 연구가 증가하고 있는 추세이다.

본 고에서 다루고자 하는 충주 · 원주 · 여주 · 광주의 경우 여타 지역에 비해 조선시대 건물지에 대한 조사는 미비하지만 『朝鮮王朝實錄』 · 『承政院日記』 · 『備邊司謄錄』과 개인문집 등에 조선시대 도자기 생산과 원료에 대한 기록이 남아 있다. 또한 백자가마터의 경우 정밀 지표조사 등을 통해 어느 정도 분포현황이 파악되었다. 이를 바탕으로 조선시대 건물지와 백자가마터 출토 백자의 비교가 가능해짐으로써 다른 지역에 비해 조선시대 磁器의 생산과 소비, 그리고 남한강을 통한 유통에 대한 연구의 기초자료가 마련되었다.

이에 본 논고에서는 백자가마터 분포현황이 파악된 충주, 원주, 여주, 광주에 한해 남한강 유역 및 지류에서 확인된 백자가마터와 건물지를 지역별, 유적의 성격 및 건립시기 등으로 나누어 정리하고 조선백자의 생산과 소비

지도 1. 京江附臨津圖(규장각 소장)

에 대해 그리고 남한강을 통한 운송의 측면으로 접근해 보고자 한다.

이를 위해 Ⅱ장에서는 관요가 설치되지 않은 충주·원주·여주 일대에서 발굴조사된 조선시대 건물지와 백자가마터, 그리고 문헌자료를 통해 시기에 따른 남한강의 역할 변화에 대해 살펴보고, Ⅲ장에서는 경기도 광주에 설치된 관요(官窯, 왕실전용가마)[3]와 관요의 최대소비처였던 궁궐지 및 행궁지 등을 구분하여 살펴보고자 한다. 관요는 현재까지 발굴조사된 모든 가마터를 검토하였으며, 출토유물은 이 가운데 운영시기 및 성격을 알 수 있는 명문자기[4]와 내·외면에 청화·철화가 시문된 백자를 중심으로 하였다. 다만 관요의 경우 설치 시기와 임진왜란의 발생, 관요의 정착과 민영화 등의 요인을 감안하여 시기를 구분하였으며 건물지는 궁궐과 행궁, 사찰 등 건물의 성격에 따라 구분하였다.

Ⅱ. 충주·원주·여주 일대

충주시는 충청북도의 북서부에 위치하며, 충주시를 관통하는 남한강과 충주시 탄금대에서 남한강과 합수하는 달천천을 가지고 있다. 충주시는 남한강과 그 지류에 형성된 충적대지에서 선사시대 유적이 계속 확인되었지만

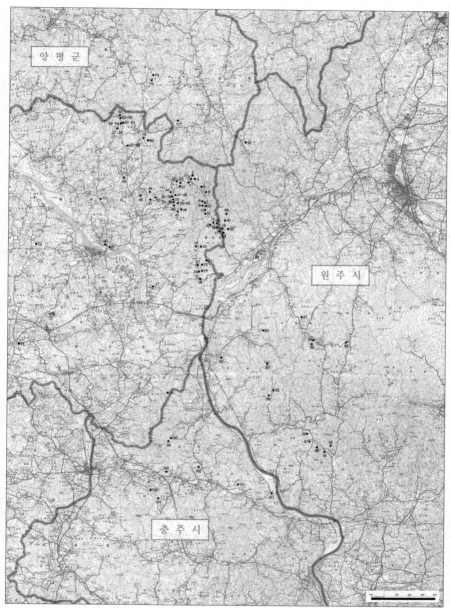

지도 2. 충주 · 원주 · 여주 도자유적 분포도(출처 경기도박물관 -『여주지역 도자유적』)

조선시대와 관련된 유적은 최근에 조사가 이루어지고 있다. 충주시 일원의 가마터 분포현황에 대한 지표조사는 이미 이루어진 바 있으며, 특히 충주 미륵리와 충주 구룡리에 대해서는 발굴조사가 이루어진 바 있다.

충주는 『世宗實錄』「地理志」에 磁器所가 있는 것으로 기록되어 있고[4] 충주가 백자의 원료인 백토를 왕실전용가마(이하 官窯)에 공급한 공급처로 기록된 점[5]으로 보아 일찍이 많은 수의 백자 가마가 설치·운영될 수 있는 토대가 마련되었던 것으로 보이며, 지표조사에서도 남한강 주변 소태면과 앙성면에 백자가마터가 많이 분포하는 것으로 확인되었다. 일찌감치 충주지역에 백자가마가 많이 입지할 수 있었던 요인은 남한강 물길이 가마에서 생산된 생산된 백자 운송에 큰 도움이 되었기 때문이다.

백자는 특성상 깨지기 쉽기 때문에 육로보다는 수로가 용이한데, 관요가 설치되기 전에는 충주에서 생산된 공납용 백자가 남한강을 통해 한양으로 안전하게 운반될 수 있었다. 하지만 조선 왕실에서 질 좋은 백자를 안정적으로 공급받기 위해 경기도 광주에 관요를 설치(1467년경)하면서 남한강의 물길을 이용한 운송품목에 변화가 생긴다. 즉 관요 설치 전에는 지방에서 생산된 공납용 백자가 남한강 물길을 통해 한양으로 운송되던 것에서, 관요 설치 후에는 관요에서 생산할 백자의 원료(백토)공급로로 변화된 것이다. 물론 충주의 백토가 광주 분원에 지속적으로 공급되었던 것은 아니지만 조선전기와 조선 중기 문헌 자료를 통해 충주지역이 일정 정도 원료 공급지의 기능을 담당했을 것으로 추정된다.

그렇다고 광주에 관요가 설치된 후 충주에서 백자생산이 이루어지지 않은 것은 아니다. 조선 후기 상업의 발달로 장시가 활성화되는데, 장시는 백자의 생산자와 소비자를 연결해 주는 중요한 매개체였다. 장시를 통한 백자의 유통은 백자 생산 증대에도 영향을 미치는데, 남한강의 지류에 위치한 소태면과 앙성면에서 조선 후기 백자가마터가 분포하고 있는 점이 이를 증명해 준다.

현재 충주 일대에서 조사된 생산유적과 소비유적에서 출토된 자기류를 살펴보면 〈표 1〉과 같다.

〈표 1〉. 충주지역 백자가마터 · 건물지 출토유물

중요유구/ 운영시기	출토유물			조사기관
	분청 사기	백자(백태청자)	청화백자(철화백자)	
미륵리 가마/ 17C~18C · 20C 전반	×	무문백자 : 발, 대접, 접시 등의 생활용기로 포개구이 한 것이 대부분	청화 : 壽, 福, 壽+福 天, 上笔面, 舞, 포도덩 쿨문, 草文, 철화 : 唐草文, 草文	충북대학교박물관
구룡리 가마/ 19C 후~ 20C 초	×	무문백자 : 발, 대접, 접시, 잔 병, 호 등으로 포개구이 한 것이 대부분	청화 : 文字文, 草文	中央文化財研究院
靑龍寺址	○	정각백자 : 忠 외에도 있음 묵서백자 : 있음	청화 : 명문있음, 草文	忠州産業大學校 博物館
金生寺址	○	명문자료 없음(조선후기 청화백자가 주류)	청화 : 福, 草花文, 宅(묵서)	忠淸大學 博物館 · 中央文化財研究院
北倉址	×	명문자료 없음(19C~20C 초)	청화 : 福, 草花文,	中央文化財研究院
건물지 7동	○	명문자료 없음	청화 : 壽, 福, 草花文 철화 : 草花文	中央文化財研究院

〈표 1〉에서 살펴 본 바 같이 미륵리나 구룡리 가마에서 생산한 백자는 여러 점 포개서 대량 생산한 조질백자[7]로 대부분 일반 백성들이 사용한 것으로 추정된다. 특히 생사지 출토 백자와 구룡리 가마터 출토 백자에서 유사성이 있다고 보고된 바 있어 구룡리에서 생산된 백자가 주문생산 방식이 아닌 장시 등의 경로를 거쳐 김생사에서 사용되었음을 추정할 수 있다. 물론 현재 조선시대 건물지와 백자가마터에 대한 발굴조사 등이 많이 이루어지지 않은 시점에서 충주지역 백자의 생산과 소비, 그리고 남한강 물길과의 연관성을 확정적으로 논하기에는 한계가 있는 것도 사실이다.

다음으로 강원도의 서남쪽에 위치한 원주는 조선시대 강원감영이 설치된 곳으로 강원도의 사회 · 경제 · 정치적 중심지였다. 원주는 원주천이 서북쪽으로 흘러 섬강이 되고, 섬강이 부론면 홍호리 부근에서 남한강과 합수한다. 이러한 지형·지리적 이점으로 인해 남한강 주변에 구석기시대부터 사람들이 살기 시작하였으며 전 시기에 걸쳐 다양한 유적이 분포하고 있다. 이 가운데 조선시대 백자가마터 및 건물지에 대한 조사는 2000년대 들어서서 활발하게 이루어졌다.

사진 1. 미륵리 가마 출토유물

원주도 충주와 마찬가지로 『世宗實錄』「地理志」에 磁器所가 있는 것으로 기록되어 있는 점과 원주에서 원료를 중앙관요에 공급하기도 한 점[8]으로 보아 많은 수의 백자 가마가 설치·운영될 수 있는 토대가 마련되었던 것으로 보인다. 2002년부터 활발하게 이루어진 원주지역 백자가마터 현황조사 결과를 통해 원주지역의 백자가마터는 섬강과 남한강 지류에 분포하고 있는 것으로 확인되었다.

사진 2. 김생사지 전경

사진 3. 김생사지 출토유물

특히 2002년에는 귀래2리 백자가마터가 발굴조사되어 가마의 구조 및 운영시기, 관요와의 관련성 등에 대한 연구가 이루어졌다.

이 외에도 현재 조선시대 백자가 출토되는 건물지는 강원감영, 행구동·

지도 3. 원주목지도(1870년대, 규장각 소장)

사진 5. 귀래 2리 백자가마터 출토유물

사진 6. 귀래 2리 백자가마터 출토유물

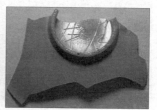

사진 7. 반곡동 건문지 '立+戌' 명자기

사진 4. 귀래 2리 백자가마터 전경

반곡동 건물지, 법천사지, 거돈사지 등이 있으며, 이들 유적에서 출토된 백자류를 살펴보면 〈표 2〉와 같다.

원주도 관요 설치 시기에 따라 남한강의 역할에 변화가 생긴다. 관요 설치

〈표 2〉. 원주지역 백자가마터·건물지 출토유물

중요유구/운영시기	출토유물			조사기관
	분청사기	백자(백태청자)	청화백자(철화백자)	
귀래리 가마/18C 말~19C 전반	×	무문백자 : 발, 대접, 접시 등의 생활용기로 포개구이 한 것이 대부분	철화 : 福	한림대학교 박물관
강원감영/15C~16C초·18C초~20C초	○	무문백자 : 조선 전기의 양질백자와 조질백자, 조선후기 대부분 조질백자 수습	청화 : 壽, 福	강릉대학교 박물관 외
		묵서백자 : 있음	철화 : 花葉文	
반곡동 건물지 16C~18C 전반	○	음각백자 : 右+□戌	철화 : 祭	강원문화재연구소
		무문백자 : 양질백자와 조질백자 수습		
행구동 건물지 조선전기~조선 후기	○	명문자료 없음(조선 전기 양질백자와 조질백자가 수습됨)	청화 : 있음	한림대학교 박물관
법천사지	○	명문자료 없음(조선 전기 양질백자와 조질백자가 수습됨)	청화 : 福, 草花文,	강원문화재연구소
거돈사지	○	명문자료 없음(조선 전기~후기 대부분 조질백자 수습)	청화 : 壽, 福, 草花文	한림대학교 박물관
			철화 : 草花文	

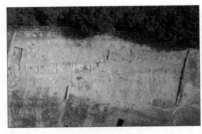

사진 8. 행구동 건물지 전경

사진 9. 행구동 건물지 출토유물

이전에는 공납용 자기의 운송로로, 관요 설치 이후에는 관요에 원료를 공급해주는 공급로로 변화한 것이다. 특히 반곡동 건물지에서 굽 안바닥에 '右+口戌' 명이 음각된 광주 관요산 백자와 행구동 건물지에서 양질의 백자가 확인되어 주목된다.

사진 10. 강천면 가마터 수습유물

관요산 백자는 왕실이나 중앙관청에서만 사용하는 것이 원칙이나 한양 사대부들의 개인적인 번조로 인해 관요산 백자가 널리 사용되었다. 하지만 반곡동 출토 '右+ㅁ戌' 명 백자가 출토됨으로 인해 남한강 물길을 통해 관요산 백자가 원주까지 유입되었음을 짐작할 수 있다. 또한 부론면에서 확인된 백

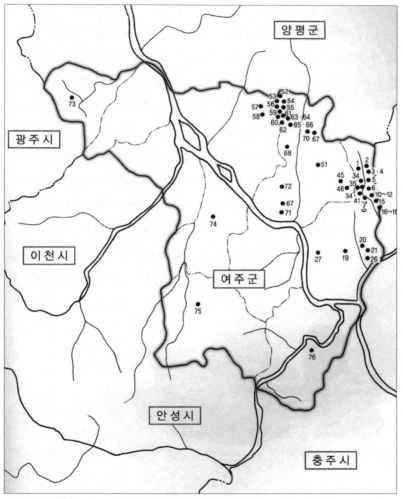

지도 4. 여주지역 도자유적 분포도(출처 경기도박물관 −『여주지역 도자유적』)

자가마 중에 조선 전기 양질백자가 확인되고 있어 남한강 등을 통해 원주 이외의 지역으로 공급되었을 가능성도 배제할 수는 없으며, 이러한 양상은 충주나 여주에서도 이루어졌을 가능성도 있다.

여주는 경기도의 동남부에 위치하며 동쪽에는 원주시, 동남쪽에 충주시, 서쪽에 광주시와 맞닿아 있다. 여주군의 중심부를 관통하는 남한강은 조선시대 여주지역에 수운이 발달할 수 있는 바탕이 되었다. 여주도 다른 지역과 마찬가지로 백자의 원료를 관요에 공급하였으며[9] 『世宗實錄』「地理志」에 陶器所가 있다는 기록이 있다.[10] 또한 2001~2003년 경기도박물관에 의해 실시된 여주지역 지표조사에서 양평군과 인접해 있는 북내면과 원주시와 인접해 있는 강천면에 백자가마터가 다수 분포하고 있는 것으로 확인되었다. 북내면은 금당천과 완장천이 남한강으로, 강천면은 원심천과 부평천이 섬강으로 연결되어 있으며 이러한 지리적 이점이 다수의 가마가 입지할 수 있는 요인이 되었다. 특히 강천면의 경우, 조선시대에는 원주목에 속해 있던 지역으로 조선시대 원주 섬강 주변에서 백자 생산이 활발했음을 알 수 있다.

다만 여주지역에서 남한강 주변으로 조선시대 백자가마터 및 건물지의 발굴조사 예가 많지 않기 때문에 조선백자의 생산과 소비라는 측면에서 남한강의 역할을 논하기에는 다른 지역에 비해 어려움이 있다.

Ⅲ. 광주 · 한양 일대

조선시대 사옹원 분원(관요, 왕실전용가마)이 경기도 광주에 설치될 수 있었던 요인은 조선 왕실이 안정적으로 질 좋은 백자를 공급받기를 원할 당시에 광주는 이미 양질의 백자를 생산하고 있었으며, 한양과 가까운 곳에 위치하고 있었고 경안천을 비롯한 여러 하천들이 시 전체에 고르게 발달하여

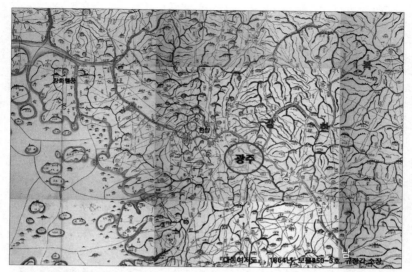

지도 5. 대동여지도(규장각 소장)

관요에서 생산된 자기를 남한강을 통해 안전하게 운송할 수 있었기 때문이다. 이 외에도 남한강을 통해 다른 지역의 원료를 공급받는 데에도 용이하며, 도성 인근에 있으면서도 다른 지역에 비해 삼림이 많았기 때문에 1467년경 경기도 광주에 분원이 설치될 수 있었던 것이다. 경기도 광주에는 현재까지 조선시대 전 시기에 걸쳐 320여개소의 백자가마터가 확인되었으며 조사를 진행할수록 그 수는 더 증가할 것으로 예상된다. 이 320여개소의 백자가마에서 생산된 백자는 경복궁, 창경궁 등의 궁궐과 남한행궁, 왕실관련 사찰 등에서 사용되었다.

관요는 충주·원주 등에서 공급된 원료를 가지고 사기장인들이 봄·가을에 번조하였으며, 그 양은 무려 1,300竹(13,000개)에 달한다. 이 외에도 궁중에 특별한 일이 있을 시에는 봄, 가을에 상관없이 번조되기도 했다.[11]. 이렇게 생산된 백자는 깨지기 쉬운 특성을 가지고 있어 육로보다는 대부분 남한강 물길을 통해 왕실이나 중앙관청에 공급되었다.

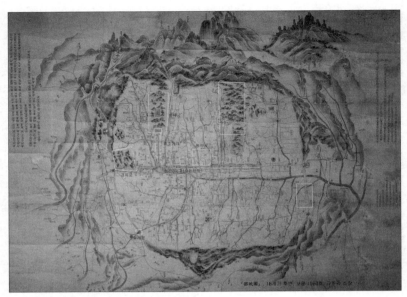

지도 6. 도성도(규장각 소장)

　이를 증명해 주는 자료가 궁궐지, 행궁지 등의 건물지 출토 백자이다. 현재 궁궐 정비 복원의 일환으로 경복궁과 경희궁지 등 궁궐지 조사에서 공납용 백자와 관요산 백자가 다수 출토되었으며, 궁궐지 이 외에도 주택개발로 인한 발굴조사에서 공납용·관요산 백자가 다수 출토되었다. 이들 백자는 건물지와 백자가마의 시기 및 성격 규명, 출토 유물에 대한 비교 연구 자료로서 중요한 가치가 있다.

　광주는 먼저 관요와 건물지로 구분하여 살펴보고자 한다. 생산유적인 관요는 현재까지 발굴조사된 모든 백자가마터를 검토하였으며, 유물은 이 가운데 운영시기 및 성격을 규명할 수 있는 명문자료와 내·외면에 청화·철화가 시문된 백자를 중심으로 하였다. 다만 관요의 설치와 임진왜란 발생, 관요의 정착과 민영화 등의 요인을 감안하여 시기를 구분하였으며, 건물지는 궁궐지와 왕실관련 유적, 그리고 도성 안에서 확인된 건물지에 한정하였다.

1. 생산유적

1) 조선 전기

현재까지 광주에서 발굴조사된 조선 전기 백자가마는 건업리 2호와 우산리 2호·9호·17호, 도마리 1호, 번천리 5호·9호로 7개소에 불과하며, 이 가운데 도마리 1호와 번천리 5호만 운영시기를 추정할 수 있는 명문자료가 출토되었다. 이들 백자가마는 광주에 관요가 설치되기 이전에 설치·운영된 우산리 17호·2호, 건업리 2호와 관요 설치 이후에 운영된 우산리 9호, 도마리 1호, 번천리 5호·9호로 나누어 볼 수 있는데, 전자는 공납용 자기를 생산하던 가마이며 후자는 왕실전용가마이다. 이들 가마터에서 출토된 자기류를 정리하면 〈표 3·4〉와 같다.

〈표 3〉. 관요 설치 이전 백자가마터 출토유물

중요 유구/ 운영시기	출토유물			조사기관
	분청사기	백자/백태청자	청화백자/철화백자	
우산리 17호/ 15C 전반	×	상감백자 : 司		해강도자미술관
우산리 2호/ 15C 전반	○	백태청자 : 內用	청화 : 두줄의 띠만 확인	해강도자미술관
		백자(예번) : 內用		
건업리 2호/ 15C 중엽	×	명문백자 없음(양질의 백태 청자 확인)	×	해강도자미술관

〈표 4〉. 관요 설치 이후 백자가마터 출토유물

중요 유구/ 운영시기	출토유물			조사기관
	분청사기	백자/백태청자	청화백자/철화백자	
우산리 9호/ 15C 후반~ 16C 전반	×	음각백자 : 見樣, 天, 地, 玄, 黃	청화 : 誌石片, 雲龍文, 圓文, 唐草文, 松葉文, 寶相花, 寶相唐草文, 竹文, 梅花文	이화여자대학교 박물관
도마리 1호/ 1505년 전후	×	음각백자 : 天·地·玄·黃 혹은 天·地·玄·黃+숫자(10미만), 乙丑八月	청화 : 詩文, 壽+梅花文, 福, 松文+星宿文+七寶文, 梅竹文, 魚文, 梅鳥文,	국립중앙박물관
번천리 5호/ 1554년 전후		음각백자 : 嘉靖三十三年 銘 墓誌片	청화 : 圓文+折枝(전접시 1점)	이화여자대학교 박물관
			철화 : 線文(祭器片 2점)	
번천리 9호/ 16C 중		음각백자 : 天, 地, 玄, 黃, 誌石片	청화 : 誌石片, 詩文, 天馬文, 花唐草文, 唐草文, 雲文, 花文	이화여자대학교 박물관
		묵서백자 : 천+…夫□□… 池千率…, 六月初十…, … 左完…, …左二…, 雨	철화 : 福	

사진 11. 우산리 9호 가마 전경(출처 이화여자대학교박물관)

사진 14. 번천리 5호 가마 전경(출처 이화여자대학교박물관)

사진 12. 우산리 9호 출토유물(출처 이화여자대학교박물관)

사진 15. 번천리 5호 출토유물(출처 이화여자대학교박물관)

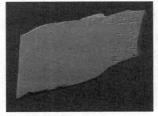

사진 13. 우산리 9호 가마 전경(출처 이화여자대학교박물관)

사진 16. 번천리 5호 출토유물(출처 이화여자대학교박물관)

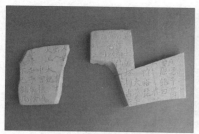

사진 17. 번천리 9호 출토유물(출처 이화여
자대학교박물관)

사진 18. 번천리 9호 출토유물(출처 이화여
자대학교박물관)

　우산리 2호에서는 궁궐에 납품하는 자기임을 알 수 있는 '內用' 銘이 압인된 조질백자가 수습되었으며, 우산리 17호와 건업리 2호도 유물을 통해 관요 설치 이전 공납용 자기를 생산하던 곳임을 알 수 있다.

　또한 우산리 9호의 '壬寅七月' 銘 묘지석, 도마리 1호의 '乙丑八月'이 음각된 봉, 번천리 5호의 嘉靖三十三年' 銘 묘지석편을 통해 가마의 운영시기를 알 수 있다. 그리고 다수의 '天' · '地' · '玄' · '黃' 명이 음각된 백자편도 출토되었는데, 경복궁 주위의 御器用 창고인 '天字庫' · '地字庫' · '玄字庫' · '黃字庫'를 지칭하는 문자로 추정하고 있다. 이들 명문을 통해 우산리 9호와 번천리 5호는 관요 설치 이후의 가마임을 알 수 있으며, 雲龍文, 天馬文 등의 문양을 통해 왕실에서 사용되었음을 알 수 있다.

2) 조선 중 · 후기

　조선 중기 가운데 발굴조사된 백자가마는 선동리2호 · 3호, 송정동 5호 · 6호, 그리고 신대리 18호가 있다. 이들 가마는 문헌 자료나 굽 안바닥에 음각된 간지명을 통해 운영시기가 알려진 가마이다. 이들 가마터에서 출토된 백자를 살펴보면 〈표 5〉와 같다.

　이들 조선 중기 가마는 발굴조사를 통해 가마의 구조 및 운영시기가 확인됨으로써 17세기 관요가 지방가마에 끼친 영향 등에 대한 심도있는 연구가

<표 5>. 조선 중기 백자가마터 출토유물

중요 유구/ 운영시기	출토유물			조사기관
	분청사기	백자/백태청자	청화백자/철화백자	
선동리 2호/ 1640~49년	×	음각백자 : 左, 右, 左또는 右+庚辰, 辛巳, 壬午, 癸未, 甲申, 乙酉, 丙戌, 丁亥, 戊子, 己丑	청화 : 祭 철화 : 龍文, 竹文, 蘭文, 梅花文, 葡萄文, 祭	이화여자대학교 박물관
선동리 3호/ 17C 중	×	명문자료 없음	청화 : 祭, 雲文 철화 : 龍文, 壽進宮祭 (이상 지표)	
송정동 5호/6호 1649~54년	×	백태청자 : 있음 음각백자 : 右+己丑, 右+庚寅+ 숫자, 右+六十五, 利, 左+辛 卯+숫자, 癸巳+숫자, 右+庚 寅+五十六, 右+庚寅+十六, 左+辛卯+一二十三, 右+辛卯+ 十一, 右+壬辰+숫자,	철화 : 蘭草文, 龍文(?), 葡萄文, 竹文, 鶴文, 梅花文, □酒泉□, 大, 甲	조선관요박물관
신대리 18호/ 17세기 후반	×	음각백자 : 右+辛亥	철화 : 竹文, 草花文, 龍文 雲文, 抽象文	조선관요박물관

가능하게 되었다. 특히 간지명을 통해 백자의 제작시기를 알게됨으로써 지
방백자와의 기형 및 제작기술 비교가 가능해져 지방백자를 더 이해할 수 있
는 계기가 되었다.

사진 19. 선동리 2호 출토유물(출처 이화여
자대학교박물관)

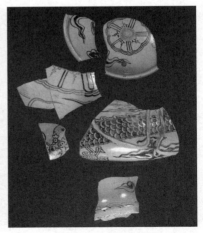

사진 20. 선동리 2호 출토유물(출처 이화여
자대학교박물관)

사진 21. 송정동 5호 가마 전경(출처 경기
도자박물관)

사진 22. 송정동 5호 출토유물(출처 경기도
자박물관)

사진 23. 송정동 5호 출토유물(출처 경기도
자박물관)

또한 왕실을 상징하는 龍文과 선
동리에 주문하여 만든 것임을 알려
주는 "壽進宮12)祭"명 철화백자편은
관요의 운영 및 성격을 이해하는데
중요한 자료이다.

조선 후기의 관요는 현재 광주시
남종면 분원리에 위치하며 이곳에서
1752년부터 1884년 민영화 될 때까

사진 24. 분원리 전경

지 왕실에서 사용하는 백자를 생산하였다. 2001년~2002년까지 이화여자대
학교박물관에서 발굴조사를 실시하여 가마 4기와 공방지 2기, 그리고 많은
양의 백자류를 수습하였다. 분원리 가마에서 수습된 백자를 살펴보면 〈표
6〉과 같다.

분원리 백자가마에서는 왕실전용가마로 왕실을 상징하는 龍文이나 왕실

중요 유구/	출 토 유 물			조사기관
운영시기	분청사기	백자/백태청자	청화백자/철화백자	
분원리 가마 1752~1883년	×	음각백자 : 上, 元, 甲, 一, 二, 三, 삼각형, 사각형, 나선형, X 양각백자 : 葉文, 福+葉文, 주름문	청화 : 壽, 福, 壽福康寧, 汾, 汾院, 雲峴, 草花文, 그물문, 龍文, 山水文, 蝶文, 蓮鳥文, 蓮池文, 鶴文, 蓮花文, 七寶文, 佛手柑文, 栗文, 七星文, 石榴文	이화여자대학교 박물관

25. 분원리 2호 가마 전경(출처 이화여자대학교박물관)

사진 26. 분원리 출토 '汾院' 명 백자(출처 이화여자대학교박물관)

사진 27. 분원리 출토 "雲峴"명 백자(출처 이화여자대학교박물관)

의 만수무강을 기원하는 문자 등이 확인되고 있으며, 생산지를 나타내는 '汾院'이나 소비지를 표시한 '雲峴' 명이 확인되어 조선 후기에도 관요에서 생산된 백자가 남한강을 통해 궁궐 등 왕실과 관련 있는 곳으로 유입되었음을 알 수 있다.

2. 소비유적

1) 궁궐지

조선시대 공납용 자기와 관요산 자기의 최대 소비처는 景福宮과 昌德宮, 慶喜宮과 행궁 등이다. 먼저 경복궁은 태조(太祖)가 한양으로 천도하면서 새로운 궁궐을 창건하기로 하고 심덕부(沈德符)를 설치하여 이를 관장케 했다. 1394년 12월 4일 공사를 시작하여 이듬해 9월 중요한 전각이 대부분 완공되었으며, 경복궁(景福宮)이라 이름 붙였다. 이후 임진왜란(壬辰倭亂)으로 불에 타 폐허가 된 상태로 방치되다가 고종 2년~고종 5년(1865년~1868)에 재건하였다.

경복궁은 복원정비 계획의 일환으로 1990년부터 침전권역, 동궁권역, 태원전권역, 건청궁권역에 대한 발굴조사를 실시하였다. 특히 궁궐 내 음식물을 관장하는 소주방과 외국사신을 집견하거나 관료회의를 개최하던 興福殿, 景福宮 咸和堂·緝敬堂, 殯殿의 기능을 담당한 泰元殿, 왕과 왕비의 거처

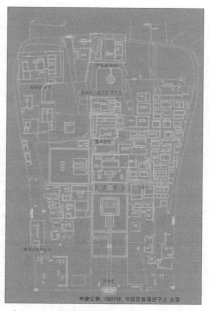

북궐도형, 1907년, 국립문화재연구소 소장

지도 7. 북궐도형(국립문화재연구소 소장)

및 외교 접대 장소로도 사용된 乾淸宮 등지에서 많은 양의 자기류가 출토되었다. 이들 건물지에서 출토된 자기류를 정리하면 〈표 7〉과 같다.

경복궁에서 출토된 백자는 조선 전기와 조선 후기 백자가 대부분인데, 이는 임진왜란으로 인해 경복궁이 소실된 후부터 1865년 재건 이전까지 사용되지 않았기 때문이다. 먼저 경복궁에서 수습된 분청사기 명문 중에 仁壽府는 정종 2년(1400)에 靖安公 이방원을 위해 설치한 세자부 임시관청이며, 內資寺는 왕실에서 소용되는 쌀, 술, 간장 등을 담당하고 長興庫는 돗자리·지물 등을, 內贍寺는 2품 이상 관리에게 주는 술 등을, 礼賓寺는 빈객·연향 등에 관한 일을 담당하던 곳으로, 이들 명문을 통해 공납용 자기임을 알 수 있다.

특히 '큰쇼' 명이 정각된 백자와 묵서명 백자가 수습되었는데, 여기서 큰

중요 유구	출토유물			조사기관
	분청사기	백자/백태청자	청화백자/철화백자	
景福宮 康寧殿 區域 交泰殿 區域	三加 內寺贍 順 仁□□	명문백자는 없음	청화 : 花文＋大, 寶相唐草文, 壽＋福＋大, 壽, 壽＋福, 草花文＋福	문화재관리국
景福宮 內燒廚房, 外燒廚房, 福會堂	密陽長興庫 慶?興長? 長興? 蔚山仁壽府 仁壽府 內贍 內資? 禮賓 咸安	백태청자 : 大□庄(정각) 선각백자 : 天, 玄, 右, 大(?) 정각백자 : 계묘웃면고□, 손웃쇼, 단외, 가히미면, 신대쇼손, 엄난, □완, 진, 대쇼, 큰쇼, 압, 미연그, 박효, 한?, 대□, □햐이, □더기, ×, □쥬삽보, □□l, □쇼 선각백자＋정각 : 地＋파?웃쇼, 左＋신?쇼 묵서백자 : 참웃, 큰쇼	청화 : 壽＋무오영춘헌고간대듕오?, 福＋…간?1듕쇼십, 內＋…십팔?(이상 정각), 壽＋中(음각), 壽, 福, 福＋大, 福＋上室, 福＋延, 福, 壽＋福, 牧丹文, 龍文, 鳳凰文	국립문화재연구소
景福宮 訓局軍營直所	長 內贍 咸陽	백태청자 : 仁, 中(음각), 天(정각) 묵서백자 : 山, 林, 文	청화 : 雲, 福, 祭, 雲文, 草花文, 魚文	국립중앙박물관
景福宮 興福殿址	大, 長?	선각백자 : 黃, 음각백자 : 千 정각백자 : 졍머웃면안쇼, 녹난 선각백자＋정각 : 大＋셩졍	청화 : 壽, 福, 草花文	국립문화재연구소
景福宮 咸和堂 緝敬堂 行閣址	慶州長興 長興庫 大	백태청자 : 左(선각) 선각백자 : 別 정각백자 : 太, 대쇼, 아□ 선각백자＋정각 : 左＋地	청화 : 壽, 壽＋雲峴, 福, 壽＋福, 祝文＋延, 草花文, 長生文(龜甲文)	국립문화재연구소
景福宮 泰元殿址	贍	음각백자 : 左 정각백자 : 갑자영춘헌고간, 헌고간대듕… 무문백자 : 19C 후반에서 20C 전반	청화 : 壽, 福, 壽＋迎春, 壽＋進, 福＋淸, 壽＋草花文,, 壽＋花鳥文, 鳥	국립문화재연구소 외
景福宮 乾淸宮址	長	무문백자(상번) : 발, 접시, 대접	청화 : 草花文	문화재청
景福宮 光化門址	彦陽??付 ?賓(?)	태조연간 광화문지 유물(조선초기백자)과 고종연간 확인된 유물(조선후기백자)로 대별	청화 : 福, 草文	국립문화재연구소

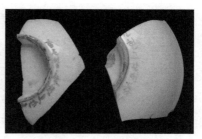

사진 28. 소주방지 출토유물(출처 경복궁 보
고서-국립문화재연구소)

사진 29. 태원전지 출토유물(출처 서울의 도
요지와 도자기-서울역사박물관)

사진 30. 함화당 · 집경당 행각지 출토유물
(출처 경복궁 보고서-국립문화재연구소)

사진 31. 흥복전지 출토유물(출처 경복궁 보
고서-국립문화재연구소)

쇼는 대전을 뜻한다. 묵서는 태토빚음의 조질백자에서 대부분 확인되는데,
이는 정각명 백자와 묵서명 백자의 소비계층의 차이가 있음을 뜻한다.

또한 정각 백자 중에 태원전지에서 확인된 '갑자영춘헌고간' 명 백자는 1864
년 정조가 머물던 곳간에서 사용하기 위해 분원에서 번조한 백자이다.

이 외에도 함화당 · 집경당 행각(부속건물)지에서도 분청사기부터 조선 후
기 백자에 이르기까지 조선시대 전 시기의 유물이 수습되었다. 특히 강녕전
의 부속건물인 연생전 혹은 연길당을 의미하는 '연(延)'과 고종의 생가인 '雲
峴' 명 청화백자를 통해 분원리에서 생산된 백자가 남한강을 통해 궁궐로 운
반되었음을 추정할 수 있다.

다음으로 昌德宮은 태종 5년(1405) 景福宮의 離宮으로 건립되었으며, 성종
15년(1484)에는 수강궁을 확장한 昌慶宮과 서편 담장 하나를 사이에 두고

이궁으로 이용되었다. 이후 임진왜란으로 인해 파괴된 궁궐 중에 임진왜
란 이후 창덕궁과 창경궁이 먼저 재건되어 1865년 경복궁이 재건되기 이
전까지 정궁으로 이용되었다. 이들 궁궐에 대한 복원계획의 일환으로 1984
년 昌慶宮을 시작으로 昌德宮 일대에 대한 발굴조사가 이루어졌으며 그 과
정에서 다수 명문자기와 청화 · 철화백자류가 출토되었다. 이를 정리하면
〈표 8〉과 같다.

<표 8〉. 창덕궁 · 창경궁 출토유물

중요 유구	출토유물			조사기관
	분청사기	백자/백태청자	청화백자/철화백자	
昌德宮 進善門址 일대 및 肅章門址	內用廣	음각백자 : 大	청화 : 大+花文, 壽, 福, 祭, 草花文, 계미?하큰면이뉴십구?, 팔…둑, …면고간? ㅣ등쇼팁?, 고간대등쇼칠삼?오개, 임?큰면고간등소팔십?	文化財管理局 외
		정각백자 : 유슈ㅣ, …?겹상, 을?큰면고가, 근개, 유ㅣ슈ㅣ		
昌德宮 尙房址	內內殿內資仁壽府三加	백태청자 : 殿(음각), 二(묵서)		문화재청 외*
		압인백자 : 內用		
		음각백자 : 黃		
		정각백자 : 千		
		음각백자+정각 : 黃+혜순, 中+地, 地+一黃		
		묵서백자 : 천, 馬, 甲, 수리		
昌德宮 錦川橋	內言	음각백자 : 左+甲寅(?)	청화 : 壽+면고간?ㅣ등쇼삼십?	국립문화재연구소
昌慶宮	壽	음각백자 : 임오동궁삭간삼…(정각 추정)		文化財管理局

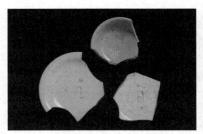

사진 32. 창덕궁 출토유물(출처 서울의 도
요지와 도자기-서울역사박물관)

사진 33 창덕궁 출토유물(출처 서울의 도
요지와 도자기-서울역사박물관)

창덕궁과 창경궁에서도 '內用'·'仁壽府' 명 분청사기를 통해 관요 설치 이전부터 창경궁에서 공납용 자기를 사용했음을 알 수 있다. 특히 창덕궁 상방지에서 출토된 '殿' 명·'二' 명이 음각된 청자의 경우 우산리 4호 가마터에서 수습된 바 있다. 또한 정각된 백자 중에 '을사큰전고가(을사큰뎐고가)' 명과 '계미하큰전이십육구죽(계미ㅁ하큰뎐이뉴십구듁)', '임자큰전고간중소팔십죽(임ㅈ 큰뎐고간듕소팔십듁)'은 사용시기 및 소비처를 알 수 있는 중요한 자료이다.

　慶熙宮은 景福宮·昌德宮과 더불어 조선시대 3대 궁궐로 광해군 3년~7년(1616~1620)에 창건되었다. 경희궁은 1985년부터 단국대학교 박물관과 명지대학교 부설 건축문화연구소에서 조사하여 다수의 명문자기와 청화·철화백자류를 수습하였다. 이를 정리하면 <표 9>와 같다.

<표 9>. 경희궁지 출토유물

중요 유구	출토 유물			조사기관
	분청사기	백자/백태청자	청화백자/철화백자	
慶熙宮 崇政殿基壇 御階 東月廊址 건물지 2기	內贍仁寺 義興仁壽 仁壽府 禮賓	음각백자 : 左, 右, 玄, 別, 黃, 地, 別, 乙卯左四十九, 癸?三十三, 丙寅造, 辛丑	청화 : 梅花折枝文, 福+雲文, 七寶文, 草花文, 壽+草花文	한국건축문화 연구소
		정각백자 : 큰션반, 계미큰밧쇼, 동안쇼, 左木, 뎡유, 큰밧쇼, 큰진지, 을유 큰셩, 큰뎐이뉴이십구, 者王, 匙宮		
		음각백자+정각 : □□四十一右+ㅈ밧쇼…	철화 : 詩文, 龍文	
		백자묵서 : 天, 熟, 의더기, 슈더기, 명, 사, 그머		
慶熙宮 건물지 4기 錦川橋	長興庫 內贍石	음각백자 : 左+辛未(추정)	청화 : 雲龍文, …듕쇼팔십륙,	한국건축문화 연구소
		정각백자 : 큰셩, ?셰, 큰박, 웃밧쇼, 셩덕듕소늇싱둑		

　경희궁지에서 수습된 '內贍'·'義興仁壽'·'仁壽府' 등의 명문을 통해 조선 전기에 공납용 자기를 사용하는 조선 전기에 건물이 있었음을 알 수 있다. 특히 관요 설치 이후에 운영된 것으로 알려진 우산리 9호, 번천리 9호에서 확인되는 '天'·'地'·'玄'·'黃' 명이 경희궁지에서 출토되는 점으로 보

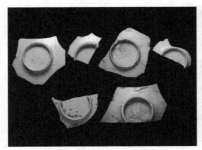

사진 34. 창덕궁 출토유물(출처 서울의 도요지와 도자기-서울역사박물관)

사진 35 창덕궁 출토유물(출처 서울의 도요지와 도자기-서울역사박물관)

아 왕실과 관련된 건물이 이전부터 존재하였음을 알 수 있다.

이렇듯 자기에 음각, 정각 등 여러 가지 방법으로 글씨를 쓰는 이유는 자기의 품질 저하 및 관료들의 개인적인 번조 방지, 빌려간 곳에서의 분실 및 훼손 등을 방지하기 위해서였다. 또한 정각백자의 경우에는 소비지에서 분실 등을 방지하기 위해 정 등을 사용해서 새긴 것으로 보인다.

2) 행궁 및 사찰

궁궐 이외에 왕실과 관련이 있는 유적으로는 왕의 임시 거처인 행궁과 왕실과 관련을 맺고 있는 사찰이 있다. 南漢行宮은 인조 3년(1625)에 짓기 시작하여 인조 4년(1626)에 완성된 후 이후에도 건물이 계속 건립되었다. 江華行宮은 인조 9년(1631)부터 건립하였으나 병자호란으로 소실되고 숙종 31년에 재건하였다. 남한행궁지는 2000년대 초까지 토지박물관이, 강화 외규장각지는 2001년까지 한림대학교박물관에서 발굴조사를 실시하여 운영시기를 추정할 수 있는 다수의 명문자기를 수습하였다. 이를 정리하면 〈표 10〉과 같다.

남한행궁과 강화행궁 유물 중에 '左壬辰四十八'과 '左丙子'명은 각각 1652년과 1636년으로 추정되어 문헌자료에 기록된 행궁 건립 시기와 유사한데, 이 시기의 관요는 송정동과 상림리에서 운영되어 소비지의 관계를 추정할

중요 유구	출토유물			조사기관
	분청사기	백자/백태청자	청화백자/철화백자	
南漢行宮	수습	음각백자 : 光?庚(辛未로 추정), 左+四十八+壬辰	청화 : 壽, 福, 祭, 三, 壽+福, 鳳凰文, 牧丹文, 菊花文, 草花文, 박쥐문,	토지박물관
		묵서백자 : 作	철화 : 있음	
南漢山城 暗門	수습	음각백자 : 左+己丑, 左+五十六+庚寅	청화 : 花文	중원문화재 연구원
江華行宮 (外奎章閣址)		백태청자 : 左+?+숫자, 右+?+숫자, 右+庚+숫자	청화 : 壽, 草花文	한림대학교 박물관
		백자음각 : 左, 右, 左+丙子, 右+丙子, 別+丙子, 좌(우)+간지+숫자		
		백자묵서 : 江華(?)		
華城行宮	○	무문백자(상번) : 발, 잔, 접시(17C 후반에서 19C 초에 제작된 것이 대부분)	청화 : 壽, 花文	한양대학교 박물관 외

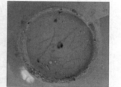

사진 36. 강화행궁지 전경

사진 37. 38 강화행궁지 출토유물

수 있는 중요한 자료이다. 이 외에도 '江華'의 묵서명은 분실을 미연에 방지하고자 하는 의도에서 쓰여진 것으로 보인다.

다음으로 왕실과 관련을 맺고 있던 사찰로 발굴조사가 이루어진 곳은 檜巖寺와 圓覺寺가 있다. 檜巖寺는 고려 말에서 조선전기에 걸친 약 200여 년간 왕실의 후원 속에 융성했던 사찰이며, 圓覺寺는 태조 년간에 왕실사찰로 이용되다가 태종 이후 폐사된 것을 세조 10년(1465)에 중창을 명하여 그 해 완료된 사찰이다.

회암사지는 1997년~2004년에 걸쳐 기전문화재연구원 · 경기도박물관이, 원각사지는 2001년 서울역사박물관이 조사하여 존립시기를 추정할 수 있는 다수의 명문자기를 수습하였다. 이를 정리하면 〈표 11〉과 같다.

〈표 11〉. 寺址 출토유물

중요 유구	출토유물			조사기관
	분청사기	백자/백태청자	청화백자/철화백자	
檜巖寺址		백태청자 : 二(묵서)	청화 : 松文	경기도박물관 외
		압인백자 : 內用		
		음각백자 : 左+二, 玄, 天, 황(?), 別, 左, 右, 地, 別+三, 左+辛?, 右+壬		
		정각백자 : 각, 十, 一, 三, 亞, 上, 沖, 人(?), 司, 中, 西, 傳, 水, 민(?), 연, 잉, 玄, 守, 큰쇼, 正, 下, 우(?), 六(?), 인, 준, 大, 化(?), 일, 旭, 五	철화 : 二, 龍文, 竹文	
		묵서백자 : 三, 十, 人, 西, 上, 壺中, 中, 均, 妙, 크, 東, 한, 元, 化, 下, ?, 읏, 생, 大, 檜僧, 正, 황쇼, 六, 丑(?), 艮		
圓覺寺址	三加	음각백자 : 天, 地, 玄, 黃, 左, 右, 左+二十七(?)+庚寅	청화 : 梅花文, 詩文	서울역사박물관
		정각백자 : 웃싱안		
		음각백자+정각 : 別+옥	철화 : 龍文, 竹文	
		묵서백자 : 千?, 막비		

사진 39. 원각사지 출토유물(출처 서울의 도요지와 도자기-서울역사박물관)

사진 40. 원각사지 출토유물(출처 서울의 도요지와 도자기-서울역사박물관)

회암사지에서는 경복궁의 대전을 뜻하는 '큰쇼' 명 음각백자와 묵서로 회암사 승려를 뜻하는 '檜僧' 명이 쓰여진 백자가 확인되는데 이를 통해 회암사의 위상 및 소비계층의 차이 등을 알 수 있다.

3) 기타 유적

앞서 살펴 본 바와 같이 경복궁과 창덕궁, 경희궁 등의 궁궐과 행궁, 왕실과 관련이 있는 사찰 등에서 조선 전기 공납용 자기부터 왕실전용가마에서 생산된 자기까지 다량으로 확인되었으며, 이들 자기에서 확인되는 명문을 통해 생산지와 소비지를 알 수 있었다. 이 외에도 도성 안에 대한 조사에서도 관요산 백자가 다량으로 확인되었다. 특히 경희궁이나 경복궁 앞의 육조거리에서도 확인되지만 청진6지구(시전)와 동대문 운동장 일대에서 관요산 백자가 다수 출토되었다. 이들 건물지에서 확인된 자기류를 정리하면 <표 12>와 같다.

동대문 운동장 일대와 광화문 앞 육조거리는 중앙관청 등이 있었던 곳으로 조선 전기부터 후기에 이르기까지 전 시기의 관요산 백자가 확인되어 중앙관청에서도 공납용 자기와 관요산 자기를 사용했음을 알 수 있다. 특히 경희궁 주변에서 확인된 정각백자 중에 '화영웅쥬겻쥬방', '신묘교동궁 …', '셰손궁안쇼'와 동대문 운동장의 '뎌동궁길례시슉셜소이뉴오둑 백자는 사용시기 및 용도를 알 수 있어 조선 후기 도자사 연구에 중요한 자료이다.

또한 숭례문과 청진6지구 등 궁궐이나 관청과 떨어진 곳에서도 관요산 백자가 확인됨으로써 한양에 거주하는 사대부들도 관요산 백자가 사용하였음을 추정할 수 있다. 이는 관요에서 많은 양의 백자를 생산하였음을 뜻하며, 이렇게 생산된 백자는 남한강 물길을 통해 한양의 사대부들에게 전달된 것이다.

위치/ 중요 유구	출토유물			조사기관
	분청사기	백자(백태청자)	청화백자(철화백자)	
종로구 신문로 / 적심석 · 장대석	內贍 長興庫	음각백자 : 大, 天	청화 : 현쥬것, 唐草 文, 花文	한국건축문화 연구소
		정각백자 : 동문(또는 분)안, 동성, 영동 안…, 지…, 신묘교?궁…, 동…, 동밧(?)쇼, 세손궁안쇼, 이군듀것, 세…, 임오…, ?근현 쥬것, 현쥬것, '화영(?)웅쥬것쥬방', 祀		
		묵서백자 : 田丁		
종로구 청진동 / 다수의 건물지	三加 ?賓 付 司廳慶 金千(묵 서)	상감백자 : 草花文	청화 : 壽, 祭+相洞 (묵서), ?+壽+福, 壽+福+不老草文, 郎, 花文+不老草文, 魚文	한국건축문화 연구소
		압인백자 : 內用		
		음각백자 : 上, 別, 左, 十, 黃, 地, 右+己 丑, 右+戊申, 右+壬子		
		정각백자 : 큰면고간대등쇼칠십육, 나, 石 一, 만, 順, 三, 두		
		묵서백자 : 황, 三(또는 土), 숑이(또는 농 이), 종금이, 冬仇, 一, 千, 天, 너베, 권, 廳 (또는 淳), 귀비, 冥(또는 官), 長, 종?, 金和, ?, 仁, 大, 세, 非, 石, 千, ?, 덕, 슈, 十, 김가 (또는 김기), 只, 굴?ㅣ(또는 묵귀), 日, 丙, 仲, 강, 令, 指?(또는 北?), 上, 中, 소비(소 미), 팔, 쥰, 順, 昌	철화 : 前仁	
종로구 사간동 / 적심석 일부	仁壽府	백태청자 : 王	청화 : 壽, 草花文	상명대박물관
		백자음각 : 玄		
		백자묵서 : 귀비, 효명		
종로구 통의동 / ×	×	음각백자 : 묘지석	청화 : 草花文	상명대박물관
		양각백자 :		
		정각백자 : 천		
		묵서백자 :		
종로구 종로2 가/시전행랑 유구 · 건물지 4기	○	음각백자 : 佐+干支	청화 : 있음	한울문화재 연구원
		음각백자+정각 : 千+恭		
		묵서백자 : 있음		
종로구 신문로 / 건물지 2기	○	묵서백자 : □비, ×	청화 : 壽, 鳳凰文, 草花文	고려문화재 연구원
			철화 : 있음	
숭례문	○	음각백자 : 佐+干支	청화 : 壽, 福, 草花文	국립문화재 연구소/2008년
광화문 광장/ 육조거리 관련	○	음각백자 : 佐+干支	청화 : 있음	한강문화재 연구원
		음각백자+정각 : 千+恭		
		묵서백자 : 있음		
동대문운동장 일대/ 하도감 관련 건물지 · 서울 성곽 〈사진 24〉	申	백태청자 : 大(음각)	청화 : 壽, 福, 祭, 雲 龍文, 草花文	중원문화재 연구원
		음각백자 : 玄, 左, 右		
		양각백자 :		
		정각백자 : 뎌동궁길레시슉셜소이뉴오?		
		(묵서)백자 : 天, 黃, 訓		

사진 41. 청진동 출토유물(출처 서울의 도요지와 도자기-서울역사박물관)

사진 42 통의동 출토유물(출처 서울의 도요지와 도자기-서울역사박물관)

사진 43. 사간동 출토유물(출처 서울의 도요지와 도자기-서울역사박물관)

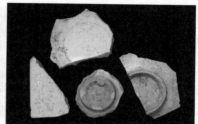

사진 44 사간동 출토유물(출처 서울의 도요지와 도자기-서울역사박물관)

Ⅳ. 논의와 전망

오대산에서 발원한 남한강은 충주에서는 달천천을, 원주에서는 섬강을, 여주에서는 금당천을, 광주에서는 경안천을, 양평군에서 북한강과 합수하여 서울을 관통하여 서해로 이른다. 남한강 주변과 그 지류에 위치한 지역들은 선사시대부터 현대에 이르기까지 사회, 문화, 경제에 서로 영향을 주고 받으며 발전시켜 나갔으며, 조선시대 백자의 생산과 소비 촉진에도 영향을 주었다.

남한강 물길은 광주 관요가 설치되기 전에는 충주와 원주, 여주의 공납용 백자 운송로로서 관요 설치 후에는 광주 관요에 원료를 공급해주는 운송로로 조선시대 전 시기에 걸쳐서 이용되었다. 조선시대는 남한강 수로를 배경으로 교역이 발달하였는데 조운은 전세와 貢賦 등 한정된 물품을 특정한 계절에 한하여 수송하였던 데 반하여 선상의 활동은 거의 연중무휴로 행하여졌으며 그들의 취급품목은 생필품 전부를 포함하였다.[13] 생필품에는 백자도 포함되며 교역의 발달은 장시의 활성화와 직결된다. 이러한 점으로 보아 남한강은 조선시대 백자가마의 입지에서부터 공납용 자기 및 원료의 운송, 장시를 통한 백자의 공급에 이르기까지 중요한 영향을 미쳤다.

또한 경기도 광주에 조선시대 관요(왕실전용가마)인 사용원 분원이 설치될 수 있었던 여러 요인 중에 남한강이 광주를 통과하는 것도 한 요인으로 작용하였다. 경기도 광주는 조선 초기부터 양질의 백자를 생산하고 있었으며, 삼림이 무성하여 땔감이 풍부하였던 것도 중요한 요인이지만 경안천을 비롯한 여러 하천들이 시 전체에 고르게 발달하여 관요에서 생산된 자기를 남한강을 통해 안전하게 운송할 수 있었던 것도 경기도 광주에 관요를 설치하는데 필요한 조건이었다. 이 외에도 남한강 물길을 통해 다른 지역에서 생산된 백자 원료를 공급받는데 용이했던 점도 광주에 관요를 설치하는데 작용한 것으로 보인다. 이렇게 조선시대 전 시기에 걸쳐 운영된 관요 흔적이 광주 전역에 분포하고 있다. 여기서 생산된 백자가 1884년 관요가 민영화되기 이전까지 왕실이나 중앙관청에 공급된 것이다. 또한 조선 후기에는 사대부들에게도 널리 유통되어 애용되었는데, 이렇게 사용된 관요산 백자들이 현재 경복궁, 창경궁, 경희궁 등의 궁궐과 남한행궁, 왕실관련 사찰 외에도 여러 건물지에서 확인되었다.

이 외에도 원주 반곡동 건물지에서 관요에서 생산된 명문백자가 출토됨으로써 남한강 물길이 지방 각처로 관요산 백자가 확대되는데 일정 부분 영향을 주었음을 짐작할 수 있다. 이렇듯 남한강은 조선시대 요업 발전에 없어서는 안 될 중요한 물길이었다.

다만 광주나 서울에 비해 충주나, 원주, 여주에 대한 백자가마터 조사나 건물지 등에 대한 자료가 축적되지 않아 연구에 어려움이 있는 것도 사실이다. 만약 이들 자료가 축적되면 관요와 지방의 가마축조와 백자생산기술의 관계, 소비층에 미친 영향 등 다양한 연구가 가능해지리라 생각된다. 이러한 연구는 조선시대에 살았던 사람들의 삶을 이해하는데 한발 더 다가갈 수 있는 계기가 될 것이다.

| 참고문헌 |

경기도박물관 · 기전문화재연구원

  2001 『회암사 Ⅰ 발굴조사보고서』, 경기도박물관.

  2003 『회암사 Ⅱ - 7 · 8단지 발굴조사보고서』, 경기도박물관.

  2004 『양주 회암사지 7차 발굴조사 현장설명회』, 경기도박물관.

경기도박물관

  2003 『묻혀 있던 조선최대의 왕실 사찰 회암사』, 경기도박물관.

  2004 『驪州地域의 陶磁遺蹟』, 경기도박물관.

고려문화재연구원

  2008 『신문로 2구역 5지구 문화재 발굴조사 약보고서』, 고려문화재
        연구원.

국립문화재연구소

  1995 『景福宮 寢殿地域發掘調査報告書』, 국립문화재연구소.

  1998 『景福宮 泰元殿址』, 국립문화재연구소.

  2002 『창덕궁 금천교 발굴조사보고서』, 국립문화재연구소.

  2007 『景福宮 光化門址 및 月臺 地域 發掘調査』, 국립문화재연구소.

  2007 『景福宮 光化門址 및 月臺 地域 發掘調査(2次)』, 국립문화재연구소.

  2008 『景福宮 燒廚房址 發掘調査報告書』, 국립문화재연구소.

  2008 『景福宮 興福殿址 發掘調査報告書』, 국립문화재연구소.

  2008 『景福宮 咸和堂 · 緝敬堂 行閣址 發掘調査報告書』, 국립문화재연구소.

국립중앙박물관

  1995 『廣州郡 道馬里 白磁窯址 發掘調査 報告書 - 道馬里 1號 窯址』, 국립
        중앙박물관.

  1995 『景福宮 訓局軍營直所址』, 국립중앙박물관.

문화재청

2002 『景福宮 泰元殿圈域』, 文化財廳.

2003 『景福宮 乾淸宮址』, 文化財廳.

문화재관리국

1985 『昌慶宮 發掘調査報告書』, 문화재관리국.

1995 『昌德宮 仁政殿 外行閣址 發掘調査報告書』, 문화재관리국.

명지대학교 부설 한국건축문화연구소

1990 『慶熙宮 崇政殿 發掘調査 報告書』, 명지대학교 부설 한국건축문화연
구소.

1990 『慶熙宮 崇政殿 發掘調査 報告書- 숭정전지(숭정전 회랑 등) 건립부
지 발굴조사 보고서』, 명지대학교 부설 한국건축문화연구소.

1996 『慶熙宮 資政殿 回廊 發掘調査 報告書』, 명지대학교 부설 한국건축
문화연구소.

1996 『慶熙宮 泰寧殿址 建立敷地 發掘調査 報告書』, 명지대학교 부설 한국
건축문화연구소.

1999 『서울교원복지회관 신축부지내 發掘調査 報告書』, 명지대학교 부설
한국건축문화연구소.

2002 『含春苑址 주변 유적 시굴조사 보고서』, 명지대학교 부설 한국건축
문화연구소.

2002 『昌德宮 尙房址 遺構調査 報告書』, 문화재청.

2007 『서울 청진6지구 유적Ⅰ·Ⅱ』, 명지대학교 부설 한국건축문화연구소.

상명대학교박물관

2007 『서울 종로구 통의동 발굴조사 보고서』(서울 : 상명대박물관, 2007).

2007 『서울 종로구 한국불교 태고종 전통문화전승관 신축부지 문화유적
발굴조사』, 상명대학교박물관.

서울역사박물관

2001 『서울탑골공원 원각사지 시굴조사 보고서』, 서울역사박물관.

이화여자대학교박물관

1986 『中部高速道路建設豫定地域 廣州朝鮮白磁窯址 發掘調査報告-樊川里 5號·仙東里 2, 3號』, 이화여자대학교박물관.

1993 『廣州 牛山里 9號 朝鮮白磁窯址 發掘調査報告』, 梨花女子大學校 博物館.

2006 『조선시대 마지막 官窯 廣州 分院里 白磁窯址 발굴조사보고서』, 이화여자대학교박물관.

2007 『廣州 樊川里 9號 朝鮮白磁窯址 발굴조사보고서』, 이화여자대학교 박물관.

중앙문화재연구원

2005 『忠州 九龍地區 農業用水開發豫定地內 忠州 九龍里 白磁窯址』, 중앙 문화재연구원.

2006 『忠州 龍頭-金加間 迂廻道路建設區間 內 忠州 金生寺址』, 중앙문화재 연구원.

2007 『忠州 龍頭-金加間 迂廻道路建設區間 內 忠州 倉洞里遺蹟』, 중앙문화 재연구원.

중원문화재연구원

2008 『동대문 디자인플라자&파크 건립부지내발굴조사-지도위원회의 자료(2)』, 중원문화재연구원.

조선관요박물관

2008 『광주 신대리 18호 백자요지』, 조선관요박물관.

2008 『廣州 松亭東 白磁窯址』, 조선관요박물관.

충북대학교박물관

1993 『忠北地方 陶窯址 地表調査 報告書』, 충북대학교박물관.

1995 『충주 미륵리 백자가마터』, 충북대학교박물관.

충청대학박물관

1999 『忠州 金生寺址』, 충청대학박물관.

2006 『忠州 金生寺址 發掘調査 報告書』, 충청대학박물관.

최영준

1997 『국토와 민족생활사』, 한길사.

한림대학교박물관

2004 『원주 귀래2리 백자가마터』, 한림대학교 박물관.

한울문화재연구원

2007 『서울 종로영동빌딩 신축부지내 유적 발굴조사 약보고서』, 한울문
화재연구원.

해강도자미술관

1995 『廣州 牛山里 白磁 窯址』, 해강도자미술관.

1999 『廣州 牛山里 白磁窯址(Ⅱ) - 17號 白磁窯址 試掘調査 報告書』, 해강
도자미술관.

2000 『廣州 健業里 朝鮮白磁 窯址 - 健業里 2號 가마遺蹟 發掘調査報告書』,
해강도자미술관.

금강의 지명 변천과 국가제의

임 선 빈 _ 한국학중앙연구원 장서각연구소

Ⅰ. 금강의 실태

금강은 401.4km의 길이에 총 유역 면적 9885.8㎢로, 한강과 낙동강에 이어 남한에서 세 번째 큰 강으로 알려져 있다. 전라북도에서 발원한 금강은 북서 방향으로 흐르면서 초강 송천 보청천 등의 지류를 받아들이다가, 신탄진에서 갑천과 합류하고 다시 청원군 부강에서 미호천과 만난다. 이곳에서 금강은 물줄기의 방향을 서남방으로 틀어 정안천 은산천 논산천 등을 모아 강경에 이른 후, 서향하여 군산만으로 흘러든다. 금강의 수계(水界)는 전라북도와 대전광역시, 충청남·북도에 걸쳐 있으며, 강경 이하의 하류는 수백년간 충청도와 전라도의 도계(道界)를 이루어 왔다. 흔히 금강은 충청도를 상징하는 강으로 일컬어져 왔다. 특히 조선후기에는 금강이 충청도의 감영고을 공주를 휘감아 흐르고 있었기 때문에 충청감영을 금영(錦營), 충청도관찰사를 금백(錦伯)이라고 일컫기도 하였다.

그런데 이러한 '금강'이라는 명칭을 조선시대 이전의 자료에서는 쉽게 찾을 수 없다. 고려말기에 이르러서야 '錦江(금강)'이라는 표기가 확인되기 시작한다. 그렇다면 조선 이전에는 금강을 어떻게 부르고 있었을까? 백제시대나 통일신라시대, 그리고 고려시대에 살았던 사람들이 부른 금강의 명칭은 무엇일까? 조선초기에도 금강이라고 하면 오늘날의 금강과는 달리 강 전체를 지칭하기 보다는 일부 지역에 한정해서 일컫는 말이었다. 오늘날 우리가 전라북도 장수군 수분이 고개에서 발원하여 서천과 군산 사이의 서해바다로 흘러들어 간다고 인식하는 금강은 언제부터 강 전체가 금강이라고 불리우게 되었을까? 금강에서는 일찍부터 국가제의가 행해졌다. 왕조에 따라 4독(瀆)에 포함되기도 하고, 탈락되어 명산대천 제의가 시행되기도 하였다. 그런데 이러한 제사의 명칭에도 시대에 따라 달라져 온 금강의 명칭변화를 반영하고 있음을 확인할 수 있다.

이 글에서는 고려 시대까지의 금강에 대한 다양한 명칭과 여말선초에 부분칭 가운데 하나로 등장한 금강이 조선시대에 전칭으로 확대되어가는 과정에 대해 알아보고자 한다. 나

사진 1. 금강의 발원지로 알려진 뜬봉샘 (사진 : 신용희)

아가 금강의 국가제의가 어떻게 변천되어 왔으며, 시대에 따라 달라진 금강 지명이 국가제의에는 어떻게 반영되었는지 살펴보고자 한다.

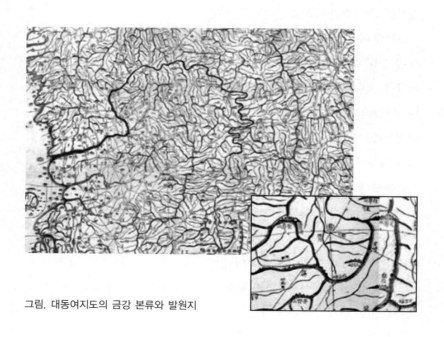

그림. 대동여지도의 금강 본류와 발원지

Ⅱ. 고대~고려시대의 구역별 다양한 명칭

오늘날의 금강이 고대인들에게는 어떻게 불리워지고 있었을까? 『삼국사기』와 『삼국유사』에서는 어디에서도 '금강' 이라는 기록을 찾을 수가 없다. 반면에 금강과 관련된 삼국시대 최초의 기사로 여겨지는 온조왕 13년의 기사에는 다음과 같이 웅천(熊川)이라는 기록이 보인다.

> 8월에 사신을 마한에 보내 도읍을 옮길 것을 알리고 마침내 강역을 구획하여 정하였는데, 북쪽으로는 패하에 이르고, 남쪽은 웅천(熊川)을 경계로 삼고, 서쪽으로는 큰 바다에 닿고, 동쪽으로는 주양에 이르렀다.
>
> (『삼국사기』 권23 백제본기 1 시조온조왕 13년)

이 기사는 온조왕대 백제 초기의 사방 경계를 설명하는 기록이다. 그런데 웅천이 남쪽 경계로 거론되고 있다. 이 웅천의 지명에 대해서는 오늘날의 경기도 안성의 안성천, 예산의 삽교천 동쪽 지류인 무한천, 공주의 금강 등으로 학자들에 따라 비정하는 견해들이 다르기는 하지만, 오늘날의 금강을 일컬었을 가능성이 크다고 여겨진다.

백제 문주왕은 개로왕이 고구려의 기습공격으로 패전하여 전사한 후, 왕위에 오르면서 475년 10월에 웅진(熊津)으로 천도하였다. 이 웅진은 신라 신문왕대에 웅천주(熊川州)로, 경덕왕 16년(757)에 웅주(熊州)로 개칭되었다. 그런데 이 웅진은 왕도를 지칭하기도 하지만, 때로는 금강을 의미하기도 했다. 한편, 웅진에 수도를 정하고 있던 시기인 동성왕 13년(491) 6월에는 웅천의 물이 범람하여 왕도의 2백여 가옥이 물에 떠내려가거나 잠겼다는 기록이 보인다. 이 때의 웅천도 바로 오늘날의 공주를 흐르는 금강을 지칭한다.

오늘날의 부여가 백제시대에 사비라고 일컬어졌듯이 부여를 지나는 금강은 사비하(泗沘河)라고 불리었다. 다음은 『삼국사기』에 실려있는 무왕 37년의 기사이다.

3월에 왕은 측근 신하들을 거느리고 사비하(泗沘河)의 북쪽 포구에서 연회를 베풀고 놀았다. 양쪽 언덕에는 기이한 바위와 돌이 들쭉날쭉 서 있고, 간간이 기이하고 이상한 화초가 끼어 있어 마치 그림과 같았다. 왕은 술을 마시고 몹시 즐거워 북을 치고 거문고를 타며 스스로 노래를 불렀고, 수행한 자들도 여러 차례 춤을 추었다. 당시 사람들은 이곳을 대왕포(大王浦)라고 불렀다.

(『삼국사기』 권27 백제본기 5 무왕 37년)

위 기사에서는 백제의 사비, 즉 오늘날의 부여 근처에 흐르는 금강을 사비하라고 부르고 있다. 한편 금강은 백강(白江)이라고도 불리었다. 무령왕이 즉위한 501년 정월에 좌평 백가(苩加)가 가림성(加林城)을 근거로 하여 반란을 일으켰다. 왕은 군사를 이끌고 우두성에 이르러 간솔 해명에게 명령하여 토벌하게 하였다. 백가가 나와 항복하자 왕은 그의 목을 베어 백강에 던져 버렸다.

백강은 의자왕 때의 기사에도 보인다. 백제가 망하기 직전인 의자왕 16년 (656) 3월에 좌평 성충이 죽음에 임하여 올린 글에 만약 다른 나라의 군사가 오면 수군은 기벌포(伎伐浦) 언덕을 오르지 못하게 하라는 내용이 포함되어 있다. 그런데 이 기벌포가 의자왕 20년조에는 백강으로 표기되어 있으며, 『삼국유사』에서는 기벌포에 대해 장암(長岩) 또는 손량(孫梁)으로 혹은 지화포(只火浦) 또는 백강(白江)이라고도 한다고 세주에서 설명하고 있다. 여기의 지화포는 기벌포의 다른 표기로, 只와 伎, 火와 伐은 음운상 서로 대응되는 것으로 보고 있다. 오늘날 학계에서는 기벌포의 위치에 대해서 백강구 즉 금강입구로 비정하는 설, 동진강 하구로 비정하는 설, 금강하류의 고다진에 비정하는 설, 동진반도 일대에 비정하는 설, 두포천 어구로 비정하는 설, 백강과 동일지점으로 보면서 사비하로부터 금강하구까지의 하류로 내려가면서 어느 한 지역에만 고정시킬 수 없다는 설 등이 제기되어 있다(심정보, 2003).

웅진강과 백강의 표현은 백제의 부흥운동에 관한 『구당서』와 『신당서』의 기록에서도 찾을 수 있다.

扶餘隆率水軍及糧船, 自熊津江往白江以會陸軍, 同趨周留城。仁軌遇扶餘豐之
衆於白江之口, 四戰皆捷, 焚其舟四百艘, 賊衆大潰, 扶餘豐脫身而走(『구당
서』 권199상 열전 149상 동이 백제.)

仁願已得齊兵, 士氣振, 乃與新羅王金法敏率步騎, 而遣劉仁軌率舟師, 自熊
津江偕進, 趨周留城。豐衆屯白江口, 四遇皆克, 火四百艘, 豐走, 不知所在

(『신당서』 권220 열전 145 동이 백제)

『구당서』의 기록은 부여융이 수군과 식량을 실은 배를 거느리고 웅진강으로부터 백강으로 가다가 육군을 만나 함께 주류성으로 나아갔다고 하였다. 이 기사에서 웅진강은 웅진, 즉 오늘날의 공주 근처의 강을 지칭하고 있음이 분명하다. 그렇다면 백강은 어디일까? 여기에 대해서는 다양한 견해들이 제기되어 있는데, 현재의 금강에 비정하는 설, 동진강에 비정하는 설, 안성천 하구의 백석포에 비정하는 설, 660년 백제도성 함락시의 백강과 663년 주류성 함락시의 백강을 따로 구분하여 전자는 금강의 일부인 백마강으로, 후자는 줄포내포로 비정하는 설, 백강 · 기벌포 · 백강구는 금강으로 일본서기에 나타나는 백촌 · 백촌강은 두포천으로 구분하여 비정하는 설, 백제 멸망시의 백강은 금강으로, 주류성 함락시의 백강은 동진강으로 비정하는 설, 웅진강과 백마강을 포함한 금강 일원을 백촌강으로 비정하는 설, 백강을 사

사진 2. 공주 시가지를 가로지르는 금강 (사진 : 신용희)

비하와 동일지점으로 보나 그 하류로 내려가 금강하구까지를 포함시키는 설, 백강을 아산만으로 비정하는 설, 사비하를 백강으로 비정하는 설 등이 있다고 한다(심정보, 2003). 그런데 '白'은 오방색 가운데 하나로 서쪽에 해당한다. 따라서 수도 사비의 서쪽에 흐르는 금강 하류를 백강이라고 불렀다고 해석한 서정석의 견해가 주목된다(서정석, 2004). 그렇다면 당시의 수도인 사비를 중심으로 하여 그 서쪽에 흐르는 금강의 하류를 백강이라고 봄이 타당할 것이다.

이와 같이 고대시기 금강을 일컫는 지명으로는 공주지역의 웅진, 웅천, 웅천하, 웅진강, 부여지역의 사비하, 금강하류의 백강, 기벌포(지화포), 웅진구, 백촌강 등이 있었다. 그런데 이들 지명들은 강 전체가 아닌 일정지역, 즉 강의 일부분을 지칭하는 명칭이었다. 이는 오늘날 우리가 금강 전체의 길이와 수계에 대한 정확한 정보를 갖고 있는 것과는 달리, 고대인들은 강 전체를 인식하기 어려웠기 때문에 자신들이 경험하는 금강의 일부구간을 중심으로 강의 이름을 명명한데서 기인한다고 생각된다.

사진 3. 백마강으로 불리는 부여의 금강 (사진 : 신용희)

　고려 초기에 이르면 웅진·웅주가 '공주(公州)'라는 지명으로 바뀌면서, 고려시대의 금강은 공주강, 공주하라는 새로운 이름을 갖게 되었다. 후삼국을 통일한 고려 태조 왕건의 훈요십조에는 '車峴以南 公州江外'라고 하여 오늘날의 금강을 '공주강(公州江)'이라는 표현으로 지칭하고 있다. '공주하(公州河)'라는 표현도 고려 충렬왕 17년(1291) 연기지역에서 벌어진 합단적의 전투와 관련하여 보이고 있다. 공주라는 지명은 웅주(熊州), 즉 곰 고을[州]에서 '곰주'를 거쳐 공주(公州)로 바뀐 것인데, 오늘날에도 여전히 곰이라는 말은 공주의 곰나루[熊津]라는 명칭으로 남아 있다. 금강도 공주를 흐르는 강으로서, 공주강·공주하라는 명칭을 얻게 되었다.

　이렇듯 고려초기에 공주라는 지명이 등장한 이후의 금강의 명칭에는 공주가 포함되어 사용되기 시작한다. 그러나 '금강(錦江)'이라는 명칭은 고려 후기까지도 아직 등장하지 않고 있다. 고려시대의 금강은 공주가 아니고, 금성산(錦城山)이 있는 전라도 나주에 있었다.

Ⅲ. 금강 지명의 등장과 전칭으로의 확대

여말선초에 이르면, '금강' 이라는 지명이 사용되기 시작한다. 우선 고려 말기 삼봉 정도전의 「소재동기(消災洞記)」에 다음과 같은 내용이 보인다.

도전(道傳)이 소재동 황연(黃延)의 집에 세들어 살았다. 그 동리는 바로 나주에 속한 부곡인 거평 땅으로, 소재사란 절이 있어 동리 이름을 삼은 것이다. 동리는 주위가 모두 산인데 그 북동쪽에는 중첩된 봉우리와 고개들이 서로 잇달았으며, 서남쪽에는 여러 봉우리가 낮고 작아서 멀리 바라볼 만하다. 또 그 남쪽은 들판이 평평하고 숲 속에 연기가 나는 초가 10여 호가 있으니, 이는 바로 회진현이다. 이곳의 유명한 산수로는 첫째가 금성산(錦城山)인데, 단정하고 의젓한 모습으로 동북쪽에 웅거하고 있으니 이는 곧 나주의 주산[鎮山]이며, 둘째가 월출산인데, 청수하게 우뚝 솟아 동남쪽을 막고 있으니 이는 영암군과의 경계이며, 셋째가 금강(錦江)인데, 나주의 동남쪽을 경유하여 회진현을 지나 남서쪽으로 바다에 들어간다. 동리에서 바다까지는 거리가 수십 리다. 그 산의 아지랑이[嵐]와 바다의 장기[瘴]가 사람의 살에 침입하면 병이 때없이 발생하기는 하지만, 아침 저녁 어둡고 밝을 적에 기상이 천만 가지로 변화하니 역시 구경할 만하다.

(정도전, 『三峰集』 권4, 「消災洞記」)

정도전은 우왕 원년(1375) 권신 이인임(李仁任) · 경부흥(慶復興) 등의 친원배명정책에 반대해 북원의 사신을 맞이하는 문제로 권신 세력과 맞서다가 전라도 나주목 회진현 관하의 거평부곡에 유배되었고 우왕 3년(1377)에 풀려났다. 위 기문은 바로 정도전이 유배시기에 쓴 글이다. 그런데 이 기사에서 정도전은 그곳의 유명한 산수로 첫째 금성산, 둘째 월출산, 셋째 금강을 꼽고 있다. 이 전라도의 금강은 나주의 동남쪽을 경유하여 흘러 회진현 남서쪽을 지나 바다로 들어간다고 하였다. 따라서 조선시대까지도 다음과 같이 목포가 금강진(錦江津)이라고 불리웠는데, 이 전라도의 금강은 오늘날의 영산강이다.

> 금강진(錦江津) : 일명 금천(錦川), 목포(木浦)이며, 혹은 남포(南浦)라고도 한다. 곧
> 광탄(廣灘)의 하류인데 주의 남쪽 11리에 있다.(『신증동국여지승람』 권35, 전라도
> 나주목 산천조).
> 나주의 영산강(榮山江)은 그 근원이 여덟이 있는데, (중략) 합해서 흐르다가 나주
> 동쪽에 이르러 광탄이 되고 나주 남쪽에서는 영산강이 되는데, 이 강의 본이름은
> 금강진(錦江津)이다.
>
> (『연려실기술』 별집 권16, 지리전고 총지리)

한편, 정도전은 폄소(貶所)로부터 종편(從便)하여 삼봉(三峯)의 옛집으로 돌아오는 도중인 우왕 3년(1377) 7월 24일에 공주의 금강루(錦江樓)에서 하루밤을 자면서 「공주의 금강루에 제하다(題公州錦江樓)」라는 제목의 시를 짓고 있다.

> 그대는 보지 못했는가 가태부가 글을 써 소상강물에 던지고 / 君不見賈傅投書湘水流
> 이 한림이 취중에 황학루 시 지은 것을 / 翰林醉賦黃鶴樓
> 생전의 곤궁쯤이야 근심할 게 무엇 있나 / 生前轗軻無足憂
> 빼어난 듯 늠름하게 천추에 비끼었네 / 逸意凜凜橫千秋
> 또 보지 못했나 병든 이 몸 삼 년을 남방에 갇혀 있다가 / 又不見病夫三年滯炎州
> 돌아오는 길에 또 금강 머리에 온 것을 / 歸來又到錦江頭
> 다만 강물이 유유히 흘러감을 볼 뿐 / 但見江水去悠悠
> 세월도 머물러 주지 않음을 어찌 알리 / 那知歲月亦不留

이 몸은 저 구름마냥 둥둥 떴으니 / 此身已與秋雲浮

공명이나 부귀 다시 무얼 구하리요 / 功名富貴復何求

오늘 느낌 옛날 생각 길게 한 번 탄식하니 / 感今思古一長吁

노랫소리 격렬하다 바람은 으시시한데 / 歌聲激烈風穗穗

갑자기 흰 갈매기 쌍쌍이 날아오네 / 忽有飛來雙白鷗

(鄭道傳, 『三峰集』 권1, 「題公州錦江樓」)

그러니까 동일 시기인 여말에 동일인에 의해 '금강'이라는 지명이 전라도 나주와 충청도 공주의 두 군데에서 각각 사용되고 있다. 이 점에서 고려시대와 조선초기까지는 각종 문헌에 등장하는 '錦江'이 어디를 지칭하는지에 대해서 정치한 고증이 필요하다. 그런데 공주의 금강은 강 전체를 일컫는 것이 아니고 공주지역의 일부 구간만을 지칭하는 표현이었다. 오히려 강 전체를 지칭할 때에는 금강보다 웅진이라는 명칭을 사용하고 있었다. 조선초기의 자료인 『세종실록지리지』(15세기 전반기) 충청도 항목에서도 금강에 대해 다음과 같이 묘사하고 있다.

대천(大川)은 웅진(熊津)이다. 그 근원이 전라도에서 나와 양산 서쪽을 지나 영동현에 들어가고, 이산현에 이르러 적등진이 되고, 옥천에 이르러 화인진이 되며, 회덕에 이르러 이원진이 되고, 연기에 이르러 또 큰 내가 있어, 청주의 서쪽 지경으로부터 남쪽으로 흘러 들어와서, 그 아래가 웅진이 되고(祀典에 있다), 공주에서 금강이 되며, 부여에서 고성진이 되고, 임천에서 고다진이 되며, 진포에 이르러 바다로 들어간다.

(『세종실록』 권149, 지리지 충청도)

금강 전체를 하나의 강으로 묘사하고 있는 이 자료에서는 충청도의 대천을 웅진이라고 하였다. 금강에 대한 부분칭이 아닌 전칭이 등장하고 있는데, '금강'이라고 일컫지 않고 웅진'이라고 부르고 있다. 또한 금강의 근원에 대해 처음으로 언급하고 있다. 충청도의 대천인 웅진의 근원이 전라도에서 나온다고 하였으나, 정확한 발원지에 대해서는 밝히지 않고 있다. 이어 각 지역, 고을 단위로 금강의 별칭을 거론하고 있다. 적등진 화인진 이원진 웅진 금강 고성진 고다진 웅포 등이 그것이다. 이와 같이 조선초기에는 아직도 충청도의 대천, 즉 금강 전체는 금강이 아닌 웅진이라고 일컫고 있었으며, 금강은 공주를 지나가는 일부 구간만을 지칭하는데 사용되고 있었음을 알 수 있다. 또한 웅진은 금강에 대한 전칭으로 사용되고 있을뿐만 아니라 공주의 금강에 이르기 이전의 물줄기가 웅진이라고 하여 부분칭으로도 사용되고 있다. 나아가 이 웅진은 사전(祀典)에도 실려 있다고 하였다. 조선초기에 국가에서 산천에 제사지내는 중사(中祀)의 대상인 악해독 가운데 웅진이 포함되어 있었는데, 바로 이곳이 웅진이라고 불리었으며, 나아가 이곳의 지명이 강 전체를 대표하기 때문에 강 전체도 웅진이라고 불리었던 것이다. 강 전체를 지칭하는 대표적 명칭이 웅진이며, 공주에 이르기 전의 부분칭도 웅진이었다. 『고려사』 지리지 청주목 공주조의 웅진연소 세주(細註)에서는 '상류는 금강이 된다(上流爲錦江)'라고 하여 금강이 웅진보다 상류에 있다고 하였다. 그러나 『고려사』의 편찬시기가 문종 원년(1451)이라는 점을 고려하면, 이 기사(세주)는 『세종실록지리지』보다 후대의 상황이 반영되어 있다고 보아야할 것이다. 『세종실록』은 단종 2년(1454)에 편찬되어 『고려사』보다 늦게 편찬되었지만, 『세종실록』에 부록으로 수록되어 있는 『세종실록지리지』의 편찬시기는 세종 14년(1432)이기 때문이다.

『신증동국여지승람』(15세기 말)에는 금강에 대해 독립적으로 설정된 항목은 없지만, 금강이 흘러 지나가는 각 고을에서 금강에 대해 언급하고 있다. 그런데 금강의 명칭은 고을마다 지역마다 여러 가지 서로 달리 부르는 칭호가 있었다. 이를 『신증동국여지승람』해당 고을 산천조 기사를 통해 정리해 보면, 발원지 수분현(水分峴, 장수현)으로부터 남천(南川, 장수현) → 호천(狐川, 장수현) → 소이진(召爾津, 금산군) → 지대진(只大津, 금산군) → 호진(虎津, 옥천군) → 적등진(赤登津, 옥천군) → 차탄(車灘, 옥천군) → 화인진(化仁津, 옥천군) → 말흘탄(末訖灘, 회인현) → 형각진(荊角津, 문의현) → 금강(공주목) → 웅진(공주목) → 백마강(부여현) → 고성진(古城津, 임천군·석성현)을 거쳐 서천의 바다[海]로 들어간다고 하였다.

이와 같이 조선초기까지도 '금강'이 강 전체를 지칭하지는 않았다. 반면에 조선후기 자료인 『연려실기술』(18세기 말)에서는 다음과 같이 공주의 웅진이 아닌 금강에 대해 자세히 서술하고 있다.

> 공주의 금강은 근원이 옥천의 적등진(赤登津)에서 나오고, 적등진은 근원이 덕유산 서북에서 나오니, 장수·진안의 여러 냇물이 합해서 북쪽으로 흐르다가 용담 달계천(達溪川)이 되고, 무주에 이르러 대덕산·적상산 냇물과 합해서 금산 경계에 이르러 소이진(召爾津), 지화진(只火津)이 된다. 다시 이 물은 옥천에 이르러 호진(虎津)이 되고, 또 북쪽으로 흘러 적등진이 된다. 상주 중모현(中牟縣) 물은 황간·영동을 지나고, 속리산 물은 보은·청산에서 합류해서 북쪽으로 화인진(化仁津)이 되고, 회인을 지나서 말흘탄(末訖灘)이 되며, 서쪽으로 흘러 문의에 이르러서 이원진(利遠津)이 되는데, 이것을 또 형각진(荊角津)이라고도 한다. 이 물은 또 서쪽으로 동진(東津)과 합하니, 연기·동진·진천·청안의 여러 냇물이 합류해서 청주 작천(鵲川)이 되고, 남쪽으로 흘러 목천·전의의 여러 냇물과 합해서 동진이 되었다. 다시 공주 북쪽에 이르러 금강이 되고 남으로 꺾어져 웅진과 부여에 이르러 백마강이 된다. 또 은진에 이르러 강경포(江景浦)가 되고, 또 서쪽으로 꺾어져 석성의 고다진(古多津)·임천의 남당포(南堂浦)·한산의 상지포(上之浦)·서천의 진포(鎭浦)가 되어 바다로 들어가는데, 임천에서 서

천포에 이르기까지 모두 진포라고 한다.

(『연려실기술』 별집 권16, 지리전고 총지리)

『연려실기술』에서는 금강의 근원을 옥천의 적등진으로 보고 있으며, 다시 적등진은 덕유산 서북에서 근원한다고 하였다. 덕유산에서 적등진까지의 물줄기를 설명하고, 상주 중모현, 속리산 등 상류의 여러 지천에 대해 언급하고 있다. 『신증동국여지승람』의 지대진(只大津)이 『연려실기술』에서는 지화진(只火津)으로 표기되어 있으며, 이원진이 형각진이라고도 불리고 있음을 밝히고 있다. 또한 조선초기에는 거론되지 않았던 달계천, 강경포, 남당포, 상지포 등이 새로 등장하고 있다. 강경포를 비롯한 하류의 포구들이 부각되고 있으며, 진포는 특정 포구를 지칭하는 것이 아니고, 임천에서 서천포에 이르기까지의 금강 하류지역 전체를 포괄하는 명칭으로 설명되어 있다. 이 기사는 조선전기의 자료에 비해 자세한 설명을 하고 있으며, 공주에서 시작된 부분칭 금강이 전칭으로 확대되어 가고 있음을 보여주고 있다.

연경재(研經齋) 성해응(成海應, 1760~1839)은 다음과 같이 금강에 대해 더 자세한 묘사를 하였다.

금강의 근원은 전라도 장수의 수분치에서 시작된다. 서쪽으로 흘러 용암에 이르러 송탄(松灘)이 되고, 북으로 흘러 탄전에 이르러 이포(伊浦)가 되고, 명치를 지난다. 또 서쪽으로 흘러 달계(達溪)가 되고, 용담현의 동쪽 부리 고현을 지나 동으로 꺾어져 무주의 서쪽에 이르러 소이진이 된다. 칠암의 험한 길를 지나 북으로 거슬러 올라가 광석강(廣石江)이 되었고, 호계의 좁고 험한 길에 이르면 호탄이 된다. 동으로 흘러 고당강(高唐江) 심천진(深川津)이 되고 서로 흘러 적등진이 되며 북으로 차탄진 화인진이 된다. 서쪽으로 옥천의 북쪽에 이르면 주안향을 지나 말흘탄이 된다. 서로 흘러 형각진 검각진(黔角津) 신탄진이 되고, 또 덕진(德

津)이 된다. 서북으로 흘러 용당의 북쪽에 이르면 탄리진(灘里津) 와벽(瓦壁)이 되고 강안에 연하여 금벽정(錦壁亭) 사송정(四松亭)이 있어서 모두 올라가 볼만 하다. 효포를 지나 쌍수의 북쪽에 이르면 전탄(箭灘)이 되니 공북루가 그 가에 있다. 또 서남으로 흘러 웅진이 되니 웅진은 백제의 옛 성이다. (중략) 정산현에 이르러 왕지진(王之津) 반탄(半灘) 석탄(石灘)이 되니 (석탄의) 여울 가는 고려 이존오가 은거한 곳이다. 고란의 북쪽 큰 들판 가운데를 경유하여 동남으로 흘러 백마강이 되니 유인궤가 왜를 격파한 곳이다. 또 부소산 아래에 이르러 사비하가 되니 고란사가 강가 깎아지른 벽에 있다. 그 근방에 낙화암이 있으니 백제가 망할 때 궁녀가 강에 몸을 던진 곳이다. 부산(浮山) 장암을 지나면 고다진이 되고, 석성현 남쪽을 지나 불암에 이르면 낭청진(浪淸津)이 된다. 강경을 지나 황산에 이르면 서쪽으로 꺾어져 청포(菁浦)가 되고, 또 서쪽으로 흘러 성창을 지나 남당진(南塘津)이 되고 서로 진포(鎭浦)가 된다. 또 모포(茅浦) 용당진(龍塘津)이 되고 서로 서천포(舒川浦)에 이르러 바다로 들어간다.

(『研經齋全集』外集 권44, 地理類, 東水經, 錦江)

이 글에서는 금강 전체를 지칭할 때 '錦江'이라는 표현을 사용했으며, 금강 본류의 근원지인 전라도 장수군 수분치로부터 서천포의 서해바다에 이르기까지 자세히 밝히고 있다. 이를 정리해 보면 금강 본류는 수분치 → 송탄 → 이포 → 달계 → 소이진 → 광석강 → 호탄 → 고당강 → 심천진 → 적등진 → 차탄 → 화인진 → 말흘탄 → 형각진 → 금각진 → 신탄진 → 덕진 → 탄리진 → 전탄 → 웅진 → 왕지진 → 반탄 → 석탄 → 백마강 → 사비하 → 고다진 → 낭청진 → 청포 → 남당진 → 진포 → 모포 → 용당진 → 서천포 → 바다로 이어진다고 하였다. 여기에서는 금강 본류의 구간별 지역명칭으로 탄(灘), 진(津), 포(浦), 강(江), 하(河) 등이 다양하게 사용되고 있다. 또한 『세종실록지리지』『동국여지승람』『연려실기술』과는 달리 공주 근처의 특정지역을 더 이상 금강이라고 일컫지 않고 있다. 이제 금강은 부분칭이 아닌 전칭으로만 사용되고 있다.

금강이 전칭으로만 사용되는 사례는 조선말기에 편찬된 『증보문헌비고』에서도 찾아볼 수 있다. 다음은 『증보문헌비고』 금강총설의 전문(全文)이다.

금강은 근원이 장수의 수분치에서 나와 서쪽으로 흘러 용암에 이르러 왼쪽으로 장수의 남천을 지나 송탄이 되며, 북쪽으로 흘러 탄전에 이르러 왼쪽으로 진안의 남천을 지나서 이포가 되고, 오른쪽으로 안성의 구연동천(九淵洞川)을 지나 명치를 경유하여 왼쪽으로 조림천 · 정자천을 지난다. 또 서쪽으로 흘러 달계가 되고, 용담현의 동쪽에 이르러 왼쪽으로 주자천을 지나고, 오른쪽으로 안자천을 지나 부리고현을 경유하여 동쪽으로 꺾여서 무주의 서쪽에 이르러 소이진이 되며, 오른쪽으로 적천을 지나 칠암의 험한 곳[阻]을 경유하여 북쪽으로 굽이쳐서 광석강이 되고, 호계의 좁은 길목[阨]에 이르러 왼쪽으로 제원천을 지나 호탄이 되고, 오른편으로 양남천을 지나 동쪽으로 흘러 고당강이 되고, 오른쪽으로 영동의 동천 · 송천을 지나 심천진이 되며, 서쪽으로 흘러 적등진이 되고, 오른쪽으로 용천을 지나 북쪽으로 차탄진 · 화인진이 되며, 서쪽으로 옥천의 북쪽에 이르러 왼쪽으로 서화천을 지나고, 북쪽으로 흘러 주안향을 경유하여 말흘탄이 되고, 오른쪽으로 사탄을 지나, 서쪽으로 흘러 형각진 · 검단진 · 신탄진이 되고, 왼쪽으로 갑천을 지나 덕진이 되고, 서북쪽으로 흘러 용당에 이르러 북쪽으로 동진강과 함께 모이어 나리진이 된다. 왼쪽으로 두마천을 지나 와탄이 되고, 효포를 경유하여 쌍수의 응달에 이르러 전탄이 되며, 오른쪽으로 일신천을 지나 서남쪽으로 흘러 웅진이 되고, 오른쪽으로 동천을 지나고, 왼쪽으로 이인천을 지나 반탄 · 석탄이 된다. 고란의 응달을 경유하여 오른쪽으로 대왕포 · 금강천을 지나 동남쪽으로 흘러 백마강이 되고, 부산을 경유하여 오른쪽으로 은산천과 구량포를 지나 장암을 경유하여 고다진이 되고, 석성현의 남쪽에 이르러 왼쪽으로 수탕천을 지나 불암에 이르러 낭청진이 된다. 오른쪽으로 시포천을 지나 강경을 경유하여 황산에 이르러 왼쪽으로 독자천을 지나 서쪽으로 꺾이어 청포가 된다. 또 서쪽으로 흘러 성창을 경유하여 오른쪽으로 임천의 남천을 지나고, 왼쪽으로 양교천을 지나 남당진이 되며, 오른쪽으로 상지포를 지나 서진포가 되고, 오른쪽으로 길산천을 지나 모포가 되며, 왼쪽으로 옥구의 전천을 지나 용당진이 되고, 서쪽으로 서천포에 이르러 바다에 들어간다.

(『증보문헌비고』 권20, 여지고 8, 산천, 금강)

이 기사는 금강에 대해 가장 상세하고 종합적으로 기록한 글이다. 『증보문헌비고』 금강 총설에서의 금강 본류는 수분치 → 송탄 → 이포 → 달계 → 소이진 → 광석강 → 호탄 → 고당강 → 심천진 → 적등진 → 차탄진 → 화인진 → 말흘탄 → 형각진 → 검단진 → 신탄진 → 덕진 → 나리진 → 와탄 → 전탄 → 웅진 → 반탄 → 석탄 → 백마강 → 고다진 → 낭청진 → 청포 → 남당진 → 상지포 → 서진포 → 모포 → 용당진 → 서천포 → 바다로 이어지고 있다. 이는 성해응의 금강 묘사와 대동소이하다. 금각진이 검단진으로, 탄리진이 나리진으로 표기가 바뀌었고, 왕지진과 사비하가 빠진 반면에 와탄과 상지포가 추가되어 있을 뿐이다. 그런데 여기에서도 금강은 더 이상 부분칭으로 사용되지 않고 있다. 이제 금강은 전칭으로만 사용되고 있다.

뿐만 아니라 『증보문헌비고』 산천 충청도 각 고을편에서는 21고을에서 각각 고을치소로부터 금강까지의 거리와 위치를 설명하고 있는데, 이때에도 모두 '錦江'이라는 명칭을 사용하고 있다. 이들을 상류로부터 나열해 보면 무주는 서쪽 14리, 금산은 동남쪽 40리, 옥천은 남쪽 52리, 영동은 서쪽 25리, 회인은 남쪽 19리, 청주는 남쪽 70리, 회덕은 북쪽 30리, 문의는 남쪽 20리, 공주는 북쪽 1리, 정산은 남쪽 26리, 부여는 서쪽 5리, 임천은 북쪽 20리, 석성은 서쪽 10리, 은진은 서쪽 26리, 여산은 서쪽 20리, 용안은 서북쪽 9리, 함

열은 서북쪽 10리, 한산
은 남쪽 14리, 임피는 북
쪽 18리, 서천은 남쪽 25
리, 옥구는 북쪽 16리에
각각 금강이 위치한다고
하였다. 소이진(무주, 금
산), 왕지진(정산), 사비
하·백마강(부여), 나암
포(여산), 피포(함열), 진
포(함열 이하 7고을) 등
의 금강에 대한 부분칭
도 소개하고 있으나, 이
들 부분칭은 금강의 별
칭으로 언급되고 있을
뿐이다. 이제 공주의 금
강은 전칭으로 사용되고

사진 4. 금강 중류의 아름다운 물줄기 (사진 : 신용희)

있을 뿐만 아니라, 그동안 사용되어 오던 각 고을의 부분칭을 대체하여 사
용되기에 이른 것이다. 그런데 고을별로 보이는 금강의 표기는 무주에서부
터 시작되어 그 하류에서만 사용되고 있다. 발원지에서부터 무주까지의 상
류는 강(江)이라고 일컫기에는 작은 내(川)이기 때문에 금강이라고 일컫지
않고 있다.

그러면 이와 같이 고려시대 이전과는 달리 조선시대에 이르러 금강에 대
한 전칭이 나타난 이유는 무엇일까? 이는 당대인들의 지리인식의 변화에서
기인할 것이다. 고려시대까지는 오늘날처럼 발원지에서 바다까지를 하나의
강으로 인식하는 관점이 미약했기 때문에 강의 명칭이 각 지역의 부분칭으

로만 존재하고 있었을 것이다. 전근대사회 생활권 중심의 자연인식체계에서 발원지에서 최하류까지를 동일한 강으로 인식할 필요성이 적었기 때문에 자연스럽게 구역별 명칭이 일반화된 것이 아닌가 생각된다. 그러나 조선시대에 이르면 조선후기 『산경표』의 지리인식처럼, 강에 대해서도 강 전체를 하나의 유기체로 인식하기 시작하면서 부분칭만이 아닌 전칭(全稱)의 사용이 이루어지기 시작했을 것이다.

VI. 금강 국가제의의 변천과 웅진의 독제

금강에 대한 지명변천과 인식체계는 국가제의(國家祭儀)에도 그대로 반영되어 있다. 고대부터 조선시대까지 금강의 국가제의가 어떻게 이루어지고 있었는지 살펴보자.

우선 백제의 산천제사는 그 실상을 알 수 있는 자료가 흔치 않다. 특히 하천에 대한 제사는 기록이 더욱 부족하다. 『삼국사기』 백제본기에 고이왕 10년(243) 천지와 산천에 함께 제사지냈다는 기록이 있는 것으로 미루어 보아 백제에서도 중국이나 신라와 마찬가지로 산천제사가 국가제사의 하나로 편제되어 있었을 가능성이 있으나, 그 구체적인 내용을 알 수는 없다.

앞서 거론했듯이 웅천은 온조왕대 백제 초기의 사방 경계를 설명하는 기록에서 남쪽 국경으로 거론되고 있는데, 이곳은 백제가 마한과의 경계를 이루던 변방지역이었으므로 초기부터 한강과 더불어 중요한 제장의 하나로 여겨졌을 것이다. 또한 동성왕대에는 웅천의 물이 범람하여 왕도의 2백여 가옥이 물에 떠내려가거나 잠겼다는 기록이 있는데, 이 같은 자연재해를 막기 위해 웅천에 제장이 설치되었을 가능성은 충분하다. 그러나 아직 자세한 내용이 밝혀져 있지는 않다.

신라는 삼국을 통일한 후, 명산대천을 대사 중사 소사로 구분하여 국가제
사처로 편제하였다. 이는 확대된 영토관념과 사전의식이 결합한 것으로, 3산
5악 4해 4독을 선정하여 국가에서 제사를 지내고 있는데, 사독은 중사에 해
당하였다.『삼국사기』제사지에서는 동쪽 토지하(吐只河)는 참포(斬浦)라고
도 하며 퇴화군에 있고, 남쪽 황산하(黃山河)는 삽량주(歃良州)에 있는데 지
금의 양산(梁山)이요, 서쪽은 웅천하(熊川河)요, 북쪽은 한산하(漢山河)라고
하였다. 사독 즉 네 곳의 큰 하천에 대한 제사에 북독의 한산하와 서독의 웅
천하가 포함되어 있다. 이는 각각 옛 백제의 도읍이었던 한성과 웅진에 있
는 강이다. 웅천하는 현재의 충남 공주시 일대를 흐르는 금강을 이른다. 중
사에 해당했던 금강의 독제사, 즉 서독 제의가 어떻게 이루어지고 있었는지
에 대해서는 자세한 내용을 알 수 없다.『구당서』예악지,『신당서』예악지
에 악해독이 중사에 편입되어 있는 것으로 보아 아마 신라의 사전제사가 당
의 영향을 받은 것으로 보고 있다.

통일신라에서 중사에 해당했던 4독에 대한 제사가 고려시대에는 잡사(雜
祀)에 기록되었다. 고려조에서는 악해독, 산천, 성황에 대한 제사가 유교적
제례의식에 따른 제사가 아니었고, 중사 소사 등의 분등법도 마련되어 있지
않았다.『송사』예지에는 악해독이 대중소사에 편제되어 있지 않은데, 고려
시대의 사전편제 또한 송나라의 영향을 받고 있는 것으로 보고 있다.

『고려사』예지에는 악해독 및 산천이 대사 중사 소사가 아닌 잡사에 편제
되어 단편적으로 치제되었다. 이는 산천제사가 유교적인 제사의 형태라기 보
다는 민간의 신앙으로 기능했음을 의미한다. 고려시대의 산천에는 봉작이 행
해졌다. 예종 13년(1118) 사전(祀典)을 개정(改正)할 때 이루어진 예조의 계
에 의하면, 중국에서 산천을 봉작하는 것은 당의 측천무후로부터 시작되었
으며, 고려의 산천봉작은 의종대부터 시작되었다고 한다. 또한 고려에서는
산천 봉작시 주신(主神)만이 아니라, 처첩, 자녀, 생질의 상(像)까지 설치하

사진 5. 금강 상류지역의 용담댐 (사진 : 신용희)

고 있었다. 따라서 이 시기에는 공주 금강의 제의에서도 곰상이 설치되지 않
았을까 추측된다. 공주 곰나루에서 발견된 곰상에 대해서는 윤용혁의 연구
가 있다.(윤용혁, 1979)

　이러한 민간의 산천신앙은 조선에 들어와 음사로 부정되고, 유교적인 사
전으로 바꾸려는 노력이 경주되었다. 악해독을 사전에 편입시키는 작업은 산
천봉작의 시정에서 시작되었다. 이미 공민왕 19년(1370)에 명은 사신을 보
내어 산천, 성황신에 대한 제사 규식의 개정을 정식으로 통지하였는데, 이 때
악진해독에 대해서는 전대에 봉했던 명호는 이를 모두 혁거하고 다만 산수
(山水) 본이름으로 그 신을 호칭토록 하라고 하였다. 그러나 고려 말에 이와
같은 조치가 이루어진 것 같지는 않다. 태조 2년(1393)에 이조에서 경내의
명산대천 성황 및 해도의 신에 대한 봉작을 요청하고 있기 때문이다. 또한
조선 태조 즉위 초에 예조의 건의에 의해 성황신의 작호를 혁거하도록 명령
하였으나, 작호와 상의 설치가 여전히 계속되고 있었다.

사진 6. 연기지역 금강가의 비옥한 농경지 (사진 : 신용희)

　태종 13년(1413) 6월에 산천제의에 대한 정비가 이루어져 주신 일위의 신
주만 남기고 상(像)의 설치는 전부 폐지하였다. 고려와 조선초기에는 나누
지 않았던 등제도 태종 14년 8월에 중사, 소사, 소재관 행제의 세 등급으로
구분하고, 9월에 각 등급의 산천신에 대한 제사 의주(儀註)도 자세히 정해졌
다. 악해독은 중사, 산천은 소사로 등제하였다. 이때 중사에 해당하는 독은
웅진, 가야진, 한강, 덕진, 평양강, 압록강 등이었다. 독이 6개로 중국의 4독
보다 오히려 2개가 많았다. 6독의 체제는 이후 『세종실록』 오례와 『국조오
례의』 단계에서 압록강이 추가됨으로써 7독이 되었다. 물론 공식적으로는 7
독을 표방하지 않았고, 이들을 4개의 방위에 분속시킴으로써 형식상으로 4
독의 형태를 취하였다. 웅진(熊津)·가야진(伽倻津)은 남독(南瀆), 한강은 중
독(中瀆), 덕진(德津)·평양강(平壤江)·압록강(鴨綠江)은 서독(西瀆), 두만강
은 북독(北瀆)으로 규정되었다. 이 규정에 의하면, 4방위 가운데 동독이 없
고 대신 한강이 중독으로 편제되어 있다. 아마 이는 동쪽에 독제사를 지낼

만한 하천이 없었기 때문으로 추측된다. 그렇다면 조선초기 남독으로 사전에 수록되어 있던 웅진의 독제사가 행해지던 곳은 어디일까?

조선초기 『세종실록』 지리지에는 금강의 제사처로 3곳이 수록되어 있다. 이를 상류로부터 기록하면 다음과 같다.

> 마산담(馬山潭) : 현의 동쪽 곧 웅진분소(熊津濆所)에 있는데, 용왕신(龍王神)이 있다. 봄·가을에 그 고을에서 제사를 지낸다.(『세종실록』 권151 지리지 전라도 남원도호부 용담현)
>
> 웅진연소(熊津衍所) : 연기(燕岐)로부터 와서 주의 북쪽을 지나, 서쪽으로 흘러서 부여(扶餘)에 이르는데, 소재관(所在官)으로 하여금 제사를 지내게 한다.(『세종실록』 권149 지리지 충청도 공주목)
>
> 웅진명소(熊津溟所) : 봄·가을에 소재관(所在官)으로 하여금 제사를 지내게 한다.
>
> (『세종실록』 권149 지리지 충청도 공주목 서천군)

이 자료에 의하면, 조선초기 금강의 국가 제사처는 한 곳이 아니고, 웅진분소, 웅진연소, 웅진명소 등 3곳이나 되었다. 앞서 살펴본 것처럼 고려시대에 공주강이라는 명칭을 사용했다고 하더라도 조선초기 금강의 대표명칭은 여전히 웅진이었다. 따라서 금강의 제사명칭에도 웅진이 사용되고 있음을 볼 수 있다.

웅진분소(熊津濆所)는 금강의 상류인 전라도 용담현에 위치한다. 『세지』에서는 이곳이 마산담(馬山潭), 즉 못에 해당함을 적고 있으며, 용왕신이 있다고 하였다. '濆' 자가 '뿜을 분' 인 점으로 보아 이곳은 당대인들의 금강 발원지 인식과 관련이 있지 않을까 추측된다. 또한 춘추로 고을에서 행제(行祭)한다고 하였다. 이 웅진분소단의 위판도 '웅진분소지신(熊津濆所之神)' 이라고 썼다. 『승람』에서는 웅진명소사(熊津溟所祠)가 마산담 가에 있는데 춘추로 치제한다고 기록하고 있다.

공주목에 실려 있는 웅진연소(熊津衍所)는 연기로부터 와서 고을의 북쪽을 지나 서쪽으로 흘러서 부여에 이르는데 소재관으로 하여금 제사를 지내게 한다고 하였다. 그렇다면 웅진연소의 제사를 지내는 장소는 구체적으로 어디였을까? 흔히 오늘날 공주의 곰나루로 비정하지만, 조선초기의 기록에서는 간단치 않다. 이에 대해 세종 11년(1429)의 실록기사에서는 '충청관내인 공주의 웅진연소'라고 하였지만, 『세지』 충청도에서는 사전에 실려 있는 웅진을 공주에서 금강이 되기 이전으로 기록하고 있으며, 또한 『세지』 연기현에서는 웅진에 대해 연기현을 지나는 대천으로 소개하면서, 『삼국사』의 신라 4독에 '웅천하'라고 쓰고서, 중사에 실었는데, 본조 즉 조선에서도 그대로 따라서 봄·가을에 향축을 내려 제사를 지낸다고 하였고, 『세종실록』 오례에서도 웅진은 충청도의 연기에 있다고 하였다. 그렇다면 오늘날의 공주 곰나루가 아닌 이보다 상류에 제사처가 있었다고 보아야 할 것이다. 웅진연소의 '衍'자가 '물이 넘친다'는 의미이니, 금강물이 범람하기 쉬웠던 연기와 공주 사이 어딘가에 위치하였을 것이다. 조선전기에는 중사의 헌관이었던 충청도관찰사가 주로 청주목에 머물렀고, 연기현도 공주목 관할이 아닌 청주목 관할이었다. 한편, 문종 원년에 완성된 『고려사』의 「지리지」에는 청주목 공주조에서 웅진연소를 소개하면서 세주에서 '上流爲錦江'이라고 하여 웅진연소보다 상류에 금강이 있다고 하여 차이가 있다. 이에 대해서는 앞으로 좀더 정치한 고증이 필요하다. 중사인 공주 웅진 묘의 위판은 세종 19년(1437)부터 종이를 바르고 '熊津之神(웅진지신)'이라고 쓰도록 하였다.

조선초기 웅진연소에서 이루어진 독제(瀆祭)에 대해서는 『세종실록』 오례와 『국조오례의』를 통해 비교적 구체적인 내용을 살필 수 있다. 『세종실록』 오례 길례 서례(序例)와 오례 길례 의식 제악해독의(祭嶽海瀆儀)·시한북교망기악해독급제산천의(時旱北郊望祈嶽海瀆及諸山川儀)·시한축기의(時旱祝

祈儀),『국조오례의』제악해독의(祭嶽海瀆儀)·시한북교망기악해독급제산천의(時旱北郊望祈嶽海瀆及諸山川儀)·시한축기의(時旱祝祈儀)를 토대로 정리해 보면 다음과 같다.

제의가 이루어지는 시기는 매년 중춘과 중추, 즉 음력 2월과 3월 상순(上旬)으로 일정하게 정해진 날이 없었으며, 모두 서운관에서 좋은 날을 점쳐서 택일하였다. 서운관에서 한달전에 중춘과 중추 상순으로 택일하여 예조에 보고하면, 예조에서 계문하고 중앙과 외방의 유사(攸司)에 산고(散告)하여 직책에 따라 공판(供辦)하게 하였다.

독제의 행사 집사관은 헌관, 축, 장찬자, 사준자, 사창자, 찬례자 등으로 이루어졌다. 이 가운데 헌관은 관찰사가 맡았다. 만약 도내에 중사의 제소가 한곳이 아니면 수령들을 나누어 보냈지만, 충청도는 중춘과 중추 상순에 지내는 중사가 웅진의 독제 밖에 없었으므로 충청도관찰사가 헌관이 되었을 것이다. 조선초기 충청도관찰사는 주로 청주에 머물고 있었다. 충청도관찰사가 공주에 상주한 것은 17세기 초에 감영이 청주에서 공주로 옮겨진 조선후기의 일이다.

행사(行事) 집사관의 재계(齋戒)는 제사 전 5일에 모두 3일 동안 산재(散齋)하는데 정침(正寢)에서 유숙하고, 2일 동안 치재(致齋)하는데, 1일은 청사(廳事)에서, 1일은 제소(祭所)에서 행하였다. 제사에 참예할 사람은 모두 제사 전 2일에 목욕하고 옷을 갈아 입었다.

신위(神位)는 한가운데에 남쪽을 향하게 설치하며, '南瀆之神(남독지신)'이라고 적었다. 앞서 언급한 세종 19년의 실록기사에서는 위판에 '熊津之神(웅진지신)'이라고 쓴다고 하였으나, 오례의에서는 '남독지신'으로 바뀌어 있다. 축판은 교서관에서 미리 준비하였다. 축판의 재료는 소나무로 만들었는데, 조례기척을 사용하여 길이 1척 2촌, 너비 8촌, 두께는 6분으로 제작하였다.『경국대전』공전 도량형에는 조례기척 1척의 길이가 0.823 황종척(黃

鐘尺)으로 되어 있다. 현재의 미터법으로 환산할 때, 세종 때의 조례기척 1척의 길이는 28.621㎝에 해당된다고 하니, 축판의 길이 1척 2촌은 대략 34.3452㎝에 해당한다. 축문에는 "國王 李(서명)敢昭告"라고 적었다. 기일 전에 관원이 받들어 바치는데, 근신이 전해 받들어 이를 바치면, 전하가 서명하고, 이를 마치면 친히 사신(使臣)에게 주었다. 폐백(幣帛)은 흑색의 저포를 사용하였는데, 길이가 조례기척으로 1장 8척이었다. 이는 당시 관부에서 사용하는 포백척으로는 11척 5촌 2푼에 해당한다. 이는 오늘날의 미터법으로 환산할 때 약 5.15m에 해당한다.

제물의 진설은 중사이기 때문에 변(籩)과 두(豆)를 각각 대사보다 2개가 적은 10개씩 사용하였으며, 조(俎) 2개, 보(簠) 2개, 궤(簋) 2개, 등(甄) 3개, 형(鉶) 3개를 사용하였다. 찬구에 담기는 제물은 다음과 같다. 악해독(嶽海瀆)의 찬실도와 설준도는 풍운뇌우(風雲雷雨)와 동일하였다.

籩(변, 10) - 소금(形鹽), 말린 물고기(魚鱐), 마른 대추(乾棗), 밤의 알맹이(栗黃) / 개암(榛子), 마름 열매(菱仁), 가시연밥의 알맹이(芡仁) / 사슴고기로 만든 포(鹿脯), 흰떡(白餠), 검은 떡(黑餠)

豆(두, 10) - 부추 김치(韭菹), 담해(醓醢, 肉醬), 무우 김치(菁菹), 사슴고기의 젓(鹿醢) / 미나리 김치(芹菹), 토끼고기의 젓(兎醢), 죽순 김치(筍菹) / 물고기의 젓(魚醢), 소의 처녑(脾析), 돼지의 갈비(豚拍)

俎(조, 2) - 양(羊), 돼지(豕)

簠(보, 2) - 벼(稻), 메조(粱)

簋(궤, 2) - 메기장(黍), 차기장(稷)

甄(등, 3) - 양념을 넣지 않는 국(大羹)

鉶(형, 3) - 양념을 넣은 국(和羹)을 담고, 芼滑을 더한다.

행례는 제삿날 축시 전 5각(3경 3점)에 준비하기 시작하여, 행사는 축시 전 일각에 하였다. 독에는 예감(瘞坎)이 없기 때문에 제사를 마친 후 축과 전물은 망예(望瘞)를 할 때 묻지 않고 물에 넣었다.

웅진명소(熊津溟所)는 금강의 하류인 충청도 서천군에 위치한다. 『세지』에서는 봄 가을에 소재관으로 하여금 제사를 지내게 한다고 하였다. 세종 19년의 단묘와 신패의 제도를 상정할 때, 이 웅진명소단의 위판은 '웅진명소지신(熊津溟所之神)'이라고 쓰도록 하였다. 이 웅진명소가 『승람』에서는 용당진사(龍堂津祠)로 바뀌어 있으며, 서천군 치소로부터 남쪽으로 24리 되는 지점에 있다고 하였다. 또한 고려 때에는 웅진명소로 되어 향과 축문을 (국가에서) 내렸는데, 『승람』이 편찬되던 당시에는 고을에서 치제한다고 하였다. 나아가 조선후기의 『여지도서』에는 '용당단(龍堂壇)'으로 수록되어 있으며, 기우소로 소개되어 있다.

이와 같이 조선초기 금강의 국가제사처는 중사에 해당하는 웅진연소 외에 웅진명소와 웅진분소가 있었다. 그런데 조선초기 금강에 대한 국가제사에서도 '금강'이라는 표현을 찾을 수 없다. 세 곳의 제사처에서 한결같이 웅진이라는 명칭을 사용하고 있다. 그러나 후대로 내려오면서 웅진연소 외에는 기우제 및 용과 관련된 제사처로 성격이 변하고 있으며, '웅진'이라는 명칭도 사라져 갔다.

한편, 세조 2년에 집현전 직제학 양성지의 상소에서는 5악 4진 4해 4독 8산 8천을 주장하고 있다. 그에 의하면 당시의 악진해독 명산대천의 제사가 모두 삼국과 고려의 구제를 의방(依倣)한 것이므로 조선에 부합되지 않는다고 새로운 편제를 주장하고 있는데, 4독으로는 용진(龍津)을 동독, 대동강을 서독, 한강을 남독, 두만강을 북독으로 설정하고 있으며, 웅진은 독이 아닌 대천에 편입하고 있다. 세조가 가납했다고 한 것으로 보아 이때부터 웅진은 4독에서 탈락하고, 중사가 아닌 소사로 치제된 것으로 볼 수도 있다. 그러나

『동국여지승람』에 여전히 웅진사(熊津祠)를 본조에서 남독으로 삼고 중사로 정하여 봄 가을에 향과 축문을 내려 제사하게 한다고 한 점으로 미루어 보아 양성지의 상소가 그대로 실행되지는 않은 것 같다. 아무튼 이제 웅진이 독제사인 중사 대상에서 탈락할 위기에 놓인 것이다. 조선후기의 읍지류에서는 이제 더 이상 웅진사가 남독으로 소개되지 않고 있다.

『퇴계문집』에는 퇴계 이황이 지은 「웅진기청문(熊津祈晴文)」이 실려 전하는데, 웅진이 공주의 서쪽 7리에 있으며, 남독(南瀆) 소사(小祀)에 해당한다고 고증하고 있다. 16세기에는 독제사가 중사가 아닌 소사로 강등된 것이 아닌가 생각된다. 퇴계가 지은 기청문은 다음과 같다.

도도히 흐르는 남쪽의 강은 온갖 골짜기의 조종이라, / 滔滔南紀 百谷攸宗

그 신령함을 모아 하늘의 공을 도왔도다. / 欻翕厥靈 以贊玄功

이 농사달에 그치지 않는 비가 재앙되어 / 維此農月 恆雨作災

우리의 곡식 농사 망치고 모두 다 우래가 되었네. / 傷我稼穡 罄爲汚萊

많고 많은 백성들 무엇을 의지하여 먹고 살건가, / 蒼蒼烝民 曷依爲天

사람이 곤궁하고 만물이 전멸된다면 이 또한 신령의 허물이라오. / 民窮物殄 亦神之愆

비오고 개이는 것은 신령이 그 기틀을 잡고 있으니, / 日雨日晴 神執其機

음기를 헤치고 구름을 거두어 밝은 태양이 빛나게 하소서. / 披陰抉雲 暾日揚輝

물이 땅속으로 행하여 만물이 잘 자라면, / 水行地中 萬彙利遂

신령이 주신 은혜 두루 미쳤거니 감히 제사를 게을리하오리까! / 神貺旣普 敢怠禋事

조선초기 정비된 악해독 제사가 조선 중후기 언제까지 계속 시행되었는지는 잘 확인되지 않는다. 그러나 언제부터인가 제대로 시행되지 않은 듯 하다. 고종이 대한제국의 황제로 즉위한 후에 명산대천 제사는 황제의 격에 맞도록 정비되었다. 1903년(광무 7) 고종은 천자만이 천하의 명산대천에 제사를 드릴 수 있는데, 오악 오진 사해 사독을 봉하는 일을 아직 하지 못했다고 하면서, 장례원으로 하여금 이를 마련하여 의정부로 하여금 품처하도록 하고 있다. 이때 정해진 오악은 삼각산(중악), 금강산(동악), 지리산(남악), 묘향산(서악), 백두산(북악)이고, 오진은 백악산(중진), 오대산(동진), 속리산(남진), 구월산(서진), 장백산(북진)이었으며, 사독 중 동독은 낙동강(경상북도 상주군), 남독은 한강(경성), 서독은 패강(평안남도 평양부), 북독은 용흥강(함경남도 영흥군)으로 정하였다. 이와 같이 조선말기에도 더 이상 금강은 독제사에 포함되지 않았다.

〈표〉 역대 4독의 변천

시 기	東瀆	西瀆	南瀆	北瀆	中瀆
통일신라	吐只河	熊川河	黃山河	漢山河	
태종 13(1413)	漢江(경성), 德津(경기), 熊津(충청도), 伽倻津(경상도), 鴨綠江(평안도), 平壤江(평안도)				
세종실록 오례 · 국조오례의		德津(경기 임진) 平壤江(평안도 평양부), 鴨綠江(평안도 의주)	熊津 (충청도 연기) 伽倻津 (경상도 양산)	豆滿江 (함길도 경원)	漢江(한성부)
세조 2(1456)	龍津	大同江	漢江	豆滿江	
광무 7(1903)	洛東江 (경북 상주군)	浿江 (평남 평양부)	漢江 (경성)	龍興江 (함남 영흥군)	

V. 논의 및 전망

이상 금강 명칭의 변천과 국가제의에 대해 알아 보았다. 논의한 내용을 요약하면 다음과 같다.

오늘날의 금강이 고대에는 웅진(熊津), 웅천(熊川), 웅천하(熊川河), 웅진강

(熊津江), 사비하(泗沘河), 백강(白江), 기벌포(伎伐浦) 등 지역에 따라 각기 다른 명칭으로 불리었다. 고려시대에는 공주라는 지명의 등장과 함께 공주강(公州江), 공주하(公州河)가 금강의 명칭으로 사용되었으며, 여기에서 오늘날의 금강이라는 명칭이 유래된 것으로 여겨진다. 그러나 조선초기까지도 금강의 대표 명칭은 웅진이었다. 조선초기에도 지역에 따라 강을 부르는 명칭이 달랐지만, 강 전체를 일컬을 때에는 웅진이라고 하였고, 금강은 공주의 일부지역을 지칭하는데 사용되었다. 강 전체를 금강이라고 호칭하는 것은 조선 후기에 와서야 일반화되었다. 조선초기 금강명칭 웅진은 국가제의에도 그대로 반영되어, 금강 독제사에 사용된 웅진연소(熊津衍所) 외에 금강 상류에는 웅진분소(熊津噴所), 금강 하류에는 웅진명소(熊津溟所)가 있었다.

　금강은 백제시대부터 국가제사처였을 것으로 추측되며, 신라가 삼국을 통일한 후에는 중사에 편제된 서독이었다. 고려시대에는 명산대천 제사가 등제되지 않고 모두 잡사에 해당했으므로, 금강의 제사도 잡사가 실시되었을 것이다. 또한 산천제의의 신주도 주신만이 아니라 잡상까지 모셨으니, 이 시기에는 금강의 제의에서도 곰상이 모셔졌을 것으로 추측된다. 조선초기에 산천제의가 유교식으로 정비되면서 금강은 4독 가운데 남독으로 웅진연소에 설치되었으며, 그 제사처가 원래는 오늘날의 연기와 공주 사이였을 것으로 추정된다. 조선초기 웅진의 독제는 중사로서 매년 중춘과 중추, 즉 음력 2월과 3월 상순에 행제(行祭)되었으며, 헌관은 충청도관찰사가 맡았다. 조선초기에는 금강에 설치되었던 세 곳의 제사처에 '熊津'이라는 명칭을 사용하고, 한결같이 유교적 제의로 행제하였으나, 후대로 내려올수록 웅진연소 외에는 기우제 및 용과 관련된 제사처로 성격이 변하였고, 명칭에 있어서도 점차 웅진이라는 표현이 사라져 갔다. 웅진연소도 4독의 중사에서 탈락하여 소사(小祀)로 강등되었으며, 언제부터인가 곰나루 지역에서 행제되었다.

　이 글은 오늘날 우리가 통시대적으로 사용되었을 것으로 생각하는 금강의 명칭이 사실은 시대에 따라 다양하게 달라져 왔음을 살핀 것이다. 상식적인 생각과는 달리 지역에 따라 금강을 부르는 명칭이 달랐으며, 오늘날 우리에게 익숙해져 있는 금강은 조선초기에 와서야 공주지역의 일부를 지칭하는 부분칭으로 등장하였음을 알 수 있었다. 나아가 조선후기에 이르러서야 금강이 강 전체를 지칭하는 전칭으로 사용되기에 이르렀다. 또한 조선초기에 한때 전칭으로 사용된 웅진은 금강 국가제의 명칭에도 그대로 반영되었음을 알 수 있다.

| 참고문헌 |

『三國史記』·『三國遺事』·『高麗史』·『高麗史節要』·『太祖實錄』·『太宗實錄』·『世宗實錄』·『高宗實錄』·『世宗實錄地理志』·『國朝五禮儀』·『經國大典』·『新增東國輿地勝覽』·『增補文獻備考』·『舊唐書』·『新唐書』·『日本書紀』·『三峰集』·『訥齋集』·『退溪文集』·『練藜室記述』·『研經齋全集』

김해영

　2003 『조선초기 제사전례 연구』, 집문당.

김현길 외 10인 공저

　1998 『금강유역사연구』, 한국향토사연구전국협의회.

한형주

　2002 『조선초기 국가제례 연구』, 일조각.

서정석

　2004 「백제 백강의 위치」, 『백산학보』 69.

심정보

　2003 「백강에 대한 연구현황과 문제점」, 『백제문화』 32.

윤용혁

　1979 「공주지방 곰 신앙 자료의 일정리 -백제시대의 웅신숭배-」, 『호서사학』 7.

채미하

　2008 「신라시대 사해와 사독」, 『역사민속학』 26.

영산강유역의 민족운동
사적지와 기념시설

윤 선 자 _ 전남대학교 사학과 교수

I. 영산강의 생태

담양군 용면 용연리 가마골에서 발원하여 광주, 나주, 무안을 거쳐 영산강 하구언을 통하여 서해로 흘러드는 영산강은 유로연장(流路延長) 136㎞, 유역(流域)면적 3,371㎢이다. '영산강(榮山江)'이라는 명칭은 영산조창(榮山漕倉)의 중요성이 반영되어 조선시대부터 사용되었고, 1910년대에 일제가 만든 1/50,000 지형도에 공식적으로 사용되었다. 현 행정구역으로 광주광역시 · 나주시 · 목포시 · 담양군 · 무안군 · 영광군 · 영암군 · 장성군 · 함평군 · 해남군 · 화순군 등 3개 시, 8개 군이 영산강유역권에 해당한다.

강은 인간의 생명유지와 생활, 농경과 산업활동에 소중한 자원이 된다. 영산강유역의 자연지리적 조건은 일찍부터 하나의 생활권을 형성하는 배경이 되었다. 역사적으로 다양한 선사유적의 보고, 고대 대(對)중국의 해상전초기지, 조운(漕運)과 교통의 요충지, 풍부한 물산과 교역의 중심지, 임진왜란과 정묘호란 때의 의병활동, 대한제국 말기의 의병활동, 일제강점기의 항일독립운동, 1980년 5 · 18광주항쟁의 중심지로서의 위상을 지니고 있는 곳이 영산강유역이다.

그동안 영산강유역에 대해서는 생태환경 측면에서의 보고서들이 축적되었고, 고고학 내지 고대사 분야의 연구자들이 많은 관심을 기울였다. 그런데 도로 · 철도 등 근대적인 육상교통이 발달하기 전 각종 물자를 수송하는 데 있어서 인체의 동맥과 같은 기능을 하였던 영산강의 물길은 한말 · 일제강점기에 식민수탈의 통로로 변질되었다. 이 물길을 따라 호남의 미곡과 면화가 일본으로 흘러나갔고, 동양척식회사를 앞세운 토지수탈로 호남의 토지는 일본인의 차지가 되었다. 따라서 영산강유역에서는 식민지배와 식민수탈에 저항하는 민족운동이 활발하였다. 연구자들은 한말 · 일제강점기의 영산강을 경제 수탈과 민족운동사의 입장에서 분석하였고, 국가와 국민은 기념시설들을 건립하였다.

기념시설은 과거의 사건이나 그 의미를 되살리려는 집합적 노력의 결과로, 구체적인 가시성을 통해 직접적인 경험이 불가능한 과거사를 현재 속에 재현해 주고 지식인의 해석체계를 대중의 평범하고도 일상적인 기억 속에 접목시켜주는 문화적인 매개물이 된다. 식민지 상처와 고통은 치유와 회복의 대상이었고, 독립을 위한 활동들은 기념의 대상이었다. 독립을 기념하는 것은 제2차 세계대전의 종결로 등장한 신생국가들이 사회통합을 위해 관심을 가져야 할 과제였다.

영산강유역에는 민족운동과 관련된 많은 기념시설들이 있다. 그것들은 대개 개별 시·군에서 해당 지역의 민족운동사를 정리한 결과들이다. 그런데 일제강점기 영산강 수로는 식민 수탈과 지배의 통로였고, 그것은 민족운동도 영산강 수로와 관계가 깊다는 것을 의미한다. 따라서 영산강유역에서 전개된 민족운동은 함께 조명될 필요가 있으며, 각 시와 군에 설립된 기념시설도 함께 살펴볼 필요성이 있다. 이 논문은 영산강유역 민족운동사의 위상을 정립하고, 영산강유역의 역사를 한말·일제강점기 민족운동사의 측면에서 추적하는데 목적을 두었다. 이러한 목적을 수행하기 위해 각 시·군의 역사서, 문화유적지표조사보고서 등을 조사하여 관련된 자료를 수집·정리하고, 현지조사를 통해 문헌자료를 확인, 보완하였다.

II. 민족운동 사적지

문헌자료와 현지답사를 통하여 필자가 조사한 영산강유역의 민족운동 사적지는 10곳이다. 그중 3·1운동과 광주학생독립운동이 각 1곳이고, 8곳은 의병과 관련된 사적지이다.

의병 결집지, 전적지, 격전지, 훈련지, 무기제조소 등은 한말 이 지역의 의병항쟁이 격렬했음을 말해준다. 전남지방기념물 제4호로 지정(1972년 1월 29일)되어 있는 추월산 격전지는 기삼연(奇參衍) 의병부대와 일본군이 격전을 벌였던 곳이다. 1907년 9월 의병을 일으킨 호남창의회맹소의 기삼연 의병장은 전해산(全海山), 이석용(李錫庸), 김태원(金泰元, 이명 金 準), 이남규(李南奎) 등과 고창의 일본군을 야습하여 섬멸하고 무기를 다수 노획한 후 천연 암벽으로 이루어진 천연 요새지 담양 추월산성에 들어가 주둔하였다. 그러던 중 12월 27일 밤, 일본군 대부대가 습격하여 혈전이 벌어졌고 의병과 일본군 서로간에 40-50명씩 전사자를 냈고, 기삼연 의병장도 부상하여 순창으로 후퇴하게 되었던 곳이다.

쌍산의소는 사적 제485호(2007년 8월 3일 지정)인데, 의병들이 일본군에 대항하여 전투를 준비하던 곳으로 유적이 완벽하게 남아 있기에 한말 호남 의병은 물론 한말의병사에서도 그 의미가 크다. 의병들의 유물은 화승총이나 진중일기 정도인데, 대부분 일제에게 빼앗겨 전해지지 않는다. 유적은 일

〈표 1〉 영산강유역의 민족운동 사적지

명 칭	목 적	주 소
이기손(李起巽)의병장 생가	생가	광주시 광산구 북산동
영사재(永思齋)	전략본거지	광주시 광산구 명도동
어등산(魚等山) 한말호남의병 전적지	전적지	광주시 광산구 서봉동
추월산(秋月山) 격전지	격전지	담양군 용면 월계리
호남창의회맹소(湖南倡義會盟所) 결성지	의병결집 장소	장성군 삼계면 수연산 석수암
탄약제조소	무기제조소	함평군 나산면 이문리
심수택(沈守澤) 의병장 의병훈련지	의병훈련소	함평군 신광면 원산리
쌍산의소(雙山義所)	창의소	화순군 이양면 증리
기미4 · 8만세운동 발상지	발상지	함평군 월야면
광주학생독립운동 진원지	진원지	나주시 죽림동

담양 추월산 격전지

제에 쫓기는 의병들이 영구적인 시설을 새로이 만들기보다는 자연동굴이나
산성, 사찰, 재실 등 이미 지어진 건물을 이용하였기 때문에 의병만의 독자
적인 유적을 발견하기는 쉽지 않다. 그러나 화순군 이양면 계당산(桂堂山) 일
대의 쌍산의소는 의병 유적지로 거의 완벽하게 남아 있다. 이곳은 1907년 3
월 양회일(梁會一) 등이 거병하여 능주, 화순, 동복 일대에서 일본군과 전투
를 벌이다 동복 도마재에서 패하기까지 의병들의 거점으로 이용되었다.
1908년 1월부터는 도대장 이백래(李白來)를 주축으로 호남창의소가 설치되
어 전남 동남부의 의병 거점으로 일본군과 전투를 준비했던 곳으로 1909년
까지 단독으로 혹은 연합하여 일본군에 항전했던 곳이다. 주요 유적지로 무
기를 제작했던 대장간터(증리 산 33번지), 화약을 채취하던 유황굴(산 172번
지), 자연석으로 쌓은 의병성과 막사 터(산 13번지), 훈련장(산 12번지), 호
남창의소 본부 가옥(60번지) 등이 있다.

　계당산에 쌍산의소가 있었던 것처럼, 의병들의 주요 근거지와 격전지는 산

화순 쌍산의소

이었다. '어등산 한말호남의병 전적지'는 광주지역 의병의 주요 근거지였다. 각종 역사자료는 기삼연 · 심남일(沈南一) · 김율(金律) · 김태원(金泰元) · 오성술(吳成述) · 전해산 · 조경환(曺京煥) 등 호남을 대표하는 의병장과 의병부대들이 어등산을 주요 근거지로 삼아 활동했다고 기록하고 있다. 어등산이 한말 호남의병의 본거지였으며 수많은 의병들의 순국 현장이었기 때문이다. 어등산은 광주를 비롯한 장성, 나주, 함평 등지를 잇는, 지리적으로 매우 편리한 곳에 위치하고 있다. 의병들은 광주, 나주, 장성, 함평 등의 군 경계에 있는 산을 주로 이용했다. 어등산은 3-4개 군의 경계에 위치해 있었기 때문에 관할구역이 애매하여 아무래도 일본군경의 추적을 따돌리기에 용이했을 것이다. 또한 어등산은 '비산비야(非山非野)'여서 잠시 머물렀다가 이동한다든가, 인근 지역과의 연락에서도 편리했을 것이다. 거기에 그 주변에서는 어등산이 가장 높은 산이었다(338.7m)는 점도 고려되었을 것이다. 이처럼 지형적으로 유리한 사항이 참작되어 의병들이 자주 이용되었으리라 여겨진다. 그리하여 일본군경의 주목을 받게 되었고, 의병장을 비롯한 수많은 의병들이 전사, 피체되는 경우가 많이 생겼다. 예를 들면 1908년 4월 25일 의병장 김태원과 23명(혹은 13명)이 3시간 여의 격전을 치르다가 어등산에서 순국하였다. 1909년 1월 10일 김태원 의병부대의 선봉장을 지내다 독립한 조경환 의병장 이하 의병 20명이 전사하고 10명이 어등산 자락 운수동(雲水洞)에서 피체당하였다. 그해 9월 26일에는 양동환(梁東煥) 의병장과 의병 80명이 교전하다 10명이 전사하였다. 한말의병이 최소한 50여 명이 전사한 격전지이다. 이외에도 의병장 박처인(朴處仁) 4형제의 고향이 어등산 주변인 고룡면 장교 부근이고, 의병장 김율이 붙잡힌 광주군 소지면 신기리 정동도 어등산 인근이다. 전해산 의병부대의 중군장을 맡았던 김원범(金元範)도 어등산에서 순국하였다. 김원범의 형 김원국(金元國)은 어등산 지역의 선암리에서 의병장 조경환과 만난 후 의병에 투신하였다. 즉 광주를 중심으로 활약했던 많은 의병장과 의병들이 어등산과 직·간접의 관련이 있다.

1999년 11월 한국관광연구원에서 제출한 보고서『어등산 역사관광 거점단지 조성 기본구상 및 타당성 분석』을 보면 1990년대 하반기부터 광주시에서 어등산 개발 준비를 시작하였다. 그 가운데 한말의병 관련 사항도 포함되어 있었다. 그런데 언제인가 광주시의 계획이 변경되어 한말의병과 관련된 내용이 제외되었다. 2005-2015년 3,400억원으로 조성될 '어등산 관광단지조성계획'에 의하면, 한말의병 관련 조성지구가 제외되고 어등산과 관계없는 광주정신기념관, 백년생명탑 등이 포함되었다. 이러한 광주시의 구상은 어등산이 지니는 한말의병의 역사적 가치를 무시한 것이라 해야 할 것이다. 한말 의병활동이 가장 왕성한 지역은 전라도였다. 특히 1907년 후반 이후 호남의병은 한말의병의 주된 흐름을 형성하였다. 그럼에도 의병전쟁 1백년이 지난 현재까지 그것을 기념할 만한 상징물이나 유적이 전혀 없다. 1990년대 하반기 어등산 개발에 한말의병과 관련된 내용이 포함된 것은 의병전쟁 100주년을 기념할 수 있는 토대였다. 그런데 그러한 역사적 사실을 무시하고, '광주정신'이라는 이름을 제시하였다. 광주를 포함하여 호남은 '의향(義鄕)'임을 강조한다. 그리고 역사적 근거로, 조선시대의 의병항쟁, 한말의 의병전쟁, 일제강점기의 광주학생독립운동을 거론한다. 역사성을 무시, 경시, 왜곡한 태도라고 해야 할 것이다. 어등산 개발계획에 대한 재고가 요구된다.

장성군 삼계면 수연산 석수암(隨緣山 石水菴)은 1907년 10월 30일 호남창의회맹소를 정식으로 결성한 곳이다. 호남창의회맹소는 대장 기삼연, 통령 김용구(金容球), 참모 김익중(金翼中)과 김봉수(金鳳樹), 선봉 김 준 등 주요 구성원들 대부분이 장성, 고창, 영광 등 전라도 서부지역의 양반유생들이었다. 즉 동일한 지역적 기반에 기초한 양반 유생 중심의 의진이었다. 석수암은 수연산에 소재한 것으로 전해질 뿐, 그 위치를 확인할 수 없다. 아마도 의병의 근거지로 이용되자 일제측이 방화한 것이라 추정된다. 수연산의 본래 명칭은 영취산(靈鷲山)이었으나 이 산에 소재한 수연사(隨緣寺)라는 절로 인하여 수연산이라 불려졌다. 수연산은 현재 장성군 삼계면 덕산리와 동화면 서양리, 황룡면 관동리 등 3면의 경계에 자리하고 있으며, 영광군과 접해 있다. 호남창의회맹소와 연관된 의병장들이 호남지방의 후기의병을 주도하였고, 회맹소 결성을 계기로 호남지방의 후기의병이 크게 활성화되고 장기항전을 거듭하게 되었다. 그만큼 호남창의회맹소가 결성된 장소로서 석수암은 의미가 있다. 일제자료, 민간 자료 등 그동안 발굴하지 못한 자료들을 조사하고, 현지들의 증언을 수집하는 등 정확한 위치 파악이 요구된다.

함평군에는 탄약제조소와 의병훈련지가 있었다. 나산면에는 김태원 의병부대의 조정인(趙正仁)·조정룡이 의병전쟁에 필요한 실탄을 공급하기 위해 세운 탄약제조소가 있었다. 그리고 신광면에는 1907년 11월 1일- 1908년 2월 심수택 의병장이 각 처에 격문을 띠우고 의병을 모아 훈련을 시킨 곳이 있다. 훈련을 받은 의병의 숫자가 600-700명이 되었다고 한다.

이외에 구한말에 건립된 이기손(李起巽, 1877-1937) 의병장의 생가는 1977년 재건립되었고 후손이 관리하고 있다. 영사재는 김태원 의병장의 의병부대에 무기를 공급하던 오상열(吳相烈) 등이 전략 본거지로 삼았던 곳으로 후손이 관리하고 있다.

영산강유역에서 3·1만세운동과 관련된 사적지는 적지 않다. 그럼에도 현재 만세운동 사적지로 조사, 발굴, 지정된 곳은 함평의 '기미4·8만세운동발상지' 뿐이다. 1919년 4월 8일 함평에서 일어난 만세운동의 거사를 모의하던 김종수(金종수)의 한문서당으로 1943년 태풍으로 소실되었던 것을 2005년 복원하였다.

광주학생독립운동 관련 영산강유역의 사적지는 '광주학생독립운동 진원지' 한 곳이다. 이곳은 1929년 10월 30일 오후 4시경 나주의 한국인 통학생과 일본인 통학생 사이에 일어난 다툼이 계기가 되어 전국적인 학생독립운동으로 확산된 일제하 3대 독립운동으로 평가받는 광주학생독립운동 진원지이다. 1913년 7월 1일 호남선 개통에 따라 신축한 근대건축물로 현재의 건물은 1925년 신축된 것이다. 1970년 일본기와를 골스래트로 바꾸고 역사 건물 외부에 있던 개찰구를 건물 내부로 바꾸었다. 현재 역사(驛舍)의 기본구조나 골조 목재 등은 최초 건립 당시 그대로이다. 역사의 지붕모습은 언제인지 모르지만 최초 건립 당시의 모습과는 다르다. 나주군에서 1981년 나주고등학교 뒤편 국도 13호선 변에 '광주학생운동진원기념비'를 세웠다. 그리고 나주시민의 날 기념행사도 이 날을 기념하기 위해 10월 30일에 지내고 있다. 2000년 7월 10일 호남선 복선화 공사 나주구간 준공으로 새로운 나주시 통합역사가 송월동에 건립되어 현재는 사용하지 않는다. 2000년 12월 29일 전라남도기념물 제183호로 지정되었다.

이상 10곳의 민족운동 사적지를 보면, 지역적으로는 광주를 중심으로 담양, 장성, 화순 등에 의병 관련 사적지가 있다. 나주에는 의병 사적지가 지적

광주학생독립운동 진원지 나주역사

되지 않았는데, 전기의병 때 중요한 역할을 했던 나주지역의 의병 사적지는 없는 것이 아니라 아직 조사·발굴이 안 된 것이다. 이는 나주만이 아니라 영산강유역의 다른 지역들에도 해당된다. 1999년 발간된 『함평군사』에는 '함평의 항일의병 전적지'로 42건이 조사되어 있는데, 한국독립운동사(항일재판기록, 부록 한국폭도 봉기의 건), 전남폭도사, 각 군 군지, 의병 개인 행장 등을 참조하여 함평에서 있었던 의병 접전지 중 일자가 명확한 일자가 있는 것만 정리한 것이었다. 이는 영산강유역의 다른 지역에서도 의병 사적지 조사, 발굴이 충분히 가능하다는 것을 말해준다.

국제기념물유적협의회에 의해 1965년 채택된 <기념물과 사적지의 보존, 복원을 위한 국제헌장>에 의하면, "과거로부터의 메시지에 물들여진 채, 수세대에 걸쳐 내려온 역사적 기념물은 오래된 전통의 살아 있는 증거물로서 남겨져온다" 또한 "역사적 기념물의 개념은 단일 건축 작품뿐 아니라 특정 문명, 중요한 발전, 혹은 역사적으로 중요한 사건이 발견되는 도시 혹은 전원의 환경을 포함한다." 즉 각 시와 군 단위에서 각 지역의 민족운동 사적지를 조사, 발굴, 정립할 필요가 있다. 군 경계에 위치한 산을 의병들이 근거지,

전투지로 하였던 것을 볼 때 영산강유역의 산들은 의병항쟁의 측면에서 고찰이 요구된다. 또한 군 경계에 위치한 산들은 의병들의 연계는 물론 의병항쟁의 연결고리, 의병부대의 연합이라는 측면에서 살필 필요가 있을 것이다.

일제가 '폭도 도로'라 하였던 길도 사적지로서 조사가 요구된다. 일본군은 각처에서 체포한 의병을 모아 해남에서 장흥, 보성, 낙안, 순천 경유 광양, 하동까지의 도로를 놓고 '폭도 도로'라 하였다. 일제강점이 끝난 이후에도 거의 변함없이 사용된 이 도로는 의병들의 강제노역으로 만들어졌으니 사적지로 발굴해야 할 것이다. 광주학생독립운동 사적지의 조사, 발굴도 필요하다. 2000년 한국교원대학교 역사교육과에서 펴낸 『아틀라스 한국사』에는 '3일 오전 학생 시위대 진행로', '3일 오후 군중 가세 시위대 진행로', '한일학생 충돌지'라는 표기와 더불어 광주학생독립운동의 진행경로가 표기되어 있는데 시사점이 많다. 한 연구자는 나주역 충돌사건과 이어지는 시위사건을 자랑할 만한 민족운동이라고 규정하였다. 그리고 당시 시위대의 행렬이 이어졌던 이른바 '민족의 거리'에 합당한 이름을 붙이고, 시위학생들의 행로에 기념표석을 세워 역사교육의 현장으로 삼고 문화자원화하자고 제안하였다. 문화에 대한 관심이 증가하고 있지만 아직까지는 전근대의 문화유산에 치중되어 있는 듯하다. 근현대의 역사와 문화는 전근대의 그것들보다 관심의 정도가 덜 하고 또 한편에서는 유실되어가고 있다. 전근대 문화와 더불어 근현대의 문화유산도 조사, 발굴, 보존이 필요하다.

민족운동을 보다 잘 이해하기 위해서는 식민통치에 대한 이해도 요구된다. 영산강유역에는 식민통치 및 수탈탄압의 장소도 많았다. 영산강유역에 남아 있는 식민통치시설로 가장 먼저 거론해야 할 것은 현재 목포문화원으로 사용하고 있는 목포주재 일본영사관이다. 일본은 목포를 중시하여 동시에 개항한 진남포에는 영사대리를 두었지만 목포에는 개항 당년인 1897년 9월 주재영사를 임명하였다. 개항 초 일본영사관은 목포만호청사를 빌려 쓰다가 11월 18일 일출구에 있는 계림장업단 소유의 바라크건물로 이전하였다. 이어 신호대 밑의 부청(府廳) 관사 자리에 일본식 와가(瓦家)를 건축하고 1898년 2월 이전하였다. 그리고 대의동에 영사관 부지를 마련하여 1900년 12월 7만원의 건축비로 영사관을 건립하였다. 목포영사관은 1907년 1월 31일 이사청이 설치됨으로써 폐쇄되었다. 구체적인 식민통치 활동을 펼치지 않았고 통감부와 이사청이 설치된 이후 곧 폐쇄되었지만, 조일수호조규에 근거하여 설립된 일본영사관은 일본의 침략 의도와 무관할 수 없다. 일본영사관은 조선과 일본의 상호 이익을 위하여 설립된 것이 아니었고, 일본의 이권 창출을 위해 일하였기 때문이다.

영사관에 이어 들어야 할 곳은 한민족 탄압이 직접 이루어졌던 일본헌병부대와 경찰서이다. 의병 탄압의 기수라 할 일본헌병대는 서울·대구·청주·평양 등 7개소에 주둔했고, 전라도지역은 대구헌병대가 관할하다 곧 광주에 본부가 마련되었다. 헌병대 광주청사는 전 관찰부 부속 건물로 동관산정(현 광산동)에 있었다. 동수는 16동으로 본부, 헌병보조원 교습소, 병기고, 봉화 안총(縫靴鞍銃)공장 등이 있었다. 관하에 강진·곡성·광주·목포·여수·영광·영암·완도·제주·해남 등 10개소의 경찰서, 담양·벌교·함평에 헌병분견소, 동복(화순)·순천·영산포·장성·장흥에 5개의 헌병 분대, 나주·남평·능주·화순 등 50개 지역에 헌병파견소 또는 헌병출장소가 있었다. 영산강유역의 거의 모든 지역에 경찰서가 설치되었음을 확인할 수 있다.

경찰서는 일제강점기에 민족운동가들이 많은 고초를 겪었던, 억압적 식민통치의 상징적인 건물이다. 영산강유역에 가장 먼저 설치된 경찰서는 목포 경찰서로 1897년 10월 일본영사관 내에 개설되었다. 1900년 12월 영사관 본청사가 신축되자 분리되어 유달동으로 이전하였다. 1903년 4월 제주도 성내, 1905년 2월 영산포, 그해 6월 광주에 각각 순사 주유소(駐留所)를 창설하였고, 남교동(현 신안군 청사)으로 신축, 이전하였다. 이어 1907년 5월 우체국

건물로 이전하였고, 1920년 6월 1면 1주재소제 실시로(전남 고시 제54호) 1921년 2월 목포시내에 역전·영해동·항동의 3개 파출소, 시외로 각 면에 1개 주재소 등 21개소를 설치하였다. 그 후 1921년 6월 목포부내 남교동파출소, 1927년 4월 온금동파출소를 신설하여 목포경찰서는 산하에 주재소 19개소, 파출소 5개소, 경비선 2척을 갖게 되었고, 직원은 서장 이하 순사까지 168명을 기록하였다.

광주경찰서는 명치정 2정목 동문통(현 충장로 2가 : 예전 무등백화점 부근)에 있던 조선시대의 훈련청이 있던 곳에 1894년 5월 전남경무서로 설립되었다가 통감부가 설치된 이후 일제가 헌병경찰제를 공식화하면서 1908년 광주경찰서로 개칭되었다. 1909년 그 자리에 청사를 신축하였는데 부지는 649평, 건평 113평이었다. 1913년 순사부장 3명, 순사 22명, 조선인 순사 2명, 순사보[조선인] 32명 등 59명던 경찰관 수는 1939년에는 서장을 포함 79명으로 증가하였는데 그중 35명이 조선인이었다.

나주경찰서는 현재 영산강유역에 남아 있는 유일한 경찰서로 일제의 식민통치와 민족운동가들의 함성을 느낄 수 있는 곳이다. 현 나주시 금성동 39-2에 설치되었는데 유치장 등의 시설이 그대로 남아 있다. 강점 초기에는 조선시대의 관아건물들이 거의 그대로 식민통치시설로 사용되었다. 1915년 목포에서 나주군청으로 들어오는 길목에 경찰서가 새로이 지어졌는데 다른 관청들이 일본식 목조 건물이었는데 벽돌 2층 건물로 지어졌다. 통행량이 가장 많았고, 목포나 영산포에서 나주면으로 들어오는 진입로에 위치하였으며, 모든 탄압의 상징이던 경찰서가 대부분의 건물이 단층인 그 당시에 붉은 벽돌의 2층 건물로 지어졌다는 것은 이 도로를 지나는 사람들에게 충분히 위압감을 주었을 것이다.

현재는 사용되고 있지 않지만 일제강점기 동안 나주에 지어졌던 대표적인 관공서 건물로 광복 이후에도 경찰서로 사용되었고, 1982-2002년 나주소

방서로 사용되었다. 2002년 5월 31일 등록문화재 제34호로 지정되었는데 문화재청의 등록문화재 지정 이유에 의하면, "원형을 보존 · 활용하고 있으며, 정면부의 수직성과 띠돌림수법에서의 수평성이 건물에 조화로운 안정감을 주고 있다"는 것이다. 그런데 이는 외형적인 측면, 건축학적인 면에서의 의미 부여이다. 문화재는 문화재 자체로서가 아니라 그 문화재가 갖는 의미, 정신 등을 규명하고, 그 안에서 역사를 읽고, 오늘의 역사에 접맥시키는 노력이 필요하다. 문화재는 눈에 보이는 가시적인 것을 통하여 그 안에서 민족의 역사와 정신을 끌어낼 수 있을 때 의미를 가질 수 있고 근대문화유산도 마찬가지이다. 나주경찰서는 건축학적인 측면에서 뿐 아니라 식민통치의 억압적 기구로서 그 의미가 부각되어야 할 것이다. 이외에도 영광경찰서가 1913년 영광읍 무령리 203번지에, 화순경찰서가 1919년 화순면 향청리 146번지에 설치되었다.

경찰서에 이어 민족운동가들에게 고초를 가한 시설로 법원과 감옥을 들수 있다. 1908년 8월 재판소 구성법 실시에 따라 광주에 지방재판소가 설치되었다. 관할구역은 전라도 전 지역이었고, 목포, 군산, 전주에 각각 구(區)재판소를 설치하였다. 1912년 명치정 3정목(현 금남로 3가)에 청사를 마련하였다. 그해 4월 사법제도 변경으로 광주지방법원이 되고 구(區)재판소 소재지에 지청을 두었다. 목포재판소는 1909년 무안부내 목포구재판소로 설치되었고, 목포 · 무안 · 영광 · 지도 · 함평의 1부 3군을 관할하였다. 1910년 광주지방재판소 목포지청으로 개칭되었고, 1912년 광주지방법원 목포지청으로 명칭이 변경되었는데 그 위치는 현재의 무안동이다.

1897년 10월 1일 목포영사관감옥으로 설립되었던 목포감옥은 1910년 10월 10일 총독부 광주감옥 목포분감으로 개칭되었다. 1920년 10월 21일 태형폐지에 의한 감옥 확장 계획에 의해 광주로부터 분리되어 목포감옥으로 승격되었고 제주도분감을 두었다. 1923년 5월 5일 목포형무소로 개칭되었으며, 1924년 12월 15일 행정 정리에 의해 제주도분감이 폐지되었다. 광주감옥은 항일 민족운동가들을 구금하기 위해 통감부 광주감옥으로 만들어졌다. 합병 후 조선총독부 광주감옥이 되었고, 1912년 5월 광주면 동문 외 광주군 서방면 동계리에 교도소를 신축하였는데 부지 7,666평, 건평 2,729평이었다. 이 모든 것들이 민족운동을 억압하고 민족운동가들에게 고통을 주기 위해 마련된 것들이었다. 일제강점기의 민족운동을 정확하게 이해하기 위해서는, 민족운동의 장소는 물론 민족운동 탄압의 현장도 조사ㆍ발굴ㆍ정리하고 규명해야 할 것이다. 그렇게 할 때 일제강점기의 역사상은 보다 선명하게 그 모습을 드러낼 것이며, 독립운동사를 경시하고 일제강점기의 역사를 왜곡하는 실수를 감소시킬 수 있을 것이다.

Ⅲ. 민족운동 기념시설

일제강점기의 역사와 상처를 기억하고, 독립을 기념하는 시설들은 한말의병, 3ㆍ1운동, 광주학생독립운동 등과 같이 사건을 대상으로 한 것, 김 구ㆍ김좌진ㆍ안중근ㆍ유관순ㆍ윤봉길 등과 같이 상징적 인물들을 대상으로 한 것, 서대문독립공원과 같이 항일운동가들이 수감되어 고초를 겪거나 죽임을 당한 현장을 대상으로 한 것, 일제하의 상징적 건물인 구 조선총독부 건물의 해체 및 임정청사의 복원과 같이 회복에 역점을 둔 것 등 다양하다.

필자가 조사한 결과에 의하면 영산강유역의 민족운동 기념시설은 크게 한말의병, 3ㆍ1운동, 광주학생독립운동, 해외에서의 독립운동으로 구분할 수 있다. 한말의병 기념시설은 광주에 3개, 나주에 2개, 담양에 2개, 무안에 2개, 영광에 1개, 장성에 2개, 화순에 1개 등 7개 지역에 14개이다. 인물 기념이 주를 이루는데 역사적인 사건들을 중요한 인물들 중심으로 해석하려 했던

〈표 2〉 한말의병 기념시설

명 칭	종류	건립연도	지역	비 고
의병장심남일 순절비	비석	1972	광주시 구동 (광주공원내)	1962년 독립장 건립-순절비건립위원회 관리-공원관리사무소장
안중근(安重根)의사 동상	동상	1995	광주시 운암동 (중외공원내)	1962년 대한민국장 건립-안중근의사추모탑 보존위원회 관리-공원관리사무소
죽봉김태원의병장 동상	동상	1998	광주시 서구 (농성광장)	1962년 독립장 건립-김태원장군의적사업추진위원회 관리-죽봉김태원장군의적사업보존위원회
의병장단암조정인 순절비	비석	1996	나주시 남내 (남산시민공원내)	1977년 독립장 건립-공훈선양사업 추진위원회 관리-나주시
죽봉김태원장군 기적비	비석	1975	나주시 남내동 (남산시민공원내)	1962년 독립장 건립-김태원장군 기적사업회 / 관리-나주시
의병장추공기엽 (秋琪燁,秋淇弘) 기념비	비석	2002	담양군 무정면	1990년 애국장 건립- 관리-후손
포의사(褒義祠)	사당	1970	담양군 창평면 유천리	의병장 고광순(高光洵) 배향, 1962년 독립장 건립-담양군 / 관리-장흥고씨 문중
평산사(平山祠)	사당	1946	무안군 현경면	한말의병 최익현(崔益鉉)· 기우만(奇宇萬)·박임상 등 3명 배향 건립-후손 / 관리-후손
항일독립유공인사 숭모비	비석	1983	무안군 무안읍	무안출신 민족운동가 김종성(金鍾聲) 외 17명 독립정신 기념
의병장이화삼(李化三) 선생 추모비	비석	1987	영광군 영광읍 (우산공원내)	1990년 애국장 건립-추모비 건립위원회 / 관리-후손
안중근의사 동상	동상	1973	장성군 삼서면	건립- / 관리-육군보병학교
호남창의영수기삼연선생 순국비	비석	1966	장성군 장성읍 (장성공원내)	1962년 국민장 건립-기념사업회 / 관리-장성군
충의영당(忠義影堂) 및 춘산사(春山祠)	서당	1930	화순군 춘양면	문달환(文達煥) 추모, 1990년 애족장 건립-능주향교 유림 / 관리-후손
부양정(扶陽亭)과 구암영당(龜岩影堂)				기우만 추모, 1980년 독립장 건립-서병장(徐丙章)과 서병장의 후손 관리- 서병장의 후손

엘리트주의적 인식체계가 일정하게 작용하였을지도 모른다.

무안의 '항일독립유공인사 숭모비'를 제외하면 모두가 의병장 개인을 대상으로 한 것들이다. 고광순, 기삼연, 기우만, 김태원, 문달환, 박임상, 심남일, 안중근, 이화삼, 조정인, 최익현, 추기엽 등 12명인데 안중근과 최익현을 제외하면 모두가 각 기념시설이 마련된 곳을 출생지로 하고 있다. 홍영기에 의하면 이름을 알 수 있는 <대한제국기 호남의병>은 2,523명이다. 그중 영산강유역 출신자는 광주 88명, 나주 160명, 담양 42명, 무안 28명, 장성 92명, 영광 86명, 영암 20명, 함평 213명, 해남 22명, 화순 7명 등 758명이다. 영산강유역 출신으로 기념시설이 마련된 의병의 비율은 1.3%에 불과하다. 일제는 1906년부터 1909년까지 호남지방에서 활약한 대표적인 의병장으로 1906-1907년에는 최익현·고광순·기삼연, 1908년에는 김태원·김율 형제, 1908년 후반부터 1909년에는 심남일·안규홍·전해산을 꼽았다. 그것은 이들 의병장의 활동이 매우 활발했다는 것을 의미한다. 그런데 일제가 호남지역의 대표적인 의병장으로 지목한 이들조차도 기념시설이 마련되지 않고 있다.

전기의병 때 영산강유역에서는 장성·나주·광주를 중심으로 의병활동이 전개되었다. 장성의 기우만을 중심으로 기삼연, 담양의 고광순 등이 장성향교에서 거병하였다. 나주에서는 1896년 2월 기우만이 의병을 일으키자는 통문을 나주향교에 보내면서 비롯되었다. 향교에 오재수(吳在秀)·이병수·송종희·이승수·나경식 등의 선비가 모여 의병을 일으키고 주서(注書) 이학상(李鶴相)을 나주창의소 대장으로 선임했다. 나주창의소는 유생들에 의해 시작되었으나 창의자명록에 1백여명이 서명할 때는 주사 박상수를 비롯하여 현직 관리인 아전과 군인도 참가했다. 전기의병에 전라도에서는 나주의병뿐이었다. 다른 지방에서는 모두 양반(유생) 중심의 의병이었지만 나주에서는 중인계급인 아전이 함께 창의한 의병이었다는 점에서 의미를 찾을 수 있다. 그러나 나주의병은 해산할 수밖에 없었는데, 장성의병이 2월 22일 광

포의사(담양)

주로 떠나고 전주진위대의 군사가 남하하고, 서울친위대의 병력이 나주로 몰려오고 있었기 때문이다. 나주의병은 3월 4일 지도층만이 남아 전주진위대의 군사를 맞았고, 관군에 의해 무학당 뜰에서 처형당하였다. 전기의병에서 관군에 의해 처형당한 경우는 나주의병이 유일하였다.

중기의병 때는 창평의 고광순, 화순의 양회일 등이 최익현의 영향을 받아 의병을 일으켰다. 최익현은 1905년 4월 담양 용추사(龍湫寺)에서 기우만과 남도 선비 50명을 만나 결의를 다지고 자신의 명의로 최재학에게 격문을 작성하여 각지에 공고하게 했다. 이에 고광순은 창평에서 의병을 일으키고, 1907년 3월에는 화순의 양회일이 보성의 임창모(任昌模) · 이백래와 같이 쌍봉에서 의병을 일으켜 화순 · 동복 · 능주를 공격하였다.

후기의병 때 영산강유역에서는 기삼연은 1907년 9월 장성군 삼계면 수연산에서 호남창의회맹소를 조직하여 맹주가 되었다. 호남창의회맹소의 의병장으로 활동한 영산강유역의 의병들을 보면, 고동진, 고세진, 기우옥, 김동술,

김두성, 김두식, 김봉수, 김봉요, 김봉훈, 김승제, 김연석, 김재윤, 박병여, 박준기, 박천용, 박철주, 서기초, 신용희, 엽영모, 오인수, 이기창, 이현주, 임헌규, 조덕관, 최석면, 최승희 등이다. 김봉수는 장성 탑정 전투, 김봉훈은 순창전투, 김승제는 추월산전투, 박준기는 마련전투, 선승규와 선동규는 탐정전투, 이기창은 관동전투, 이영신은 호산전투, 임헌규는 토천전투, 엽영모·서기초·고세진은 추월산전투에서 각각 전사하였고, 이중백은 체포되어 교수형을 당하였다. 호남창의회맹소와 별도로 의병활동을 한 영산강유역의 의병장들로 양진여·양상기 부자와 김동수는 광주·담양·장성 등지에서, 조경환은 광주 출신으로 담양·장성·함평 등지에서, 김원국·김원범 형제는 광주 출신으로 광주·나주·담양·장성 등에서 활약하다 체포되어 총살당하였다. 또한 강사문과 송학묵은 광주 출신으로 광주·담양·장성 등지에서 활약하다 체포되어 순국하였다.

전기의병 때의 선도자 기우만, 중기의병 때의 고광순과 최익현, 후기의병 때의 기삼연이 기념되고 있다. 오늘날 영산강유역에 기념시설이 마련된 의병은 겨우 10명이다. 활발하게 전개되던 호남의병의 항쟁은 일제의 소위 '남한대토벌작전'으로 103명의 의병장이 체포 혹은 피살되고 2,000여명의 의병이 체포되었다. 이들 의병장을 포함하여 이름을 확인할 수 있는 의병들에 대한 정리와 그들에 대한 기억이 요구된다.

기념시설의 유형을 보면 비, 동상, 사당이다. 비는 한국사회에서 가장 오래되고 전통적인 기념물의 양식이다. 어떤 인물이나 사건의 의미를 기록된 문자로 돌에 기록해 두는 것은 영구히 그 의미를 보존하겠다는 뜻이 담겨 있는 것이라 하겠다. 그러나 비는 그 규모가 작고 기념물로서의 가시성이 현저하지 못해서 상징화의 기능은 상대적으로 미약하다. 사당은 배향된 이가 매년 사망한 일시를 기억하여 제사가 모셔지고 반복되는 의례 행위를 통해 사건이 끊임없이 재해석될 소지를 지니기 있기 때문에 상대적으로 상징화

<표 3> 3 · 1운동 기념시설

명 칭	종류	건립연도	지역	비 고
광주3 · 1운동 기념탑	탑	1986	광주시 운암동 (중외공원내)	건립-광주시 관리-광주시립미술관
광주3 · 1만세운동 기념동상	동상	1995	광주시 양림동 (수피아여중고내)	건립-수피아여고 총동창회 관리-수피아여고 *광주3 · 1운동으로 옥고치른 수피아여학교 출신 23명 추모
고하송진우(宋鎭禹)선생 추모비	비석	1991	담양군 담양읍 (관어공원내)	건립-추모비 건립위원회 / 관리-후손 *3 · 1운동으로 옥고, 1963년 독립장
독립 기념비	비석	1985.12	목포시 양동 (정명여중내)	건립-목포시 / 관리-정명여중 *1983.2.14 정명여중 기숙사 개축시 천장에서 3 · 1운동 참가문서 발견 기념하여 건립
목포3 · 1독립운동 탑	탑	1983.8	목포시 죽교동 (유달산체육공원내)	건립-목포시 관리-유달산공원관리사무소
3 · 1독립운동무안 의적비	비석	1975.8	무안군 무안읍 (남산공원내)	건립-무안군 관리-무안군
영암3 · 1운동 기념비	비석	1984.4	영암군 영암읍 (영암공원내)	건립-기념비 건립위원회 관리-영암군
구림삼일운동 기념탑	탑	2001.4	영암군 군서면 (도기문화센터내)	건립- 관리-구림청년계
삼일사	사당	1991	장성군 북이면	건립-건립추진위원회 / 관리-후손 *모현리 3 · 1운동 일으킨 13명 배향
3 · 1운동열사장성 의적비	비석	1972	장성군 장성읍 (장성공원)	건립-기념사업회 관리-장성군
함평3 · 1만세 기념탑	탑	1989.4	함평군 해보면	건립-함평군 / 관리-함평군
함평군기미3 · 1의거열사 기념비	비석	1983.3	함평군 기각리 (함평공원내)	건립-함평군 / 관리-함평군 *1920.3.26 함평보통학교 졸업식날 일으킨 만세운동 기념
지강양한묵(梁漢 ·)선생 순국비	비석	1992	해남 옥천면	건립-순국비 건립위원회 관리-후손
기미독립선언 기념비	비석	1946	해남군 해남읍	건립-해남군 / 관리-해남군
삼일민족대표양한묵선생 추모비	비석	1965	화순군 화순읍	건립-추모비 건립위원회 / 관리-화순군 *1962년 대통령장

의 기능이 강하다. 동상은 사건이나 인물의 동적인 성격과 현실감을 가장 잘 드러내주는 기념물이라고 할 수 있다.

기념시설이 건립된 시기를 보면 가장 먼저 건립된 것은 문달환을 추모하기 위하여 화순의 능주향교 유림들이 건립한 충의영당과 춘산사이다. 이어 최익현·기우만·박임상 등 3명을 배향한 평산사가 후손들에 의해 건립되었다. 이외에도 고산서원(장성군 진원면 고산리: 1927년, 기념물 제63호 - 1982.10.15), 고강사(화순군 이양면 초방리), 서림사(장성군 북이면 만무리 : 1970년), 양림사(무안읍 매곡리 양림 : 1965년), 평산사(무안군 현경면 평산리 : 1946년) 등이 단독으로는 아니지만 기우만을 배향하고 있는 영산강유역의 사우들이다. 1960년대에 1개, 1970년대에 4개, 1980년대에 2개, 1990년대에 3개, 2000년대에 1개가 건립되었다. 한 연구에 의하면 1960년대 초반은 본격적인 국가적 기념의 시기였다. 유엔탑, 3·1독립선언기념탑, 4·19학생기념탑이 이 기간에 군사정부의 후원으로 세워졌고, 군사정부는 항일·자유·민주라는 상징어를 통해 대중조작을 시도했다. 그런 이유 때문인지 1960년대에 영산강유역에 건립된 민족운동 기념시설은 1개뿐이다. 1970년대에 4개가 건립된 것은 4개 기념시설의 기념 인물들 모두가 1962년에 독립장 내지 대한민국장을 받은 데에 영향이 크다고 생각된다.

무안의 '항일독립유공인사 숭모비'는 무안읍 성남리 남산 기슭에 세워졌는데 무안지역 출신으로 의병활동, 만세운동, 광주학생운동, 광복군 참여한 민족운동가들을 기념하기 위해서였다. 대개의 기념시설이 특정한 인물, 특정한 사건을 대상으로 하는데 무안의 '숭모비'는 민족운동의 범주에 포함시킬 수 있는 이들을 동일한 지역이라는 측면에서 함께 기념하였다. 개별 인물이나 사건을 기념하는 것도 의미가 있지만, 각 지역의 입장에서는 이처럼 같은 범주 안에서 정리함으로써 인물과 인물, 사건과 사건, 인물과 사건과 지역을 연계하여 이해하는 토대를 마련할 수 있다. 그리고 이러한 시도는 영산강유역의 민족운동 인물·사건·장소를 밀접한 연관 속에서 인식하는 데 도움이 된다.

이어 영산강유역의 3·1운동 기념시설을 보면 광주에 1개, 담양에 1개, 목포에 2개, 무안에 1개, 영암에 2개, 장성에 2개, 함평에 2개, 해남에 2개, 화순에 1개 등 14개이다.

나주와 영광을 제외하고는 영산강유역의 모든 지역에 3·1운동 기념시설이 건립되어 있다. 그런데 박은식의 『한국독립운동지혈사』에 의하면, 나주의 3·1운동 기록은 찾기 어렵지만 영광에서는 3·1운동과 관련하여 10회의 집회에 7,600명이 참여하여 6명이 사망하고 50명 부상당하였으며 27명이 투옥되었다. 또한 『나주시사』와 『영광군지』를 보면 이 지역에서도 3·1운동에 참여하였다. 그러나 다른 지역과 비교하면 한말 의병전쟁에 적극 참여하였던 영산강유역의 3·1만세운동은 그 강도가 약했다. 그래서 조선총독부 문서에, 전남지역의 시위군중수나 사상자가 타지역보다 매우 적게 기록되어 있고, 경찰은 "전남지역은 일반적으로 평온하다"고 보고하였다.

일제자료에 의하면 3·1운동기 전남지방의 입감자수는 246명으로 전국 입감자수의 3%였고 13개 도 가운데 열번째였다. 즉 전남지방의 3·1운동은 다른 지방과 비교할 때 상대적으로 약세를 보였다고 할 수 있다. 이는 10년 전 의병항쟁 때와 비교할 때 완전히 상반된 모습이었다. 그 이유는 첫째, 운동의 주체세력의 문제로 한말 의병항쟁에 적극 참여하여 투쟁역량이 크게 손실되어 아직 복원되지 못한 때문이었다. 의병투쟁이 약했던 경남지방에서 3·1운동기에 강력한 투쟁양상을 보여주는 점에서 역으로 증명될 수 있다. 둘째, 운동조직의 문제로 3·1운동을 전국적 차원에서 조직한 천도교와 개신교 세력이 다른 지방에 비해 취약했다.

영산강유역의 3·1운동 기념시설의 유형을 보면 비, 동상, 사당, 탑이다. 비가 9개로 가장 많고, 탑이 3개, 동상과 사당이 각 1개씩이다. 의병 기념시설

독립기념비(목포정명여중)

에는 없던 탑 형태가 3·1운동 기념시설에는 3개나 된다. 기념탑은 기념비에 비하여 그 규모가 크고 조형적인 형상 자체의 의미가 좀더 큰 기념물이다. 기념탑은 개인보다는 사건 자체를 대상화하는 특징을 나타낸다. '고하 송진우 추모비', '지강양한묵선생 순국비', '삼일민족대표양한묵선생 추모비', 그리고 삼일사를 제외하고는 모두가 각 지역의 3·1운동을 기념하는 시설이다. 앞의 네 시설은 각 인물을 통하여 3·1운동을 기념하고 있다. 개인의 업적에 치중하기 때문에 3·1운동 기념이라는 의미가 다른 기념시설들과 비교할 때 약하다고 할 수 있다. 그러나 그들의 업적이 결국은 3·1운동과 관련하여 의미가 부여되고 가치를 높게 평가받을 수 있을 것이니, 네 시설은 3·1운동 기념시설로 볼 수 있다.

가장 먼저 건립된 것은 해남의 '기미독립선언 기념비'로 해방 이듬해에 건립되었다. 1960년대에 1개, 1970년대 2개, 1980년대에 5개, 1990년대 4개, 2000년대 1개이다. 건립 주체는 대개 기념시설 건립위원회이고, 관리는 해당 지역의 관에서 담당하고 있다. 의병 기념시설과 비교할 때 3 · 1운동 기념시설은 인물보다는 사건 중심으로 기념하고 있다는 특징이 있다. 3 · 1운동 기념시설은 대개 각 지역의 지역민들과의 접근성이 편리한 곳에 건립되어 있다. 이는 3 · 1운동의 가치와 의미를 일상사 안에서 강조하는 결과를 낳는다고 할 수 있을 것이다.

3 · 1운동 기념시설에 이어 영산강유역의 광주학생독립운동 기념시설을 보면 5개로 광주에 4개, 나주에 1개이다. 기념시설의 유형은 탑 1개, 비 3개, 기념관 1개이다.

1929년 10월부터 1930년 3월까지 광주에서 시작하여 전국으로 발전한 광주학생독립운동에는 194개교(전문학교 4, 중등학교 136, 보통학교 54개교), 5만 4천여 명의 학생이 참여하였고, 582명이 퇴학, 2,300명이 무기정학, 1,462명이 검거 당하였다. 광주학생운동은 학생운동과 민족운동을 총결산하는 의

〈표 4〉 광주학생독립운동 기념시설

명 칭	종류	건립연도	지역	비 고
광주학생독립운동 기념탑	탑	1954	광주시 누문동 (광주제일고내)	광주학생독립운동으로 구속 고문당한 광주제일고학생 기념 건립-기념탑건립위원회 / 관리-광주일고
광주학생독립운동 기념비	비석	1959	광주시 오치동 (광주자연과학고 내)	광주학생독립운동으로 구속 고문당한 광주농고학생 기념 건립-광주농고 동창회 / 관리-광주농고
광주학생독립운동여학도 기념비	비석	1959	광주시 장동 (전남여고내)	1920년대말 광주여학생들의 독립운동 기념 건립-기념비 건립기성회 관리-전남여자고등학교장
광주학생독립운동진원 기념비	비석	1981	나주시 경현동	관리-나주청년회의소
광주학생독립운동 기념관	기념관	2005	광주시 화정동	1967년 광주시 황금동에 건립. 2005년 이전건립 건립-기념비 건립기성회 / 관리-기념관장

광주학생독립운동기념비

미를 지닌 독립운동이었고, 그 전통은 1930년대와 1940년대로 이어지면서 해방 후 4월 혁명과 광주항쟁의 역사적 시원으로 자리하였다.

전남에서 광주학생운동에 가장 먼저 동조하여 궐기한 것은 목포상업학교였다. 한·일 학생 공학제였는데 조선인 학생수는 전체의 약 절반이었다. 최창호(崔昌鎬)·이린형(李麟炯)이 광주에 파견되어 운동의 구체적인 실정을 파악하였고, 11월 19일 목포상업학교 조선인학생들이 시내로 진출, 양동·무안통을 지나 목포역까지 시위투쟁을 전개하였다. 70여명 학생이 검거되었고 그중 16명은 1-5년의 형을 선고받았다. 이어 나주에서 학생들과 기성 민족운동가들이 11월 27일 군청 앞 광장에서 시위를 하였고, 박공근(朴恭根) 등 5명이 징역 1-10월의 형을 받았다. 영산강유역의 다른 지역에서도 광주학생독립운동에 동조하여 시위를 전개하거나 광주지역에서의 시위에 참여하였다. 그런데 광주와 나주에만 광주학생독립운동 기념시설이 있을 뿐이다.

광주학생독립운동 기념시설의 유형으로 기념관은 의병이나 3·1운동 기념시설에서는 보이지 않던 것이다. 기념관이란 '어떤 뜻 깊은 사적이나 인물 그리고 사건 등을 기념하기 위해 지은 집'을 지칭한다. 기념관은 박물관이나 미술관 혹은 역사관 등과 기능 및 역할이 중복되는 측면이 있으나, 특정한 역사적 인물이나 사건 등을 그 대상으로 한다는 점에서 다소 차이를 갖는다. 광주학생독립운동기념관에는 전국 및 해외로의 파급을 표현한 광섬유 지도와 그에 대한 설명을 실은 영상 나래이션을 시작으로 광주학생독립운동이란 무엇인가 · 광주학생독립운동은 왜 일어났는가 · 어떻게 투쟁하였나 · 광주학생독립운동의 계승에 이르기까지 광주학생독립운동사를 체험할 수 있는 전시장이 마련되어 있다.

광주학생독립운동 기념시설은 기념관을 제외하고는 당시 운동이 시작되었던 역, 주도적인 역할을 하였던 학교 안에 설립되어 현장성과 역사성이 생생하다는 특징이 있다.

의병, 3 · 1운동, 광주학생독립운동 외에 영산강유역 출신으로 해외에서 활동한 독립운동가를 기념하는 시설들도 있는데 주로 대한민국임시정부와 관련하여 활동한 이들을 개별적으로 기념한다. 일강김철(金澈)선생 숭모비(함평군 신광면 : 1975년 건립 : 1962년 독립장) · 대한민국임시정부국무위원김철선생 기념비(영광군 불갑면 : 1984년 건립) · 일강김철선생 기념관(함평군 신광면 : 2003년 건립)은 대한민국임시정부요인으로 독립운동을 펼친 김 철을 기념하는 시설이다. 그리고 애국지사광산김공제중(金濟中)독립운동공훈기념비(담양군 대덕면 : 1991년 건립 : 1990년 애국장)와 순국선열황덕환(黃德煥)선생 추모비(영광군 영광읍 우산공원내 : 1985년 건립 : 1963년 독립장)도 임정에 협력하여 독립운동을 전개하였다.

이외에도 영산강유역 출신의 해외독립운동가로 기동연(광주), 김덕근(함평), 김석(함평), 김승곤(담양), 김용재(담양), 김재호(나주), 김종진(무안), 나동규(나주), 나월환(나주), 박봉춘(목포), 박상기(광주), 박성화(나주), 변극(장성), 서상렬(무안), 서진순(장성), 신동호(광주), 신태순(광주), 안후덕(함평), 양한묵(해남), 이경채(광주), 이만준(장성), 이병욱 · 이병묵 형제(담양), 이준수(나주), 장병준(무안), 장희수(화순), 정율성(광주), 정호룡(광주) 등을 들 수 있다. 이들을 '영산강유역 출신의 해외독립운동가'로 정리할 필요가 있는데, 특히 해외에서 독립운동을 할 때에는 혈연과 지역 기반의 동질성이 큰 영향을 미쳤기 때문이다. 또한 이들과 국내와의 연결 고리도 추적하여 정리할 필요가 있다.

한편 장성군 북이면 사거리에 건립된 독립탑은 장성 출신 민족운동가들의 활약상을 시기적으로 모두 기록하여 인물, 사건 중심의 기념시설과는 다른 모습을 보인다. 1947년 8월 15일 광복을 기념하고 독립정신을 기리기 위하여 당시 대한독립촉성국민회 북이 분회장[김을수]이 사거리역 앞에 세웠으나 한국전쟁 때 파괴된 것을 1950년 대한청년단 북이면 단장[권상술]이 보수하였고, 1992년 현위치인 북이면 사거리 587-1로 이설 복원하였다. 그리고 기단 하부에 공약 3장과 근대 항일 독립투쟁사를 약기하였다.

Ⅳ. 논의 및 전망

영산강유역의 민족운동 사적지 발굴과 기념시설 건립은 활발하게 전개되었던 의병전쟁, 3 · 1운동, 광주학생독립운동, 해외독립운동가들의 활약상을 고려할 때 상당히 저조하다. 영산강유역의 민족운동 사적지는 대개 의병 사적지로 의병 결집지, 전적지, 격전지, 훈련지, 무기제조소 등은 한말 이 지역의 의병전쟁이 격렬했음을 말해준다. 나주에 의병 사적지가 지적되지 않았는데, 전기의병 때 중요한 역할을 했던 나주지역의 의병 사적지는 아직 조사 · 발굴이 안 된 것이다. 이는 나주만이 아니라 영산강유역의 다른 지역들에도 해당되고, 된다. 3·1운동과 광주학생독립운동에도 마찬가지이다.

영산강유역의 민족운동 사적지는 더 많은 관심과 조사, 발굴, 정립이 요구된다. 군 경계에 위치한 산을 의병들이 근거지, 전투지로 하였던 것을 볼 때 영산강유역의 산들은 의병항쟁의 측면에서 추적이 필요하다. 또한 군 경계에 위치한 산들은 의병들의 연계는 물론 의병항쟁의 연결고리, 의병부대의 연합이라는 측면에서 살필 필요가 있다.

민족운동을 보다 잘 이해하기 위해서는 식민통치에 대한 이해도 요구된다. 영산강유역에는 식민통치 및 수탈탄압의 장소도 많았다. 구 나주경찰서만이 그 위치가 확인되고 있는데 경찰서와 법원, 감옥 등은 민족운동을 억압하고 민족운동가들에게 고통을 주기 위해 마련된 것들이었다. 일제강점기의 민족운동을 정확하게 이해하기 위해서는, 민족운동의 장소는 물론 민족운동 탄압의 현장도 조사·발굴·정리하고 규명해야 할 것이다. 그렇게 할 때 일제 강점기의 역사상은 보다 선명하게 그 모습을 드러낼 것이다.

영산강유역의 민족운동 기념시설은 크게 한말의병, 3·1운동, 광주학생독립운동, 해외에서의 독립운동으로 구분할 수 있다. 의병 기념시설은 주로 인물을 기념하는 것이고, 3·1운동 기념시설은 지역의 3·1만세운동을 기념하고 있다. 3·1운동 기념시설은 대개 각 지역의 지역민들과의 접근성이 편리한 곳에 건립되어 있다. 이는 3·1운동의 가치와 의미를 일상사 안에서 강조하는 결과를 낳는다고 할 수 있을 것이다. 광주학생독립운동 기념시설은 당시 운동이 시작되었던 역, 주도적인 역할을 하였던 학교 안에 설립되어 현장성과 역사성이 생생하다는 특징이 있다.

의병전쟁과 3·1운동, 광주학생독립운동을 단순 비교하자면 영산강유역에서 의미의 강도는 의병전쟁→광주학생독립운동→3·1운동일 것이다. 타지역과 비교할 때 의병전쟁 때는 주도적·압도적이었고, 3·1운동 때는 참여가 저조하였으며, 광주학생독립운동 때는 선도적이었다. 그럼에도 의병전쟁과 광주학생독립운동의 사적지나 기념시설은 다른 지역과 비교해도 저조한 편이다. 게다가 각 사적지 및 기념시설들의 연결고리라 강조되지 않고 있다. 민족운동은 고립적으로 전개되지 않았다. 따라서 각 지역에서 각 인물들이 펼친 민족운동에는 끈끈한 연결고리가 있다. 그런데 그동안의 사적지 발굴과 기념시설 건립은 개별 인물이나 개별 지역을 대상으로 이루어져 전체적인 조망과 구성이 시도되지 않았다. 장성의 독립탑은 장성에서 전개된 민족운동만을 대상으로 하였고 각 민족운동의 연결고리를 끌어내지는 못하였지만, 한말·일제강점기 장성의 민족운동을 묶어서 정리하였다는 점에서 의미를 찾을 수 있다.

영산강유역의 민족운동 사적지는 일제의 식민지배와 수탈이 영산강 수로를 통해 이루어졌던 만큼, 민족운동도 영산강유역이라는 공간에서 유대감을 높이며 전개되었다. 그것은 의병들의 전쟁, 3·1운동과 광주학생독립운동의 확산 과정을 보면 충분히 확인된다. 따라서 기념시설도 연관성을 고려하여 건립되어야 하고, 그렇게 할 때 민족운동 기념시설은 사적지와 더불어 민족문화자원이 될 수 있다.

| 참고문헌 |

〈 저서 〉

광주시사편찬위원회

  1993 『광주시사』 2권.

국민대학교 국사학과

  2006 『영산강문화권 - 들녘과 바닷길로 어우러진 2천년 - 』(역사
      공간).

국사편찬위원회

  1965 『한국독립운동사』.

김경수

  1995 『영산강 삼백오십리』(향지사).

나주시사편찬위원회

  2006 『나주시사』 1권.

독립운동사편찬위원회 편

  1984 『독립운동사자료집』(의병항쟁재판기록)(고려서림).

목포시사편찬위원회

  1987 『목포시사』.

무안군사편찬위원회

  1994 『무안군사』.

이상식 외

  1997 『영산강유역사연구』(사단법인 한국향토사연구회전국협의회, 도서
      출판날빛).

장성군사편찬위원회

  2001 『장성군사』.

전남도지편찬위원회 편

　1993 『전남도지』 7권.

정호기

　2007 『한국의 역사기념시설』(민주화운동기념사업회).

한국교원대학교 역사교육과 지음

　2004 『아틀라스 한국사』(사계절).

한국역사연구회 · 전남사학회

　2000 『광주학생운동연구』(아세아문화사).

함평군사편찬위원회

　1999 『함평군사』 1권.

해남군 편

　1995 『해남군사』.

홍영기

　2004 『대한제국기 호남의병 연구』(일조각).

화순군지편찬위원회

　1980 『화순군지』.

〈 논문 〉

고석규

　1999 「나주의 근대도시 발달과 공간의 이중성 - 1929년 나주역 충돌사
　　　　건과 관련하여 -」, 『광주학생독립운동과 나주』(경인문화사).

박명규

　2001 「역사적 사건의 상징화와 집합적 정체성 : 기념비, 조형물의 문화
　　　　적 기능을 중심으로」, 『한국사회과학』 23-2(서울대학교 사회과학
　　　　연구원, 2001 - 보고서).

박소현 옮김

2008 「기념물과 사적지의 보존, 복원을 위한 국제헌장(베니스헌장) 1964」, 『건축역사연구』 제17권 1호.

박찬승

1995 「전남지방의 3·1운동과 광주학생독립운동」, 『전남사학』 9(전남사학회).

1999 「11·3학생독립운동과 나주」, 『광주학생독립운동과 나주』(경인문화사).

반윤홍

1999 「화순군의 유교문화 유적」, 『화순군의 문화유적』(조선대학교박물관 편).

윤선자

2005 「근대문화유산과 종교건물」, 『한국기독교와 역사』 22(2005).

이경화

2007 「기념물을 통한 동학농민혁명의 기억과 전승」, 『인문콘텐츠』 10.

이상식

1985 「한말의 민족운동 – 장성지방의 의병활동을 중심으로 –」, 『인문과학』 2(전남대학교, 1985).

1991 「의병전쟁연구 – 전남 동남지역을 중심으로 – 」, 『국사관논총』 23(국사편찬위원회, 1991).

1998 「근현대기의 영산강유역」, 『향토문화』 17(광주: 향토문화개발협의회).

이해준

1986 「무안지방의 유교문화유적」, 『무안군의 문화유적』(국립목포대학교박물관·전라남도·무안군).

장석흥

1990 「일제하 영산포 식민기지의 형성」, 『한국학보』 58(일지사, 1990).

정근식

2006 「기억의 문화, 기념물과 역사교육」, 『역사교육』 97(역사교육연구회).

조동걸

1990 「쌍산의소(화순)의 의병성과 무기제조소 유지」, 『한국독립운동사연구』 4(한국독립운동사연구소).

2000 「광주학생운동의 성격과 역사적 의의」, 『광주학생운동연구』(아세아문화사).

홍영기

1990 「구한말 쌍산의소에 대한 몇 가지 문제」, 『윤병석교수화갑기념 한국근대사논총』(지식산업사).

1994 「1896년 나주의병의 결성과 활동」, 『이기백선생고희기념한국사학논총』 하.

1998 「한말의 능주의병」, 『능주목의 역사와 문화』(목포대학교박물관 · 화순군).

1998 「한말 광주지역의 의병활동과 魚登山」, 『호남문화연구』 26(호남문화연구소).

2002 「한말 호남창의회맹소에 대한 일고찰」, 『한국근현대사연구』 21.

2008 「정미의병기 호남의병과 어등산 의병전적지」, "어등산 한말의병 전적지와 호남의병" 프로시딩(광주시 광산구청).

중국 산동지역의 하운

김 종 건 _ 경북대학교 강의교수

1. 산동의 생태

중국은 黃河와 長江이 西에서 東으로 큰 물줄기를 이루어 달리고 있으며 수많은 지류들이 이에 합류하고 있다. 이 외에도 淮水와 珠江, 錢塘江 등이 그 사이에 東流하고 있어서 일찍부터 물길이 교통로로서의 중추적 기능을 담당했다. 이러한 물길은 생산물의 운송로로서의 기능뿐만 아니라 중앙과 지방을 잇는 통치체제상의 동맥 기능도 담당했으며, 사회 문화적 교류를 왕성하게 하는 역할도 감당했다. 河道를 이용하여 통행하고 물자를 유통하는 河運은 海運보다 적재와 하역이 편리하고 안전하였다. 정치적 중심지가 내륙이 위치하였던 전통 시대 중국에서는 바다를 돌아가는 해운에 비해 운송 거리가 단축되는 하운이 상대적으로 발달하였다.

중국의 운하는 양쯔강 수계 이남 지역을 연결하는 남운하와 이를 화북으로 연결하는 북운하, 즉 하북운하로 구분된다. 남운하는 하도가 비교적 안정적이었으나 하북운하는 상대적으로 보수와 신규 개착이 수시로 진행되었다. 특히 산동구간의 유지 보수에 대해서는 역대 왕조에서 모두 중시하여 하도 정비를 위한 노력을 한결같이 꾸준히 기울여졌다.

山東은 황하 하류에 위치하여 예로부터 물길이 발달하여 하천과 호수가 많았을 뿐만 아니라 수량도 풍부하여 일찍부터 내륙 수운 즉 河運이 일찍부터 왕성하게 이루어졌다. 이러한 河運은 근대화 이후 동력선이 보급되어 외해 항행이 편리해지기 전까지는 교통로로서 중추적 기능을 담당하였다. 산동 지역은 중앙부 泰山 일대를 제외한 나머지 영역이 주로 평탄한 대지나 낮은 구릉지로 이루어져 있다.[1] 황하 범람으로 인한 소택지의 확대도 하운 교통로 발전에 유리한 여건을 제공하였다. 先秦 秦漢 시대에 이미 산동의 내하는 교통로로서 주요 기능을 담당하였다. 뿐만 아니라 隋 煬帝 大業 1년(605) 대운하의 주요 구간인 黃河와 揚子江을 잇는 通濟渠와 邗溝가 개통된 데 이

어 大業 4년(608) 현재의 북경까지 잇는 永濟渠가 개통되면서 산동 지역은
강남 운하를 북경까지 잇는 하운상의 요충지를 이루었다. 610년 江南河 완
공으로 北京에서 杭州까지 하나의 물길로 잇게 된 京杭大運河에서 산동 구
간이 차지하는 비중은 아주 커서 예로부터 山東運河라고 불리기까지 했다.
山東運河 구간은 1,125리로 京杭大運河 총연장 3,500리의 1/3을 차지할 정도
로 그 비중이 컸다.[2]

그러나 정치적 혼란기의 하도 유지 노력 부족, 홍수와 가뭄 등 자연재해,[3]
황하 수계의 변동[4] 등 여러 요인으로 산동 운하는 운영상의 위기를 거듭 맞
았다. 그로 인해 야기된 하운로로서의 기능 저하와 운항 중단 등의 난관을
인위적으로 해결하려는 노력 역시 계속 이어져 왔으며, 이는 운하 개수와 신
규 운하 개착 노력으로 이어졌다.

본고에서는 기존의 연구 성과[5]를 바탕으로 원대 이후 산동 운하를 유지
건설하기 위해 기울인 노력을 개관하고 그 의미를 규명하려고 한다. 그동안
隋 煬帝 大業 6년(610) 완공되어 당송대까지 유지된 대운하의 초기 역사는 이
미 어느 정도 알려져 있으므로 본고에서는 수도가 北京으로 옮기게 되어 대
운하가 다시금 왕성하게 기능하게 되는 원대 이후 시기를 검토 대상으로 한
다. 특히 대운하 山東 구간에 대한 정비 노력을 살펴보고, 수시로 대두되는
해운론의 영향력 하에서 그 절충적 성격으로 추진된 膠萊運河 건설 노력에
대해서도 검토하려고 한다. 다만 근현대 이후의 상황은 해운, 철도, 도로 등
기타 교통 수단과의 연계하여 접근하여야 하므로 아쉽지만 이에 대한 본격
적인 검토는 다음 기회로 유보한다.

Ⅱ. 元代의 山東 運河

大運河의 整備

하천과 호수가 많았던 산동 지역은 宋元 통일 제국이 성립되어 육로 교통과 해상 교통이 전에 없이 발전하는 과정에서도 하운이 발달하였다.[6] 송대에는 수도 汴梁(현재의 開封)을 중심으로 운하가 사방으로 연결되었고, 산동 경내의 廣濟河는 송대 4대 운하의 하나였다.[7] 광제하는 개봉으로부터 荷水를 통해 定陶를 거쳐 鉅野 合蔡鎭까지 이르렀고, 梁山泊과 濟水와도 연결되었는데, 하폭이 5丈이어서 처음에는 五丈河(五丈渠)라고 불리었다. 통일국가를 형성한 뒤 조운체계의 정비가 급선무였던 송조는 태조 建隆 초년부터 개봉 주변의 하도와 오장하의 정비에 착수하였다. 建隆 2년(961) 2월 오장하 하도 준설을 지시하였으며,[8] 乾德 5년(967)에는 범람이 잦은 황하 유역에 대한 치수를 강화하기 위해 유역 지방관들이 河堤使를 겸하게 하여 수재에 대한 대비를 하게 하였다.[9] 오장하가 개통된 후 산동 지역은 수도 개봉으로 가는 조운의 주요 경로가 되었으며, 오장하를 통해 개봉으로 들어간 조량은 연간 62만 석이나 되었다.[10]

그러나 북송 중엽 황하가 범람하면서 광제하도 피해를 입어 운하 기능을 상실하게 되었다. 이에 神宗 元豊 5년(1082) 廣濟輦運司를 폐지하고 淮陽軍을 경유하여 수도로 이송하게 하면서 淸河輦運司라 이름 하였으나, 광제하 하도 회복 건의가 다시 받아들여져서 哲宗 연간 知棣州 王鄂에 의해 광제하가 보수되어 그 기능을 이어 나갔다.[11] 그러나 金나라가 화북을 다스리고 송이 남송으로 바뀌어 통치 범위가 강남 지역에 국한되면서 대운하 준설 노력은 여의치 않게 되었고 운하 기능이 다시 위축되고 말았다.

元이 중국을 통일하고 수도를 大都(현 北京)로 정하면서 조정에서 필요한 모든 물자는 강남의 漕糧으로 조달되었다. 국초에는 浙西로부터 양자강과 淮河를 건너 黃河 수역의 臨淸을 경유하여 御河(衛河) 수로를 통해 조운을 운송하였고, 소통이 어려운 구간에서는 陸路로 운송하였으므로 어려움이 많았다.[12] 이후 승상 伯顏(1236-1294)의 건의에 따라 해로를 통해 봄과 가을 두 차례 강남의 조량이 수도로 운송되었는데, 해운에 의해 운송된 조량액은 많을 때는 300만 석이나 되었다.[13] 해운은 농민들로서는 陸運에 동원되는 노역 부담을 면할 수 있었고, 조정으로서는 국부를 비축할 수 있는 편리함이 있어 원대 통틀어 주된 조운로로 이용되었다.

그러나 수도가 북으로 치우쳐 있었으므로 행정상으로 필요에 의해서도 강남과의 교통로 회복이 시급하게 되었다. 또한 해운의 계속으로 인한 강남 3성의 민력 피폐, 조운 관련 관료들의 탐오, 조량 평가액 변동 과정에서의 손실과 船戶들의 피해, 해로상의 풍랑 예측의 어려움, 도적의 출몰과 약탈 등 해운의 폐단도 날이 갈수록 드러나게 되었다.[14] 이런 문제점으로 인해 至元 2년 해운을 통한 조량 북송액이 260만 석으로 줄어들었으며 이후 그러한 경향이 계속되었다.[15] 世祖 至元 13년(1726) 승상 伯顏이 뱃길을 통한 강남 순행의 효과를 건의하여[16] 세조의 주목을 끌었다. 이에 앞서 수리의 편리함을 주목한 都水少監 郭守敬이 伯顏의 지시로 山東, 河北, 江蘇 일대 지형 고찰[17]을 실시한 바, 이것이 이후 원 조정의 신운하 개착의 기술적 준비 과정을 이루었다.

1279년 강남의 남송까지 통일한 원조는 여세를 몰아 강남 연해 지역에 대한 지배권을 안정화시키고 일본에 대한 제2차 원정을 준비하게 되는데, 그러면서 남북간 교통로의 확보가 그 어느 때보다 필요하게 되었다.[18] 至元 17년(1280) 漕運 副總管 姚演이 濟州(현 濟寧)渠 개착을 건의함에 따라 원조는 운하 개착 경비를 확정하였다.[19] 至元 19년(1282)부터 공사를 시작하여 이듬해까지 150여 리의 전체 공정을 완료하였다. 이로써 大淸河 상류 東平湖로부터 남으로 濟州와 泗水를 거쳐 微山湖까지 남북으로 하운이 연결되었다.

大淸河를 통해 利津 河口로 나가 바닷길로 天津을 거쳐 大都로 연결하는 항로는 하구 수심이 얕은데다 바다의 풍랑으로 통행이 지극히 곤란하였으므로 내륙 운하를 개착하여 대청하와 御河를 연결시키는 공사도 시행되었다. 至元 24년(1287) 원조는 都水太監에게 수도 大都로부터 泗水까지 연결하라는 지시를 하게 되었고, 이듬해 大淸河 상류인 安山에서 御河 상류인 臨淸까지 준설 개통하자는 승상 桑哥의 주청에 따라 至元 26년(1289) 250여 리의 공사를 완공하여 安山渠라 칭하였는데 뒤에 세조에 의해 會統河로 개명되었다.[20) 대청하와 어하를 연결시키는 공사에는 예산 150만 緡이 소요되었다.[21)

會通河의 준공으로 大都는 남으로 黃河, 淮水, 長江을 관통하여 강남 각지로 뱃길로 이어지게 되어 이른바 南北大運河가 회복되었다. 회통하의 유지를 위해 원 치세 동안 산동 지역에만 갑문을 27개나 개설하였다. 이를 통해 수위를 조절하고 상류로부터 내려오는 토사로 인한 운하의 폐색을 막았다. 아울러 輸運站戶 3,000호를 편성하여 수시로 준설 공역을 담당하게 하여 운하 기능을 유지하는 노력도 기울였다.[22) 원조는 조정에는 都水監을 두고 각지에 河渠司를 두어 수리 관리와 河堤 사무를 관장하게 하였다.[23) 황하 수재가 거듭되자 至正 6년(1326) 5월 河南山東都水監을 설치하여 치수를 전담하게 하였고, 이후 至正 8년(1328) 2월에는 濟寧과 鄆城에 行都水監을 설치하였고, 9년(1329)에 山東 河南 각지에 行都水監을 성치하여 황하 치수를 담당하게 하였다. 至正 11년(1331) 12월에는 河防提擧司를 行都水監 예하에 두어 河道 순시를 담당하게 하였다.[24)

황하 치수와 운하 유지를 위해 원대 조정에서 얼마나 노력하였는지를 알수 있다. 그리하여 원대에는 전체적으로 남북간 물자교류의 동맥으로서 산동 운하를 비롯한 중국 운하의 기능이 전반적으로 잘 유지되었다.

膠萊運河의 建設

원대 조운로로는 하운과 해운이 동시에 이용되었다. 동남 연해로부터 山東半島를 돌아 天津으로 이어지는 항로도 이용되었는데 산동반도 남부 연안의 해저 지형이 험한데다 반도 동단부인 成山角 일대의 항로가 특히 풍랑이 심하여 항해에 어려움이 많았다. 대안이 모색되던 중 膠萊河(膠東河)의 개착이 시도되었다. 원대에는 해운 위주로 조운이 이루어졌지만 풍향과 풍랑의 예측이 불가능한 점, 해적의 출몰과 약탈, 선박 전복 사고의 빈발 등 해운의 폐해는 수시로 지적되었는데 이러한 애로점이 해로 구간 단축을 기할 수 있는 교래 운하 개착 시도의 주된 요인이었다.[25]

膠萊河는 山東 萊山에서 발원하여 남으로 흘러 膠州灣으로 들어가는 膠河와 북으로 흘러 萊州灣으로 흘러 들어가는 膠萊北河의 상류 분수령 구간을 개착하여 膠萊新河를 건설함으로써 두 강을 연결하는 공사였다. 두 하천을 연결하는 운하 구간은 300여 리에 못 미치지만 하폭이 좁고 수량이 적어 준설해야 하는 공사 구간이 길어 비용이 많이 들어가는 사업이었다.[26] 그러나 두 하천 구간은 膠萊平原으로 일컬어질 만큼 평탄하였고 주변 산지도 해발 50m 이하였으며, 두 하천 상류 분수령 지점은 해발 12m에 불과하여 하천을 연결하기에 유리한 자연 지리적 여건을 갖추고 있었다.[27] 또한 황해와 발해를 연결하여 항로를 대폭 단축하는 이 운하가 개설되면 淮安府 淸江浦에서 연해로 天津까지 이르는 3,390리의 항로가 1,682리로 줄어들게 됨으로써 1,700여 리나 감축되는 효과를 가지는 것이었다. 아울러 기상 이변이나 해상 재난의 위험을 피하면서 안전한 운항을 할 수 있는 장점을 갖고 있었다. 대운하에 비해 개착 구간이 짧고 유지 비용이 적게 드는 등의 유리한 면이 있어서 그 효과는 크게 기대할 만한 것이었다.

膠萊運河는 至元 17년(1280) 7월 萊州 출신 姚演의 건의를 발단으로 시작되었다.[28] 姚演은 膠西縣 東陳村 海口로부터 북으로 海倉口까지 300 리에 이르는 이른바 膠萊新河 공사를 건의하였고 공사가 진행되었다.[29] 이 공사는 이듬해 益都等路都元帥 阿八赤이 만여 명의 병력을 동원하여 개착 공사를 실시하고, 至元 19년(1282) 鎭國上將軍 張君佐 등의 감독 하의 만여 명이 교래운하의 수문을 정비한 결과 일단 개통을 보게 되었다.[30] 그 노선은 <그림 1>과 같다.[31] 운하 노선을 분수령으로 경계로 북하도와 남하도로 구분할 수 있는데 그 상세한 도면은 〈그림 2〉, 〈그림3〉과 같다.

〈그림 1〉 교래운하 노선도

至元 18년(1281) 姚演의 건의를 받아들여 "益都, 淄萊, 寧海 3주의 1년치 부세를 운하 개착 비용으로 충당하게 하였다.[32] 그해 12월에는 益都, 淄萊, 寧海 3주의 운하 공사 참가자의 당해 연도 租賦를 면제하고 임금도 주도록 하였다.[33] 동원된 인력에게 임금뿐만 아니라 조부까지 면제한 점은 원조가 이 공사를 얼마나 중시했는지를 알 수 있게 해 준다. 至元 20년(1283)에는 이를 통해 운송된 조량이 2만여 석이었으나, 이듬해에는 60만 석으로 늘어나 그해 해운을 통해 운송된 조량의 60%를 차지하게 되었다.[34]

그러나 교래운하는 개착한 지 6년 만에 조운 소통이 중단되었다. 至元 22년(1285) 교래운하을 폐지하고 동원된 軍과 水手 각 1만은 해로를 통한 조운 인력으로 전환하였다.[35] 至元 31년(1294)에는 어사대에서 올린 교래운하의

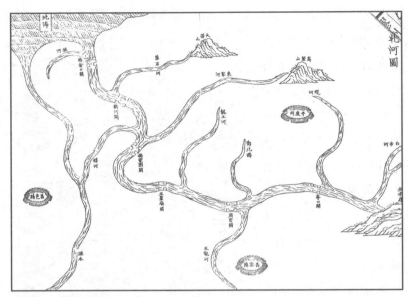

〈그림 2〉 교래북하도

수심이 얕아 선박의 주행이 불가능하다는 등 반대 상소가 수용되어 교래운하를 통한 조운을 해운으로 돌리고 漕軍과 水手 및 선박은 揚州로 보내어 해운을 준비하게 함으로써 교래운하를 통한 조운은 완전 폐지되었다.[36]

교래운하를 통한 조운이 폐지된 데는 여러 요인이 그 배경을 이루었다. 교주만으로 진입하는 입구의 秦家島 부근에 암초가 많고 유속이 급하여 통행이 어렵다는 문제가 대두되어 薛家島 부근의 수심을 확보하여 唐島灣과 膠州灣을 잇는 공사를 하려고 했으나 이루어지지 못하였다. 馬家濠 개착 공정도 암반을 만나면서 경비가 과다하게 들어가는 난관을 맞았다.[37] 게다가 山東宣慰使 樂實과 공사 책임자 요연의 공사비 착복과 병졸들에 대한 가혹 행위로 민심이 동요하게 된 것도 공사 중단을 가져온 요인으로 지적되고 있다.

교래운하는 조정에서 공식 폐지를 선언하면서 하도의 유지 관리가 이루어지지 않아 그 효용성이 현저히 줄어들었다. 그러나 이후에도 민간 차원의

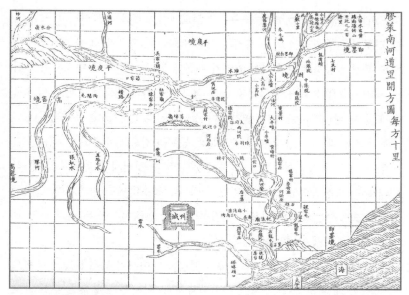

〈그림 3〉 교래남하도

국지적 유통로서의 기능이 유지되었고 연도의 도시들과 청도 부근 항구의 상대적 번성을 가져오는 데 중요한 요소로서 작용하였다.

Ⅲ. 明代의 山東 運河

大運河의 整備

명대에도 산동 지역은 大運河, 黃河, 大淸河, 小淸河 등을 통한 하운이 발달하였다. 명대를 개관해 보면 하운의 소통이 원활한 시기에는 해운이 위축되었고, 하운이 폐색되어 소통이 어려워진 경우는 해로가 왕성하게 이용되었다.

명 건국 후 대규모로 군대가 북방 변경에 주둔하게 되면서 군량미 조달이 필요하게 되었고,[38] 永樂 연간 수도가 南京에서 北京으로 옮겨지고 북경 일대 인구가 급증하면서 화북 지역의 식량과 물자의 수요가 크게 늘어났다.[39] 수도 북경이 동북에 치우쳐져 있었기 때문에 정도 이후 수도 천도론이 수시로 제기되었으나 북변 방어에 유리한 점과 대운하와 해로를 통한 남방으로의 교통이 편리하다는 점에 근거하여 청말까지 北京 수도는 유지되었다.[40] 산동은 강남과 수도 북경을 잇는 조운과 통행의 경로로서 중요한 지위를 점하였다. 그러나 명대에는 조운을 해운 위주로 할 것인지 하운 위주로 할 것인지 논란이 심화되었다. 이는 원대에 해운이 왕성하였던 결과이다. 그러나 연안에 출몰하는 倭寇의 피해가 심각하여 海禁 정책이 추진된 결과 연안 교통보다 내륙 교통이 중시되게 되었다.

洪武 원년(1368) 주원장이 몽고족의 재침을 방어하기 위해 徐達을 북변으로 파견할 때 황하 범람으로 소통이 원활치 못한 산동 曹州-濟寧 구간 하도의 정비를 지시한 바 있다.[41] 홍무 연간 잇달아 황하 범람이 발생하여 운하 구간도 피해를 입었고, 洪武 24년(1391)에는 대홍수가 일어나 曹州-東平 구간 會通河가 폐색되었다.[42] 이를 우회하는 노선은 거리도 멀고 경비가 막대하게 소요되었기에 대운하의 전반적인 보수의 필요성이 대두되었다.

永樂 원년 3월 沈陽中屯衛軍士 唐順이 衛河와 黃河 간 50여 리만 개착하여 연결하면 남북간 물자교류가 용이할 것이라는 건의를 바탕으로 본격적인 운하 정비에 대한 검토가 시작되었다.[43] 濟寧 同知 潘叔正은 "회통하 450여 리 가운데 폐색된 구간이 3분의 1이나 되므로 이를 준설하여 소통시키면 산동 주민들은 운송 노역의 부담이 줄게 되고 나라로서는 실로 무궁한 이익이 있다"고 건의하였다.[44] 공사비가 민생에 부담이 될 것을 염려하며 미루던 중 永樂 9년(1411) 2월 工部尚書 宋禮에게 회통하의 濟寧-臨淸 구간에 대한 복구 지시가 내려지게 되었다.[45] 永樂 9년에는 30만 명이 동원되어 元代의 구 하도 대신 동쪽으로 20리 옮겨 袁家口(현 汶上 袁口)로부터 북으로 壽張 沙灣

까지의 新河를 개착하였다. 宋禮가 주관한 회통하 개수에는 3년이란 기간이 소요되어 永樂 13년(1415) 385리 운하 구간 전체가 완공되었고, 이후 조운의 해로 운송을 중지시키고 운하를 통해 운송하도록 제도를 바꾸었다.[46]

이후 황하 유역의 수재가 잇달아 발생하면서 濟寧-徐州 구간 운하 하상이 높아지거나 폐색되는 상황이 빈번하게 일어났다. 이에 따라 운하 노선을 南陽湖와 昭陽湖 이동 지역으로 이동하자는 개선책이 나왔다.[47] 嘉靖 7년(1528) 세종은 南司空 胡世寧의 하도 이전 건의를 받아들여 河總 盛應期로 하여금 9만 8천 인력을 동원하여 南陽鎭으로부터 留城(현재의 沛縣 동남부)까지 전장 140리의 새 운하를 개착하게 하였다.[48] 공사 도중 가뭄과 홍수가 거듭되는 가운데 반론도 거세게 일어났으나 공사가 진행되면서 부분적으로 홍수 피해를 막을 수 있게 되었다.

嘉靖 44년(1565) 황하 대홍수로 安徽省 蕭縣 趙家口에서 둑이 터져 물이 북으로 범람하여 운하 100여 리가 퇴적 폐색되었다.[49] 대책이 시급하던 상황에서 이듬해 朱衡深이 앞서 盛應期가 개착하던 新河를 통해 남북을 잇자는 건의를 하였고, 이에 따라 9만여 명이 동원하여 구 하도 동쪽 30여 리에 새 운하를 건설하였고,[50] 泗水 동남 留城으로부터 徐州 북쪽 境山까지의 53 리를 준설하여 새 하도를 완공하였는데 이를 南陽新河라 하였다.[51]

남양신하의 건설로 河鎭 이북의 폐색 요인은 제거하였으나 留城 이남의 피해는 그치지 않았다. 게다가 隆慶 3년(1569) 황하가 江蘇 沛縣에서 다시 범람하여 單縣 등 여러 주현에 수해를 입혀 조운선의 통행이 중단되었다.[52] 통행로 개선 노력이 여의치 못하던 중 萬曆 21년(1593) 황하가 單縣 黃堌에서 범람하여 운하 200여 리에 피해를 입히자 總河 徐應龍이 韓庄에서 45 리를 개착하여 운하를 연결하였으나 깊이가 얕아 통행의 불편은 이어졌다.[53] 萬曆 26년(1569) 황하가 單縣 黃堌에서 다시 범람하여 운하가 막히자 이듬해 總河 劉東星이 韓庄 구간을 우회하여 梁城 侯家庄 구간을 개착하는 공사를 시작하였으나 완공을 보지는 못하였다.[54] 萬曆 31년(1603) 황하가 單縣과 沛縣에서 다시 둑이 터지고 물과 토사가 昭陽湖로 밀려들면서 운하도 다시 막히게 되었다. 總河 李化龍의 주장에 따라 이듬해 夏鎭으로부터 郗山, 韓庄, 台庄을 거쳐 邳州로 우회하여 황하로 잇는 새 운하 260여 리가 완공되었다.[55] 명대 정비된 대운하 산동 구간의 내역은 <그림 2>와 <그림 3>으로 요약되는데 구간마다 많은 갑문이 설치되어 수위 유지를 위해 기능하게 하였음을 알 수 있다.[56]

이와 같이 폐색된 운하 구간에 대한 인공 개착 노력이 이어졌을 뿐만 아니라 하수 자체를 이용하는 치수 노력도 있었다. 萬曆 연간 潘季馴이 "以水治水, 束水攻沙, 導河入海"의 방법으로 하상 준설 효과를 주어 황하 범람을 막으려는 시도가 그 예이다.[57] 또한 都漕御使 王宗沐이 하수에 순응하는 <漕運法則>을 창제하여, 황하 수위가 안정정인 시기(5-9월)에 조운운송이 완료되도록 한 지침도 그러한 노력의 하나였다.[58]

산동 구간 운하가 황하 범람으로 인해 수시로 폐색되었음에도 불구하고 조정에 의해 계속 준설이나 신규 개착이 이루어진 것은 운하 운송로가 얼마나 중요시되었는지를 여실히 보여준다고 할 수 있다. 운하를 통해 조운이 이

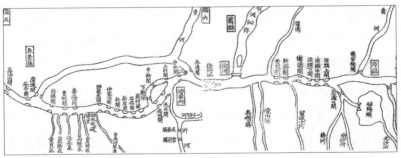

〈그림 4〉漕河圖 (패현-제녕 구간)

루어지고 있었기 때문에 특히 운하 운송로 유지 노력이 어려운 과정 가운데
서도 지속적으로 이루어졌다.

　명조는 永樂 13년(1415) 會通河가 완공된 것을 계기로 해운을 파기하고 宋
禮와 陳瑄으로 하여금 조운 선박 총 3,000여 척을 건조하게 하여 매년 300만
석 이상의 조량을 운송할 수 있게 했다.[59] 운하 운송이 원활하게 유지될 수
있도록 운하 연변의 淮安, 徐州, 兗州, 臨淸, 濟寧, 德州 등지에 대규모 糧倉을
설립하고 강남 각지 농민들로 하여금 지정된 糧倉으로 歲糧을 납부하게 하
였다.[60] 宣德 년간에는 山東 糧倉으로 농민들이 직접 운송하는 부담이 과중
하다는 지적에 따라 농민들이 현지에서 납부한 세량을 관군을 동원하여 북
경으로 운송하게 하는 이른바 '兌運'을 실시하였고, 태운을 원하지 않는 사
람은 직접 운하 연변의 糧倉으로 납부하게 하였는데 이를 '支運'이라 하였
다.[61] 正統 년간 조운 450만 석 가운데 관군에 의해 운하로 장거리 兌運으로
280만 석이 운송되었고, 淮安, 徐州, 臨淸, 德州 4개 倉으로 支運된 조량은 전
체의 1/3정도였다. 成化 7년(1471) 민간의 지운을 모두 兌運으로 바꾸어 관군
이 운송하도록 했다.[62] 이러한 태운 방식의 조운 체계는 운하를 통과하는 조
운선 수를 크게 늘어나게 하여 특히 산동 경내의 운하는 혼잡하였다. 조운
선에는 매척 세량 500 석을 실었고, 매년 400만 석의 조량이라 추산하면[63] 매

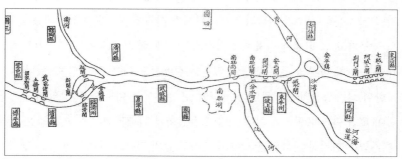

〈그림 5〉 조하도 (제녕-임청 구간)

년 산동 운하를 통과한 선박은 8,000척에 달한 셈이어서 산동 경내 운하의 수송 분담 비율은 대단히 컸다.

명대 운하가 중시된 것은 해로의 위험성과도 관련이 크다. 弘治元年(1488) 제주도로 가던 중 표류하여 杭州에 도착한 崔溥의 기행 기록에 따르면 당시 중국인 호송 관료들이 바닷길은 "열이 가면 다섯이 돌아올 정도로 험난하므로" 운하를 이용하여 북경으로 갈 것을 권유했다고 전한다.[64] 또 당시 지방 관들의 고민거리 중 하나가 운하 하로 유지 보수였지만 운하를 통한 남북 소통로가 폐색되는 것 또한 자신들의 치적에 심각한 흠이 될 것을 염려하여 운하 유지 보수에 끈질기게 노력하였던 점도 운하 유통로가 계속 유지되게 하는데 중요한 기여를 하였다.

그러다가 명말로 가면서 조운 행정의 여러 폐단이 드러나는데다[65] 황하 범람을 비롯한 자연재해가 빈발하는 등 河道 漕運이 순조롭게 진행되지 못했기 때문에 隆慶 6年(1572)에는 공식적으로 江南의 漕糧을 海運으로 운송하도록 하는 조치가 있었다.[66] 그러나 해난 사고가 잇달아 발생하면서 이를 근거로 해운에 대한 반대 여론이 일게 되었고 결국 해운이 폐지되고 하운으로 복귀되었다.[67]

명조의 운하 소통을 위한 끊임 없는 노력은 남북으로 연결되는 운하를 소통시킴으로써 인접한 각 지류를 연결하여 홍수를 막는 효과도 기대하였던 것이다.[68] 운하 치수가 적극적으로 이루어진 시기에는 홍수가 거듭되었음에도 불구하고 그 피해가 점차 다스려지게 됨을 통해 그 의의를 알 수 있다. 명대에는 황하 하류의 유로 변경이 없는 사실에서도 이를 확인 할 수 있다.

한편 상품생산의 발달로 시장에서 白銀 유통이 늘어나게 된 상황에 근거하여 萬曆 년간 張居正에 의해 조량이 은납화가 확대되면서 운하의 조운 운송 기능은 현저히 저하되었다.[69] 이에 따라 倉의 기능도 줄어들어 조운 행정도 갈수록 침체해졌으며 산동 경내 운하도 이전의 모습에서 큰 변화가 나타났다. 조운 중심의 운하 유통이 일반 상품 교역로로서의 기능이 강화되는 쪽으로 변화하여 갔다.

산동 경내의 운하는 세량 운송 외에도 면화, 식염 및 기타 상품 수송의 기능을 담당했다. 명 중엽 강남지역 상품경제가 발달하고 방직업이 특히 두드러지면서 강남의 蘇, 松, 杭, 嘉, 湖 5부는 중국 방직업의 중심을 이루었다. 그러나 강남 방직업의 원료인 면화는 산동 등 면화 산지로부터 공급되었다. 명대 산동 면화 생산은 고도로 발전하였고, 면화 산지는 운하 연변에 집중되어 있었는데, 특히 산동 서부의 齊東, 臨邑, 鄆城, 東邑이 4대 면화 산지를 이루었다. 매년 면화 수확기에는 면화 생산 농민이 면화를 濟寧, 聊城 등지로 출하하여 배에 싣고 강남으로 운송하였고 돌아오는 길에는 강남의 면포를 싣고 왔다.[70]

명대 소금 역시 운하의 주요 화물이었다. 산동의 소금은 대부분 해변의 염전에서 생산되어 그 판매 범위는 주로 산동 서부와 하남성이었다. 명대 소금에 대한 통제는 엄격하여 기본적으로 원대에 실행된 鹽引法을 따라 염상이 정부에 세금을 내고 허가증 즉 鹽引을 받아 소금 거래를 하였다. 명대에는 변방 군량을 해결하기 위해 이를 운송해 온 상인들에게 염인을 발급하여 이들이 이윤을 확보할 수 있게 하였다.[71] 따라서 산동 경내의 운하와 대청하 및 소청하로 많은 상선들이 와서 소금과 양곡을 구매하여 변경 지역으로 운송해 갔다.

이밖에 명대 운하 연변의 도시들의 지역 특산물도 운하를 통해 출하되거나 수매되었다. 담배 생산이 왕성하던 濟寧 지역, 모피, 약재, 죽제, 목제 가공품 등 수공업 공장이 많던 덕주, 임청, 제녕도 필요한 원료를 운하를 통해 외지로부터 조달했다.

명대 대운하 산동 구간은 해금정책으로 인해 운송로로서 왕성한 모습을 띄었고, 명말 조세 은납화로 운하 교통량은 줄어들었으나 상품경제의 발달로 인한 일반 상품의 유통이 활발히 이루어지는 동맥이었다.

膠萊運河 再建 努力

명조는 건국 후 특히 수도를 북경으로 옮기면서 강남의 세량을 북으로 운송하는 문제가 주요 현안으로 대두되었다. 폐색된 대운하 구간의 개통 노력과 더불어 해운을 통해 수도로 운송되던 강남 세량을 교래 운하를 개통하여 이송하려는 주장이 다시금 대두하였다.

원대 건설되었던 膠萊運河는 조운로 기능은 바로 중단되었지만 명초에도 교통로로서의 기능은 어느 정도 계속하고 있었던 것으로 보인다. 『膠州志』卷6 (乾隆本)에는 교래운하가 명초에도 남아 있어서 永樂 연간 이를 이용하고 해운을 폐하였다고 하였으며, 『膠州志』「大事記」에는 명 영락 13년(1415) 교래 해운이 파기되었다고 하고 있으므로 至元 19년(1282)부터 永樂 13년까지 133년 동안 교래운하가 유지되었다고 볼 수 있다.[72)

교래운하 재건에 관한 논의는 正統 6년(1441년) 郘邑 사람 王坦이 漕河 수심이 얕아 운송 인력의 고통이 크므로 강남에서 해로로 교주까지 운송한 다음 교주하 고도를 준설하여 이를 통해 수도로 운송하면 산동반도 동북의 험로 천여 리를 피할 수 있다고 건의하면서 시작되었다.[73) 嘉靖 11년(1532)에는 御史 方遠宣가 교래운하 개착을 건의하였으나 馬家濠 구간 암반 문제로 검토가 중단되었다.[74) 海防道副使였던 王獻이 嘉靖 14년(1535) 교래운하와 馬家濠 구간 개착을 건의한 것이 수용되어 비로소 공사가 재개될 수 있었다.[75) 王獻은 우선 교래운하 진입부인 淮子口를 우회하여 唐島灣과 黃島灣을 잇은 馬家濠 공사를 준비했다.

마가호운하는 교래운하의 소통에 중요한 관건이 되는 공사였다. 嘉靖 16년(1537) 정월 22일 마가호 공정이 개시되었는데, 일찍이 원대에는 이 공사를 하다가 암반이 나와서 중단한 바 있었다.[76) 석공 천여 명을 동원하여 일

급으로 銀 2分과, 米豆 2升 5合 및 酒肉, 錢布를 추가 제공하며 공사를 독려한 결과 공사가 순조롭게 진행되었고 암반 개착 구간은 1,350여 步, 연안 개착 구간은 2,500여 步였으며, 4월 20일 전장 5리 구간이 완공되었다.[77] 마가호의 개통으로 항해 조건이 개선되면서 薛家島港, 唐島口, 靈山衛 등 항구가 비약적으로 발전하게 되었다.

嘉靖 17년(1538) 王獻은 馬家濠 공사의 경험을 바탕으로 교래운하 본선 공사를 진행하였다. 이 공사는 張魯河, 白河, 五龍河 등을 연결하여 교래운하의 수량을 확보하는 공사와 두 하천의 상류를 준설하는 공사 및 수문, 교량, 관아 건설 공사를 포괄하는 것이었다.[78] 중간 분수령 30여 리의 공사가 남겨둔 상태에서 山東巡撫 胡纘宗의 공사 계속 건의가 수용되어 공사가 진행되던 중 갑자기 조정으로부터 공사 중단 지시가 내려지고 王獻도 해임되면서 완공을 보지 못하게 되었다.[79]

이후에도 공사 재개를 두고 건의가 이어졌는데 그 嘉靖 연간 이후 교래운하 관련 내용을 정리하면 아래 표와 같다.

隆慶 4년(1570)에 侍郎 徐栻을 파견하여 교래하 개착을 시행하였고,[80] 萬曆 초기에도 劉應節 등을 통해 공사가 시도되었다. 萬曆 30년(1630)에도 교래하 개착이 시도되면서 백성들이 많이 동원되어 민생에 부담이 되었고,[81] 이후에도 여러 차례 거론되었으나 결국 완전 개통은 보지 못하였다.

교래하 개착 노력은 기존 대운하 조운이 순조롭게 진행되지 못했던 것과 밀접한 관련이 있다. 특히 嘉靖年間(1522~1566) 후반부터 隆慶年間(1567~1572)에 걸쳐 황하 범람이 빈발하였고, 운하를 통행하던 조운선이 전복하여 漕糧이 유실되는 사건이 多發한 것과 관련이 크다.[82] 당시 기존 운하를 복구하는 방안에 더하여 해로를 경유하는 방안이 거론되던 중 운송로 단축과 안정성 제고의 효과가 기대되는 교래운하 개착 노력이 경주되었다.

결과적으로 교래 운하가 완공되지 못한 것은 조정의 반론이 만만치 않았던 데다 공사비 부담이 컸기 때문이다. 분수령 일대 암반을 구간을 개착하여 수심을 유지해야 하는 공사가 쉽지 않았던 점도 중단을 가져온 주된 요인 중 하나였다.[83] 왜구로 인한 피해가 극심하였던 결과 해운로 자체의 기능이 위축된 것도 교래운하의 성공적인 재건을 막은 한 요인이었다.[84] 운하 유지수가 부족하여 갈수기에 항해가 어려웠던 것도 교래운하가 제 기능을

시 기	건의한 인물	건의 요지	결 과
嘉靖 11년(1532)	御史 方遠宣	신하 개착	마가호구간 문제로 보류
嘉靖 14년(1535)	海防道副使 王獻	교래운하와 마가호 개착	수용
嘉靖 16년(1537)	海防道副使 王獻	마가호 개통, 교래운하공사 진행	분수령 구간 30리 외 완공
嘉靖 17년(1538)	山東巡撫 胡纘宗	교래운하 잔여구간 공사	수용
嘉靖 17년(1538)	總河 王以旂	운하 준설	파기, 왕헌 해임
嘉靖 31년(1552)	給事中 李用敬	운하 개착	何廷鈺 파견 조사후 경비문제로 기각
嘉靖 33년(1554)	平度監生 崔旦	운하 개착	기각
隆慶 5년(1571)	給事中 李貫和	운하 개착	실사 후 기각
萬曆 3년(1575) 9월	尙書 劉應節	운하 개착	侍郎 徐栻에게 심의 지시
萬曆 3년(1575) 9월	侍郎 徐栻	공사 곤란, 경비 과다	사안 기각
萬曆 4년(1576) 9월	劉應節	공사비 과다와 토사해결 곤란 관련 徐栻의 주장 반박	유응절과 서식 소환
萬曆 29년(1601) 11월	都御史 高擧	대운하폐색 대안으로 교래 개착, 2년내 준공	이듬해 黃克纘의 반대 상소로 중단 지시
萬曆 37년(1609) 10월	巡漕御史 顔思忠	수재 대안으로 교래운하 개착	工部 심의 회부
萬曆 46년(1618) 5월	巡漕御史 顔思忠	수재 대안으로 교래운하 개착	
天啓 원년(1621) 1월		운하 개착	
崇禎 14년(1641)	山東巡撫 曾櫻, 戶部主事 邢國璽	운하 개착 건의	공사비 과다의 결과 없음 사유로 기각
崇禎 15년(1642)	淮海 總兵官 黃允恩	분수령구간 공사	미집행
崇禎 16년(1643)	尙書 倪元璐	황윤은의 상주 재건의	미집행

* 이상 『明史』 卷87 「志」 63, 「河渠」 5, 「膠萊河」; 卷83 「志」 59 「河渠」 1 「黃河上」; 卷85 「志」 61 「河渠」 3 「運河上」 등 참조하여 정리함.

못한 또 하나의 주요 원인이었다.[85]

　그러나 교래운하의 남은 구간 30여 리가 난공사였음에도 불구하고 공사 재개의 건의가 계속된 것은 내륙 운하를 통한 운송의 효용성이 깊이 인식된 결과라고 할 수 있다. 특히 교래운하 재개 논의가 왕성했던 시기는 황하 범람으로 인해 대운하 구간이 폐색되는 상황이 빈번하게 일어났던 시기임을 주목해 볼 필요가 있다. 따라서 교래운하는 해운에 대한 대안이기도 하였지만 대운하 폐색에 대한 대안으로서의 성격도 함께 갖고 있었다고 할 수 있다.

Ⅳ. 淸代 以後의 山東 運河

　청대에도 대운하를 유지 보수하는 노력은 계속되었다. 조운의 기능은 크게 위축되었으나 수도 북경과 강남을 연결하는 교통로와 유통로로서의 기능이 여전히 컸기 때문이라 할 수 있다.

　산동 운하가 토사 퇴적이 심하여 통행이 어려워지는 문제를 해결하는 것은 청대에도 계속된 숙제였다. 이를 해결하기 위해 順治 14년(1657) 河督 朱之錫의 건의에 따라 南旺, 臨淸에 대해 매년 준설할 것을 지시한 바 있고,[86] 乾隆 년간에는 동절기에 낮아지는 수심을 개선하기 위한 조치와 홍수기 배수할 수 있는 유역을 개설하도록 지시된 바 있다.[87]

　산동 운하에는 특히 갑문이 많았는데 그동안 이에 대한 관리가 소홀한 시기에는 폐색이 특히 심하였다. 이에 대한 관리가 중점적으로 이루어졌는데, 康熙 년간 嘉祥 利運閘, 騰縣 修水閘, 南旺湖 十字河頭門, 丁廟, 頓庄, 台庄, 德勝, 袁口 등 갑문과 戴村 제방에 대한 개수 공사가 실시되었다. 康熙 44년(1705) 德州 哨家營, 恩縣 四女寺에 제방을 수축하고 홍수 방류 유역 공사를 하였다.

옹정 년간 獨山, 南陽, 南旺 등 호수의 제방과 호안 갑문을 수리하고 방류 시
설 공사도 하였다. 乾隆 5년(1740) 戴廟, 七級, 柳林, 新店, 師庄, 棗林, 萬年, 頓
庄의 갑문과 방류 설비를 수리하였다. 道光 2년(1822)과 18년(1838)년에도 이
들 갑문에 대한 개수 공사가 있었다.[88]

한편 雍正 3년(1725)에는 교래운하에 대한 논의가 다시 있었으나 역시 분
수령 구간의 공사가 어렵고 하천 유지수가 부족하여 공사 구간이 280리나
된다고 판단되어 실행에 옮겨지지 못하였다.[89]

청대 전기에는 조정의 적극적인 개수 노력에 힘입어 대운하 산동 구간이
막힘없이 소통되었고 경제 발전과 정권 안정화에도 중요한 기능을 하였다.
그러나 乾隆 후기 이후 운하 보수가 제때 이루어지지 않아 운송 기능이 현
저히 떨어지기 시작했다. 乾隆 50년 이후 황하가 거듭 범람하고[90] 운하 바닥

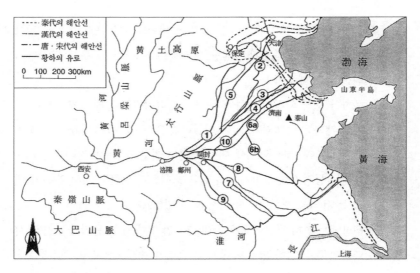

〈그림 6〉 황하 유로 변천도
① B.C. 602년 이전 ② B.C. 602-A.D. 11년 ③ 11-893년 ④ 893-1048년
⑤ 1048-1194년 ⑥ 1194-1289년 ⑦ 1289-1324년 ⑧ 1324-1853년
⑨ 1939-1947년 ⑩ 1853-1939년, 1947년 이후 현재

에 토사가 퇴적되자 조운 담당관은 배가 무거우면 통행이 어렵다고 보고 화물을 많이 싣는 것을 금하게 되었고, 이로써 동원된 인력의 생계가 곤란해졌다. 하도가 얕아지면서 매 갑문을 통과할 때마다 견인을 위해 수백 명이 동원되고 운송 기간이 길어지는 폐단이 불거져서 그 시정이 필요하게 되었다.[91]

嘉慶 년간에는 황하가 수차 범람하면서 대량의 토사가 운하 하상에 퇴적되었다. 嘉慶 道光 년간 운하를 소통시키기 위해 년 평균 5, 6백만 냥의 白銀이 지출되었다.[92] 이는 당시 청정부로서는 방대한 예산 집행이었지만 하도는 순탄치 못하여 많은 견인 인력을 동원하게 되는 심각한 모순에 직면하였다. 더욱이 咸豊 3년(1853년) 황하가 범람하면서 開封 동부를 지난 뒤 길을 완전히 바꾸어 동북으로 흐르게 되면서 산동 운하는 심각한 위기에 봉착했다.[93]

청대 대운하의 산동구간은 남방의 조량을 북으로 운송하는 충추적 기능을 담당했다. 청조 역시 명대와 마찬가지로 조량 대부분을 江淮 일대에서 거두어 운하를 통해 북경으로 운송했다. 청초 산동성에서 징수된 조량은 20만 석이었고, 이들 조량은 각 주현으로부터 臨淸과 德州倉으로 운반된 뒤 대부분 운하를 통해 京倉으로 송달되었으며 나머지는 天津, 河北, 遼東 변방 요새지로 보내어 관병의 생활 비용으로 충당했다.[94]

청초 각성 조운선은 10,455 척이었으나 嘉慶 14년(1809)에는 6,243 척만 유지되어 직예, 산동, 강남 각 성에 의해 분담 관리되었다. 성 별로 조운선의 수가 정해져 있어서 조운이 원활히 이루어지도록 하였고, 청조에서도 여러 차례 관원을 파견하여 각 주현의 조운선을 관리했다.[95] 청대 조운 책임자는 조운총독이었고, 각성에 조운관을 두고 관리하였으나 조운 관원이 넘쳐나면서 과다 징수가 일어나는 등 혼란한 모습도 있었다.

청대 조운선의 적재 상한은 米 500석이었다. 그밖에 토산물 60석의 적재가 허용되었는데 雍正 년간 40석이 추가 허용되었고, 水手당 20석의 적재 판매가 허용되었다. 이는 일종의 보상이었으며 운하 연변의 물자 교류를 촉진하는 기능을 하였다. 이런 특권은 실제 각지 조운관이 농단을 통해 높은 차익을 얻는 폐해도 야기하였다.

청조는 이와 같은 운하 하도의 문제와 운하를 통한 조운체계상의 문제점을 깊이 인식하여 해운을 강조하고 점차 하운을 대체하여 나갔다. 19세기 중엽 태평천국운동(1850~64)과 염군(捻軍)의 난이 일어난 뒤 남북 간 정치적 경색 국면이 일어나 운하의 기능은 현저히 감퇴하고 산동 운하의 폐색 구간이 갈수록 늘어나서 국지적 유통 기능을 담당하는데 그치게 되었다. 咸豊 11년(1861) 청조는 漕米 약 10만 석은 하운으로 운송하고 나머지는 해운을 이용하게 하였다.[96] 그러다가 1900년 의화단전쟁이 일어나 해운이 막히자 산동 운하를 통한 조운로 정비에 나서서 남운하 재건에 4.4만 兩, 북운하 재건에 5만여 兩을 투자하는 등 이후 운하 유통로 정비에 노력을 경주하였으나 그 효과가 바로 나타나기는 어려웠다.[97]

당시 하운과 해운 논쟁이 치열하게 전개되었는데, 해운론자들은 황하 복구의 어려움, 水手 통제의 어려움, 해운 비용의 저렴함, 海防의 효과 등을 근거로 들었고, 하운론자들은 해운의 위험성, 하운의 경제성, 편의성 등을 근거로 반론하였고, 이 양자의 논리를 절충한 견해도 제기되었다.[98] 청조는 光緒 27년(1901)에 이르러 마침내 운하를 통한 조운을 폐지하고 해운으로 전환하였다.[99]

조운의 해운 전환으로 산동 운하는 鹽運과 기타 화물 수송이 주를 이루게 되었다. 소금의 유통은 정부의 통제하에 이루어졌는데 염세를 납부한 상인들이 일종의 특허장인 鹽引를 발급받아 지정된 염 산지로 가서 구매하게 하였다. 산동 지역은 雍正 년간 염 생산량이 50만 引이나 되는 전국적으로 중요시된 염 산지였다.[100] 산동 염은 利津 등 발해만 연안에서 생산되어 대청하와 소청하를 통해 상류로 이송된 다음 京杭 운하를 통해 반출되었다.

청대 산동 구간의 운하에는 일반 상선의 왕래도 왕성하여 연도의 德州, 臨淸, 東昌, 濟寧 등 도시 상공업이 발전하였으며 인접한 지역의 농업의 발전을 자극하였다. 운하에 연결되는 山東의 중심도시 濟南에 1903년 商埠가 개설되어 상품 집산지로서의 기능을 하게 된 것도 그러한 맥락 속에서 파악할 수 있다.[101] 조운로서 운하 교통의 발달은 준설, 수로 개설, 갑문 설비, 조선 등 분야의 기술과 생산력 발전에 기여했을 뿐만 아니라 연변 지역의 농업과 상공업의 발달에도 기여하였다.

1904년 膠濟鐵路를 비롯한 근대식 교통로의 발전은 산동 운하의 유통로로서의 기능을 현저히 위축시켰다.[102] 1934년부터 국민당은 운하 개수에 착수하여 淸江에서 양자강 구간의 운하는 중간급 기선들의 운항이 가능한 수준으로 하상 준설과 갑문 개축이 이루어졌다. 그러나 정주 북쪽 花園口에서 황하 물줄기를 남으로 돌린 1939년 이후 대운하 구간의 수원이 줄어들어 운송로로서의 기능이 거의 상실되게 되었다. 1946년 黃河水利委員會가 조직되어 호안과 제방공사를 시작하고 1947년 황하 물줄기를 다시 종전과 같이 북으로 흐르게 함으로써 산동 운하는 다시금 유통로의 기능을 그나마 회복하게 되었다.[103] 중국인민공화국 성립 이후 1958~64년간 대운하 전체를 600t급 선박이 다닐 수 있는 수로로 복구하는 공사를 전개하여 64km 길이의 새로운 운하를 만들고 근대식 갑문을 추가로 설치했다.[104] 이로 통해 지금은 중간급의 화물선이 대운하의 어느 수로로나 마음대로 다닐 수 있게 회복되었다.

청대 이후 운하 교통은 강남 지역에서 그 비중이 크지만 산동과 화북 지역에서도 교통로와 운송로로서의 기능이 계속되었으며 근대화 이후에도 그 역할은 나름대로 이어지고 있다. 이는 운하를 통한 하운을 청대에도 중시하여 꾸준히 운하 유지 노력을 계속한 결과라고 할 수 있다.

V. 논의 및 전망

산동 운하는 대운하 구간의 요충으로서 역사적으로 중요한 기능을 담당했다. 그러나 황하 홍수의 피해를 거듭 입으면서 수시로 폐색되는 일이 일어났고, 그 때마다 조정의 노력으로 하도 개선과 개축이 진행되어 오늘날까지 이어왔다.

역대 계속적으로 많은 출혈을 동반하면서 유지된 대운하의 산동 구간에 대해서는 그 문제점이 계속 지적되어 왔다. 특히 운하를 통한 조운이 주로 파종기인 봄과 수확기인 가을에 집중됨으로써 농번기에 노동력 수요를 흡수하여 농경에 압박을 주었다는 점, 홍수로 인한 폐색 보수를 위한 인력 동원 역시 농번기에 주로 이루어져서 민생에 큰 부담이 되었다는 점, 갈수기에 운하 수위 유지를 위해 연변의 수자원을 끌어들이고 홍수기에는 운하에 넘치는 수량을 주변 소택지로 방류함으로써 주변의 농경 조건을 악화시켰다는 점, 운송로 유지에 경비와 인력이 많이 소요되는 점, 운송 인력의 관리가 어려운 점 등의 지적도 있다.

그러나 전체적으로 볼 때 산동 운하는 남북 교통로의 중추인 京杭大運河 노선 가운데 중추 역할을 감당하였음이 분명하다. 운하를 통한 하운은 육로 운송에 비해 적재량이 많았으며 운송 경비의 부담이 적었다. 또한 해로 운송에 비해 사고 위험이 적으면서 운항 거리가 짧다는 이점을 갖고 있었다. 특히 운하 유통이 활발한 시기에는 연변의 농업과 수공업 생산력 증진에도 크게 도움이 되었는데, 청 중기 운하를 통한 조운이 쇠퇴한 뒤 운하 연변 도시 기능의 위축과 유통 경제의 변화를 통해 알 수 있다. 그리고 운하의 풍부한 수자원은 인근 하천이나 소택지 및 지하수 자원을 풍족하게 되는 효과가 있었으며 여러 수계를 연결하는 운하의 구조가 홍수 조절의 기능도 하였다. 청 중기 이후 산동, 하남, 강소 일대에서 여름철 홍수가 빈번하게 일어난 것과 봄 철 가뭄이 극심해진 것이 운하가 제 기능을 원만하게 하지 못하게 된 것과도 무관하지 않다. 이는 산동 운하에 대한 관리와 보수가 적극적으로 이루어진 14세기 초 이후 19세기 중엽까지 황하 하류에서의 유로 변동이 없다는 점에서도 확인된다.

　대운하의 산동 구간이 수시로 폐색되어 이를 소통시키는데 막대한 인력과 경비가 동원되었음에도 불구하고 중국 역사시대 각 왕조에서 항상 이에 대한 막대한 지출을 감수하면서 운하 노선 유지 노력과 신규 노선 개설 노력을 기울였다는 것은 대운하 산동 구간의 하운이 경제적으로나 정치적, 사회적으로 차지하는 의미가 그만큼 컸다는 사실을 여실히 보여 준다.

나일강과 이집트 문명

이 경 구 _ 전북대학교 사학과 교수

Ⅰ. 나일강의 선물, 이집트

고대 그리스의 역사가 헤로도토스는 이집트를 손수 방문하여 나일강은 물론 나일강 유역에 남아있는 수많은 유적지를 직접 답사하고 느낀 소감을 이렇게 표현하였다. "이집트는 나일강의 선물이다."[1] 이 역사가의 한 마디 말 속에 고대 이집트의 지리, 역사, 문화 등 이집트에 관한 모든 것이 압축되어 있다고 할 수 있다.

이 글의 목적은 나일강과 이집트 문명의 상관관계를 살펴보려는 것이다. 이 목적을 달성하기 위하여 먼저 세계의 어떤 다른 강에서도 찾아볼 수 없는 나일강만의 독특한 성격을 알아보려고 한다. 나일강의 성격을 토대로 하여 두 번째로 이집트인들의 종교와 나일강과는 어떤 관련을 맺고 있는지 살펴볼 것이다. 이집트인들은 흔히 역사상 가장 종교적인 성향이 강한 민족이라고 일컬어진다. 이들에게 최초의 종교적 관념이 싹트게 된 계기는 무엇일까? 오시리스 신앙이나 태양신 숭배와 같은 신앙이 이집트인들의 가장 보편적인 종교로 발달하게 된 것과 나일강은 어떤 관련을 맺고 있을까? 세 번째로 나일강과 이집트의 지배자였던 파라오의 권한과는 어떤 관계가 있는지 알아보려고 한다. 주지하다시피 파라오는 신의 아들 자격으로서 강력한 권한을 지니고 이집트를 다스렸다. 네 번째로 이집트인들의 대표적인 문화적 업적으로 알려지고 있는 태양력과 문자의 발명, 수학, 기하학, 천문학과 같은 학문이 이집트에서 고도로 발달한 것과 나일강과는 무슨 관계가 있는지 살펴보고자 한다.

독특한 이집트의 종교, 강력한 파라오의 권한, 선진적 이집트 문화 등 이상의 주제들은 이집트 역사에서 핵심을 이루는 주제들이다. 이러한 주제들과 나일강이 긴밀한 상관관계를 맺고 있다는 것을 증명할 수 있다면 헤로도토스의 말대로 이집트는 나일강이 준 선물이라는 것이 밝혀지게 되는 셈이다.

나일강과 관련된 이 주제는 너무 방대하기 때문에 불가피하게 논의의 범위를 한정할 수밖에 없다. 이 글에서는 주로 다루게 될 내용의 시기적 범위를 아스완 댐(1902)과 아스완 하이댐(1971)을 건설하기 이전의 나일강 모습이 처음 형성되기 시작한 시점(기원전 약 3,000년경)을 전후한 시기로 국한하도록 하겠다. 또 이 글이 강을 주제로 다루는 테마 글이기 때문에 학자들 사이에 논란이 지속되고 있는 이슈들(예컨대 나일강 유역에 이주민이 최초로 정착한 시점, 상하 이집트의 통일과 제1왕조의 출현 시점, 이집트 문명의 메소포타미아 기원설 등)을 피하고 나일강과 관련된 문제에만 포커스를 맞추어 논의를 가볍게 전개하고자 한다.

II. 세계에서 가장 긴 나일강의 특징

나일강은 세계에서 가장 긴 강으로 알려지고 있다.[2] 이 강은 적도지방의 빅토리아호에서 발원하여 지중해까지 남에서 북으로 장장 6,671km를 흘러간다.[3] 북쪽으로 흘러가면서 수많은 지류로부터 흘러내리는 물과 합해져 백나일(White Nile)을 형성한다. 이 백나일은 에티오피아의 남부 고지대로부터 흘러내려오는 청나일(Blue Nile)과 합류하고, 좀 더 북쪽으로 흐르다가 에티오피아 북부의 고지대에서 흘러내리는 아트바라(Atbara)강과 합류하면서 수량이 풍부해져, 5개의 폭포를 거치면서 북쪽으로 거세게 흘러간다. 거칠게 흐르던 나일강은 아스완 지역에 있는 마지막 폭포(제1폭포)를 지나면서 지중해까지 1,200km를 잔잔하게 흘러간다.

누비아 사막을 관통하여 거칠게 흐르던 나일강은 아스완 지역을 지나면서 흐름이 완만하게 바뀌어, 동쪽의 아라비아 사막과 서쪽의 리비아 사막의

한 가운데를 관통하
면서 지중해에 이르
기까지 유유히 흘러
간다. 나일강은 상류
에서 여러 지류와 합
쳐지지만 아스완에서
부터 멤피스까지 약
900km를 한줄기의
강물로 흐르다가 멤
피스를 지나 하류의
델타습지에 이르면
나일강은 2개의 큰
지류와 5개의 작은
지류로 나뉘어 지중
해로 약 300km를 흘
러간다. 강물이 완만
하게 흐르는 에스완

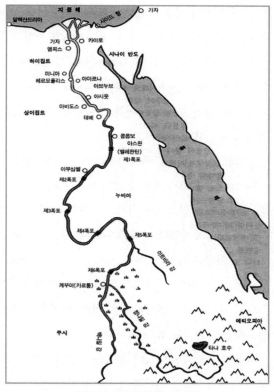

〈이집트 문명의 근원 나일강〉

에서 델타에 이르기까지, 이 나일강 유역에서 소위 이집트의 고대문명이 싹
텄다. 이 글의 목적이 나일강과 고대 이집트문명의 상관관계를 살펴보려는
것이기 때문에 논의를 전개하기 위한 전제조건으로 바로 이 지역을 중심으
로 나일강의 성격에 관하여 좀 더 자세히 살펴보려고 한다. 고대인들에게 이
집트는 나일강의 첫 수문인 아스완 지역에서 지중해로 이어지는 델타의 북
쪽까지에 해당되는 것으로 인식되고 있었기 때문이다.[4]

　나일강은 외형적으로나 성격적으로나 결코 평범한 강이 아니었다. 나일강
의 독특한 성격은 북아프리카의 특이한 자연환경으로부터 유래하였다. 고왕

국 시대 이전에 나일강 유역은 광활한 습지로 뒤덮여 있었다. 그러나 기원전 3,000년경 이집트에 최초의 통일왕조가 등장할 무렵부터 기후의 대변동이 일기 시작하여 북아프리카의 자연환경이 크게 바뀌었다. 기온이 점점 상승하고 건조해지면서 강수량이 줄어들고 대초원은 사막으로 변하기 시작하였다. 나일강의 양편이 사막화되면서 나일강은 좁은 띠처럼 사막을 가로지르는 강으로 변하였다.5)

나일의 동쪽에는 누비아 사막과 아라비아 사막이 펼쳐지고, 서로는 리비아사막이 대 사하라 사막과 맞닿았다. 사막화가 진행되면서 강우량도 급격히 줄어들어 나일강 유역에서 강수량은 농사를 짓는데 필요한 최소의 수량에도 미치지 못하였다. 온대기후에서조차도 농사를 지으려면 연중 강수량이 500mm 이상은 되어야 한다. 그러나 이집트의 연중 강수량은 지중해 연안에 위치해 있는 알렉산드리아가 약 200mm, 카이로가 약 40mm에 불과하며 이집트의 나머지 지역에서는 거의 비가 내리지 않는다.6) 따라서 이집트인들은 천수에 의존해서는 농사를 지을 수 없다.

이렇게 불모의 사막 한가운데에 있는 이집트를 구한 것은 나일강이었다. 북부 아프리카에는 강수량이 부족하였지만 수단 남쪽의 적도 지방에는 강수량이 풍부하였다. 계절이 여름으로 바뀌어 기온이 상승하면서 인도양에서 수증기를 잔뜩 실은 따뜻한 바람이 케냐와 탄자니아 산맥과 에티오피아의 고지대의 서늘한 바람과 부딪치면서 큰 비를 쏟아 부었기 때문이다.7) 6월 말경부터 8월 중순경까지 장마가 지속되면 이집트의 나일강에서는 7월초부터 강물이 불어나기 시작하여 8월 말경에 범람의 수위가 절정에 달하다가 11월부터 강물이 줄어들기 시작하였다. 따라서 나일강은 7월 중순부터 11월 중순까지는 수위가 올라가 있는 범람기이고, 3월 중순부터 7월 중순까지는 수위가 낮은 갈수기이다.8) 이집트의 농업은 이런 나일강의 수위에 맞추어 조절되었다. 이집트 농민들은 범람의 시작을 한 해의 시작으로 보고 이에 맞추어 한 해를 범람기(7,8,9,10월), 후퇴기(11,12,1,2월), 갈수기(3,4,5,6월) 이렇게 세 계절로 구분하였다.[9] 11월경부터 강물이 후퇴하면 나일강의 연안에는 비옥한 충적토가 형성되었다. 범람기간에 상류에서 떠내려 온 토양 속에는 식물이 자라는데 필요한 유기질이 풍부하게 함유되어 있었다. 이집트인들은 비옥한 이 충적토를 '케미(검은 흙)'라고 불렀다.

바로 이 케미가 나일강이 이집트인들에게 전해준 최초의 가장 큰 선물이었다. 이집트인들은 강물이 빠지고 나면 그 비옥한 충적토에 씨를 뿌려 풍부한 수확을 거둘 수 있었다. 기원전 445년에 이집트를 기행하였던 헤로도토스는 이집트인들이 나일강으로부터 받은 혜택을 다음과 같이 표현하였다. "이집트인들은 가래로 땅을 갈고 괭이로 김을 매는 등 다른 나라 사람들이 곡식을 얻기 위해 하는 어떤 일도 할 필요가 없었다. 농부들은 나일강이 범람해 온 대지를 뒤덮었다가, 다시 제자리로 돌아갈 때까지 기다린다. 그런 후 그들이 계획한 대로 씨를 뿌리고 돼지를 경작지로 몰아넣으면, 돼지들이 경작지를 밟고 다니는 동안 씨앗은 자연히 땅속에 깊이 박힌다. 이 일이 끝나면 그들은 추수를 기다리기만 하면 된다."[10]

헤로도토스 말대로 이집트인들은 땅을 일구지도 거름을 주지도 않고 농사를 지을 수 있었다. 하지만 나일강이 이집트인들에게 항상 혜택만을 가져다 준 것은 아니었다. 나일강은 두 얼굴을 가지고 있었다. 나일강은 한편으로 이집트인들의 생명을 구해주는 젖줄이었지만, 때로는 이집트인들에게 죽음과 파멸을 초래하기도 하였다.[11] 이 강이 적당하게 범람할 경우 풍부한 수확을 보장해주었지만, 지나치게 범람하면 이집트인들의 생명과 재산을 일시에 휩쓸어 갈 수 있었다. 수원 지대의 강수량이 적어 강물의 수위가 너무 낮아도 경작 면적이 줄어들어 수확량의 감소로 이어졌다. 그렇다고 인간의 힘으로 거대한 나일강의 범람을 조절할 수도 없었다. 이렇게 예측할 수 없는 나일강의 독특한 성격이 이집트인들에게 종교적인 관념을 형성하게 하는 동인으로 작용하였다. 이집트인들은 인간의 한계를 넘어서는 나일강의 조화를 신격화하여 스스로 위안을 삼고자 하였던 것이다.

Ⅲ. 세계관과 우주관을 낳은 나일강

나일강의 범람은 매년 규칙적으로 반복되었다. 이집트인들은 나일강의 반복되는 범람을 보면서 세계의 창조를 착안하였다. 해마다 물이 범람하고 다시 줄어드는 생성과 후퇴의 주기적 현상이 이집트인들의 의식 세계에 깊이 박혀 그들의 세계관과 우주관을 형성하였다.[12] 강이 범람하면 모든 것이 물 속에 혼돈의 상태로 있다가 물이 빠지고 나면 대지가 나타나고 그 대지에서 초목이 소생하였다. 이집트인들은 이러한 나일강을 보면서 세계의 창조관을 형성하였던 것이다. 요컨대 나일강이 고대 이집트의 모든 신앙의 골격을 이루었으며 모든 종교의 바탕이 되었다.[13]

나일강의 중요성은 이집트의 창조신화에 그대로 반영되었다. "태초에 땅 아래 눈(Nun)이라고 불리는 물바다가 있었고, 이 물바다에서 육지가 솟아났고, 다시 이 물바다에서 태양신 라(Ra)가 탄생하였다. 태양신은 스스로 수정작용을 하여 4명의 자식, 즉 게브(Geb, 대지), 누트(Nut, 하늘), 슈(Shu, 공기), 테프누트(Thephnut, 증기)를 낳았다." 여기서 눈이라 불리는 물바다는 바로 나일강을 의미한다. 그러므로 창조신화에 따르면 결국 태양을 포함하여 천지는 모두 나일강에서 태어난 셈이 된다.[14] 이점이 다른 지역의 창조신화에서 찾아볼 수 없는 독특한 점이다. 수메르신화에서는 우주의 탄생 동인이 혼돈과 자연이다. 그리스신화에서도 마찬가지로 혼돈과 자연으로부터 만물이 생성되었다. 그러나 이집트에서 세계창조의 동인은 나일강이었다. 이집트인들에게 나일강은 삶의 가장 중요한 근원이라는 것이 창조신화에 그대로 반영되었다고 할 수 있다. 요컨대 나일강은 이집트인들에게 생명의 젖줄로서 비옥함의 상징이자 만물이 소생하는 힘의 원천이었던 것이다.[15]

이집트인들에게 나일강 다음으로 중요한 것은 바로 대지와 태양이었다. 나일강물이 후퇴하고 나면 대지 위에 강렬한 태양 빛이 쏟아질 때만 식물이 자라날 수 있었기 때문이다. 따라서 눈에게서 가장 먼저 태어난 존재가 대지와 태양신이었다. 다시 태양신으로부터 하늘과 땅, 공기와 증기가 태어났다. 이렇게 볼 때 이집트 창조신화에는 이집트인들이 보고 느낀 대로 삶의 경험이 녹아있다고 할 수 있다.

이집트인들은 그들의 삶과 직결되어 있는 나일강과 태양을 긴밀하게 연관시키려고 시도하였다. 그들은 나일강의 동안과 상응하는 동쪽 하늘에서 떠오른 태양은 보우트를 타고 하늘의 강을 건너, 나일강의 서안에 해당하는 서쪽 하늘로 진다고 생각하였다.[16] 서쪽으로 넘어간 태양은 다음날 아침에 다시 동쪽에서 떠오르기 위하여 밤 동안에 나일강 아래에 있는 지하세계를 배를 타고 건너가는 것으로 인식하였다.

이집트인들은 나일강을 우주 창조의 동인으로 인식하였을 뿐 아니라 실제로 나일강을 하피(Hapy) 신이라 부르며 신성시하였다. 하피 신은 파피루스 관을 쓰고 있으며, 남자의 몸에 유방이 달린 양성의 모습으로 나타난다. 하피 신의 이러한 이미지는 범람으로 비옥한 토지를 가져다주고 파피루스를 포함하여 농작물의 큰 수확을 보장해주는 나일강의 풍요로움을 상징한다고 할 수 있다.[17]

오시리스(Osiris) 신화에도 나일강의 성격이 그대로 반영되어 있다. "동생 세트(Seth)가 오시리스의 시체를 나일강물에 띄웠다가 다시 시체를 14조각으로 나누어 들판에 뿌린다. 오시리스의 아내인 이시스(Isis)가 시체 조각을 찾아내어 오시리스를 다시 부활시킨다." 이 내용 속에서 우리는 생명의 씨앗이, 범람하는 나일강물에 떠밀려 와서 비옥한 토양에 붙어 있다가, 강물이

〈죽은 자를 심판하는 오시리스〉

줄어들면 대지에서 솟아나는 장면을 연상할 수 있다. 오시리스 신화에서 부활한 오시리스는 지하세계에서 죽은 자의 왕이 되어, 그 지하세계로부터 나일강의 범람에 간여하고, 지상의 모든 것에 생명을 부여하는 힘을 발휘하였다. 한편 이집트인들은 오시리스를 죽인 세트를 사막의 화신인 악신으로 간주하였다. 실제로 불모의 사막은 그들의 생명을 위협하였고, 나일강은 사막으로부터 위협받는 그들의 생명을 구해주었다. 이러한 실제의 삶이 신화에 그대로 투영되었다. 오시리스 신화는 죽음의 사막과 생명의 나일강 사이에서 줄다리기를 하면서 살아가는 이집트인들의 긴장된 삶이 의인화되어 만들어졌다고 볼 수 있겠다. 오시리스는 곧 부활이요, 생명이요, 나일강의 지배자로 인식되었기 때문에 이집트인들을 오시리스를 신들 가운데 제1의 신으로 받들어 숭배하였다.

이집트인들의 사후 세계에 대한 인식도 순환적 규칙성과 예측가능성을 지닌 나일강과 태양의 운행으로부터 비롯되었다. 그들은 죽음을 삶의 마지막으로 보지 않고 재생을 위해 필요한 서곡으로 간주하였다. 바다리(Badari)와 나카다(Nachada) 두 곳의 매장터에서 발견된 시신을 보면 머리는 남쪽을 향하고 얼굴은 서쪽으로 돌린 채로 놓여있다. 이집트인들에게 남쪽은 나일강의 근원이고 서쪽은 해가 지는 곳으로 후생의 관문으로 간주되었던 것이다.[18]

나일강과 태양은 이집트인들의 생존에 불가피한 두 수단으로서 이집트인들의 의식에 강한 인상을 주었다. 이 둘은 창조적인 힘과 동시에 파괴적인 힘을 가진 두 자연력이었다. 토양에 생기를 불어넣어주는 그 강은 또한 지나가는 길목에 놓여있는 무엇이든지 파괴할 수도 있었다. 땅에서 자란 곡식이 죽고 나면 이듬해 그 강의 정기적 범람과 함께 곡식의 재생이 뒤따랐다. 곡식이 자라도록 생명을 주는 태양 또한 동시에 곡식을 시들고 죽게 할 수도 있었다. 태양은 서쪽의 지평선에 가라앉아 죽었다가 다음날 아침에 동쪽 하늘에서 다시 태어났다. 주기적으로 차고 기우는 달(Thoth) 또한 부활과 죽음을 상징하였다. 범람하고 후퇴하는 물, 떠오르고 지는 태양, 차고 기우는 달, 싹이 트고 시드는 곡식 이 모든 것이 생명의 죽음과 부활처럼 느껴졌다.[19]

이러한 현상을 통해 이집트인들은 인간의 죽음도 끝이 아니라 새로운 시작을 위해 필요한 절차로 생각하였다. 이집트인들은 마치 물이 후퇴하고 해가 지는 것처럼 사람도 죽으면 후생으로 들어간다고 생각하였다. 그러나 이듬해 다시 불어나는 물처럼, 다음날 다시 떠오르는 태양처럼 죽은 자들도 다시 살아날 것이라고 믿었다.

그런데 다음날 떠오르는 태양이나 이듬해 불어나는 강물은 동일한 형태를 띠고 있지만, 땅속에 그대로 매장된 시체는 부패하여 원형이 손상되고, 사막의 뜨거운 모래 속에 묻힌 시체는 메말라 외모가 변형되는 것을 보면서 재생을 위해서는 시체를 원형대로 보존해야 한다는 사상이 싹텄다. 시체를 미라로 보존하려는 관습은 바로 이러한 이집트인들의 내세와 후생에 대한 확신의 결과로서 나타난 관습으로 보아야 할 것이다. 일찍이 왕조시대 초기부터 이집트인들은 죽은 자의 모습을 원형대로 보존하려고 노력을 기울였다.

〈미라에서 영혼이 부활하는 모습〉

석고로 시체를 주조한 다음 그 위에 생전의 얼굴모습을 그대로 그려 넣고, 가슴과 생식기까지 만들어 붙여놓았다. 제3왕조부터는 무덤에 묻히기 전에 죽은 자의 모습을 따서 조상을 만들어 밀폐된 방에 보관하는 관습도 나타났다. 이 조상은 시체가 옛 모습을 알아볼 수 없을 만큼 손상될 경우에 이를 대체하기 위한 대체물로서 사용하기 위한 것이었다.[20]

이렇게 이집트인들은 현세의 인간의 모습과 후생의 인간 사이의 밀접한 연관에 대하여 깊은 관심을 가지고 있었다. 인간의 외형은 물론 내적인 영혼에 대해서도 주목하였다. 그것은 이집트인들이 카(Ka)라고 부르는 존재를 통해서 구체적으로 표현되었다. 그들은 카를 영생의 실체로 규정하였다. 모든 사람은 다 자신의 카를 지니고 있다. 이 카는 사람이 살아있는 동안 그 사람과 함께 살다가 사람이 죽으면 시체로부터 일시적으로 분리되었다. 그러나 카는 무덤 속에서 다시 시체와 결합하여 후생에 그 인간의 삶을 이끌어가는 존재였다. 피라미드 문서에서 나타난 "영원히 나의 카와 함께 있다는 것은 얼마나 아름다운 일인가"라는 표현을 통해서 카의 실체가 무엇인지

짐작할 수 있다.[21]

　이렇게 재생에 대한 확신을 지니고 있던 이집트인들은 시체에 대해 큰 관심을 보였다. 그들은 묘를 얕게 쓸 경우 신성이 더렵혀질 수 있고 늑대나 자칼과 같은 사막의 동물들이 시체를 훼손할 수도 있다는 두려움을 항상 안고 있었다. 이러한 두려움을 방지하기 위한 일환으로 무덤의 봉분을 높고 크게 만들기 시작하였던 것으로 보인다. 아마도 피라미드를 돌로 튼튼하고 굳게 만들게 된 기본 사상도 시체를 원형대로 보존하고, 또 외부의 세력으로부터 후생을 방해받지 않으려는 가장 안전한 수단의 필요성에서 비롯되지 않았을까 생각된다.

　고대인들은 이집트인들이 다른 어느 종족과도 비교할 수 없을 만큼 종교적인 성향이 강하다고 보았다. 이집트인들은 역사상 최초로 수많은 신들의 존재를 설정하고 신화를 만들어냈다. 그러나 수많은 신들 중에서 가장 중요한 신은 태양신과 오시리스신이었다. 왕조의 변화에 따라 명칭은 다양하게 바뀌었지만, 호루스(Horus)건, 아몬(Amon)이건, 레(Re)든, 아톤(Aton)이든 중심적 위치에 있는 모든 신들은 태양의 어떤 면모를 지니고 있었다. 또 다른 중요한 신은 사자의 왕인 오시리스신이었다. 오시리스는 풍요를 기원하는 이집트인들의 염원과 연결되어 있었으며, 후생의 믿음과도 연결되어 있었다. 후일에 이집트의 왕은 죽었다가 다시 살아난 오시리스로 간주되었다. 그러나 그들이 믿던 신들은 형이상학적인 존재로서의 신이 아니라 인간들의 삶과 직결되는 현세의 인간과 닮은 신이었다.[22] 그리고 그들은 죽음이 종착점이 아니라 또 다른 시작에 불과할 뿐이라고 후생을 확신하였다. 이러한 이집트인들의 사상과 종교의 특징이 형성된 것은 그들의 삶과 밀착되어 있는 나일강과 태양이라는 현상적 경험으로부터 종교의 감정이 싹텄고 그 현상을 반영하여 종교와 신앙이 형성되었기 때문이라고 할 수 있다.

Ⅳ. 신의 화신, 파라오

이집트 역사상 최초의 유일신인 아톤(Aton)을 숭배하였던 파라오 이크나톤(Ikhnaton)은 나일강이 이집트인들에게 준 혜택을 이렇게 표현하였다. "세계의 다른 민족들은 비를 가지고 있지만 비가 오진 않는 이집트인들을 위해 아톤 신은 나일강을 주었다"[23] 이크나톤의 말대로 아톤 신은 이집트인들에게 나일강을 주었지만, 그 나일강은 이집트인들, 그 중에서도 특히 그들의 지배자인 파라오에게 큰 특권을 부여해주었다.

나일강의 반복되는 홍수를 보면서 이집트인들은 종교에 대한 관념을 형성하였고, 이러한 관념은 죽음, 매장과 같은 관습 뿐 아니라 정치제도에까지 깊은 영향을 주었다.[24] 나일강의 범람은 정기적이었지만, 아무도 그 범람의 수위를 정확하게 예측할 수 없었기 때문에 이집트인들은 항상 불안하였다. 언제라도 심각한 피해를 당할 수 있다는 위험에 노출되어 살던 이집트인들, 특히 지배자들은 물을 통제하고자 하는 열망을 품고 있었을 것이며, 그 열망의 정도는 시간이 지남에 따라서 더욱 강해졌을 것이다.

인공의 관개체계가 언제 최초로 시작되었는지 정확하게 그 시점을 알 수는 없다. 이집트학 연구자들은 대체로 조직적이고 통일된 나일강 관개체계가 기원전 3,000년경부터 시작되었을 것으로 보고 있다.[25] 이 시기는 상하로 분리되어 있던 이집트가 메네스(Menes) 왕에 의해서 하나로 통일된 시점과도 일치한다.[26]

최초로 이집트를 통일한 메네스 왕은 제1왕조의 창설자로서 최초의 파라오가 되어 이집트를 다스렸다. 이로부터 소위 고왕국이라고 부르는 이집트의 역사가 시작되었다. 고왕국의 역사는 강력한 파라오가 지배하는 역사였다. 이집트에서 파라오는 국가의 건설자이며, 신성한 왕으로서 태양신의 아들, 혹은 오시리스 신의 현현으로 간주되었다. 그렇다면 어떻게 이집트에서 이렇게 강력한 파라오 권한이 형성될 수 있었을까? 이에 대한 해답을 우리는 나일강에서 찾아볼 수 있다.

나일강은 이집트인들의 생명선이었지만, 변덕스런 강이기도 하였다. 지나치게 범람하여 이집트인들의 재산을 휩쓸어버리는가 하면 수위가 너무 낮아 굶주림에 시달리게도 하였다. 이렇게 변화무쌍한 강을 보면서 이집트의 지배자들은 이를 인공적으로 다스리고자 하는 욕망을 품었다. 나일강을 다스릴 수만 있다면 통치자는 백성들의 생명줄을 잡고 있는 것이나 마찬가지였기 때문이다.

실제 이집트 정치제도의 성패여부는 나일강의 홍수를 어떻게 잘 경영하느냐에 달려있었다.[27] 상하 이집트의 통일 이전에 나일강 유역에 사는 주민들은 노메스(Nomes) 단위의 지역적인 관개체계에 의존하였다. 지방적인 차원의 이러한 관개체계는 비효율적이었기 때문에 안정적인 수확을 기대할 수 없었다. 특히 범람의 수위가 낮은 흉작의 시기에 통치자에 대한 백성들의 불만이 확산되었다. 미흡한 관개체계에 대한 백성들의 불만이 이집트의 정치적인 통일에 자극을 주었을 가능성이 있다.[28] 통일 직후부터 이집트 왕들은 국가적인 차원의 관개사업을 통해 나일강을 효율적으로 경영하는 일에 총력을 기울였던 점에서 그 가능성은 설득력을 지닌다.

통일 이후 이집트 왕들은 강가에 제방을 쌓아 홍수가 마을이나 경작지로 한꺼번에 밀려드는 것을 막아내고, 경작지 안에 저수지를 파서 범람기에 물을 가두어두었다. 저수지로부터 경작지로, 혹은 저수지와 저수지 사이에 운하나 도랑을 파서 주변의 경작지에 물의 공급을 원활하게 하였다.[29] 저수지 체계를 통해 통치자는 '붉은 땅(사막의 불모지)'을 '검은 땅(비옥한 경작지)'으로 만들었다.

이집트인들에게 생명의 제1원인은 나일강이었지만, 나일강은 언제라도 재앙을 초래할 수 있었다. 지나친 범람이나 너무 약한 범람은 이집트에 극심한 경제적 어려움을 안겨주었다. 그런데 나일강이 백성들에게 미칠 수 있는 화를 원천적으로 방지하려고 노력하는 사람이 바로 통치자였다. 파라오는 제방, 운하, 저수지라는 놀라운 관개체계를 마련하였다.[30] 물이 넘치든 수위가 농사를 지을 수 있는 범위에 미치지 못하든 이 문제를 해결할 수 있는 유일한 사람이 통치자였다.[31] 통치자는 관개사업을 대대적으로 전개하여 물의 재앙을 막아내고 또 물을 원활하게 공급하여 이집트 백성들의 안전과 풍요를 보장해주었다. 당연히 이집트 백성들은 그 통치자를 생명의 은인으로 생각하였을 것이다.[32]

하지만 관개사업은 결코 쉬운 일이 아니었다. 정기적으로 범람하는 시기를 피해서 빠른 시간 내에 사업을 추진하지 않으면 안 되었다. 빠른 시간 내에 힘든 공사를 추진하기 위해서는 결국 수많은 인력을 동원하여 조직적이고 체계적으로 일을 해야만 했다. 이렇게 많은 일력을 일시적으로 동원하기 위해서는 강력한 힘의 소유자가 필요하였다. 이를 수행하기 위한 모든 결정은 결국 강압적인 통치 속에서 이루어졌으며, 이집트의 통치형태가 권위적으로 변할 수밖에 없었다.[33] 따라서 이집트에서는 이렇게 실질적인 필요에 따라 통치자의 힘이 강화되었다고 볼 수 있다. 비록 관개사업은 힘든 사업이었지만, 통치자의 명령에 따른 결과 백성들에게는 안전과 풍요가 보장되었다. 관개체계를 통해서 홍수를 방지하고 더 넓은 토양에 광범하게 농사를 짓고 면적 당 더 많은 수확을 거둘 수 있기 때문이다. 따라서 다음에 더 크고 더 힘든 사업에도 백성들은 순순히 응하였을 것이다. 이러한 일련의 관개사업을 추진하는 과정에서 시간이 지날수록 이집트의 왕권은 강화되어 갔던 것이다.

생존에 따른 강력한 권한의 요구에 부응하여 파라오에게 모든 권한이 집중되었다. 권한이 집중되면서 통치자는 그의 권한의 정당함을 입증할 수 있는 수단을 필요로 하였다. 범람의 수위를 예측하는 능력은 그 중요한 수단

중의 하나였다. 나일강의 수위 측정은 일찍이 제1왕조부터 시작되었다. 현재 카이로시 부근에 남아있는 나일로메타(Nilometer)는 강의 수위를 측정한 대표적 유적지이다.[34] 수위계의 가장 원시적인 형태는 평평한 바위에 일련의 수평 눈금을 표시해 둔 단순한 수위계였다. 그러나 비록 원시적이었지만, 수위계는 왕은 특별한 능력을 지니고 있다는 믿음을 심어주기에 충분하였다.

〈파라오의 상징 호루스〉

물이 이집트 남쪽의 국경지대, 즉 아스완 지방에 도달하자마자 수위에 관한 정보가 왕의 특사를 통해 나라의 전역에 전달되었다. 이 정보를 토대로 물의 이용을 극대화하기 위한 사전 준비가 가능하였다. 왕은 수위계를 통해 당해 연도에 이집트의 국토가 얼마나 물에 잠길지 미리 알았다. 왕은 홍수가 강 하류지역에 도달하기 몇 주 전에 미리 범람의 정도를 예측할 수 있었다. 이 범람의 정도에 근거하여, 심지어 씨앗을 뿌리고 수확을 거두기 몇 달 전에 국가의 소득까지 측정할 수도 있었다.[35] 따라서 이 단순한 발명이 왕은 나일강을 다스리고 곡식의 성장과 수확을 지배하는 신성한 존재라는 개념으로 발달하였다. 하여튼 수위계를 사용한 이후로 차츰 왕은 자연의 힘을 미리 알고 이에 대비하는 신성한 능력을 지닌 지배자로 인식되었다.[36]

물에 대한 왕의 지배력은 백성들을 가뭄과 홍작에서 보호해주는 보호자로서의 능력을 지닌 것으로 여겨지게 만들었다. 백성의 보호자로서 그는 나일강 유역의 약탈자들인 가금류나 야생짐승들과 싸워 물리치는 정의의 화신으로 묘사되었다. 그는 때로는 호루스(Horus)의 모습을 하고 하마로 변신한 적에게 작살을 던지는가 하면, 세트로 변신하여 늪지대에 있는 적들을 찾아 나서기도 하였다.[37]

마침내 파라오는 이집트 세계를 창조한 신의 화신으로 간주되기에 이르렀다. 창조주의 근본은 변하지 않지만, 창조주의 화신은 시대와 장소에 따라 여러 가지 모습으로 변할 수 있다는 것이었다. 따라서 신의 화신인 파라오는 호루스의 화신이 되어 매로 나타나기도 하고 태양신 레의 아들이 되기도 하였다. 이집트의 모든 왕은 신으로서 인간들의 아버지이며 어머니가 되었다. 이와 같이 자연세계와 밀접한 관련 속에서 신성한 왕권이 출현하였고, 파라오의 권한은 나일강의 조화로부터 형성되었기 때문에 이집트에서는 왕의 즉위식도 강물의 주기에 맞추어 이루어졌다. 왕의 대관식은 전통적으로 범람이 시작될 무렵에 거행되었다. 이 순간이야말로 나일강의 범람으로 새로운 생명이 태어나려는 근엄한 순간이었기 때문이다. 왕이 등극하면 신들이 이 땅을 지배하던 당시의 우주가 새롭게 창조되는 것으로 간주되었다. 그러므로 왕은 신의 아들로서 호루스의 왕좌에 앉게 되었다. 그가 죽으면 죽은 자의 왕인 오시리스와 동화되고 그의 아들이 새로운 호루스가 되어 그를 대신하여 통치하였다. 즉 파라오는 인간으로 구현된 신이었다.[38] 이렇게 파라오의 권한은 나일강물의 관리자요 조절자로서 역할을 통해서 강화되고, 마침내는 신격화되기에 이르렀던 것이다.

V. 나일강과 이집트 문화

　나일강은 이집트의 다양한 종교의 발달과 강력한 왕권의 형성에 영향을 미쳤을 뿐 아니라 이집트인들이 독창적인 문화적 업적을 이루는 데에도 자극제가 되었다. 이집트인들은 인류 역사상 최초로 태양력을 만들어 사용하였다. 처음에 이집트인들을 달의 주기에 따라 만들어진 음력을 사용하였다. 그러나 이 음력은 홍수의 도래를 예측하는데 다소의 도움은 되었지만 정확한 예측을 하기에는 부정확하였다.[39] 이집트인들은 매년 정기적으로 발생하는 범람에 의존하여 농사를 짓고 살았기 때문에 홍수의 도래를 정확하게 예측하여 농업 사이클을 확실하게 알아내는 것이 매우 중요하였다.

　이집트인들의 이러한 요구를 하늘의 별자리가 충족시켜 주었다. 범람의 주기적인 사이클 환경 속에서 살면서 고왕국 시대에 이르러 그들은 우연히 밤하늘의 별자리가 범람의 시작을 알려준다는 사실을 발견하였다. 즉 매년 하지 무렵 홍수가 시작될 즈음에 시리우스(Sirius) 별이 새벽에 떠오른다는 사실을 알아냈던 것이다.[40] 이집트인들이 소티스(Sothis)라고 불렀던 이 별은 밤하늘의 모든 별 중에서 가장 밝은 별이다. 이 소티스가 새벽에 처음으로 동쪽하늘에서 떠오르는 시기와 다음 해에 다시 떠오르는 시기는 태양년의 길이와 거의 일치하였다. 이집트인들은 이것을 발견함으로써 한 해를 태양년에 일치시키는 방법을 알아냈다. 이 별을 기준으로 한 해를 12달로 구분하고 한 달에 30일을 둔 다음 매년 12월 뒤에 5일을 더 추가하여 365일을 만들었다.[41] 이것이 소위 태양력이었다.

　이렇게 오늘날 인류가 보편적으로 사용하고 있는 태양력을 이집트인들이 최초로 만들어 사용하게 된 계기는 나일강과 관련이 있다. 나일강은 주기적으로 범람하였고, 그 범람의 주기를 정확히 파악하는 것은 이집트인들에게 꼭 필요하였다. 그 주기를 파악하고자 하는 간절한 염원이 결국 소티스 별의 발견으로 이어졌고, 그 별의 주기에 정확하게 맞추어 1년을 구분한 결과 태양력을 만들었던 것이다.

이집트인들은 일찍이 선왕조 시대 말부터 최초의 문자를 만들기 시작하여, 제1왕조 시대에 이르면 상당히 안정된 글자 체계를 가지게 되었다. 이집트에서 문자는 처음부터 전시와 행정이라는 두 가지의 목적을 위해 사용되었다.[42] 먼저 문자는 돌의 조각이나 건물의 외벽을 장식하거나 혹은 주술적 목적으로 사용되었다. 다음으로 문자는 효율적인 통치행위를 위한 수단으로서 그 효용가치를 발휘하였다.[43]

문자가 이집트에서 발달한 것도 나일강과 관련이 있다. 앞서 살펴본 대로 나일강을 효율적으로 경영하기 위하여 파라오는 제방과 운하와 저수지를 건설하였다. 이러한 관개시설을 건설하고 보수하기 위해서는 세금이 필요하였다. 세금을 거두기 위해서는 농민들의 수확량을 정확하게 파악할 필요가 있었다. 이처럼 국가재정을 운영하고 관리하기 위해서 꼭 필요한 것이 기록이었다. 따라서 이집트에서 처음 문자가 발명된 것은 이렇게 실용적인 필요 때문이었다. 실제로 파라오는 유능한 서기들을 양성하여 행정과 재정 업무를 처리하는데 중요한 임무를 부여하였다. 기록을 발명함으로써 왕은 왕국의 먼 곳까지 정확하게 지시를 내리고 먼 곳으로부터 정확한 보고를 받을 수 있었다.[44]

이집트에서는 문자와 더불어 일찍이 수학도 고도로 발달하였다. 수학의 발달도 실용적 목적이 그 계기가 되었다. 나일강이 범람할 때 수위계를 이용하여 강물의 깊이를 측정하기 위해서는 측정법이 필요하였다. 범람의 정도에 따른 예산 수확량과 실제 수확량을 측정하고 계산할 필요성도 수학의 발달을 자극하였다. 세금으로 거두기 위해 곡물의 무게를 달아야 했고 이에 따라서 저울이 발명되었다.[45]

또 이집트 왕들의 최대 사업의 하나였던 피라미드 건축을 위해서도 수학과 기하학의 발달이 전제되어야 했다. 건축에 앞서 필요한 석재의 수, 노역

〈이집트의 상형문제〉

에 동원할 사람의 수를 계산할 필요에 따라 계산법이 발달하였다. 또 엄청난 무게를 가진 돌덩이를 쌓아올려 피라미드 전체가 안전을 유지하도록 하기 위해서는 축조 이전에 기하학적 검증이 요구되었다. 왕의 시신이 안치되어 있는 내부의 축조는 더욱 정교한 기술과 계산이 필요하였다. 거대한 석재를 자르고 깎아내고 또 홀을 파서 입체적으로 피라미드 내부를 장식하기 위해서는 수학과 기하학의 종합적인 지식이 요구되었던 것이다. 이처럼 이집트인들은 실생활의 필요에 따라서 달력과 문자를 발명하였고, 또 수학, 계량법, 기하학 등을 발달시켰다.

이렇게 이집트의 문화는 지나치게 실용과 응용에 국한하였다는 점이 초창기의 이집트 문화가 안고 있는 한계점이었다. 그러나 이러한 한계점은 시간이 흘러감에 따라 이내 극복되었다.

VI. 논의 및 전망

이상에서 나일강과 이집트의 종교, 왕권, 문화와의 관련성에 관해서 살펴보았다. 문명을 문화의 총체라고 규정할 때, 본론에서 이집트 문명은 직간접으로 나일강과 관련을 맺고 있다는 것을 확인하였다.

먼저 종교적인 측면에서, 이집트인들은 매년 주기적으로 범람하고 후퇴하는 나일강의 규칙성과 반복성을 경험하면서 이를 토대로 그들의 세계관과 우주관을 형성하였다. 이집트인들에게 가장 대표적인 종교인 오시리스 신앙과 태양신 숭배 전통이 나일강으로부터 형성되었으며, 이집트의 죽음과 사후 세계에 대한 인식 또한 나일강으로부터 유래하였다. 요컨대 나일강은 고대 이집트인들의 모든 신앙과 종교의 근간이 되었다. 다음 이집트의 강력한 왕권 역시 나일강과 깊은 관계 속에서 형성되었다. 주기적으로 범람하지만, 범람의 수위에 따라서 혜택과 재앙이라는 상반되는 결과를 가져오는 나일강과 함께 살아가면서 이집트의 지배자들은 인공으로 나일강을 다스리려는 열망을 품게 되었고 그 결과가 관개사업으로 나타났다. 이집트 왕은 제방, 수로, 저수지와 같은 토목공사를 주도하는 과정에서 강력한 지도자로 부상하였고, 이들을 관리하고 통제하여 백성들의 재앙을 막아주는 보호자로서, 시간이 지남에 따라 왕권이 날로 강화되어 마침내는 신권으로까지 발달하였다.

마지막으로 독창적인 이집트의 문화 역시 나일강을 모태로 발달하였다. 이집트인들이 최초로 발명한 태양력은 나일강의 주기를 알고자 하는 강렬한 열망의 산물이었으며, 수학 또한 나일강의 강물 수위를 측정하고, 수위에 따른 수확량의 증감을 파악하기 위한 수단으로서 처음 발달하기 시작하였다. 나일강변에 제방을 쌓고 운하를 파고 저수지를 만들기 위해서 소요될 재료와 동원될 인력을 미리 파악하기 위해서도 수학적, 기하학적 계산이 필요하였다. 문자의 발명 역시 아스완 댐 지역의 수위를 측정하여 왕에게 정확한 정보를 보고하거나 혹은 하류지방에 그 정보를 전달하기 위한 수단 정확한 수단의 필요성으로부터 자극을 받았다.

나일강은 세계의 수많은 강과는 다른 독특한 성격을 띤 강이다. 이 강 유역을 무대로 삼고 살아가던 이집트인들은 생존을 위해서 삶의 모든 패턴을 이 강에 맞추었다. 아니 이곳에 사는 이집트인들은 나일강의 가혹한 시련에 맞서 내적으로 훌륭하게 적응하였다. 소위 아놀드 토인비의 말대로 외적인 도전에 내적으로 적절하게 응전하였던 것이다. 그 결과 이집트의 모든 중요한 특징은 나일강과 더불어 형성되고 나일강과 더불어 발전하였다. 따라서 2,500년 전에 이집트를 방문하였던 헤로도토스가 했던 말대로 "나일강이 이집트요 이집트는 곧 나일강"이었다.[46]

고대 이탈리아의 상품 수송로

배 은 숙 _ 계명대학교 외래교수

I. 로마시의 소비 품목

로마시는 100만 명이 거주하는 거대한 도시였다. 이 인구를 먹여 살리기 위해 다양한 물건들이 로마시로 모여들었는데, 대표적인 소비 품목은 당연히 곡물이었다. 국가가 무상으로 성인 남성에게 매달 지급하는 곡물의 양은 5모디우스(1modius=6.75kg)였지만 군대에서 보병 한 명이 실제 소비하는 양은 매달 4모디우스였다. 이를 근거로 할 때 로마시에서 연간 필요로 하는 곡물은 4,800만 모디우스([4×12]×1,000,000)가 된다. 그러나 양치기가 3모디우스를 소비하는 것처럼 형편이 여의치 않거나, 여성과 아이들은 그 보다 더 적은 양을 소비하므로 로마시에서 필요로 하는 연간 곡물의 양은 3,000~4,000만 모디우스로 추정된다. 로마시가 자체적으로 생산하지 않으므로 필요로 하는 모든 곡물은 외부에서 공급받아야 했다.

로마시에서 소비되는 또 다른 주요 품목은 포도주와 올리브유였다. 특히 캄파니아(Campania) 산 포도주가 유명해진 이후에도 오랫동안 해외 수입산 포도주가 범람했다. 이 외에 갈리아(Gallia) 지역에 풍부한 구리와 철, 소나무와 전나무도 무기와 배를 만드는데 필요했고, 북부 이탈리아의 루나(Luna) 산 대리석은 건축용으로 수입되었다.

각종 상품들을 수송하는 방법은 지중해와 티베르(Tiber) 강을 이용하는 해로 수송과 사방으로 나 있는 가도를 이용하는 육로 수송으로 나뉜다. 총 406km에 달하는 티베르 강은 아페닌 산맥에서 흘러 나와 로마시 가까이에서 흘러 티레니아 해(Tyrrhenian Sea)로 나간다. 이 강은 작지만 소비도시인 로마시를 부양하는데 없어서는 안 되었다. 또 로마는 가도 건설과 보수, 다리 건설에 많은 시간과 비용을 할애했다. 군인과 군수품의 신속한 이동을 목적으로 만들어진 가도는 상업적으로도 이용 가능했다.

수송 비용에 관해서는 육로 수송이 해로 수송보다 비싸다는 것이 대체적인 견해이다. 로스토프 체프(M. Rostovtzeff)가 "바다와 강으로 수송하는 것과 비교할 때 육로 수송은 지나치게 비쌌다. 그래서 대량의 식량을 육로로 수송한다는 것은 작고 가난한 도시의 수준을 넘어서는 일이었다"고 주장한 것이

군수품 수송

나 브런트(P. A. Brunt)가 "대부분의 이탈리아 내륙 지방과 갈리아 키살피나(Gallia Cisalpina) 지역에서 수송하는 비용은 너무 큰 부담이었다. 마찬가지로 이들 지역도 정규적으로 식량을 수입할 수 없었다"고 말한 것은 이탈리아 내부에서의 육로 수송에 대한 부정적인 견해를 나타낸다.

이제까지 상품 수송로에 대한 연구는 수송 비용에 관한 막연한 논의에서 그치고 해로와 육로의 수송 비용이 정확히 어느 정도 차이가 나는지, 어떻게 수송하는지에 관해 소홀히 한 감이 없지 않다. 그 주된 이유는 사료에 있다. 동일한 물건을 동일한 양으로 싣고 동일한 거리를 움직여 양자의 수송 비용을 정확히 계산한 사료가 거의 없다. 단편적인 문헌에 의존하다보니 대략적인 비용만 계산할 수 있을 뿐이다. 그렇다고 하더라도 대략적인 수송 비용만으로 수송로를 결정할 수는 없다. 수송 방법의 편리성, 수송 거리와 시간이 함께 고려되어야 수익성을 평가할 수 있다. 따라서 본 글은 수송 비용뿐 아니라 수송 시간이나 방법에 관해 해로와 육로를 비교·검토함으로써 고대 이탈리아에서 상품의 유통 경로에 대한 이해를 돕고자 한다.

II. 수송 방법

해로 수송의 경우

해로로 수송되는 상품의 주요 고객은 로마시였다. 로마시는 이집트에서 들어오는 곡물로만 4~8개월을 지낼 수 있을 정도로 이집트 의존도가 높았다. 그래서 알렉산드리아(Alexandria)의 곡물 공급은 로마시 주민들의 생명과 직결되었으므로 가장 안전하게 수송되어야 했다. 선박이 알렉산드리아에서 바로 로마시로 오는 경우도 있지만 바람과 파도가 여의치 않을 때는 시칠리아에 정박했다가 순풍이 되면 다시 로마시로 항해할 수도 있었다. 시칠리아에 정박한 선박들이 바람과 파도를 피할 수 있도록 하기 위해 칼리굴라(Caligula) 황제는 시칠리아 해협에 항구를 건설하고자 했다. 항구 건설은 거대한 공사였고, 이 공사가 완공되면 로마시로 가는 선박의 항해에 큰 도움이 될 수 있었다. 그러나 이 공사는 비용 부족으로 완공되지 못했다.

선박이 바람과 파도를 견디고 티베르 강 하구에 도착한다고 해서 문제가 전혀 없는 것은 아니었다. 로마시가 티레니아 해에서 내륙으로 35.2㎞ 들어

상선

간 지점에 있었으므로 티베르 강은 로마시와 바다를 연결하는 주요 통로였다. 그러나 해로 수송에 필수적인 안전한 항구가 티베르 강 하구에는 없었고, 해로로 충분한 곡물이 공급되지 않으면 로마시의 주민들은 기근에 시달려야 했다.

심각한 기근이 발생했을 때 클라우디우스(Claudius) 황제는 특별히 흉작일 때뿐 아니라 풍작일 때도 곡물이 풍부하게 공급될 수 있도록 하는 문제를 고심했다. 실제로 로마인들이 먹는 모든 곡물은 수입되지만 티베르 강 하구 가까이에 안전하게 정박할 수 있는 곳이나 적합한 항구가 없어서 로마인들에게 바다를 장악한다는 것은 무용지물이었다. 여름에 가져와서 창고에 저장한 곡물을 제외하고 로마인들은 겨울 동안 곡물을 충분히 공급받지 못했다. 만일 누군가가 겨울에 위험을 무릅쓰고 항해한다면 엄청난 재난을 만날 것이 확실하기 때문이다.

티베르 강의 상황이 이러하니 티레니아 연안에 위치한 오스티아(Ostia)가 주요한 거점 역할을 했다. 그러나 오스티아 역시 큰 규모의 배가 정박할 만한 곳은 못되었다.

라티움(Latium)에 속하는 해안 도시들 중 오스티아가 있다. 티베르 강에 침적된 토사 때문에 이 도시에는 항구가 없다. … 오늘날 상선의 닻이 멀리 난바다에 정박해 위험하지만 이익을 얻을 전망은 있다. 거룻배들이 상선의 화물을 받아 교환 시장으로 다시 가져감으로써 상선들은 티베르 강에 닿기 전에 바다로 항해하거나 화물의 무게를 가볍게 하여 티베르 강을 따라 내륙으로 190스타디아(35.2㎞) 떨어진 로마시까지 항해할 수 있었다.

큰 상선들이 오스티아의 난바다에 닻을 내리고 있는 동안 작은 거룻배들이 화물을 나누어 실은 후 티레니아 해안을 따라 북상하여 티베르 강으로 들어가서 로마시까지 수송했다. 많은 화물을 실은 큰 배들이 바로 티베르 강을 따라 로마시로 들어가지 못하는 이유는 강이 너무 꼬불꼬불하고, 침적된 토사로 인해 운항이 어려웠기 때문이다. 티레니아 연안을 따라 서풍이 강하고 빈번하게 불어서 난바다에 정박한다는 것은 상당한 위험을 감수해야 하는 일이었다. 그래서 큰 상선들은 둥근 형태로 육지에 둘러싸여 안전하고 거대한

클라우디우스 황제

자연 항구인 푸테올리(Puteoli)로 모였다. 그 곳에서 작은 거룻배에 화물을 나누어 실어 연안을 따라 북상하여 티베르 강 하구로 들어갔다.

로마시의 곡물 공급 문제를 심각하게 고민한 클라우디우스 황제는 오스티아에 새로운 항구를 건설했다. 오스티아에서 연안을 따라 상류 쪽으로 3㎞ 정도 올라간 해안에 건설한 포르투스(Portus) 항은 거대한 인공 항구였다. 먼저 둥근 형태로 상당한 넓이의 땅을 파고 사방에 옹벽을 세웠다. 그리고 바다를 바라보는 입구 양 편에 거대한 방파제를 건설하여 폭풍우로부터 배들을 안전하게 보호할 수 있도록 했고, 등대를 세워 밤에도 배들이 수월하게 항구를 찾을 수 있도록 했다.

항구를 건설하기 위한 야심찬 계획은 들어간 경비에 비해 실효성이 떨어졌다. 1950년대 말 피우미치노(Fiumicino)에 새로운 국제공항을 건설하면서 발굴된 유적을 통해 추론해 볼 때 포르투스 항구의 크기는 81만㎡였다. 거

대한 둥근 내포와 같은 항구는 너무 커서 폭풍우가 불어 닥칠 때 안전하지 못했다. 실제로 기원후 62년 포르투스 항구에 정박해 있던 200척의 곡물 수송선이 때마침 불어 닥친 폭풍우로 난파되었다. 네로(Nero) 황제는 오스티아에서 로마시까지 운하로 연결하는 대규모 건설 계획을 세웠으나 실현되지 못했다. 로마시와 가까운 곳에 더 작은 규모의 내항이 필요했고, 그 계획은 트라야누스(Trajanus) 황제 때 결실을 보게 되었다. 트라야누스 항구는 티베르 강 하구에서 4~5㎞ 들어간 지점에 있었고, 규모는 32만㎡ 정도였다. 육변형으로 되어 있는 이 내항은 티베르 강과 직접 연결되어 있어 소통에 편리했다.

이제 큰 화물선이라도 폭풍우 걱정 없이 트라야누스 내항으로 들어와 짐을 내릴 수 있었다. 그러나 침적토로 인해 수심이 얕아 큰 화물선이 독자적으로 트라야누스 내항으로 들어가기는 어려웠으므로 큰 화물선을 이끌 예인선의 역할이 중요했다. 티베르 강 하구에 도착한 큰 화물선을 밧줄로 예인선과 연결하여 내항의 선창가까지 예인한 후 다시 거룻배로 짐을 나누어 실어 로마시까지 항해했다. 큰 화물선을 내항에서 바로 로마시까지 예인하지 않는 이유는 고도의 기술과 많은 시간을 필요로 했기 때문이다. 강이 꼬불꼬불하여 잘못하면 화물선이 어딘가에 부딪칠 수 있어서 조심스럽게 예인해야 하고, 그렇다보니 자연히 내항에서 로마시까지 예인하는 시간만 3일 정도 걸렸다. 거룻배에 짐을 나누어 싣고 가는 편이 위험성이나 시간 면에서 훨씬 유리했다.

티베르 강을 이용할 수 있는 내항과 더불어 필요한 시설물은 화물 저장창고였다. 창고가 필요한 이유는 화물선이 수십, 수백척씩 선단을 이루어 도착하므로 한꺼번에 모든 화물을 처분할 수 없었던 점, 여름철에 선박으로 수송한 후 저장하였다가 바다 항해가 어려운 겨울철에 팔면 훨씬 더 비싼 가격을 받을 수 있었던 점, 지중해성 기후 탓으로 건조한 여름철에는 티베르 강의 수위가 너무 낮아 이용할 수 없었던 점 때문이다. 소플리니우스(Gaius Plinius Caecilius)에 따르면,

> 티베르 강은 배들이 항해할 수 있고, 모든 곡물은 최소한 겨울과 봄에 티베르 강을 따라 로마시로 수송된다. 여름에는 물의 양이 줄어 강바닥까지 드러나지만 가을에는 다시 수위가 높아진다.

여름철은 바다의 폭풍이 적어 항해하기 좋으나 정작 티베르 강의 수위는 낮아 로마시까지 수송하기 어려웠다. 공화정 후기와 제정 초기 오스티아와 로마시에 큰 규모의 저장창고를 건설한 것은 이 때문이었다.

날씨에 따른 변수만 고려하면 수송 방법은 까다롭지 않으므로 강이나 바다를 끼고 있는 지역은 해로를 선호했다. 로마시의 경우 공화정기 기근이 일어날 때마다 남부 에트루리아(Etruria)와 캄파니아, 시칠리아에서 곡물을 조달하여 티베르 강을 통해 수송하려고 노력했고, 기원후 1세기 필요로 하는 곡물양의 $\frac{1}{3}$은 이집트에서, $\frac{2}{3}$는 아프리카에서 바다를 통해 수입했다. 북동부 아드리아 해에 있는 파타비움(Patavium)도 마찬가지였다. 아드리아 해에서 메도아쿠스(Medoacus) 강을 통해 내륙으로 항해할 수 있어서 파타비움은 값비싼 깔개와 덮개, 울로 된 모든 상품을 로마시로 수송하여 팔았다. 북서부의 루나는 푸르고 회색빛이 얼룩덜룩하게 있는 대리석으로 유명한 지역인데, 오스티아와 같이 해안가에 있어 바다를 이용할 수 있었다. 라티움의 티부르(Tibur)와 가비이(Gabii) 지역 모두 돌로 유명했는데, 아니오(Anio) 강을 따라 로마시에 수입되었다.

티베르 강 항구 건설로 인해 일단 강 하구에 도착하면 로마시까지 수송하는 데는 별 어려움이 없었다. 네로 황제 때 티베르 강을 거슬러 로마시로 향하던 100척의 선박이 우연한 화재로 불타는 경우는 예외적인 일이었다.

이탈리아 내륙에 있는 여러 강을 이용하면 대리석과 같은 무거운 물건이라도 로마시까지 수송할 수 있었다. 비용 부족으로 시칠리아 항구가 건설되지 못한 것처럼 항구 건설이나 부두, 창고와 같은 부대시설을 건설하는 비용이 많이 들지만 한 번 건설하면 가도만큼 빈번한 보수가 필요 없기 때문에 반영구적으로 사용할 수 있었다. 또 큰 화물선을 예인해야 하고, 거룻배로 화물을 옮겨 실어야 하는 번거로움은 있었지만 한꺼번에 대량의 물건을 싸고 빠르게 수송할 수 있었기에 그 번거로움이 큰 장애요인으로 작용하지는 않았다.

육로 수송의 경우

육로 수송은 주로 동물의 힘에 의존했다. 소, 당나귀, 노새를 주로 이용했고, 이집트의 경우는 낙타를 이용하기도 했다. 소는 농사를 위해 방앗간이나 들판에서 요긴하게 쓰이므로 소보다는 당나귀나 노새를 수송수단으로 많이 이용했다. 이들 동물들이 끄는 마차나 동물의 등에 짐을 싣고 다녔고, 짧은 거리일 경우 사람이 지고 옮겼다. 마구가 발명되지 않아 소에게 사용하는 멍에를 당나귀나 노새에도 동일하게 사용하여 끄는 힘이 크지 않았지만 한 번에 여러 마리의 동물을 활용하면 큰 무리는 없었다. 낙타 한 마리가 끌 수 있는 짐은 600로마파운드(1libra=327.45g이므로 196.5kg)인데 반해, 한 쌍의 노새가 끄는 짐마차의 경우 적어도 1,200로마파운드(392.9kg)를, 일반적으로 430kg 이상 끌 수 있었다. 쟁기질을 할 때도 한 쌍의 소가 1년 동안 일해서 30유게라(*iugera*)를 갈기 어려웠지만, 두세 쌍의 황소를 이용하면 부드러운 토양일 경우 한 번에 40유게라까지 갈 수 있었다.

동물이 끄는 마차에는 여러 종류가 있었다. 가장 흔한 것은 여행용 마차(*raeda*)로서 실을 수 있는 짐의 양은 많지 않지만 하루 100로마마일(148km)까지 움직일 정도로 수송 속도가 빨랐다. 농산물·대리석·목재·조상 같은 물건을 대량으로 수송하기 위해서는 그 보다 큰 짐마차(*plaustrum, serracum*)가 이용되었다.

아우구스투스 황제

무거운 짐을 실어 나를 때 무엇보다 필요한 것이 잘 닦여진 가도였다. 로마는 가도 건설에 상당한 공을 들였다. 군인과 군수품을 원활하게 수송하기 위해서는 잘 포장된 가도가 필수적이었기 때문이다. 정교하고 튼튼하게 건설된 가도 중 로마시에서 출발하는 가도만 20개였고, 주요 가도에서 뻗어나간 간선 가도까지 포함하면 이탈리아를 왕래하는데 별 무리가 없었다.

로마시에서 이탈리아의 다른 지역으로 갈 수 있는 가도는 다음 〈표1〉과 같다.

로마시와의 직로는 아니더라도 여러 가도를 이용하면 이탈리아 전역으로 갈 수 있었다. 예를 들어 이탈리아 반도 남서부 끝까지 가려면 아피아 가도(Via Appia)를 따라 카푸아까지 가서 그 곳에서 다시 아퀼리아 가도(Via Aquillia)를 이용하여 남서부 해안에 있는 비보(Vibo Valentia)까지 갈 수 있었다. 또 북부의 플라켄티아(Placentia)까지 가는 직로는 없으나 플라미니아 가도를 따라 아리미눔까지 가서 그곳에서 연결된 아이밀리아 가도(Via Aemilia)를 이용하면 갈 수 있었다.

로마시에서 사방으로 나 있는 가도에는 모두 이정표(*milliarium*)가 세워져 있었다. 그 기준은 로마 광장의 사투르누스(Saturnus) 신전 가까이에 아우구스투스 황제가 세운 금빛의 청동 이정표(*Milliarium Aureum*)였다. 여

〈표1〉

가도명	구　　　간
Via Salaria	기원전 450년 이전에 존재. 사비니 지역의 사람들이 소금 길로 이용하던 가도. 로마시에서 중부의 레아테(Reate)까지 연결. 기원전 16년 아우구스투스(Augustus) 황제가 아드리아 해까지 연결.
Via Latina	기원전 389년 건설. 로마시에서 남동쪽의 알기두스(Algidus) 산까지 연결.
Via Labicana	로마시에서 라티움의 라비키(Labici)까지 연결. 알기두스 산의 낮은 지대를 돌아가므로 라티나 가도보다 더 많이 이용.
Via Appia	기원전 312년 건설. 원래는 로마시에서 카푸아(Capua)까지였으나 기원전 244년 경 남동부의 브룬디시움(Brundisium)까지 연결.
Via Tiburtina	기원전 307년 라티움의 티부르에 있는 아니오 강 채석장까지 가기 위해 건설. 로마시에서 중부 아드리아 해의 아테르눔(Aternum)까지 연결. 건설자의 이름을 따 발레리아 가도(Via Valeria)라고도 불림. 기원후 58년 클라우디우스 황제가 산을 뚫어 아드리아 해까지 연결하여 클라우디아 가도(Via Claudia)라고도 불림.
Via Cassia	기원전 300년 건설 시작. 기원전 180년 경 켄소르(censor)였던 카시우스(L. Cassius Longinus)가 가도 포장을 완성. 로마시에서 북서부의 플로렌티아(Florentia)까지 연결.
Via Aurelia	기원전 241년 켄소르였던 아우렐리우스(C. Aurelius Cotta)가 건설. 로마시에서 북서부의 피사이(Pisae)까지 연결. 기원전 109년 아이밀리우스(M. Aemilius Scaurus)가 게누아(Genua)까지 확대. 아우구스투스 황제 때 갈리아까지 확장되어 아우구스타 가도(Via Augusta)로 불림. 이후 스페인까지 확장되어 신 아우렐리아 가도(Via Aurelia Nova)라고도 불림.
Via Flaminia	기원전 220년 켄소르인 플라미니우스(C. Flaminius)가 건설. 로마시에서 북동부 아드리아 해의 아리미눔(Ariminum)까지 연결.
Via Amerina	기원전 214년 경 건설. 로마시에서 중부의 아메리아(Ameria)와 페루시아(Perusia)까지 연결.
Via Clodia	기원전 3세기 경 건설. 로마시에서 북서부의 루셀라이(Rusellae)까지 연결.
Via Nomentana	로마시에서 라티움의 노멘툼(Nomentum)까지 연결.
Via Praenestina	로마시에서 라티움의 프라이네스티아(Praenestia)까지 연결.
Via Collatina	로마시에서 라티움의 콜라티아(Collatia)까지 연결.
Via Ardeatina	로마시에서 라티움 해안가의 아르데아(Ardea)까지 연결.
Via Laurentium	로마시에서 라티움의 라비니움(Lavinium)까지 연결.
Via Ostiensis	로마시에서 남서부의 오스티아까지 연결.
Via Portuensis	클라우디우스 황제가 로마시에서 오스티아 북쪽에 건설한 포르투스 항까지 연결.
Via Vitellia	로마시에서 티베르 강 하구까지 연결.

기서부터 1로마마일마다 돌로 된 이정표가 있었다. 이정표에는 로마시로부터의 거리가 명기되어 있어서 어디에서든 방향과 거리를 가늠하기 쉬웠다.

로마는 가도를 건설하는 것뿐 아니라 체계적으로 관리하는데도 심혈을 기울였다. 공화정 초기 로마 시내와 시외의 가도를 보수, 감독하는 일은 켄소르의 업무였다. 켄소르가 없을 때에는 콘술(*consul*)이, 콘술이 없을 때는 프라이토르(*praetor*), 아이딜리스(*aedilis*) 순이었고, 이들마저 없을 때는 원로원에서 적당하다고 생각하는 사람이 가도를 관리했다. 공화정 후기에는 가끔 호민관이 가도 관리를 책임지기도 했다. 아우구스투스 황제 때는 소수의 전직 프라이토르들이 공공 가도 담당관(*curatores viarum*)으로 임명되었다. 이들은 주로 로마시와 이탈리아 지역을 잇는 주요 가도만 담당했고, 그 나머지 지엽적인 가도는 기사들이 관리했다.

정무관이나 황제들이 가도 관리에 주의를 기울였지만 세월이 흐르면서 부실해지는 경우가 많아 보수비용이 끊임없이 들었다. 기원전 27년 아우구스투스 황제는 자신이 군대를 이끌고 지나갔던 플라미니아 가도를 사비로 보수했다. 모든 가도를 혼자 힘으로 보수할 수 없었기에 여러 원로원 의원들에게 자비로 보수하도록 명령했다. 특히 전쟁에서 승리하여 명예를 얻은 사람들

이정표

로마의 도로

에게 자신들의 전리품으로 가도를 포장하도록 요구했다. 그러나 원로원 의원들 중 어느 누구도 가도 보수에 자신의 돈을 쓰고 싶어 하지 않아 보수가 잘 이루어지지 않았다. 티베리우스 황제 때 "도급 계약자들의 악행과 담당 정무관들의 태만 때문에 이탈리아 전역의 수많은 가도들이 끊어지고 다닐 수 없게 되었다"는 말은 어느 정도 사실이었다.

로마가 가도 건설과 보수에 많은 노력과 비용을 들였지만 육로 수송은 여전히 기피의 대상이었다. 이유는 도적으로 인해 육로가 위험했기 때문이다. 내전기와 같이 정치가 혼란스러우면 도적떼가 더 극성이었다.

> 내전이 종결되었을 때 이탈리아와 로마시에는 도적떼가 공공연하게 몰려다녔다.
> 그들은 비밀스럽게 행동하는 도둑이라기보다 뻔뻔스럽게 약탈하는 것과 같았다.
> 옥타비아누스는 이러한 무질서를 바로잡기 위해 사비누스(Sabinus)를 선택했다.
> 그는 많은 도적떼를 잡아 처형했다.

거리에서 강탈하는 행위는 민간인뿐 아니라 군인들도 동참했다. 군 생활에서 휴가나 휴식을 허락받기 위해 백부장에게 뇌물을 주어야 했는데, 돈을 마련하지 못한 군인들이 가도에서 강탈하거나 사소한 절도 행위를 하는 일이 빈번했다.

산악 지역이나 로마시와 직접 연결되는 가도가 적은 지역에는 도적들의 출몰이 빈번했다. 스트라보(Strabo)에 따르면, 루카니아(Lucania), 아풀리아(Apulia), 칼라브리아(Calabria)와 같이 산이 많아 소·양·말을 사육하는 지역의 주민들이 도적 행위를 하는 경향이 많았다. 그러나 주요 가도라고 해서 도적이 없는 것은 아니었다. 세베루스(Septimius Severus) 황제 때 불라(Bulla)라는 도적은 휘하에 600명을 거느리면서 2년 동안 이탈리아를 약탈했다. 그는 아피아 가도를 중심으로 로마시에서 출발하는 사람들과 브룬디시움에서 배를 타려는 사람들이 누구인지, 그 수가 얼마인지, 무엇을 얼마나 가지고 있는지를 알고 있었다. 황제가 그의 일당을 체포하려고 노력했으나 정무관으로 위장해서 다니는 통에 체포가 쉽지 않았다. 결국 불라가 사랑하는 여성을 설득하여 간신히 체포했다. 체포된 도적들은 야생동물의 먹이가 되거나 범죄를 저지른 장소에서 처형되었다.

육로 수송은 가도 보수에 끊임없이 비용을 들여야 하고, 정치적 혼란기에 도적떼가 들끓어 손해를 볼 가능성이 있었다. 그러나 가도 체계가 잘 발달되어 있어서 수송 비용이나 시간을 고려하지 않는다면 상품을 수송하는데 별 무리가 없었고, 한 번에 수송하는 물건의 양이 적어 도적떼를 만나도 해로와 같이 큰 손해를 보지는 않았다. 필요하다면 육로 수송이 얼마든지 가능한 상황이었다.

Ⅲ. 수송 비용과 수송 시간

해로 수송의 경우

해로와 육로의 수송 비용과 수송 시간을 동일한 기준으로 정확히 계산한 사료는 거의 없다. 여러 문헌에 단편적으로 나온 글과 기원후 301년 1,300개 품목의 법정 최고 가격을 명시한 디오클레티아누스(Diocletianus) 황제의 최고 가격령(*Edictum de pretiis rerum venalium*)이 주요한 사료이다. 엄격히 계산하려면 해로 수송의 경우 배의 구입비용, 부두와 창고 건설비용을, 육로 수송의 경우 가도와 다리 건설비용, 마차와 동물 구입비용까지 포함해야 하지만 사료의 한계 상 수송에 필요한 제반 여건을 조성하는데 드는 비용을 제외하고 상품을 수송하는데 드는 비용만 계산하고자 한다.

해로로 수송하는 비용은 로마시로 들어오는 밀을 기준으로 추측할 수 있다. 최고 가격령에 따르면, 이집트의 알렉산드리아에서 로마시까지 해로로 수송하는 비용은 카스트렌시스 모디우스(*kastrensis modius*) 당 16데나리우스(*denarius*)가 들었다. 알렉산드리아에서 로마시까지의 거리는 1,250로마마일이다. 그러면 1카스트렌시스 모디우스의 밀을 해로로 수송할 경우 1로마마일 당 0.013 (16÷1250)데나리우스가 들고, 100로마마일 당 1.3데나리우스가 든다는 계산이 나온다. 최고 가격령의 기록 중 해로로 제일 비싼 수송 비용은 오리엔스(Oriens 시리아-페니키아 해안)에서 루시타니아(Lusitania 스페인 서남부)까지 운송할 때 드는 26데나리우스이다. 밀 1카스트렌시스 모디우스의 가격이 100데나리우스이므로 최대한의 해로 수송 비용은 구입 가격의 26%인 셈이다.

그러나 해로의 수송 비용을 계산할 때 감안해야 할 점이 몇 가지 있다. 첫째, 100로마마일 당 1.3데나리우스라는 비용은 항구까지 오는데 소요된 수송 비용이 제외되었다는 것이다. 이집트 각지에 흩어져 있는 곡물 생산 지역에서 알렉산드리아로 오기까지 몇 단계를 거쳐야 했다. 이집트 각 지역에서 수확한 곡물은 탈곡장으로 이동하고, 탈곡장에서 당나귀와 낙타를 이용하여 나일 강 항구까지 수송했다. 나일 강의 각 항구에서 작은 거룻배를 이용하여 나일 강 중류에 정박한 보다 큰 배로 곡물을 수송했다. 그 큰 배가 알렉산드리아에 모여 로마시로 출발했다. 곡물 수송선은 선단으로 가지 한 두 척으로 움직이지 않기 때문에 알렉산드리아에 모였다가 출발했다. 육로를 이용한 비용, 작은 거룻배로 수송한 비용을 포함하면 100로마마일 당 1.3데나리우스보다 더 높은 금액이 나온다.

둘째, 동일한 거리라도 항로의 위험성과 수송 시간에 따라 비용이 달라진다는 점이다. 항로가 위험하여 시간이 더 걸릴수록 비용이 더 비쌌다. 예를 들어 아프리카에서 갈리아까지는 수송 비용이 4데나리우스이지만 로마시에서 갈리아까지는 14데나리우스였다. 전자의 거리가 더 멀지만 싼 이유는 개

방된 바다를 항해하는 전자와 달리 후자는 연안을 따라 가야 하는 관계로 항해 시간이 더 걸렸기 때문이다. 따라서 항로와 수송 시간에 따라 수송 비용은 100로마마일 당 1.3데나리우스보다 훨씬 더 들 수 있다.

셋째, 해로 수송은 배가 난파되어 엄청난 손해를 볼 위험이 있다는 점이다. 지중해 바다는 겨울에 폭풍이 잦다. 구름이 해와 별을 가려 방향을 가늠하지 못해 배가 난파될 위험이 있었다. 그래서 기원후 4세기의 사가인 베게티우스(Publius Vegetius)에 따르면, 11월 11일에서 이듬 해 3월 10일까지 약 4개월은 항해가 불가능했고, 9월 22일에서 이듬해 5월 27일까지 8개월 동안 지중해 항해는 위험했다. 기원후 69년 베스파시아누스(Vespasianus)의 명령에 따라 이탈리아로 향하던 무키아누스(Gaius Mucianus) 군대가 가까운 에게에게 해를 거치지 않고 소아시아와 트라키아를 멀리 돌아서 육로로 행군한 이유는 당시가 한 겨울이라 항해하기 두려웠기 때문이다.

해로 수송에서 폭풍으로 배가 난파될 가능성이 겨울에만 있는 것은 아니었다. 베게티우스의 글에서 5월 말에서 9월 중순까지는 항해가 안전했다고 볼 수 있지만 실제로는 그렇지 않았다. 5월 중순부터 에게 해 지역에서 불기 시작하는 북풍(etesiae)은 7월 20일부터 한 달 넘게 알렉산드리아에 영향을 끼쳤다. 강력한 역풍이다 보니 알렉산드리아에서 출항하기 어려울뿐더러 출항한다고 해도 배가 난파될 가능성이 많았다. 그래서 기원전 31년 9월 2일의 악티움(Actium) 해전은 사흘 동안 불어 닥친 거센 폭풍우가 겨우 잠잠해진 틈을 타 벌어졌다. 지중해의 날씨는 변덕스러워 갑작스럽게 폭풍이 불 때가 많았다.

폭풍으로 배가 난파된다면 육로와 비교할 수 없을 정도로 많은 손실을 입게 되었다. 트리말키오(Trimalchio)는 포도주를 실은 5척의 배가 폭풍으로 난파됨으로써 하루 만에 3,000만 세스테르케스(sesterces = 750만 데나리우스)의 손실을 입었다. 당시 밀 1모디우스의 가격이 12아스(0.75데나리우스)

였으므로 손실액은 밀 1,000만 모디우스, 즉 로마시의 연간 소비량의 약 $\frac{1}{4}$에 달했다. 물론 난파의 위험성이 큰 겨울이라고 하여 로마시에서 필요로 하는 상품, 특히 곡물을 공급하지 않을 수 없으므로 클라우디우스 황제는 다음과 같은 조치를 취했다.

> (기나긴 가뭄으로 곡물 부족 현상을 경험한 후) 황제는 심지어 겨울에도 로마시에 곡물을 공급할 수 있는 가능한 한 모든 수단을 동원했다. 그는 폭풍으로 입은 손실분을 떠맡음으로써 상인들에게 확실한 이익을 제시했고, 상선을 건조하는 사람들에게 각자의 조건에 적합한 많은 액수의 보조금을 제안했다.

안전하고 지속적으로 곡물을 공급받기 위해 국가가 상인들에게 보상금을 주는 조치를 취한 것을 볼 때 날씨에 따른 난파의 가능성, 그래서 엄청난 손실을 입을 가능성은 해로 수송에서 항상 안고 있는 문제였음을 알 수 있다.

넷째, 해적들에게 모든 짐을 빼앗길 위험이 있었다. 로마는 함대 건조에 따르는 고비용과 지속적인 훈련을 필요로 하는 수병 양성의 비효율성을 고려하여 기원전 2세기 중반 이후 독자적인 함대 구성을 포기하고, 이탈리아 동맹국 함대(*socii navales*)와 동부 지중해 지역의 함대에 의존했다. 로마의 함대 포기와 내전 돌입, 교역 안전을 위해 동부 지중해 지역의 해적들을 제압하던 로도스(Rhodos)의 쇠퇴 등으로 기원전 1세기 바다에는 해적이 들끓었다. 당시 지중해와 흑해 지역에 해적선의 규모가 1,000여 척에 달했고, 점령한 도시만도 400개가 넘었을 정도였다. 악명 높은 해적은 소아시아 남부 연안을 근거지로 하던 킬리키아(Cilicia) 해적이었다. 이들은 삼단 노선(*trireme*)을 포함하여 수십 척의 작고 빠른 배들로 지중해 곳곳을 약탈하고 있었다. 기원전 102년 프라이토르가 해적에 대항할 수 있는 명령권을 받았고, 기원

함대

전 100년 해적 방지법(*lex de piratis*)이 제정되었지만 해적을 완전히 근절할 수 없었다. 기원전 74년과 68년에 해적들의 새로운 근거지인 크레타(Creta)를 공격했지만 큰 성과를 얻지 못했다. 오히려 해적들은 기원전 67년 티베르 강 하구로 와서 콘술 휘하의 함대를 파괴하고 오스티아를 약탈했다.

기원전 67년 폼페이우스(Gnaeus Pompeius)가 함선 500척, 보병 120,000명, 기병 5,000명을 이끌고 해적 소탕에 나섰다. 그는 지중해와 흑해, 바다에서 80㎞ 이내의 육지를 13개 구역으로 나누어 함선과 군단장을 배치했다. 이들은 관할 지역을 돌아다니면서 잡은 해적들을 여러 항구에 묶어 놓았고, 킬리키아로 도망간 해적들은 60척의 함선을 보내 일망타진했다. 다시 로마시 인근 해안, 아프리카 연안, 사르디니아와 코르시카, 시칠리아 지역의 해적을 소탕했고, 아테네와 킬리키아로 가서 남아있는 해적들의 항복을 받아냈다. 폼페이우스는 석 달 동안 스페인에서 동부 지중해 지역까지 퍼져있는 해적들을 모두 소탕했다.

지중해를 지키는 상비군이 등장한 것은 아우구스투스 황제 때였다. 황제는 나폴리 만의 미세눔(Misenum)과 아드리아 해의 라벤나(Ravenna) 지역에 각각 1만 명 정도의 수병과 함대를 두어 지중해를 지키게 했다. 특히 미세눔 함대의 수병들은 오스티아와 푸테올리로 파견되어 티베르 강을 이용하는 배의 물자 수송을 도왔다. 미세눔과 라벤나 함대는 주력 함대였고, 이후 제국의 여러 지역에 주둔하는 보다 작은 규모의 함대가 창설되었다. 이집트 함대(*classis Augusta Alexandrina*), 흑해를 순찰하는 폰투스 함대(*classis Pontica*), 다뉴브 강 지역을 순찰하는 파노니아 함대(*classis Pannonica*)와 모이시아 함대(*classis Moestica*), 라인 강 지역을 순찰하는 게르마니아 함대(*classia Germanica*), 브리타니아 해협을 경비하는 브리타니아 함대(*classis Britannica*)가 있었다.

해적 소탕과 상시 주둔해 있는 함대의 등장으로 지중해는 안전하게 항해할 수 있는 곳이 되었다. 이후 지중해 지역에서 해적을 막기 위한 큰 해전은 없었고, 이에 함대는 점차 삼단 노선이나 그보다 더 작은 배에 의존하게 되었다. 그나마 제정기에 벌어진 큰 해전으로 꼽을 수 있는 것은 기원후 324년 콘스탄티누스(Constantinus) 황제의 장남인 크리스푸스(Flavius Julius Crispus)와 리키니우스(Licinianus Licinius) 황제가 헬레스폰트(Hellespont) 해협에서 벌인 전투였다. 이후 삼단 노선은 점차 사라졌고, 작고 빠른 함선들이 전투보다 군인과 군수품 수송, 곡물 공급, 상품 수송을 호위하는 데 중요한 역할을 했다.

해로의 수송 비용이 항로나 날씨, 해적의 유무 등 여러 요인에 따라 달라질 수 있는 반면, 수송 시간은 주로 바람의 방향에 좌우되었다. 지중해 지역은 대부분 북풍, 혹은 북서풍이어서 북쪽에서 남쪽으로 항해할 경우 수송 시간이 단축되었다. 오스티아에서 아프리카까지 499.5㎞의 거리는 순풍일 경우 1.5일 만에 갈 수 있었다. 푸테올리에서 알렉산드리아까지 1,850㎞의 거리도 8.5일이면 도착했다. 하루 평균 이동한 거리는 전자의 경우 333㎞, 후자의 경우는 217.6km였다. 전자는 시간 당 8.5노트(knot=15.7km)를, 후자는 5노트(9.3km)를 이동한 셈이었다.

역풍이라면 수송 시간은 더 걸렸다. 시칠리아의 메시나(Messina)에서 알렉산드리아까지 1,535.5km를 5.5일이면 가지만 반대로 알렉산드리아에서 프랑스 남부의 마르세유(Marseilles)까지 2,775km를 가는데 아주 운이 좋으면 30일 걸렸다. 순풍을 타고 간 전자의 경우는 하루 평균 279.2km를, 역풍이었던 후자의 경우는 92.5km를 이동했다.

바람의 방향과 파도의 높이에 따라, 즉 계절에 따라 수송 시간은 다양하게 나타난다. 푸테올리에서 알렉산드리아까지 8.5일밖에 걸리지 않은 것은 여름철 온화한 바람을 타고 갔기 때문에 빨리 간 편이었다. 여름에 비해 겨울은 시간이 훨씬 더 걸렸다. 던컨 존스(Duncan-Jones)의 계산에 따르면, 전임 황제가 사망하고 후임 황제가 즉위한 소식이 이집트에 도착한 시간을 계산할 때 3월, 6월 말, 7월, 8월은 상당히 빨리 소식이 전달되지만 가을, 겨울, 초봄에는 늦게 전달되었다. 예를 들어 기원후 79년 6월 베스파시아누스 황제가 사망한 소식은 38일 만에 이집트에 전해졌지만 기원후 192년 12월에 사망한 코모두스(Commodus) 황제의 사망 소식이 이집트에 전해지는 데는 154일이 걸렸다. 따라서 아프리카에서 로마시까지 역풍임에도 불구하고 3일만에 간 카토의 경우는 바람과 파도가 잔잔하여 빨리 간 경우라는 점을 감안해야 한다. 내륙의 생산지에서 항구까지 가는 시간과 로마시까지 배를 예인하는데 3일 걸렸던 것과 같이 항구에서 최종 도착지인 내륙으로 화물을 옮기는 시간을 감안하면 며칠 더 걸릴 수 있었다.

해로 수송 비용은 100로마마일 당 1.3데나리우스가 들었고, 순풍을 타고 간다면 수 천 킬로미터를 며칠 만에 갈 수 있을 정도로 수송 시간도 적게 걸렸다. 항구로의 수송 비용, 항로의 위험성, 난파 가능성, 해적의 출몰 가능성이 변수로 작용하지만 한꺼번에 많은 양의 화물을 수송하기에는 해로가 적합했다.

육로 수송의 경우

육로의 수송 비용에 관해 카토(Marcus Cato)는 정확한 금액을 제시했다.

수에사(Suessa) 가까운 곳에서 올리브 압착기를 400세스테르케스에 샀고, 올리브유 50로마파운드를 구입했다. 조립하는 비용이 60세스테르케스이고, 황소로 6명의 남자가 6일 동안 수송한 비용이 72세스테르케스이다. 압착 막대기의 비용이 72세스테르케스이고, 올리브유 구입비용은 25세스테르케스이다. 누군가가 폼페이(Pompeii)에서 올리브 압착기를 총 384세스테르케스에 구입했고, 수송 비용으로 280세스테르케스가 들었다. 올리브 압착기는 땅에서 조립하여 맞추는 것이 더 나은데, 그 비용이 60세스테르케스가 들 것이므로 총 비용은 724세스테르케스이다.

라티움, 혹은 캄파니아 지역에 있는 카토의 땅은 수에사까지 25마일(40.2㎞) 이상, 폼페이까지는 75마일(120.7㎞) 이상 떨어져 있었다. 카토의 땅에서 폼페이까지의 거리는 수에사에 비해 3배 멀지만 수송 비용은 4배 정도(280:72) 더 들었다. 수에사의 경우 조립 비용과 올리브유 구입비용을 제외한 압착기 구입가격의 15.3%([72×100]÷[400+72])를 수송 비용으로 생각하면 되지만, 폼페이의 경우 압착기 가격의 72.9%([280×100]÷384)를 수송 비용으로 지불해야 했다. 그러면 100마일(160.9㎞) 당 상품 구입가격 정도를 수송 비용으로 지불해야 된다. 게다가 수에사의 경우 수송 비용이 72세스테르케스라는 것은 너무 낮게 책정된 금액이다. 기원전 1세기 군단병의 하루 일당은 10아스(=2.5세스테르케스)였고, 로마시의 노동자의 일당은 12아스(=3세스테르케스)였다. 카토 자신의 황소를 이용하여 황소 구입에 전혀 돈을 들

오스티아의 올리브 저장소

이지 않았다고 해도 남자 6명을 6일 동안 사용하는 비용만 90~108세스테르케스가 들어야 했다. 따라서 실제 수송 비용은 카토의 계산보다 더 높았다.

압착기 가격이 내륙 지방인 수에사(472세스테르케스)보다 해안 가까이에 있고, 인근에 압착기에 사용되는 돌이 많은 폼페이(384세스테르케스)가 더 싸기는 하지만 거리와 수송 비용을 감안할 때 그리 추천할 만한 일은 아니다. 수에사의 경우 올리브유 구입비용까지 포함하여 총 629세스테르케스인데 반해 폼페이는 총 724세스테르케스가 들었고, 거리가 멀어서 수송하는데 더 많은 노력을 들여야 하기 때문이다.

물건의 종류에 따라 수송 비용은 다를 수 있다. 무거운 압착기는 1.4~1.6톤(ton)이 넘지만 밀은 그보다 부피가 크고 가벼웠다. 해로의 수송 비용을 산출할 때와 같은 시기, 밀 수송이라는 같은 조건에서 육로의 수송 비용을 알기 위해서 동일한 사료인 디오클레티아누스의 최고 가격령을 참고하고자 한다.

최고 가격령에 따르면, 1,200로마파운드의 화물을 마차 한 대를 이용해 육로로 수송하는데 로마마일 당 20데나리우스가 들었다. 1,200로마파운드가 몇 모디우스인지를 계산할 때 1모디우스의 무게는 다양하다. 대플리니우스(Gaius Plinius Secundus)에 따르면, 로마시에 수입되는 밀의 무게는 수입되는 지역에 따라 달랐다. 그 중 가장 가벼운 것은 갈리아에서 수입되는 것으로서 1모디우스 당 20로마파운드를 넘지 않았고, 아프리카에서 수입되는 밀은 21¾로마파운드였다. 아프리카에서 수입되는 21¾, 즉 21.75로마파운드를 기준으로 삼으면 1,200로마파운드는 55.2모디우스이다. 그러므로 1모디우스를 1로마마일 수송할 때 0.362(20÷55.2)데나리우스가 들고, 100로마마일 당 36.2데나리우스가 든다.

　최고 가격령에서 해로 수송의 경우 알렉산드리아에서 로마시까지 100로마마일 당 1.3데나리우스라는 가격은 카스트렌시스 모디우스를 단위로 했고, 육로 수송의 경우는 모디우스를 기준으로 했다. 카스트렌시스 모디우스는 1~1.5모디우스와 같다. 1모디우스와 같을 경우 해로와 육로의 수송 비용은 100로마마일 당 1.3:36.2데나리우스이고, 1.5모디우스일 경우 그 비율은 1.3:54.3데나리우스이다. 즉 밀 1카스트렌시스 모디우스의 가격이 100데나리우스이므로 육로 수송의 경우 100로마마일 당 구입 가격의 36.2~54.3%가 수송 비용으로 소요되었다.

　카토가 수송한 것을 밀이라고 가정할 때 곡가를 기준으로 당시의 육로 수송 비용을 추적할 수 있다. 압착기의 무게를 1.4톤으로 가정하고, 이를 밀의 무게로 환산하면 196.6모디우스(4275.5로마파운드÷21.75로마파운드)가 된다. 카토가 수에사까지 6일 동안 72세스테르케스의 수송 비용이 들었다는 말은 하루 6.7㎞ 당 12세스테르케스가 들었다는 의미이다. 이를 로마마일로 환산하면 1로마마일 당 2.7세스테르케스([12×1.48]÷6.7=6.75아스)가 소요되었다. 즉 196.6모디우스를 1로마마일 수송할 때 2.7세스테르케스가 들었다는 말이다. 그러면 1모디우스를 1로마마일 수송할 때 수송 비용은 0.014세스테르케스(2.7÷196.6)가 되고, 100로마마일 당 1.4세스테르케스(=3.5아스)가 된다. 당시 밀 1모디우스의 가격이 6.3아스이므로 100로마마일 당 구입 가격의 55.6%가 수송 비용으로 소요되었다. 카토 시대의 밀 수송 비용이 시기적으로 큰 차이가 나는 최고 가격령에서 제시한 수송 비용과 완전히 일치하지는 않지만 당시의 곡가를 기준으로 할 때 양자의 수송 비용이 비슷했음을 알 수 있다.

최고 가격령에서 제시한 수송 비용이 말 그대로 최대한의 비용이라는 점을 감안해도 육로가 해로보다 수송 비용이 훨씬 많이 드는 것은 사실이다. 기원전 329년 100개의 타일을 라키아다이(Laciadae)에서 엘레우시스(Eleusis)까지 12마일에 달하는 거리를 육로로 수송할 경우 40드라크마였지만 코린트(Corinth)를 통해 해로로 수송할 때는 6.7드라크마밖에 들지 않았던 사례에서도 알 수 있듯이 동일한 거리, 동일한 물건, 동일한 양을 수송해도 해로로 가면 육로보다 훨씬 쌌다. 해로 수송은 항구까지 오는 비용, 항로의 위험성, 난파 가능성, 해적의 약탈 가능성 등 변수가 많지만 비용 면에서 육로 수송보다 훨씬 유리했다.

그러면 수송 시간은 어떠한가? 육로로 이동하는 속도는 상황에 따라 다양했다. 전해야 할 소식을 들고 가는 사람들은 아무래도 별 다른 짐이 없이 빠른 걸음으로 가므로 이동 속도가 빨랐다. 북서부 이탈리아의 루니(Luni)에서 로마시까지 매일 50로마마일(74㎞)을 간 경우, 브룬디시움에서 로마시까지 579㎞ 정도의 거리를 매일 72로마마일(106.6㎞)로 간 경우, 북동부의 라벤나에서 로마시까지 3일 만에, 즉 매일 73로마마일(108㎞)의 속도로 간 경우는 예외적으로 빠른 편이었다.

상품을 수송할 때는 소식만 전달할 때보다 느렸다. 카토의 경우 수에사에서 25마일 이상 떨어진 자신의 땅까지 올리브 압착기를 운송하는데 6일이 걸렸으므로 이동 속도는 하루 평균 6.7㎞였다. 이에 비해 오비디우스(Publius Ovidius)는 "여행할 때 서두르지 않아도 브룬디시움에서 출발하여 10일 안에 로마시에 도착할 것이다"고 했다. 하루 평균 57.9㎞를 갔다는 말이다. 아피아 가도라는 잘 닦여진 가도를 따라 짐도 없이 갔다고 가정해도 카토의 평균 거리와 너무 차이가 난다.

육로로 하루 평균 이동 속도를 계산할 때 로마 군인들의 이동 속도를 참고할 수 있다. 군인들은 해로가 빠르지만 대부분 육로를 이용했다. 많은 군인과 군수품이 강을 건널 배와 다시 육로로 적지 깊숙이 들어갈 마차를 동시에 구할 수 없을뿐더러 겨울에는 강이나 바다가 얼거나 폭풍으로 인해 이용할 수 없었기 때문이다. 또 군인들은 각자가 필요한 짐을 들고 다녀 상품을 수송할 때와 비슷한 조건에서 움직였다. 청동 그릇, 낫, 삽, 곡괭이, 말뚝 등 개인적으로 필요한 물건의 무게인 60로마파운드(19.647kg)와 각종 전투 장비 30.4kg를 포함하면 군인 한 사람이 짊어지는 짐의 총 무게는 약 50kg 정도였다. 이 정도의 짐을 지고 여름 행군 훈련에서 5시간 내에 20~24로마 마일(29.6~35.5km)을 걸었다. 엄청난 훈련으로 단련된 군인들이라는 점을 감안하면 일반인이 5시간은 아니더라도 하루 평균 그 정도의 거리는 이동할 수 있었다. 소플리니우스 역시 카토의 평균 속도보다는 높게 측정하고 있다. 그는 라우렌티움(Laurentium)에서 17로마마일(25.2km) 떨어진 로마시까지 하루 일을 한 후에, 노동 시간을 줄이지 않고도 갈 수 있고, 메디올라눔(Mediolanum)과 코뭄(Comum)에서 30로마마일(44.4km) 떨어진 로마시까지는 하루면 갈 수 있다고 했다.

카토의 경우는 돌로 만든 압착기라는 무거운 짐을 끌고 가서 예외적으로 느린 경우라고 볼 수 있다. 그런 짐이니 하루 평균 6.7km라는 거리밖에 이동하지 못한 것이다. 밀이나 포도주, 올리브유 같은 일반적인 짐이라도 물건의 양에 따라 이동 속도는 다양하지만 평균적으로 하루 동안 최소한 17로마마일 이상, 일반적으로 24~30로마마일(35.5~44.4km)은 움직였다. 물론 짐이 가볍다면 그보다 더 빠른 속도로 갈 수 있었다.

수송 시간을 계산할 때 한 가지 염두에 두어야 할 점은 수송량이다. 최고 가격령을 기준으로 할 때 마차로 한 번에 실어 나르는 양은 1,200로마파운드이다. 반면 해로의 경우 한 번에 수송하는 양은 육로와 비교할 수 없을 정도로 많다. 기원후 2세기 정부가 사용하는 표준적인 배들은 50,000모디우스(340~400톤)를 실을 수 있는 것이었다. 이집트의 배의 무게로 작은 것은 10,000모디우스(70~80톤)를 실을 수 있는 것에서 무거운 것은 1,200~1,300톤짜리도 있었다. 10,000모디우스를 실을 수 있는 작은 배를 사용한다고 해도 육로로 그 정도의 양을 실어 나르려면 178.2~203.6대의 마차가 필요했다.

군수품의 경우 한꺼번에 많은 물품을 실어 나르기 위해 수십, 수백대의 마차가 동원되었다. 한니발은 이탈리아에서 군수품을 공급하기 위해 2,000대의 짐마차를 필요로 했다. 자연히 군수품 행렬은 길어질 수밖에 없었고, 이는 적지를 갈 때 적의 주요 표적이 되었다. 상품을 싣고 군대를 따라 다니는 상인은 군인들의 보호를 받을 수 있지만 민간인을 대상으로 상품을 파는 상인은 특별한 보호 없이 수십, 수백대의 마차를 동원하여 물건을 옮기기 쉽지 않았다. 설령 그 정도의 마차를 동원한다고 해도 그에 맞는 수요자를 찾기 어려웠다. 한꺼번에 10,000모디우스 이상을 수송하는 해로와 달리 육로는 여러 번 나누어 가야하고, 그렇다면 수송 시간은 더 길어질 수밖에 없다. 그러므로 많은 양의 화물을 단 시일 내에 수송하는 해로 수송을 선호하는 것은 당연했다.

해로와 육로의 관계

난파나 약탈과 같은 변수를 고려해도 해로가 육로보다 유익했다. 그러나 문제는 이탈리아 내 모든 지역이 강이나 바다를 끼고 있지 않았고, 강이나 바다까지 가기 위해서 육로를 이용해야 했다는데 있다. 편리성이나 가격 면에서 해로가 유익하지만 해로가 여의치 않은 상황에서는 육로를 이용해야 했다. 소금을 구입하려는 사람들이 살라리아 가도를 주로 이용했고, 채석장으로 왕래하기 위해 티부르티나 가도가 건설된 것처럼 해로와 같이 이동 거리가 멀지는 않지만 비싼 수송 비용을 부담하고서라도 육로를 이용해야 하는 상황이 있었다.

육로로 수송하는 상품 중 곡물은 적었다. 유게룸(*iugerum*) 당 4~5모디우스의 씨앗을 뿌려 최소한 4배의 수확을 거두어 4~5인 가족이 먹으려면 비옥한 땅으로 10유게라 정도가 필요했다. 그러나 실제로는 더 적은 규모의 땅을 가진 농민들이 많았다. 기원전 4세기 평민들에게 2유게라씩 할당하자 평민들은 집과 묘지를 만드는데 충분한 더 많은 땅을 요구했다. 또 기원전 3세기 쿠리우스(Manius Curius)는 "7유게라의 땅으로도 만족하지 못하는 사람은 위험한 시민으로 간주해야 한다"고 말했다. 기원전 171년 사비니 출신인 리구스티누스(Spurius Ligustinus)는 아버지로부터 1유게룸과 작은 오두막을 물려받았다. 그 정도의 땅은 농민으로서 살아가는데 너무 적은 규모였기 때문에 그는 생계수단으로 군복무를 택했다. 이처럼 10유게라 미만의 땅을 소유한 농민이 잉여 생산물을 수확했다고 해도 곡가의 절반에 달하는 비싼 육로 수송 비용을 빼면 수익이 별로 없었다.

모든 농민이 포도나무와 올리브나무, 과일이나 야채를 재배할 수 있는 넉넉한 땅을 가진 것은 아니었으므로 필요한 포도주 · 올리브유 · 과일 · 야채, 식생활에 필요한 소금이나 철로 된 농기구는 외부에서 공급받아야 했다. 포도주와 올리브유는 해로나 대토지 농장에서 육로로 수송한 것을 구입해야 했다. 과일이나 야채는 먼 지역으로 수송하는 것 자체가 불가능하므로 가까운 지역에서 육로로 공급되어야 했다. 기원후 50년 거위 무리들이 갈리아 지역에서 로마시까지 육로로 걸어와서 팔렸던 것처럼, 또 도시 가까이에 있는 사람들이 어린 양이나 돼지를 푸주한에게 끌고 가서 돈을 받고 판 것처럼 산 채로 시장에서 팔리는 동물들은 육로를 이용했다.

카토가 거론한 각종 제조품도 시장에서 거래되는 주요 물품이었다.

튜닉 · 토가 · 담요 · 작업복 · 신발은 로마시에서, 칼집 · 철제 도구 · 낫 · 삽 · 곡괭이 · 도끼 · 마구 · 작은 체인 등은 칼레스(Cales)와 민투르나이(Minturnae)에서 사야 한다. 삽은 베나프룸(Venafrum)에서, 짐마차는 수에사와 루카니아(Lucania)에서, 항아리와 작은 단지는 알바(Alba)와 로마시에서, 타일은 베나프룸에서 사야 한다. 로마시의 쟁기는 무거운 토양에 좋고, 캄파니아의 쟁기는 검은 양토에 좋다. 로마시의 멍에는 최상품이다. ⋯ 다음에 열거하는 도시들은 해당 상품을 살 수 있는 최상의 시장이다. 올리브유 압착기는 폼페이 ⋯ 들통·올리브유 항아리·물 항아리·포도주 항아리, 다른 구리 용기는 카푸아(Capua)와 놀라(Nola)에 가야 한다. 캄파니아 형태의 바구니는 카푸아에서, 로마시 형태의 바구니는 수에사와 카시눔(Casinum)에서 유용한 것을 발견할 수 있을 것이다.

도공·대장장이·직공같은 수공업자도 생산품을 다른 물건으로 교환할 시장이 필요했다. 특히 아무리 가난한 사람이라도 옷은 꼭 필요했는데, 일부 부자들을 제외한 대다수의 사람들은 전문 직공이 짠 옷을 구입했고, 그 구입 장소는 지역 시장이었다. 물론 지역 시장의 규모가 크지 않고, 내륙 지방에 사는 사람들의 경제적인 여유가 많지 않아 신포도주나 소금에 절인 고기 같이 값싸고 단순한 품목만을 원하고, 거래량도 많지 않지만 이들을 대상으로 지역 중심지에 비정기적으로 열리는 소규모 시장이 있었다. 상인이나 수공업자와 같은 판매자든, 농민과 같은 구매자든 내륙의 시장까지는 모두 육로를 이용했다. 베르길리우스(Publius Vergilius)의 글에서 농민들이 당나귀를 끌고 인근 시장에 가서 올리브유와 값싼 사과를 사오는 풍경은 시장으로 왕래하기

칼파는 가게

위해 육로를 이용했음을 짐작케 한다.

농업 사가들은 해로 수송을 위한 강과 바다의 필요성뿐만 아니라 가도와의 근접성을 강조했다.

(좋은 땅은) 훌륭한 노동자들을 공급받을 수 있는 곳이어야 하고, 배수가 잘 되어야 하고, 인근에 번영하는 도시 · 바다 · 항해가 가능한 강이 있는 곳이나 안전하고도 왕래가 많은 가도가 있어야 한다.

농장 주변의 조건으로 … 첫째는 이웃 지역이 안전한지 아닌지, 둘째는 우리의 생산물을 이웃 지역까지 수송하거나, 우리의 필수품을 이웃 지역에서 가져오는 것이 유익한지 아닌지, 셋째는 수송을 위한 가도나 강, 바다가 없거나 부적절한지 아닌지, 넷째는 이웃 농장들의 상황이 우리 땅에 유익할지 손해를 줄 것인지 … 생산물을 시장으로 수송하는 데 적절한 수단을 가지고 있고, 농장에서 필요한 것들을 수송해 오는 편리한 수단을 가진 농장은 유익하다.

포도주와 올리브유 판매를 통해 수익을 얻고자 했던 농업 사가들이 땅을 구입할 때 강이나 바다뿐만 아니라 가도와의 근접성을 강조한 것은 상품 수송에서 육로가 여전히 중요했음을 의미한다. 양질의 포도주로 명성이 자자했던 캄파니아산, 아드리아 해에 있는 베네토(Veneto)산과 피케노(Piceno)산은 농장에서부터 육로로 수송하는 것이 기본이었다.

그래서 소플리니우스는 트라야누스 황제에게 해로와 육로를 동시에 사용해야 하는 상황에 대해 설명했다.

니코메디아(Nicomedia)에서 그리 멀지 않은 곳에 꽤 큰 규모의 호수가 있다. 그 호수를 따라 배로 대리석 · 농산물 · 땔나무 · 통나무를 아주 쉽고 값싸게 주요 가

도까지 실어 나른다. 그리고 나서 모든 짐들을 마차로 아주 어렵고 값비싸게 바다
까지 가져가야 한다.

호수에서는 작은 배로 수송했고, 다시 육로를 따라 마차로 해안가까지 짐
을 옮긴 후 해안가에서 짐을 배에 실었다. 즉 호수 · 육로 · 해로를 모두 이
용했던 것이다. 라티움의 가비이 지역의 대리석도 아니오 강을 이용해 로마
시로 수송되지만 채석장에서 강까지는 육로로 수송해야 했다. 또 바로
(Terentius Varro)는 포도주 · 올리브유 · 곡물, 다른 생산품을 해로로 수송
하기 위해서 브룬디시움이나 아풀리아에서 바닷가까지는 당나귀를 이용해
육로로 수송했다. 따라서 해로와 육로 중 어느 하나를 선택하는 것이 아니
라 상황에 따라 상호 보완적인 수단으로서 해로와 육로를 모두 활용했다.

Ⅳ. 논의 및 전망

수송 방법에 있어서 해로 수송을 위한 항구가 티베르 강 하구에 없었으므
로 클라우디우스 황제는 포르투스 항구를, 트라야누스 황제는 내항을 건설
했고, 여름에 수위가 낮아지는 티베르 강의 특성을 감안해 화물 저장창고도
건설했다. 이 건설비용은 가도 건설비용보다 훨씬 많이 들었지만 한 쌍 이
상의 소, 당나귀, 노새가 무거운 짐을 실어 날라 가도의 표면이 손상되어 보
수비용이 많이 드는 육로와 달리 반영구적으로 사용할 수 있는 이점이 있었
다. 그러나 육로를 전혀 이용하지 않는 것은 아니었다. 로마는 해로 수송을
위한 시설을 만들려는 노력만큼 육로 수송을 위해 가도를 건설하려는 노력
을 아끼지 않았다. 로마시에서 출발하여 여러 개의 가도를 이용하면 원하는
장소까지 갈 수 있었고, 로마시에서부터 거리를 계산하여 세워진 이정표를

보면 어디에서든 방향과 거리를 가늠할 수 있었다. 파손된 가도는 많은 비용을 들여 보수했고, 도적떼를 만난다고 해도 해로에 비해 수송량이 적기 때문에 한 번에 입는 손실은 적었다. 육로 수송을 위한 제반 여건은 충분히 조성되어 있었으므로 얼마든지 육로 수송이 가능한 상황이었다.

수송 비용은 육로보다 해로가 훨씬 쌌다. 밀을 해로로 수송할 경우 100로마마일 당 1.3데나리우스인데 반해, 육로로 수송할 경우 36.2~54.3데나리우스가 들었다. 해로로 수송할 때 항구까지 오는데 드는 비용이 제외되었다는 점, 항로의 위험성과 수송 시간에 따라 금액이 더 높아질 수 있다는 점, 배가 난파되어 엄청난 손실을 입을 위험이 있다는 점, 해적들에게 모든 짐을 빼앗길 수 있다는 점을 감안하더라도 육로보다는 해로 수송이 비용 면에서 훨씬 유리했다.

수송 시간은 해로의 경우 바람의 방향에 따라 다양하지만 순풍일 경우 하루 동안 333㎞를, 역풍일 경우라도 하루 동안 92.5㎞를 이동할 수 있었다. 육로의 경우 짐의 무게에 따라 이동 속도는 다양했다. 짐이 없는 경우 하루 동안 108㎞를 가기도 했지만 밀이나 포도주, 올리브유 같은 짐을 수송할 때 하루 평균 최소한 17로마마일(25.2㎞) 이상, 일반적으로 24~30로마마일(35.5~44.4㎞)은 움직였다. 수송 시간도 육로가 해로에 비해 훨씬 늦었다. 수송량을 볼 때 상선 한 척에 실을 수 있는 화물을 육로로 수송할 때 수백 대의 마차가 필요했다.

수송 방법, 수송 비용과 시간 등 모든 면에서 해로 수송이 편리하고 값싸다. 그러나 강이나 바다에서 너무 멀리 떨어져 해로 수송이 여의치 않은 지역, 생산 지역에서 강이나 바다까지 물건을 옮겨야 하는 경우, 폭풍으로 바다를 이용할 수 없는 겨울에는 육로를 이용할 수밖에 없었다. 대리석·포도주·올리브유·목재의 무게가 많이 나가더라도 생산 지역에서 내륙의 판매 지역까지, 혹은 생산 지역에서 강 하구나 연안 지역까지 우선적으로 이용하

는 것은 육로였다. 따라서 해로 수송과 육로 수송은 상호 대립적인 개념이
아니라 상호 보완적인 개념이었다.

| 참고문헌 |

Arnaud, P.

　　2007　"Diocletian's Prices Edict: the prices of seaborne transport and the average duration of maritime travel", *Journal of Roman Archaeology* 20, 321~336.

Brunt, P. A.

　　1971　*Italian Manpower 225 B.C.~A.D. 14* (Oxford: Clarendon Press).

Burford, A.

　　1960　"Heavy Transport in Classical Antiquity", *Economic History Review* 13, 1~18.

Casson, L.

　　1950　"The Isis and Her Voyage", *Transactions and Proceedings of the American Philological Association* 81, 43~56.

　　1965　"Harbour and River Boats of Ancient Rome", *Journal of Roman Studies* 55, 31~39.

Charlesworth, M. P.

　　1961　*Trade-routes and Commerce of the Roman Empire* (Darmstadt: Georg Olms Verlagsbuchhandlung Hildesheim).

D'Arms, J. H.

　　1974　"Puteoli in the Second Century of the Roman Empire: A Social and Economic Study", *Journal of Roman Studies* 64, 104~124.

　　1981　*Commerce and Social Standing in Ancient Rome* (Messachusetts: Harvard University Press).

Duncan–Jones, R.

  1974 *The Economy of the Roman Empire: Quantitative Studies* (Cambridge: Cambridge University Press).

  1990 *Structure and Scale in the Roman Economy* (Cambridge: Cambridge University Press).

Evans, J. K.

  1981 "Wheat Production and Its Social Consequences in the Roman World", *Classical Quarterly* 31, 428~442.

Finley, M. I.

  1973 *The Ancient Economy* (London: Hogarth Press).

Garnsey, P., Hopkins, K. and Whittaker, C. R.(eds.)

  1983 *Trade in the ancient economy* (Berkeley: University of California Press).

Garnsey, P. & Saller, R.

  1987 *The Roman Empire; Economy, Society and Culture* (London: Duckworth).

Graser, E. R.

  1940 "The Significance of Two New Fragments of the Edict of Diocletian", *Transactions and Proceedings of the American Philological Association* 71, 157~174.

Hagen, V. W.

  1967 *The Roads that led to Rome* (Cleveland: The World Publishing Company).

Jones, A. H. M.

  1974 *The Roman Economy* (Oxford: Basil Blackwell).

1986 *The Later Roman Empire, 284~602; a social economic and administrative survey* (Baltimore: Johns Hopkins University Press).

Kessler, D., Temin, P.

2007 "The organization of the grain trade in the early Roman Empire", *Economic History Review* 60, 313~332.

Laurence, R.

1999 *The Roads of Roman Italy* (London: Routledge).

MacMullen, R.

1966 *Enemies of the Roman Order; treason, unrest, and alienation in the empire* (London: Routledge).

Parkins, H. and Smith, C.(eds.)

1998 *Trade, traders, and the ancient city* (London: Routledge).

Rickman, G.

1980 *The Corn Supply of Ancient Rome* (Oxford: Clarendon Press).

Rostovtzeff, M.

1957 *The Social and Economic History of the Roman Empire* (Oxford: Clarendon Press).

Whittaker, C. R.

1985 "Trade and aristocracy in the Roman Empire", *Opus* 4, 49~75.

Yeo, C. A.

1946 "Land and Sea Transportation in Imperial Italy", *Transactions and Proceedings of the American Philological Association* 77, 221~244.

18세기 후반-19세기 전반 '네바 - 볼가 수로체계'

박 지 배 _ 한국외국어대학교 역사문화연구소

I. 러시아와 수로

철도가 등장하기 이전에 러시아의 방대한 수로들은 러시아 국가를 하나의 응집력 있는 집단으로 묶어주는 결정적인 수단이었다. 광대한 영토를 가진 러시아 국가의 각 지역들은 수로를 통해서 서로 교류하면서 공통의 속성들을 만들어 갔고, 필요한 물품들을 교환하면서 비교적 응집력 있는 하나의 경제단위를 형성할 수 있었다. 그리고 이러한 교류는 러시아 구석구석을 흐르는 크고 작은 강들과 이러한 강들을 연결하는 인간의 노력이 없었다면 불가능했을 것이다.

러시아 국가에서 수로의 중요성은 근대국가가 형성되고, 서유럽과의 무역이 확대되고, 이와 함께 러시아의 '전국시장'이 강화되면서 더욱 증대되었다. 특히 페테르부르크의 건설은 러시아의 '전국시장'을 강화하는데 큰 역할을 했다. 러시아 제국의 수도 페테르부르크는 18세기를 거치면서 러시아 최대의 해외 무역항이자, 최대의 인구를 가진 대도시로 발전하였고, 광대한 러시아 땅에서 생산되는 막대한 양의 농산물, 축산물, 광산물 등을 빨아들이는 블랙홀이 되었다. 이와 함께 페테르부르크로 이어지는 '네바-볼가 수로체계'의 필요성은 더욱 커졌고, 따라서 러시아 정부는 이러한 수로를 개선하는데 많은 관심을 기울였다. 이와 함께 러시아 국가의 '전국시장'은 더욱 긴밀하게 짜였고, 러시아 내부의 교환망은 더욱 촘촘해지면서 국가적 단일성은 한층 강화되었다.

러시아 학계에서 '네바-볼가 수로체계'에 대한 적지 않은 연구가 이루어졌다. 그러나 대부분의 연구는 러시아 수로체계에 대한 수공학적인 접근이거나, 또는 수로 체계의 구조와 발전 과정을 다룬 연구들이며, 수로체계의 사회 · 경제사적 의미를 본격적으로 추적한 연구들은 많지 않은 실정이다. 더욱이 러시아 수로체계에 대한 연구들은 광대한 러시아 영토에 펼쳐진 수로들을 따라 직접 상품을 가득 실은 배를 끌며 수로체계의 작동을 실제로 가능하게 했던 농민들, 즉 부를라크의 역할을 간과함으로써 마치 러시아의 수로들이 운하 건설이라는 건설 사업을 통해서 작동할 수 있었던 것처럼 묘사하고 있다. 다만 카펜가우즈(Б. Б. Кафенгауз)를 비롯한 몇몇 소비에 트 역사가들이 러시아 제철기업에 대한 연구에서 부분적으로 러시아 수로 체계를 사회·경제사적 측면에서 다루면서 '네바-볼가 수로체계'를 통한 철 수송에 관한 흥미로운 정보들을 주고 있다. 한편 러시아 역사가 로딘(Ф. И. Родин)은 오랜 연구를 통해 부를라크(бурлак)에 대한 본격적인 연구서 를 발표하였지만, 부를라크에 대한 사회사적, 민속학적 측면에 치중하고 있 고, 통계 수치들을 이용할 때도 엄밀한 사료 비판이나 체계적 분석 방법들 을 결여하고 있다. 이렇게 러시아 학계에서도 18세기 후반과 19세기 전반의 러시아 수로체계의 작동에 대한 체계적인 연구는 없는 실정이며, 더욱이 한 국의 학계에서는 러시아의 수로체계에 대한 연구 자체가 전무한 상황이다. 따라서 한국 내에서 운하의 건설이 중요한 사회문제로 부각되는 상황에서 러시아 제국 내에 자연 상태의 강들과 이것들을 연결하는 운하를 포함하 는 전반적인 수로체계가 갖는 사회·경제사적 의미를 살펴보는 일은 충분 히 의미 있는 일이다.

본 논문은 러시아가 서구와의 무역을 시작으로 해외무역이 가장 급격히 성장하였던 18세기 후반과 19세기 초를 중심으로 러시아 도시 가운데 가장 많은 인구와 가장 큰 해외무역 거래량을 자랑하던 러시아 제국의 수도 페테 르부르크로 이어지는 '수로체계'의 구조를 살펴보고, 이러한 수로를 통한 상 품의 흐름을 원만하게 하는데 결정적인 역할을 하였던 배 끄는 인부 부를라 크의 활동을 조명함으로써 러시아 수로체계의 본질을 규명하고자 한다. 이 를 위해 먼저 페테르부르크의 등장과 페테르부르크의 상품 수요에 대해 살 펴볼 것이고, 페테르부르크로 이어지는 방대한 수로체계인 '네바-볼가 수로

체계'의 구조를 탐구할 것이다. 끝으로 거대한 수로 수송망의 실제적인 주역이었지만, 단지 조연으로만 인식되었던 배 끄는 인부 부를라크의 역할을 조망할 것이다.

Ⅱ. 대서구 무역항 페테르부르크의 발전과 상품수요의 증가

러시아 제국의 수도였던 페테르부르크를 관통하는 네바 강은 고대부터 발트해와 러시아 내부를 연결하는 중요한 통로의 역할을 했다. 네바 강의 섬들은 스칸디나비아 반도의 바이킹 상인들과 러시아 상인들이 만나는 장소였으며, 바이킹 상인들은 네바 강을 통해 노브고로드를 거쳐 드네프르 강변의 키예프로 진입할 수 있었고, 더 나아가 흑해를 통해 그리스 상인들과도 교역을 할 수 있었다. 이러한 고대 무역로가 러시아 연대기에서 말하는 "바랑고이 인으로부터 그리스 인으로 이르는 길(Путь из варяг в греки)"이었던 것이다. 한편 바이킹 상인들은 드네프르 강 쪽으로만 아니라 볼가 강 쪽으로도 이동하였다. 바이킹 상인들은 폭이 넓어졌다, 좁아졌다 하는 변화무쌍한 러시아 강들을 쉽게 운항하기 위해 작은 배를 타고 움직였다. 그들은 러시아 강들을 타고 이동하다가, 강이 끊기면 배를 끌고 다음 강까지 이동하여 다시 배를 강에 띄운 후에 계속해서 전진할 수 있었다. 이들은 러시아 문헌에 등장한 최초의 부를라크들이었던 것이다. 한편 몽골의 팽창으로 비단길을 통한 동아시아에서 서유럽으로 이어지는 동서 무역로가 활기를 띠고, 이탈리아 상인들이 지중해 무역을 장악하면서 고대 러시아의 남북 무역로 가운데 남쪽 부분의 역할이 축소되었다. 그러나 노브고로드 공국이 발트해의 한자 도시들과의 무역을 통해 번영하면서 네바 강을 출입구로 하는 북부의 수로체계는 계속 활기를 띠었다. 노브고로드에는 한자(Hansa) 사무소가 설치되는 등 서구 상인들이 활발한 활동을 벌였다. 그러나 상업적이기보다는 농업적 성격이 강했던 모스크바 공국이 러시아의 중심세력으로 부상하고, 이반 4세가 발트해 진출을 위해 추진했던 리보니아 전쟁이 패배로 끝나면서 러시아는 발트해로부터 차단되었다. 이러한 가운데 18세기 초에 러시아의 황제 표트르가 스웨덴과의 대북방전쟁에서 승리함으로써 발트해로 진출한 후, 네바 강 연안에 러시아 제국의 수도 페테르부르크를 건설함으로써 네바 강으로 이어지는 수로체계는 새로운 의미를 가지게 되었다.

페테르부르크가 위치하고 있는 네바 강 일대는 사실상 늪지대였고, 기후도 좋지 않아서 사람이 거주하기 좋은 환경은 아니었다. 따라서 페테르부르크가 건설되기 이전에 네바 강 인근에는 소수의 사람들만이 거주하고 있었는데, 1500년의 토지 대장에 언급된 기록을 보면 당시 네바 강 일대에 약 1500여 명의 장정과 그 가족들이 거주하고 있었을 뿐이다. 이러한 작은 어촌 마을과 상업 마을을 구성하고 있던 네바 강 일대에 페테르부르크가 건설되고, 도시가 제국의 수도로 성장하면서 급격한 인구 증가가 진행되었다. 초기 페테르부르크의 인구는 도시건설을 위해 러시아 각처에서 징집한 농민들로 구성되었으나, 이후 표트르 대제의 강제 이주 정책으로 귀족들과 상인들이 페테르부르크로 이주하게 되었다. 그리고 페테르부르크가 제국의 수도로서 자리를 잡아가고, 도시를 통한 대서구 무역이 확대되면서 자발적인 인구 유입이 본격화되었고, 페테르부르크의 인구는 크게 증가하였다.

(도표1) 1725-1853년 페테르부르크의 인구 증가

연 도	1725년	1750년	1789년	1805년	1824년	1853년
인구수	4만	9만5천	21만 8천	27만 1천	44만 4천	52만 3천

도표1은 1725-1853년 동안 페테르부르크의 인구변동을 살펴본 것이다. 1725

년에 약 4만의 인구였던 페테르부르크는 1750년에 이미 두 배가 넘는 9만5
천 명의 인구를 기록했다. 그리고 1805년에는 도시 인구가 약 27만 명으로
증가하였고, 1824년에는 44만 명이 되어 약 100년의 기간 동안 무려 11배의
인구 증가가 있었다. 페테르부르크가 러시아 최대의 무역항이자 정치, 경제,
문화의 중심지로 성장하면서 도시 내에는 수많은 일자리가 창출되었고, 이
는 러시아 각지의 상인들과 농민들을 페테르부르크로 흡수하는 중요한 동
인이었다. 그리고 이러한 인구 증가는 필연적으로 곡물 수요의 증가를 가져
왔다. 페테르부르크는 전형적인 농산물 소비 도시였기 때문에 도시 인근의
곡물 생산으로는 페테르부르크의 주민들을 먹여 살릴 수 없었기에, 러시아
남부의 곡창지대로부터 대대적인 곡물 유입이 필요했던 것이다.

(도표2) 1738-1857년 페테르부르크로의 곡물 운송량 (단위: 천 푸드)*

연 도	1738-40년	1746-48년	1780-84년	1801-05년	1828년	1853-54년
운송량	3,966	4,848**	7,529	12,187	20,375	38,326

*1푸드는 약 16.38킬로그램에 해당, **1746년과 1748년의 평균

도표2는 러시아의 역사가 샤피로(А. Л. Шапиро)가 라도가 운하
(Ладожский канал)를 통해 러시아 각지에서 페테르부르크로 들어온 곡물
량을 수집한 자료를 토대로 작성한 것이다. 라도가 운하의 세관에서는 페테
르부르크로 들어오는 선박의 수뿐만 아니라, 상품 종류별로 그 유입 물량을
기록하였다. 물론 이것은 세관원이 직접 계산한 것이 아니라, 선주가 세관에
신고한 것을 토대로 한 것이기 때문에 정확한 수치라고 볼 수는 없지만, 그
래도 전반적인 추세를 확인하기에는 충분하다. 1738-40년에 연평균 397만 푸
드의 곡물이 페테르부르크로 유입되었다면, 1801-05년에는 1,219만 푸드가
유입되어 곡물 유입량은 3.1배 증가하였고, 1828년에는 2,038만 푸드로 5.1

배, 1853-54년에는 3,833만 푸드로 9.7배의 증가세를 보였다. 이렇게 러시아 각 지역에서 페테르부르크로 거대한 곡물의 유입이 있었고, 이 가운데 일부는 해외로 수출되기도 하였으나, 대부분은 페테르부르크 주민을 위한 것이었다. 그리고 페테르부르크로 곡물 이외의 다른 러시아 상품들이 유입되는 데 있어서는 페테르부르크의 자체 수요보다는 서유럽의 수요가 더욱 큰 역할을 하였다.

페테르부르크는 러시아 제국의 수도일 뿐만 아니라 제국의 가장 거대한 해외무역항이었다. 도시가 건설되기 이전에도 네바 강변에는 몇몇 상업 마을이 존재하였고, 17세기 말에 스웨덴 관할의 니엔(Ниен)에는 매년 50척의 상선이 드나들었다는 기록이 있다. 그러나 페테르부르크가 등장하기 이전에 러시아 해외무역은 네바 강을 통해서보다는 나르바(Нарва)와 아르한겔스크(Арханьгельск)를 통해 이루어졌다. 표트르 대제는 페테르부르크 무역의 발전을 위해서 모든 지원을 아끼지 않았는데, 그러한 지원은 주로 페테르부르크에 대항할 다른 무역항구들을 견제하는 방향으로 이루어졌다. 예를 들어 북해로 난 대서구 무역항인 아르한겔스크나 발트 지역의 전통적인 무역항이었던 리가(Рига), 레발(Реваль) 같은 다른 발트 항구들로 러시아 상품이 이동하는 것을 막고 수출 상품이 페테르부르크로 이동하도록 여러 칙령들을 발표하였던 것이다. 이러한 러시아 정부의 강력한 지원과 자신의 지리적 이점을 가지고 페테르부르크의 해외무역은 해가 갈수록 증가하였다.

(도표3) 1761-1830년 페테르부르크의 수출입 거래량 (단위: 은화 천 루블)

	1761 1770	1771 1780	1781 1790	1791 1800	1801 1810	1811 1820	1821 1830
수입량 (비중)	5348 (55)	7595 (57)	12916 (68)	15493 (60)	9829 (40)	21623 (62)	30864 (67)
수출량 (비중)	6239 (49)	9268 (51)	14537 (59)	21222 (56)	15112 (37)	20519 (41)	27231 (50)

도표3은 18세기 후반과 19세기 전반 페테르부르크의 수입량과 수출량을 은화 루블로 표시하고, 괄호 안에 러시아 전체 수출입에서 페테르부르크가 차지하는 비중을 백분율로 표기한 것이다. 전반적으로 1760년대부터 1820년 대까지 수입량은 5.8배가 증가하였고, 수출량은 4.4배가 증가하였다. 그리고 괄호 안의 수치에서 볼 수 있는 바와 같이 페테르부르크는 수입과 수출 모두에 있어서 러시아 전체 대외무역 거래량의 절반 이상을 담당하였다. 한편 1801-1810년에 러시아 해외무역에서 페테르부르크의 비중이 감소한 것은 나폴레옹의 대륙봉쇄 정책 때문에 상대적으로 엄격하게 대영 무역 통제가 이루어졌던 페테르부르크를 피해서 러시아의 수출 상품이 이동하였기 때문이다.

이상의 도표들에서 볼 수 있는 것처럼 페테르부르크는 인구증가로 인한 자체 수요뿐만 아니라 해외수요로 인해 방대한 양의 상품이 필요했고, 이는 페테르부르크로 이어지는 수로체계의 작동을 가속화시켰다. 러시아 각처에서 생산된 곡물, 아마, 대마, 수지, 기름, 아마포, 철 등 각종 농산물과 제조품을 실은 배들이 볼가 강을 따라 이동한 후에 라도가 운하를 통해 네바 강으로 진입하여 페테르부르크로 들어와 시민들을 먹이고, 해외로 수출되었다.

Ⅲ. 러시아 정부의 운하 건설과 '네바–볼가 수로체계'

광대한 러시아 영토에서 생산된 막대한 상품들을 러시아 각 지역에서 방대한 거리를 이동해 페테르부르크로 공급하는 일은 결코 쉽지 않았다. 러시아에서 철도가 등장하기 전인 18세기와 19세기 전반에 이러한 수송을 가능하게 했던 것은 러시아의 방대한 수로체계였다. 페테르부르크로 이어지는 육로는 봄과 가을이면 진흙탕이 되어 이동이 어려웠다. 따라서 육로의 경우 주

(지도 1) 네바 - 볼가수로 체계

로 겨울 썰매 길을 이용하였으나, 썰매 길을 통해서는 비교적 가볍고, 가격이 비싼 수입 상품들이 수송되었고, 곡물, 소금, 철 같은 생활필수품과 수출상품들은 그 육중함 때문에 썰매로 수송하는 데 한계가 있었다. 1862년 대개혁 직전까지도 러시아 제국의 포장도로(шоссейные дороги)는 총 9천 베르스타(약 9,720킬로미터)에 불과하였는데, 이는 광대한 러시아 영토를 생각한다면 매우 부족한 것이었다. 철도 역시 사정은 마찬가지였다. 1838년 페테르부르크와 인근 마을인 차르스코에 셀로(Царское село) 사이에 러시아최초의 철도가 세워졌고, 1851년에 페테르부르크와 모스크바 사이에 철도가놓였으나 당시 철도는 상품보다는 주로 인력을 수송하기 위한 것이었다. 대개혁 직전까지 러시아 철도의 길이는 1500 베르스타(약 1,620킬로미터)로 아주 미미한 수준이었는데, 당시 러시아보다 영토가 훨씬 작았던 독일은 1만베르스타(약 10,800킬로미터)의 철로를 가지고 있었다. 따라서 18세기와 19

세기 전반에 심지어 19세기 후반에도 러시아의 상품 수송, 특히 육중한 상품들의 수송은 절대적으로 수로를 통한 것이었다.

먼저 페테르부르크는 자연 수로를 통해 트베리(Тверь) 북부의 브이쉬니 볼로초크(Вышний Волочок) 인근까지 연결되었다. 페테르부르크의 네바 강이 유럽 최대의 호수인 라도가 호(Ладожское озеро)로 이어졌고, 여기서 볼호프(Волхов) 강이 노브고로드를 거쳐 일멘(Ильмень) 호로 연결되었다. 그리고 물길은 일멘 호에서 므스타(Мста) 강을 따라 브이쉬니 볼로초크 인근까지 이어졌고, 다시 브이쉬네볼로초크 다른 편에서 트베르차(Мста) 강이 볼가 강으로 연결되었다. 그리고 '러시아의 어머니'라고 불리는 볼가 강은 수많은 지류들을 거느리고 도도히 카스피해로 흘러갔다. 볼가 강의 지류들 가운데 오카(Ока) 강, 클랴지마(Клязьма) 강, 수라(Сура) 강은 볼가 강을 러시아 중남부 흑토 지대와 연결시켜 주었고, 그리고 또 다른 지류인 카마(Кама) 강은 우랄 지역으로 흘러서 우랄의 광산 지대와 연결되었다. 이렇게 해서 지도상으로 볼 때 네바 강은 볼가 강과 오카 강을 통해 농산물 중심지인 러시아 남부의 흑토지대와 연결될 수 있었고, 또한 볼가 강과 카마 강을 통해 우랄의 제철 지대와도 연결될 수 있었다. 이러한 여정에서 수로로 연결되지 못한 부분이 한군데 있었는데, 바로 므스타 강과 트베르차 강이 자연 수로로 연결되지 못한 한 토막의 땅인 브이쉬니 볼로초크였다. 이곳에 브이쉬네볼로초크 운하가 건설되면서 네바 수로체계와 볼가 수로체계가 연결되어 이른바 '네바-볼가 수로체계'가 가동되었던 것이다. 네바 강에서 볼가 강으로 이어지는 수로 체계를 정리하면 다음과 같다.

(브이쉬네볼로초크 수로체계)

발트 해 → 〈페테르부르크〉 → 네바 강 → 라도가 호(라도가 운하) → 볼호프 강(볼호프 운하) → 〈노브고로드〉 → 일멘 호(일멘 운하) → 므스타 강(므스타

운하) → 브이쉬네볼로초크 운하 → 트베르차 강 → 〈트베리〉 → 〈몰로가〉 →
〈르이빈스크〉 → 〈야로슬라블리〉 → 〈코스트로마〉 → 〈니쥐니 노브고로드〉 →
볼가 강(클랴지마 강) → 볼가 강(오카 강) → 볼가 강(수라 강) → 〈카잔〉 →
볼가 강(카마 강) → 〈심비르스크〉 → 볼가 강(사마라 강) → 〈사라토프〉 → 볼
가 강 → 〈차리츠인〉 → 〈아스트라한〉 → 카스피 해*

*각 지명의 원어 표기는 다음과 같다.

Балтийское море, Нево, Петербург, Ладожское озеро, река Волхов,
Новгород, оз. Ильмень, река Мста, Вышний Волочек, Тверца, Тверь,
Молога, Рыбинск, Ярославль, Кострома, Нижний Новгород, река Клязьма,
река Ока, река Сура, Река Кама, Казань, Симбирск, река Самара, Саратов,
Царицын, Астрахань, Каспийское море

이와 같이 러시아는 페테르부르크로 이어지는 자연 상태의 훌륭한 수로
자원을 가지고 있었지만, 그것을 자연 그대로 이용할 수는 없었다. 무엇보다
수로로 연결되지 않은 구간들을 자연 수로와 연결하기 위해서 연결 운하를
파야 했으며, 또한 자연 수로가 지나는 곳이라도 여울이 많거나 파도가 심
해서 항해가 어려운 구간에서는 우회 운하를 파서 어려운 구간을 우회하거
나, 저수 댐을 건설해서 필요한 때에 수위를 높여 주어야 했다. 이러한 우회
운하 또는 저수 댐의 건설은 페테르부르크의 인구가 증가하고 해외무역이
증가하는 상황에서 지속적으로 이루어져야 했다. 먼저 표트르 대제는 1703
년 1월12일 칙령을 발해 브이쉬네볼로초크 수로체계를 건설하는 일에 착수
했고, 1709년에 수로체계가 가동되어 운항이 시작되었다. 브이쉬네볼로초크
운하는 처음에 러시아 정부가 관할하였으나, 1719년에 민간에 넘겨주었다가,
1774년에 다시 정부가 이를 인수하여 직접 관할하기 시작하였다. 이렇게 해
서 일단 '네바-볼가 수로체계'가 가동되기 시작하였으나, 유통물량이 증가

(그림1) 브이쉬니볼로초크 운하의 모습 (2002년, 박지배 촬영)

하면서 수송을 원활하게 하기 위해 수많은 추가 조치가 필요하였다.

먼저 문제가 되었던 것은 러시아 내부에서 힘들게 페테르부르크 근처까지 온 선박들이 라도가 호수를 건너는 일이었다. 라도가 호수는 유럽에서 제일 큰 호수로서 마치 바다와 같은 파도가 일어서 운항이 쉽지 않았다. 작은 강을 따라서 이동하기에 유리하게 만든 뗏목 형태의 평저선으로는 바다와 유사한 환경을 가진 라도가 호에서 더 이상 안전한 운항을 할 수 없었던 것이다. 특히 날씨가 좋지 않은 날에는 짐을 잔뜩 실은 평저선이 난파하기 십상이어서 라도가 호수를 운항하는 일은 여간 위험한 일이 아닐 수 없었다. 따라서 작은 배들이 실고 온 짐들을 큰 범선에 옮겨 실은 후에 다시 페테르부르크까지 수송하였고, 이 때문에 상당한 수송비용이 들 수밖에 없었다. 따라서 수송비를 줄이고 안전한 운항을 확보하기 위해서 라도가 호를 우회하는 운하를 파는 것이 필요했다. 라도가 운하의 건설은 1718년부터 1731년까지 13년에 걸쳐 이루어졌으며, 운하의 건설로 운송비가 크게 감소하였다. 운하 건설 이전에는 라도가 호에서 페테르부르크까지 150루블의 비용을 지불하였는데, 이제 운하를 사용하고 일꾼을 부리는 데 필요한 20루블이면 족했다.

라도가 호와 일멘 호를 연결하는 볼호프 강은 비교적 안전한 항해가 가능한 구간이었다. 이러한 볼호프 강은 노브고로드 공국이 발전하기 위한 중요한 자연 환경을 제공했다. 그러나 일부 구간에서 '볼호프 여울들(Пчевские и Волховские пороги)'이 있어 순조로운 운항을 방해하기도 하였다. 따라서 1760년대에 이 구간들을 청소하는 등 몇몇 개선 작업들이 이루어졌지만 큰 성과를 거두지 못했고, 19세기 초에 와서야 이 구간을 우회하는 운하의 건설이 이루어지면서 문제를 완화할 수 있었다. 따라서 18세기 내내 '볼호프 여울들'을 통과하는 선박들은 물이 범람하는 봄이나 가을에만 운항할 수 있었고, 그렇지 않은 때에는 짐을 옮겨 실어서 그 구간을 피해서 육로로 이동한 후에 다시 운항을 계속해야 했다.

므스타 강과 볼호프 강을 연결하는 일멘 호수 역시 운항이 쉽지 않은 구간이었다. 특히 페테르부르크로 가는 상품을 실은 선박이 지나야 하는 므스타 강 하구에서 볼호프 강 하구까지의 동쪽 호안은 기후가 변화무쌍하여 북동풍의 바람을 맞아야 했고, 운항이 매우 위험하여 그 바닥에 수 백 척의 파손된 선박이 묻혀있을 정도였다. 이 문제를 해결하기 위해서 러시아 정부는 일멘 호 동쪽 호안을 우회하여 므스타 강에서 직접 볼호프 강으로 연결되는 운하를 파야 했으나, 재정 부족으로 운하의 건설은 계속 미루어졌고, 1797년에 와서야 운하 건설을 시작하여 1802년에 운하가 가동되었다.

브이쉬니 볼로초크 지역을 관통하는 구간 역시 운항에 많은 어려움이 있었다. 특히 390베르스타(약 421킬로미터)에 이르는 므스타 강은 전체 '네바-볼가 수로체계'에서 운항이 가장 어려운 구간으로 유명해서, 매우 정교한 운항기술이 요구되었다. 므스타 강의 운항이 어려웠던 주된 이유는 많은 여울들 때문이었는데, 특히 '보로비츠 여울(Боровицкий порог)'은 운항 업무에 종사하는 모든 이들에게 가장 악명 높은 구간이었다. 므스타 강에서의 지속적인 난파 사고와 수송지연으로 러시아 정부 차원의 대책 마련이 필요하였다. 러시아 정부는 먼저 므스타 강 인근에 저수지들을 만들어 필요한 때에 강의 수위를 높임으로써 여울들에서 일어나는 사고를 어느 정도 줄일 수 있었다. 그러나 페테르부르크의 인구와 해외무역 거래량이 증가하면서 므스타 강을 통과하는 화물량 역시 급격히 증가함에 따라 더 많은 개선책이 필요하게 되었다. 따라서 러시아 당국은 '보로비치 여울'의 운항 환경을 개선하기 위해 더 많은 노력을 기울였다. 1768년에는 강의 수량을 풍부하게 하려고 므스티나(Мстина) 호수에 수문을 건설하라는 칙령을 발했으나, 수문이 건설된 후에도 수량이 부족하여 실제적인 개선이 이루어질 수 없었다. 따라서 러시아 정부는 결국 1779년부터 벨리에(Велье) 호수의 물을 끌어들여 수량을 증가시키기 위해 운하를 파기 시작하여, 1805년에야 운하를 완성할 수 있었다.

'네바-볼가 수로체계'는 러시아 최대의 대서구 무역항인 페테르부르크를 러시아 내부와 연결하면서 러시아 경제의 동맥 역할을 하였다. 그러나 앞에서 살펴본 바와 같이 이 수로체계는 운항에 많은 문제점을 가지고 있었고, 이를 해결하기 위해 많은 운하들을 건설하였지만, 유통량이 증가하면서 그 한계가 더 크게 드러났다. 브이쉬네볼로초크 수로 체계의 가장 큰 문제는 많은 여울들과 악천후로 수송에 너무 많은 시간이 걸린다는 것이다. 또한 많은 어려움 속에서도 이 수로체계를 통해 러시아 내부에서 페테르부르크로 생활필수품이나 수출 상품의 수송은 이루어졌지만, 동시에 페테르부르크에서 러시아 내부로 서구의 사치품들을 수송하기는 어려웠다. 구간마다 차이가 있었지만 네바-볼가 수로체계를 따라 페테르부르크에서 러시아 내륙으로 내려오는 운항은 물살이 급해서 난파되기가 십상이었고, 배가 침몰하여 사치품들이 강 밑에 빠지면 이를 다시 건져내어 활용하기도 어려웠기 때문이다. 따라서 페테르부르크와 러시아 내부 사이의 원활한 유통을 위해서는 새로운 수로체계가 필요했다. 이렇게 해서 볼가 강과 네바 강을 연결하는 마린스키 운하(Маринский канал)와 티흐빈 운하(Тихвинский канал)가 건설되었다.

마린스키 운하와 티흐빈 운하는 표트르 대제가 구상하였으나, 실제로는 파벨이 통치기에 시작되어 알렉산드르 1세 때에 가동되었다. 마린스키 수로는 1808년에 첫 운항이 시작되었고, 티흐빈 수로는 1811년부터 가동되었다. 물론 두 운하 시스템 역시 많은 개선이 필요했는데, 마린스키 운하가 최종적으로 완성되는 것은 1852년이었다. 마린스키 수로체계와 티흐빈 수로체계의 경로는 다음과 같다.

(마린스키 수로체계)

발트 해 → 〈페테르부르크〉 → 네바 강 → 라도가 호(라도가 운하) → 스비리 강(스비리 운하) → 오네가 호 → 브이테그라 강 → 마린스키 운하 → 코브쥐 강 → 벨로에 호 → 쉐크스나 강 → 〈르이빈스크〉 → 볼가 강*

*각 지명의 원어 표기는 다음과 같다.

Балтийское море, Нево, Петербург, Ладожское озеро, река Свирь, Онежское озеро, река Вытегра, Маринский канал, река Ковжь, Белое озеро, река Шексна, Рыбинск, река Волга

(티흐빈 수로체계)

발트 해 → 〈페테르부르크〉 → 네바 강 → 라도가 호(라도가 운하) → 샤지 강 (샤지 운하) → 에그리노 호 → 티흐빈카 강 → 티흐빈 운하 → 소미노 호 →

볼치나 호 → 차고도쉬 호 → 몰로가 강 → 〈몰로가〉 → 볼가 강 → 〈르이빈스
크〉 → 볼가 강*

*각 지명의 원어 표기는 다음과 같다.

Балтийское море, Нево, Петербург, Ладожское озеро, река Сязь, Еглино
озеро, река Тихвинка, Тихвин, Тихвинский канал, Сомино озеро, Волчина
озеро, Чагодощь озеро, река Молога, Молога, река Волга, Рывинск.

마린스키 운하와 티흐빈 운하를 통한 수로체계는 일부 구간, 즉 라도가 호
에서 르이빈스크까지의 구간만 브이쉬네볼로초크 운하를 통과하는 수로체
계와 다른 경로를 가졌으며, 나머지 구간들은 같았다. 결과적으로 새로 건설
된 두 운하는 러시아 내부에서 페테르부르크까지의 거리를 브이쉬네볼로초
크 운하보다 훨씬 더 단축시켰으나, 두 운하를 경유하는 수로들은 상대적으
로 작은 배들만이 운항할 수 있었기 때문에 브이쉬네볼로초크 운하를 대신
할만한 획기적인 수송로로 기능하지는 못했다. 새로운 두 운하가 가동된 후
인 1812년 1월에 페테르부르크에 있는 러시아의 유명한 철강업자 데미도프
(Демидов)의 수송 책임자는 이제 몇몇 배들이 한 시즌 만에 페테르부르
크까지 일주할 수 있다고 보았고, 티흐빈 운하를 통해 철을 수송하는 방안
을 검토하였으나, 실제로는 여전히 브이쉬네볼로초크 운하로 움직였던 것
이다.

Ⅳ. 배 끄는 인부 부를라크의 노동

18세기 후반과 19세기 전반에 러시아 국가 체제가 발전하고, 러시아가 대
서구 무역을 통해 세계경제체제에 본격적으로 편입되면서 러시아 제국의 수

도이며, 대서구 무역항이었던 페테르부르크로의 상품 수송의 필요성이 확대되었다. 러시아 정부는 운하를 건설해 끊어져 있는 수로를 연결하고, 어려운 구간을 우회하고, 저수 댐을 건설해 물의 수위를 조절하는 등 운항 여건을 개선하려고 애썼다. 그러나 그러한 수송이 가능하였던 것은 단지 러시아의 자연 수로나 국가의 운하 건설 때문만은 아니었다. 실제로 앞에서 살펴본 바와 같이 '네바-볼가 수로 체계'는 수많은 난관들을 가지고 있었으며, 정부의 운하 건설은 이러한 어려움을 완화시킬 수 있었을지 모르지만, 실제로 수많은 난관 속에서 짐을 잔뜩 실은 배들을 움직이게 했던 것은 운하가 아니라 부를라크라고 부르는 러시아 농민들이었다.

18-19세기 러시아에서 부를라크라는 말은 다양한 의미로 사용되었다. 일반적으로 부를라크는 배를 끄는 인부나 또는 뗏목을 만드는 목수를 의미하는 말로 쓰였다. 한편 노브고로드 같은 부를라크 노동이 만연한 지역에서는 일자리를 찾아 농촌을 떠난 농민들을 통상적으로 부를라크라고 부르기도 했다. 한편 19세기 초만 하더라도 일부 러시아 오지에서는 부를라크라는 말이 긍정적인 의미를 가지고 있었다. 예를 들어 바깥세상을 접할 기회가 적은 올로네츠 지방(Олонецкий край)에서 부를라크는 "도시의 문화를 습득한 경험 많은 사람"이라는 뜻이 있어 처녀들은 약혼자의 이상적인 모습을 부를라크로 그렸고, 어머니는 먼저 죽은 사랑하는 아들을 부를라크로 부르기도 했다. 그러나 부를라크라는 말에는 점차 부정적인 의미가 강해져서, 19세기 말이나 20세기 초에는 교양이 없는 막일꾼이라는 거의 욕설적인 뜻으로 사용되었다.

한편 일반적인 역사서술에서는 네바-볼가 수로를 따라 상품을 실은 배를 안내하고, 끌어 움직이며, 또한 파손된 배를 수리하는 사람들을 통칭하여 부를라크라고 부른다. 부를라크에는 보도리브(водолив), 로츠만(лоцман), 쉬쉬카(шишка), 코스느이(косный) 등이 있었는데, 이러한 명칭은 지역별로 조금씩 차이가 있었다. 보도리브는 부를라크 가운데 가장 연장자였고, 이들은 짐이 물에 젖지 않도록 관리해야 했고, 다른 부를라크들의 신분증과 식비를 관리하고 배가 망가지는 경우 수리도 하는 등 전반적으로 부를라크들의 십장 역할을 하였다. 1775년에 제철 귀족이었던 골리츠인(Голицын)의 부를라크 고용 계약서를 보면 보도리브는 넘겨받은 철을 온전히 보존할 책임이 있다고 언급되어 있고, 철을 인수받고 나서 철의 물량을 파악하고, 철이 도난당하지 않도록 감시해야 한다고 명시하고 있다. 로츠만은 배를 조종하고 안내하는 일을 맡은, 수로 안내인이었다. 이들은 수로 체계 가운데 위험한 구간의 물길을 잘 알고 있는 숙련 노동자였으며, 배를 끄는 대다수 부를라크보다 훨씬 높은 임금을 받았다. 쉬쉬카는 배를 끄는 부를라크 행렬의 맨 앞에 서는 사람이었고, 코스느이는 후미에 걸어가면서 줄이 나무 따위에 걸리면 빼 내는 역할을 담당하였다.

러시아 남부의 농산물과 우랄의 철과 소금을 실은 배들이 장대한 볼가 강을 거슬러 올라가 브이쉬네볼로초크 운하를 통과하고, 다시 볼호프 강을 지나 페테르부르크까지 이동하는 데는 1년 또는 1년 반의 세월이 소요되었다. 소비에트 역사가 카펜가우즈는 유명한 제철 가문인 데미도브(Демидов)의 철 수송을 통해 이러한 여정에 대한 흥미로운 정보를 주고 있다. 1758년의 자료를 보면 2월에 데미도브의 영지에서 농민들을 동원하고, 경험이 많은 인부들을 고용하는 등 철 수송을 위한 준비가 시작되었다. 4월 하순에 얼음이 녹자마자 출발한 데미도브의 카라반(караван)은 5월 20일에 랴이쉐브에 도착했고, 6월 19일에 니쥐니 노브고로드에, 7월 13일에 르이빈스크에 도착하였다. 르이빈스크에서 이후의 운항을 위해 새로운 인부들을 고용했고, 7월 31일에야 르이빈스크를 출발할 수 있었다. 이후 데미도브의 카라반은 8월 16일에 트베리에 도착하였고, 9월 7일에는 브이쉬니 볼로초크에 이르렀다. 그리고 이곳에서 다시 새로운 인부들을 고용해야 했으며, 9월 12일에야 브이쉬니

(그림2) 볼가 강변에서 배를 끄는 부를라크 (페테르부르크 러시아미술관, 1873년 레핀)

볼로초크를 출발할 수 있었다. 이후 카라반은 9월29일에 노브고로드에 도착하였고, 10월14일 아침 8시에 페테르부르크에 도착하여, 10월16일에 실고 온철을 영국 상인에게 넘겨주었고, 11월13일까지 남은 철을 모두 판매할 수 있었다. 이렇게 1758년에 데미도브의 카라반은 단 한 번의 시즌 만에 성공적으로 운항을 완료하였지만, 많은 경우 주로 예산 부족과 고용 문제를 해결하지 못해 1년 반의 시간이 필요하였다. 예를 들어 1762년 데미도브의 카라반은 4월21일에 출발하여, 검문을 통과하기 위해 여러 차례 뇌물을 주는 등행정상의 어려움을 극복하면서, 1758년의 카라반보다 이른 시기인 6월 말에르이빈스크에 도착했지만, 이곳에서 예산 문제와 고용 문제로 세 달 가까운시간을 허비했다. 결국 겨울이 닥쳐 1762년의 카라반은 트베리에서 6개월간의 긴 시간을 보내고, 다음해인 1763년 6월 중순에야 페테르부르크에 도착할 수 있었다. 이렇게 러시아 남부의 생산물을 수로를 통해 수송하는 일은 1

년에서 1년 반이라는 긴 시간을 필요로 했고, 중간에 겨울을 나지 않고 한 시즌에 운항을 완료하기 위해서는 많은 돈을 들여 인부들을 제 시간에 고용해야 했다. 따라서 수로를 통한 상품 수송에서 가장 핵심적인 요소는 인건비 지급이었다. 그리고로바-자하로바(С. П. Григорова-Захарова)의 연구에 따르면 1771년에 골리츠인의 철을 수송하는데 든 순비용이 6,814루블이었는데, 이 가운데 임금으로 지출한 것이 4,498루블로 인건비가 전체 수송비용의 75퍼센트를 차지했다. 결국 네바-볼가 수로 체계에서 가장 중요한 역할은 강을 거슬러 배를 안내하고, 배를 끄는 인부인 부를라크였던 것이다.

따라서 러시아의 귀족들이 자신의 영지나 공장에서 생산한 상품들을 페테르부르크로 납품하기 위해서는 다른 무엇보다 영지나 공장에 속한 농민들을 동원하거나, 고용시장에서 부를라크들을 고용하여 운송에 필요한 인력을 확보하는 것이 필수적인 일이었다. 러시아 귀족들은 자신의 농노들 가운데 재능 있는 자들을 골라 카라반 전체를 관리하고, 감독하게 하였는데, 이들을 프리카즈치크(приказчик)라고 불렀다. 프리카즈치크는 상품을 수송할 배들을 준비 했고, 또한 상품을 배에 싣고 배를 끌고 올라갈 부를라크들을 고용했다. 데미도브나 다른 대귀족들은 카라반을 수송하는 일에 자신의 농노들을 동원하기도 했지만, 대개 노동 시장에서 자유 노동력을 고용하는 것이 일반적이었고, 볼가 강을 거슬러 올라가는 여정에서 니쥐니 노브고로드(Нижний Новгород), 르이빈스크(Рыбинск), 트베리(Тверь), 브이쉬니 볼로초크(Вышний Волочок) 등이 노동력을 교체하는 중요한 거점이었다. 부를라크를 구하는 일은 카라반의 성공적인 운항을 위해 가장 중요한 일이었기에, 프리카즈치크는 필요한 구간에서, 저렴한 가격으로, 성실한 일꾼들을 구하기 위해 많은 신경을 써야 했다. 한편 18세기 후반과 19세기 전반에 러시아의 화폐경제가 발전해 감에 따라 러시아 농민들 역시 돈이 필요하여, 주

	1769	1770	1772	1777	1786	1789	1796
태환 루블	9.0	9.0	9.0	11.5	14.0	14.0	18.0
은화 루블	8.9	8.9	8.7	11.4	13.7	12.5	14.2

인의 허락을 받고 영지를 벗어나 품팔이 노동에 나섰는데 부를라크 노동은 돈이 귀한 농촌에서 현금을 얻는 중요한 수단이었다.

도표4는 18세기 후반 골리츠인 가문이 자신의 제철공장에서 생산한 철을 수송하기 위해 배 끄는 부를라크에게 지불한 임금이다. 도표의 수치들은 특정 기업의 일관된 자료를 바탕으로 하고 있다는 점에서 시기별 임금 추이를 비교하기에 비교적 신뢰할 만한 자료라고 볼 수 있다. 도표에서 보는 바와 같이 태환 루블로 계산할 때 부를라크의 임금은 1769년에서 1796년까지 2배가 증가했다. 그러나 이러한 임금 상승의 폭은 태환 루블의 가치하락을 감안하면 훨씬 줄어든다. 태환 루블은 1769년에 은화 0.99루블로 은화 루블과 거의 맞먹는 가치를 가졌으나, 1796년에는 은화 0.79루블에 불과하였기 때문이다. 즉 태환 루블로 지불된 임금을 은화 루블로 계산하면 부를라크의 임금은 1.6배 증가하였을 뿐이다. 한편 이는 물가 상승을 감안하지 않은 것이다. 페테르부르크의 밀 가격은 1769년에서 1796년 사이에 약 2배가 올랐다. 즉 1769-1796년 사이에 은화로 계산한 부를라크의 임금은 1.6배 올랐으나, 곡물 가격은 2배 가까이 증가하였던 것이다. 물론 부를라크의 임금은 지역별로, 또는 시기별로 또한 상황에 따라 달랐지만, 전반적으로 18세기 후반에 부를라크의 실질 임금은 감소했다.

한편 19세기 전반 부를라크 임금에 관한 일관된 자료를 구하기는 힘들다. 로딘은 자신의 부를라크 연구에서 부를라크 임금에 대한 다양한 수치들을 제시하고 있지만, 사료비판 없이 기계적으로 수치들을 모아 놓았기 때문에

(도표5) 19세기 전반 배를 끄는 부를라크의 임금 변동

(5-1) 아스트라한-니쥐니 노브고로드 구간의 임금 변동

	1801-03	1812-18	1832	1843	1851	1862
임 금	29.1	35.7	41.6	34.0	39.2	37.0
지 수	100	122	143	117	135	127

(5-2) 아스트라한-사라토프 구간의 임금 변동

	1812	1832	1843	1850-52	1866
임 금	14.0	9.2	18.1	16.4	16.2
지 수	100	66	130	117	116

(5-3) 전반적인 볼가 강 구간의 임금 변동

	1803-07	1811-18	1862
임 금	30.7	30.5	38.6
지 수	100	100	126

(5-4) 곡물가격의 변동

	1801-10	1811-20	1821-30	1831-40	1841-50	1851-60	1861-70
지 수	100	89	77	101	96	120	136

상당히 조심스런 해석이 요구된다. 부를라크의 임금은 전반적인 경기변동을 따르고 있지만, 고용 당시의 상황과 다른 변수들로 인해 임금 변동의 폭이 컸기 때문에 정상적인 추세에서 벗어나는 예외적인 임금 수치들이 개입될 수 있기 때문이다. 따라서 이러한 로딘이 제시한 여러 종류의 수치들을 서로 크로스 체크하면서 자료들을 해석해야 한다.

도표 5-1, 5-2 그리고 5-3을 종합하면 다음의 결론을 얻을 수 있다. 먼저 19세기 전반에 부를라크의 임금은 많든 적든 증가하였다. 도표 5-2의 1832년 자료는 예외적으로 임금의 하락을 보여주지만, 도표 5-1의 1832년 자료는 임

금의 큰 상승을 보여주기 때문에 둘 중 어느 하나는 전반적인 추세에 맞지 않는 예외적인 것임을 알 수 있다. 이렇게 위의 도표에 제시된 부를라크 임금에 관한 개별적인 수치들은 모두 오류의 가능성을 포함하고 있다. 그러나 다른 한편으로 위의 수치들이 모두 오류일 가능성은 희박하며 따라서 수치 전체가 의미하는 바는 어느 정도 진실에 가까울 것이 분명하다. 결론적으로 도표 5에 제시된 대부분의 임금 수치들은 19세기 전반에 부를라크의 임금 이 하락하기보다는 제자리를 유지하거나 약간 상승하였음을 보여준다. 한편 도표 5-4에 제시된 곡가 변동은 상당히 신빙성 있는 통계 수치와 체계적인 통계 분석을 토대로 작성된 것이다. 이에 따르면 19세기 전반에 러시아의 물가 수준은 분명히 하락하였으며, 특히 1810-20년대에 하락이 심하였음을 보여준다. 따라서 19세기 전반에 부를라크의 명목임금은 약간 상승하였으나, 곡가 수준은 하락하였으므로, 이 시기에 부를라크의 실질임금이 많든 적든 증가하였다고 볼 수 있다. 한편 도표 5-1과 도표 5-3의 수치들을 보면 1800 년대부터 1860년대까지 약 1.26-1.27배 증가한 반면, 같은 기간 동안에 곡물 가격은 같은 기간 약 1.36배가 증가하였다. 이는 전반적으로 1800년대와 1860 년대 두 시기를 비교할 때는 부를라크의 실질 임금이 감소하였음을 말해준 다. 이러한 원인은 1850년대부터 부를라크의 임금 상승이 주춤하였고, 이후 1860년대에는 감소하였는데, 같은 시기에 곡물가격은 오랜 부진을 마감하고 크게 증가하기 시작하였기 때문이다.

전반적으로 볼 때 18세기 후반의 물가 상승기에 부를라크의 실질임금은 감소하였고, 19세기 전반의 물가 하락기에 부를라크의 실질임금은 제자리를 유지하거나, 약간 상승한 듯 하며, 1850년대부터 물가상승과 함께 부를라크의 실질임금의 수준은 악화되었다.

한편 배를 끄는 부를라크의 노동은 매우 힘겨운 것이었다. 일반 부를라크를 관리하는 보도리브나 뱃길을 안내하는 로츠만은 일종의 숙련노동자로 상

(그림3) 부를라크들이 끄는 밧줄로 패인 자국들 (브이쉬네볼로초크, 2002년, 박지배 촬영)

대적으로 쉬운 육체노동을 담당하며, 훨씬 높은 임금을 받았지만, 대다수 일반 부를라크들은 가슴에 줄을 묶고 배를 끄는 일을 하였고, 짐을 내리고, 옮겨 싣는 일도 맡았다. 당대의 기록에 보면 평균적으로 부를라크 3.5명이 천 푸드의 짐을 실은 배를 끌었다. 즉 3.5명이 강 위에 떠 있는 16톤의 짐을 끌었던 것이다. 따라서 이들은 많은 신발을 소비하였는데, 90일 간의 여정에서 라포티(лапоть)라고 부르는 보리수 껍질로 만든 20켤레의 신발을 닳아 없앴다. 이들은 하루 종일 배를 끌어야 했고, 저녁에는 강변에서 잠을 잤다. 어려운 구간에서는 배가 여울에 걸려 부서지거나 난파하는 경우도 있었는데, 이는 모두 부를라크의 책임이었다. 일꾼들은 배를 여울에서 끌어내야 했고, 선박이 파손되면 수리하는 일도 맡았으며, 수리가 어려울 때에는 배에서 물을 퍼내고 상품을 강변이나 다른 배로 옮기는 일까지 맡았다. 그리고 이러한 예외적인 상황에서 발생하는 노동 역시 이미 약정된 임금에 포함되도록 계약서를 작성했기 때문에 별도의 보상을 받을 수 없었다.

일반적으로 농민들은 고향 마을을 떠나 타지에서 오랫동안 힘겨운 노동을 해야 하는 부를라크 일을 꺼렸지만, 농노제 하에서 인두세와 지대를 납부하기 위하여 선금을 받고, 부를라크가 되는 경우가 많았다. 농노제가 기승을 부리던 18세기 후반과 19세기 전반에 러시아 농민들은 영주에게 봉건지대를, 국가에는 인두세를 비롯한 기타 국세를 납부해야 했다. 봉건지대는 화폐나 현물로 납부하거나 아니면 생산물이 지주에게 귀속되는 토지에서 부역을 하는 것이었고, 인두세는 국가에서 정한 액수를 매년 화폐로 납부하는 국세에 해당했다. 봉건지대는 지주귀족의 입장에 따라 지역별로 서로 다른 양상을 보였다. 즉 토지가 비옥한 남부 흑토지대에서는 18세기에서 19세기 전반에 이르는 전반적인 농산물 수요증가에 힘입어 영주가 생산물을 직접 팔아 이윤을 남기는데 유리한 노동지대가 많았으며, 중부 산업지대에서는 많은 일자리가 있는 중부 산업진대에서는 현금지대가 두드러졌다. 19세기 중반에 비옥한 흑토지대에서 화폐지대는 29퍼센트였는데, 산업이 발달한 비흑토 지대에서 화폐지대는 약 59퍼센트에 달했다. 따라서 중부지대를 중심으로 러시아의 많은 지역에서 농민들은 봉건지대와 인두세를 납부할 현금을 확보하기 위해 품팔이 노동에 나서야 했고, 품팔이 노동 가운데 힘들고, 고통스러운 일이었지만, 선금을 받을 수 있어 당장 현금을 확보할 수 있는 부를라크 일에 나섰던 것이다.

농민들은 주로 인두세나 기타 현물지대를 납부하는 연말이나 사순절 초에 현금이 절실히 필요했다. 따라서 운송 책임자들은 부를라크를 저렴하게 고용하기 위해서 바로 이 시기를 이용했다. 물론 이 때 농민들을 유혹하는 것은 선금이었다. 선금이 없이는 부를라크를 모집할 수 없었는데, 부를라크 일처럼 힘겨운 노동으로 끌어들이기 위해서는 당장 농민들의 당면 문제를 해결해 줘야 했기 때문이다. 선금의 규모는 약정 임금의 절반 정도였는데, 예를 들어 1793년에 골리츠인의 카라반은 로츠만에게 40루블 약정 임금에 25루블을 선금으로 주었고, 일반 인부들에게는 15루블 약정에 7루블을 선금으로 주었다. 그리고 많은 경우 마을의 촌장이나 영주의 대리인이 밀린 세금을 채우기 위해 선금의 반을 거두어 갔다.

　18세기 후반과 19세기 전반에 러시아 농민들이 배를 끄는 부를라크 노동을 통해 어느 정도의 수익을 남길 수 있었는지 정확히 알기는 어렵다. 러시아 부를라크에 대해 전반적인 연구를 수행한 로딘은 다양한 수치를 제시하면서 18세기 후반이나 19세기 전반에 부를라크가 얻을 수 있는 이익이 아주 적었다고 주장한다. 그러나 로딘은 부를라크의 임금은 18세기 후반의 평균치와 19세기 전반의 평균치를 사용하고 있고, 부를라크 노동에 드는 유지비는 시기가 불분명한 수치들을 사용하고 있다. 따라서 로딘의 부를라크 수익에 대한 계산 역시 조심스럽게 받아들여야 한다. 로딘의 계산에 따르면 18세기 후반 부를라크는 운항이 가능한 봄부터 가을까지 일한 경우 약 17.5루블에서 18루블 정도를 벌었는데, 이 가운데 술을 마시지 않고 절약하는 경우에 약 10루블을 식비나 신발 값 등으로 지출해야 했으며, 귀가하는데 약 0.5루블 이상을 썼기 때문에 결국 손에 쥐는 것은 많아야 7루블 정도에 불과했다. 한편 러시아의 경제사가 미로노프의 계산에 따르면 18세기 후반에 농민들이 지불해야 할 인두세와 지대의 규모는 1760년대에 3.7루블에서 1790년대에는 8.5루블로 증가하여 18세기 후반의 평균은 대략 6.1루블이었다. 따라서 부를라크 노동은 매우 힘겨운 것이었지만, 식비를 아끼고 방탕한 생활을 하지 않는다면 노동을 통해 국세와 지대를 납부하고 약간의 돈을 쥘 수 있었던 것 같다. 19세기 전반에도 상황은 비슷하였다. 앞에서 살펴본 것처럼 19세기 전반에 곡가하락으로 부를라크의 실질임금은 약간이나마 증가한 것 같다. 그러나 18세기 말에서 19세기 중반까지 부를라크로 나서는 농민들이 납부해야 할 지대는 비흑토지대의 경우 3.5배 증가하였다. 그러나 로딘도 인정하듯이 19세기 전반에도 부를라크 노동은 비록 힘겨운 것이었지만, 농민들은 이를 통해 약간의 돈을 만질 수 있었다. 네볼신(П. И. Неболсин)에 따르면 19세기 중엽 부를라크들은 매우 절약하는 경우 노동을 마치고 집으로 돌아갈 때 아내에게 선물로 스카프를 사줄 수 있었다. 물론 네볼신은 여유가 있어서 스카프를 사는 것이라기보다 그것을 사지 않으면 집으로 돌아갈 수가 없었다고 언급하지만, 전반적으로 농민들은 부를라크 노동을 통해 현금으로 납부해야 하는 각종 세금과 지대를 해결하고 약간의 돈을 쥘 수 있었던 것으로 보인다. 물론 이것은 부를라크들의 삶에서 빼놓을 수 없는 보드카를 절제한다는 조건하에서만 가능하였다. 그들은 외롭고, 힘든 노동 과정에서 술로 시름을 달래려 하였기 때문에 보드카로 지출하는 비용은 부를라크의 재정을 더욱 악화시켰다.

전반적으로 볼 때 농민들이 가족을 떠나 볼가 강과 그 지류들을 따라 무거운 배를 끄는 노동에 참여하였던 이유는 영주와 국가에 납부할 지대와 세금을 납부하기 위해서였다. 부를라크가 노동을 통해 받은 임금 대부분은 음식, 신발, 의복 등 필수품과 지대와 세금을 납부하는데 사용되었고, 식비를 아끼고, 보드카를 남용하지 않는 경우 약간의 돈을 쥘 수 있었다. 18세기 후반과 19세기 전반에 러시아 농민들이 힘겨운 부를라크 노동에 나선 주된 이유는 약간의 돈을 얻기 위해서가 아니라, 지대와 세금을 납부하기 위해서였다. 지대와 세금을 납부하지 않으면 군대에 끌려 갈 수도 있었고, 태형을 받을 수도 있었기 때문에 농민들에게 있어서는 심각한 문제가 아닐 수 없었다. 이렇게 농노제 하에서 부를라크의 노동은 시간이 갈수록 농노체제가 강요한 인두세와 지대 납부라는 경제외적 강제로 유지되었던 것이다.

V. 논의 및 전망

17-18세기 러시아에 '전국시장'이라고 할 만한 것이 형성되었다. 방대한 러시아 영토에서 이러한 '전국시장'의 형성은 수도 없이 서로 얽혀서 러시아 곳곳을 연결해주었던 자연 상태의 수로들이 있었기 때문에 가능한 것이었다. 또한 러시아 정부는 이러한 자연 수로들을 연결하고, 또 흐름이 원활하도록 저수 댐과 운하를 건설하였다.

한편 러시아 정부가 수로 체계를 개선하도록 자극했던 것은 페테르부르크 같은 도시의 성장으로 인한 내부수요의 증가와 함께 서유럽으로부터 오는 해외 수요의 증가때문이었다. 18세기 상품 수요의 증가와 함께 러시아의 수로는 더욱 촘촘히 발전할 수 있었으며, 이는 페테르부르크로 이어지는 대 수로 체계에서 잘 드러난다. 그러나 이러한 러시아의 수로 유통에서 실제로 배와 상품을 움직였던 것은 수로라기보다는 배를 끄는 인부들인 부를라크들이었다. 18세기 후반과 19세기 전반에 러시아의 농노제 하에서 농민들은 자신의 채무를 청산하기 위해 부를라크가 되어 고향 마을을 떠나 페테르부르크의 주민들과 서유럽의 공장들을 위해 각종 농산물과 원자재를 끌어 날랐다. 이들은 평균적으로 3.5명이 16톤 무게의 어마어마한 짐을 끌면서 러시아 수로 가운데 산재해 있는 수많은 여울들을 건너며 러시아 수로체계를 가동시킨 장본인들이었다.

이상에서 볼 수 있는 바와 같이 18세기 후반과 19세기 전반에 러시아 수로체계를 작동시켰던 결정적인 동인은 러시아 정부가 건설한 운하가 아니라, 열악한 환경 속에서 체제가 부여한 짐을 감당하기 위해 나섰던 농민들, 즉 부를라크들이었다.

| 참고사료 |

Российский Государственный Архив Древных Актов. Ф. 19

Российский Государственный Исторический Архив. Ф.994

Государственная внешняя торговля в разных ее видах за 1802−1830 гг.

Санкт−петербургские прейскуранты за 1805−1825 гг. СПб., 1806−1826.

| 참고문헌 |

Арнольд К.

1816 Мнение о системе тарифа в России СПб.

Бернштейн−Коган С. В.

1946 Вышневолоцкий водный путь М.

Витязева В. А., Кироков Б. М.

1986 Ленинград Л.

Георги И. Г.

1996 Описание российско−императорского столичного города Санкт−Петербурга и достопамятностей в окрестностях оного, с планом СПб.

Гессен Ю.

1921 Бурлаки в первой половине XIX в., Архив истории труда, кн.2, p.26.

Горелов В. А.

1963 Речные каналы в России (к истории русских каналов в XVIII
в.). М.–Л.

Григорова–Захарова С. П.

1953 Торговля железом Голицыных во второй половине XVIII в. и
ее экономические условия. Диссертация на соискание ученой
степени кандидата исторических наук М.

Зеленин Д. К.

1947 Терминология старого русского бурлачества, А. А. Шахматов.
Сборник статей и материалов М.

Истомина Е. Г.

1975 Вышневолоцкий водный путь во второй половине XVIII–
начале XIX в., Историческая география России XII–начале XX
в. Сб. Статей к 70–летию профессора Л. Г. Бескровного М.

Копанев А. И.

1955 Население Петербурга от конца XVIII в. до 1861 г., Очерки
истории Ленинграда, т.1 М.–Л.

Кочин Г. Е.

1955 Население истории Ленинграда, Очерки истории Ленинграда,
т.1М.–Л.

Кафенгауз Б. Б.

1949 История хозяйства Демидовых в XVIII–XIX вв. Опыт
исследования по истории уральской металлургии М.–Л.

Кафенгауз Б. Б.

1962 Война 1812 года и ее влияние на социально–экономичекскую жизнь России. По материалам предприятии Н. Демидова, Вопросы истории, no.7, p. 71.

Королюк В. Д.

1954 Ливонская война М.

Миронов Б. Н.

1991 Влияние революции цен в России XVIII века на ее экономическое и социально−политическое развитие, История СССР, no.1.

1996 Повесть временных лет 2−е изд. СПб.

Польное собрание законов Российской Империи. Собрание первойт. 4, no. 2593; т. 5, no. 2788.

Родин Ф. И.

1975 Бурлачество в России М.

Рожкова М. К.

1959 Торговля, Очерки экономической истории России первой половины XIX века М.

Сербина К. Н.

1955 Историко−географический очерк района Петербрурга до основания города, Очерки истории Ленинграда, Т.1 М.−Л.

Статистические сведения о Санктпетербурге, изданы при М.В.Д.(СПб., 1836), pp. 113−114;

Неболсин Г.

1835 Статистические записки о внешней торговле России, ч.1 СПб.

Шапиро А. Л.

1966 О роли Петербурга в развитии всеросийского рынка в XVIII−

первой половине XIX в., Город феодальной России. Сб.
статейпамяти Н. В. Устюгова М.

Энциклопедический словарь Российской империи. Брокгауз и
Ефрон. (CD판)

История крестьянства России с древнейших времен до 1917 г.
Т.3. М., 1993, p. 363.

Oddy J.

European Commerce. P.135; 1790-1809 гг.:

Storch H.

Historisch-statistisches Gemalde des russischen Reichs am Ende des
achtzehnter Jahrhunderts. Supplement band zum funften, sechsten
und siebenten Theil Leipzig, 1803.

영국의 시대적 변혁과 템즈강

정 영 주 _ 부산대학교 외래교수

I. 템즈강에 대한 해석

화이트홀(Whitehall)을 지나 마치 영국 국회의사당을 보호하듯 흐르는 템즈강은 구릉과 계곡, 그리고 중세의 아름다운 돌집이 어우러진 코츠월드(Cottsworld)에서 시작하여 약 346㎞를 달려 북해에 도달한다. 템즈강은 1천5백만여 년 전에는 독일의 라인강과 한 줄기를 이루고 있었으며, 비록 현생인류는 아닐지라도 50만여 년 전 인간이 생활한 흔적이 남아 있어 영국인들에게 단순히 강으로 불리는 강 이상의 의미가 부여되어왔다.

역사학자 슈니어(J. Schneer)는 템즈강을 중심으로 강과 강 주변에서 일어났던 중요한 역사적 사건 또는 그 강으로 인해 운명이 바뀌게 된 인물들의 인생역정을 설명하면서 템즈강이 영국의 역사에 미친 영향에 대해 자세히 서술하고 있다. 그에게 있어 템즈강은 영국의 문학과 미술, 그리고 과학의 발전에 영감을 불러일으켰으며 잉글랜드 역사의 발원지이자 '민족의 강'이었다. 이렇듯 템즈강을 잉글랜드인 및 잉글랜드의 정체성과 결부시키는 관점은 싱클레어(M. Sinclair) · 아놀드(A.J. Arnold) 등의 저술에서도 공통적으로 나타나고 있다.

그러나 터너(J. M. W. Turner)의 그림 속에 비쳐진 템즈강은 항상 안개에 싸여있는 미스터리이다. 강 너머로 국회의사당이 불타고 있는 모습, 증기선과 산업혁명 이전시기를 대변하는 돛단배가 서로 강위에서 지나치는 모습, 메이든헤드(Maidenhead) 다리를 기차가 숨을 몰아쉬듯 달리는 모습 등에서 템즈강은 한결같이 비껴선 자세로 새 시대가 도래하는 모습을 지켜보고 있다. 반면 작가 디킨스(C. Dickens)에게 템즈강은 남쪽 둑을 따라 들어선 빈민가가 보여주는 역동적이며 잔혹한 삶의 현장이기도 하다.

한편 영국 문학작품에 묘사된 템즈강의 모습은 그 당시 영국의 위상을 엿볼 수 있는 한 방편이 될 수도 있다. 콘라드(Joseph Conrad)의 소설 The Heart of Darkness(1899)에서는 주인공이 아프리카 대륙으로 출발하기 위해 템즈강에서 조수가 바뀌기를 기다리는 것을 묘사하는 것으로부터 시작한다. 여기서 템즈강은 19세기 식민지 개척이 절정에 달한 영국이 해외로 진출하기 위한 통로이기도 했다. 또한 시인 엘리엇(T. S. Eliot)은 제1차 세계대전으로 인한 정치적·경제적, 나아가 정신적 공황의 시대, 그리고 과거의 역동성과 풍요로움의 흔적을 찾아볼 수 없었던 그 당시 사회를 템즈강을 빌어 표현하고 있다. '잃어버린 세대(lost generation)'로 불리는 부류에 속하는 이 시인은 템즈강을 향해 안타까운 시선을 던졌다:

… 요정들은 떠나고
달콤한 템즈강은 나의 노래가 끝날 때까지 부드럽게 흐른다.
강에는 빈병도 샌드위치 싸는 종이도
실크손수건도 종이상자도 담배꽁초도 없다.
여름밤의 자취는 흔적도 없이 사라져버렸다(The Waste Land [1922]에서).

이렇듯 템즈강은 시대에 따라 영국인에게 다양한 모습으로 해석되어왔다. 슈니어는 남편과의 달콤한 상봉과 대륙으로의 도피를 꿈꾸며 템즈강에서 노를 저었을 아벨라 스튜어트(Arbella Stuart)의 운명을 통해 템즈강을 우연을 가장한 채 강한 의지로 잉글랜드 역사에 필연을 만들어낸 하나의 주체처럼 묘사하였다. 국왕 제임스 1세의 사촌으로 왕위계승서열 1위였던 아벨라는 제임스와의 갈등으로 말미암아 프랑스로 망명의 길을 택하였다. 그러나 템즈강에서 북해로 접어드는 강어귀에서 남편과의 상봉을 기다리다가 결국 왕이 보낸 군대에 의해 체포되었다. 슈니어는 이 사건을 두고 마치 템즈강이 스스로의 의지에 의해 아벨라의 운명을 좌우한 듯 묘사하지만, 필자 생각에 그녀의 운명은 단순히 달과 지구의 움직임에 의해 만들어진 조수간만의 차에 의한 결과일 뿐 여기에 강의 의지란 없었다. 또한 템즈강이 범람하는 것을 막기 위한 치수개발사업 안건을 놓고서 대처(M. Thatcher)정부와 노동당의 켄 리빙스턴(Ken Livingston)이 이끌었던 광역런던시의회(Greater London Council) 간에 갈등이 첨예하게 드러나긴 했지만, 템즈강의 홍수 역시 캐나다 뉴펀들랜드와 허드슨만 유역에서 냉수대와 온수대가 만나 뜻하지 않게 강한 조류를 만든 결과였을 뿐 강은 강인 것이다. 그러나 영국인들에 있어 템즈강은 이런 수동적이며 우연적인 존재 이상의 것으로 여겨져 왔다.

그렇다면 영국인들이 템즈강을 단순히 하나의 강 이상의, 즉 자신의 삶이 반영되고 영국의 역사발전에 직접적으로 때로는 간접적으로 영향을 미친 하나의 주체로 인식하고자하는 태도를 보이는 이유는 무엇일까?

본 글에서 필자는 영국 역사에 있어 템즈강의 위치와 영국인과 템즈강의 관계를 이해하고자 템즈강의 역사를 영국 역사와 같은 선상에 놓고 인간과 더불어 흘러 온 템즈강이 겪은 변화에 대해 살펴볼 것이다. 그 변화 중에서 가장 두드러질 뿐 아니라 역사적으로 템즈강의 고질병이기도 했던 오염문제, 그리고 이를 해결하는 방안으로서 템즈강을 중심으로 한 런던 재개발 및 재건사업에 대한 분석을 통해 영국에 있어 템즈강의 의미를 살펴보고자 한다. 또한 템즈강의 정치적 및 전략적, 그리고 경제적 역할에 대해 살펴보고 아울러 제2차 세계대전 이후 영국 사회에 일어난 변화가 템즈강에 그대로 반영되면서 기존과는 다른 새로운 역할이 부여되는 과정에 대해서도 주목할 것이다. 템즈강은 영국의 수도이자 한때 '제국의 수도'였던 런던 중심부를 관통하는 지리적 위치로 인해 영국의 역사발전에 영향을 미치는 한편 자신도 그로부터 영향을 받으며 영국 역사와 밀접한 관계를 유지해 왔다. 이렇듯 템즈강은 좁게는 영국의 과학기술 발전에서부터 넓게는 영국인의 삶과 의식, 그리고 경제·사회·문화 등이 반영된 영국 역사의 산증인이라 해도 과언이 아닐 것이다.

Ⅱ. 템즈강의 환경오염과 런던 재개발사업

템즈강은 선사시대부터 주변정착민에게 물과 음식을 공급하는 '생명줄'이었으며, 이들을 타 지역과 연결하는 교통로와 교역로 역할을 하였다. 정착지의 형성은 템즈강에 여러 변화를 가져왔다. 강을 가로질러 둑(weirs)과 수문(locks)이 곳곳에 설치되었고, 다리도 만들어졌다. 템주강 위에 놓인 최초의 다리는 AD 50년 로마인들에 의해 만들어졌다. 런던은 로마인의 지배시기에 교역과 교통중심지에서 행정중심지로 탈바꿈하였으며, 이후 급격한 인구증가와 함께 영국에서 가장 큰 도시로 성장하였다. 1563년 런던의 인구는 약 9만3천명이었고, 1632년에는 31만7천명, 1700년에는 70만명, 그리고 18세기 말에는 86만명으로 파리와 함께 유럽에서 가장 큰 도시가 되었다. 이러한 성장은 런던의 중심부에 위치한 템즈강을 오염시키는 직접적인 원인으로 작용하였다.

사실 템즈강의 오염문제는 비교적 일찍부터 지적되었었다. 거주밀집지역인 강의 하류, 즉 웨스트민스터와 더 시티(The City of London: 이하 더 시티) 부근은 이미 14세기 때부터 오염된 강물에서 풍기는 갖은 악취로 인해 1361년에는 가축을 도살하고 남은 부산물을 강에 버리지 못하도록 하였으며, 1535년 헨리 8세 때는 어떤 종류의 쓰레기도 강에 버리지 못하도록 금지령을 내렸다. 그러나 강의 오염문제는 쉽게 사라지지 않았다. 18세기 런던에는 약 20만개의 분뇨구덩이가 있었는데, 분뇨의 일부는 인근 지역의 농가에서 농작물 경작을 위한 비료로 사용되었으나 대부분은 강으로 흘려보내졌다. 특히 비가 올 때면 구덩이에서 넘친 분뇨가 공장 폐수, 도살장에서 나온 쓰레기 등과 함께 런던 시내를 뒤덮기 일쑤였다. 그리고 이러한 분뇨와 쓰레기들은 비와 함께 템즈강으로 씻겨져 내려갔다. 이처럼 템즈강의 오염문제는 전혀 해결되지 않은 채 그 다음 세기로 넘어갔으며, 이러한 현실은 크리스탈 궁에서의 전시회 등으로 기억되는 활기차고 '아름다운' 빅토리아 시기의 영국사회를 나타내던 또 다른 단면이었다.

그렇지만 문제는 대부분의 런던거주민이 템즈 강물을 마셨다는 사실이다. 이스트엔드(East End)에 사는 빈민들은 강물을 직접 퍼서 마셨으며, 좀 더 사정이 나은 사람들조차 조잡하게 정화된 템즈 강물을 사서 마셨다. 이것은 결국 자신이 배설한 오물과 하수를 그대로 마시는 것이나 다름없었다. 그 결과 콜레라와 장티푸스 같은 전염병이 빈번하게 발생하였으며, 오수를 음용함으로써 발생하는 설사는 런던 거주민들이 일상적으로 겪는 일이었다. 물론 이에 대한 대응책이 강구되지 않은 것은 아니었다. 예를 들어, 1830년대 이후 콜레라가 지속적으로 발생하자 1848년에는 일정수준 이상의 사망률을 보이는 지역에 한해 관련법령을 적용하는 것을 골자로 한 국민건강법(Public Health Act)이 만들어졌다. 그러나 그 때의 더 큰 문제는 법령보다 정부가 국민건강을 책임져야 한다는 의식이 제대로 형성되어있지 않았다는 점이다. 타임즈(The Times)조차 "정부가 건강문제로 전 국민을 괴롭히기보다는 차라리 몇 명이 콜레라에 걸리도록 내버려 두는 게 낫"다는 반응을 보일 정도였다. 이러한 상황에서 영국 정부가 템즈강의 오염문제를 해결하기 위해 획기적인 방안을 마련할 것을 기대하기란 사실상 어려웠다.

그로부터 10년 뒤인 1858년, 유난히 길고 더운 여름이 계속되었다. 가뭄으로 인해 강물이 줄어들면서 템즈강으로부터 유례없이 심한 악취가 발생했다. 소위 "대악취의 해(The year of the "Great Stink")"가 시작된 것이다. 강에서 나는 악취로 인해 의회는 의정활동을 계속하기 힘든 상황에 이르렀고, 디스렐리(B. Disreli)는 그 악취를 "도저히 말로는 표현할 수 없는 정말 참기 힘든 공포가 지옥의 웅덩이에서 스며 나온"다고 묘사하였다. 일찍이 1828년 터너의 친구이자 경쟁자이기도 했던 화가 마틴(J. Martin)이 템즈강의 지류인 콘강(River Colne)의 강물을 끌어들여 런던 시민에게 깨끗한 물을 제공할 것을 제안하였지만, 그의 안은 완전히 무시되었다. 또한 사회 개혁가 에드윈 경(Sir Edwin Chadwick)도 "노동계층의 위생상태(1842)"라는 보고서를 통해 런던에 거주하는 노동자들에게 깨끗한 물을 제공하고 위생적인 거주환경을 마련하는 것이 노동생산성 향상과 깊은 관련이 있음을 거듭 강조하였으나 별다른 효과를 거두지 못했다. 이러한 가운데 일명 '대악취의 해'로 불리는 1858년에 이르러서야 의회의원들이 템즈강의 오염문제를 자각하고 해결에 나서게 되었던 것이다.

템즈강의 오염문제를 해결하고 점점 확대되어 가고 있던 런던 지역을 재개발할 목적으로 광역토목공사위원회(Metropolitan Board of Works: 이하 MBW)가 설립되었다. 당시 런던은 오늘날과 달리 런던 전체를 대표할 단체가 없었다. 런던시의 행정조직이 통합된 형태가 아니라 여러 조합의 결합체였기 때문이다. 당시 런던은 크게 더 시티(The City of London), 웨스트민스터(The City of Westminster), 웨스트엔드(West End)와 이스트엔드(East End) 그리고 템즈강의 남쪽인 사우쓰런던(South London)으로 나뉘어져 있었다. 그러나 더 시티와 웨스트민스터를 제외하고 나머지 지역은 미들섹스(Middlesex)와 서리(Surrey) 그리고 켄트(Kent) 주(County)의 행정관할구역과 중첩되어 있었다. 그러므로 여러 지역을 지나는 하수구와 도로 및 철도공사를 할 경우, 각 지역의 교회와 지역당국 그리고 여러 중앙정부부서로부터 간섭을 받았는데 영국의회는 이 문제를 해결하기 위해 MBW에게 관할구역 제한에 구애받지 않을 권리를 공적으로 보장하는 법령을 제정해야 했다. MBW는 '하수와 배수 그리고 도로포장 및 거리 청소와 조명(런던은 1807년에 공공 가스조명이 처음으로 설치되었다) 개선'을 목표로 하였다.

하지만 설립이후 방법론을 두고 약 3년에 걸쳐 논쟁을 계속하다가 마침내 1860년 템즈강의 양안에 제방(embankment)을 쌓고 그 제방을 따라 지하에 벽돌로 만든 터널식 하수도를 설치하기로 결정하였다. 당시의 템즈강은 모래사장·진흙밭·갈대숲 등이 그대로 보존된 자연 그대로의 강이었다. 제방 건설은 공사를 통해 강의 깊이와 넓이를 인위적으로 조절할 수 있기 때문에 선박의 왕래를 용이하게 하는 이점도 있었다. 또한 제방건설로 얻어질 기존의 강변 땅에 새로운 도로와 길, 정원, 하수도와 가스라인, 철도, 부두, 페리 선착장이 만들어질 것이었다.

1860년부터 1874년까지 진행되었던 MBW의 템즈강 제방건설사업에는 약 3천여 명의 숙련 및 미숙련노동자가 참여하였다. 건설공사에 참여하기 위해 지원서를 내지 않은 토목기술자가 없었다는 말이 나올 정도로 템즈강 제방 건설사업은 세간에 큰 관심을 불러일으켰다. 공사의 책임은 MBW의 수석 엔지니어 바잘젯(Sir Joseph William Bazalgette)이 맡았다. 바잘젯은 템즈 강의 북쪽으로는 웨스트민스터(Victoria Embankment)와 첼시 지역(Chelsea Embankment), 그리고 남쪽으로는 람버쓰(Lambeth)에서 복솔(Vauxhall)로 이어지는 인구밀집지역에 제방(Albert Embankment)을 건설하였다. 이 제방을 따라 약 134킬로미터에 달하는 지하하수도가 만들어졌고, 이 하수도는 런던 거리에 산재해 있던 약 1,800 킬로미터에 달하는 기존의 노천하수도로 부터 방류되는 오수와 폐수를 모두 모아 런던의 끝자락인 뎁포드(Deptford) 와 크로스네스(Crossness)에 있는 하수처리장에 보내지도록 했다. 그리고 이 하수처리장에서 일차적으로 정화된 물은 썰물 때 바다로 흘러가도록 설계되었다.

MBW는 템즈강 제방건설사업과 관련하여 4가지 목표를 세웠다. 템즈강의 오염문제를 해결하고 제방건설을 통해 선박의 운항을 용이하게 할 것, 그리고 강변 정비사업으로 새롭게 얻어질 토지를 이용하여 런던 중심부의 교통 혼잡현상을 완화시킬 것 등이었다. 그러나 무엇보다 중요한 목표는 런던이 영국 '제국의 수도'로서 그 위상을 나타내도록 만드는 데 있었다. MBW는 제국의 수도로서 런던의 위상을 나타낼 수 있는 가장 중요한 요소가 템즈강임을 인식하고 템즈강 제방건설사업을 통해 런던을 새로운 모습으로 변모시키고자 하였던 것이다. MBW는 '템즈 강변을 따라 가로수가 늘어진 도로와 길이 영국 의사당의 위엄을 느끼게 하는 당당한 배경'이 될 것으로 여겼다.

영국인이 템즈강을 중요하게 인식했던 이유는 템즈강이 왕실과 귀족의 거주지가 집결되어 있던 웨스트민스터(여기서는 The City of Westminster를 의미) 옆을 흐른다는 사실과 무관하지 않다. 런던의 건축 및 재정비계획과 관련하여 가장 뛰어난 책 중의 하나로 평가받는 "런던과 웨스트민스터 개선되다(London and Westminster Improved, 1766)"를 저술하였던 건축가 그윈(John Gwynn)이 웨스트민스터 지역을 더 시티보다 더 중요하게 여겼던 이유도 같은 맥락에서였다. 18세기를 살았던 그에게 런던은 MBW가 인식했던 바와 같은 '제국의 수도'가 아니라 영국 '국왕의 도시'였다. 이러한 맥락에서 그윈은 새로이 왕립공원과 궁전 및 공공건물을 건설하여 왕실의 힘과 권위를 널리 알리고자 하였다. 그윈은 또한 잉글랜드인이 상업과 항해에 관해서는 세계 어느 민족보다 우수하며, 잉글랜드의 위대함은 상업에서 비롯되었다고 보았다. 그에게 있어 런던은 '세계 상업제국의 수도'였다. 그리고 템즈강은 잉글랜드인이 상업을 할 수 있는 인프라를 제공하고, 런던과 다른 지역을 서로 소통시키는 중요한 장이기도 하였다. 이러한 의미에서 강을 따라 선창을 만들고 강둑을 넓히고, 다리를 새로 건설하고자 했던 것이다.

그러나 19세기 런던을 제국의 수도답게 만들고자 하였던 MBW의 생각이 20세기 영국인들에게는 어떻게 받아들여졌을까? 필자는 20세기 전반부에 런던 재정비사업과 관련하여 가장 주목을 많이 받았던 아스톤 웹경(Sir Aston Webb)의 편저 "미래의 런던(London of the Future, 1921)"과 일명 "아버크롬비 계획서(Abercrombie Plans)"라는 별칭을 가진 두 개의 계획서, 즉 "런던카운티 계획서(The County of London Plan, 1943)"와 "광역런던 계획서

(The Greater London Plan, 1944)", 그리고 "런던시에 대한 전후재건사업 제
안서(The Report on Post -War Reconstruction in the City of London,
1944)"를 살펴보았다.

"미래의 런던"은 전쟁을 기화로 삼아 런던의 전경을 현대화(modernity)라
는 새로운 시각으로 재고찰해 보려는 시도였다. 책의 필자들은 먼저 런던의
현대화에 대한 올바른 접근방법을 찾고자 도로 · 철도 · 다리 · 주택 · 산업과
같은 인프라에서부터 시작하여 영국정부, 영국의 제국으로서의 역할, 제국
국가의 정신 등과 같이 도시의 성격을 규정하는 추상적인 요소를 살펴보는
데도 게을리 하지 않았다. 그들의 목표는 현대화를 통해 런던을 영국제국에
걸맞는 수도로 만들어 제국으로서 영국의 역동성과 활력을 입증하려는 것
이었다. 제국주의와 현대화를 동전의 양면으로 간주했던 이들의 해답은 첫
째, 런던의 역사와 전통에 바탕을 둔 런던 특유의 도시적 본질을 보존하여
대륙의 타도시(영국인들은 파리를 주 경쟁상대로 여겼으나 때로는 빈과 베
를린 심지어는 브뤼셀도 비교대상으로 생각했다)와는 차별되는 '영국적인
덕과 넉넉함'을 갖춘 도시로 즉, 런던을 영국제국의 어린이들이 모두 오고
싶어 하는 깨끗하고 위생적이며 따뜻하고 안락한 집으로 만드는 것이었다.
둘째, 기념비적인 건축물을 설치하여 런던이 영국제국의 수도임을 과시하고
자 하였다. 그들의 아이디어를 예로 들어보자면, 템즈강 남쪽에 위치한 역을
종착역으로 하는 대륙횡단철도, 알버트 엠방크먼트를 지나 템즈강을 건너 트
라팔가광장으로 연결되는 제국 길(an imperial way), 체링크로스
(Charingcross) 다리와 그 주변지역의 재정비 등이다.

이와 같이 런던을 영국제국에 걸맞는 수도로 재정비하기 위해 고안해낸
아이디어가 어떤 형태로든 모두 템즈강을 염두에 두었다는 사실은 결코 우
연이 아닐 것이다. 이는 런던에 대한 아스톤 경의 연설을 통해서도 엿볼 수
있다. 1914년 제1차 세계대전이 일어나기 직전 아스톤 경은 한 연설에서 자

신이 꿈꾸던 2014년의 런던에 대한 비전을 보여 주었다:

> 파란 하늘과 태양 빛 아래 런던은 흰색으로 밝게 빛난다. 오물과 폐수가 없어진 템
> 즈강에는 연어가 뛰어 놀고 템즈강을 따라 상점과 주택이 늘어서있고 새로 지은 기
> 념비인 다리가 세인트 폴 대성당을 이어주며 강의 남쪽 제방에는 제국의회가 장엄
> 하게 서있다.

그에게 있어 템즈강은 백년이라는 세월이 흐른 뒤에도 여전히 런던과 영
국제국을 상징하는 주요한 기념비가 될 것이었다.

그러나 제2차 세계대전 종전 직전에 만들어졌던 아버크롬비 계획서와 전
후재건사업 제안서가 보여주는 런던에 대한 비전은 아스톤 경의 그것과는
상당히 달랐다. 이는 전후재건사업 제안서가 작성되던 당시의 상황, 즉 독일
군의 런던폭격에 대한 경험과 종전 이후 본격적으로 진행될 영국제국의 점
진적 해체, 그리고 대부분 노동당 출신의 의원으로 구성되어있던 런던시의
회(London County Council)가 제안서 작성에 적극 참여하였던 사실이 런
던 재건사업 계획에 반영되었기 때문일 것이다. 아버크롬비와 그 외 관련자
들은 런던이 도시로서 다양한 기능을 수행할 수 있어야 한다고 믿었다. 그
들의 최종 목표는 런던이 타의 모범이 되는 수도가 될 뿐 아니라 커뮤니케
이션과 경제 및 문화의 세계 중심지 그리고 남부잉글랜드를 망라하는 대광
역도시, 또한 영연방과 제국의 수도로서 그 기능을 모두 충족해야 한다고 믿
었다. 그들은 런던을 4개의 지역으로 나누었다. 런던 중심지, 런던부두(Port
of London)와 템즈강, 웨스트엔드의 주택가 그리고 런던의 남쪽과 북쪽에
위치한 노동자계층의 거주지인 도심이 그것이다. 아버크롬비 또한 영국정부
와 영국제국 관련 정부부서들이 집결되어있는 화이트홀의 재정비에 관심을
집중하였는데, 특히 웨스트민스터 주변에 있는 건물의 높이를 제한하고 웨

스트민스터 다리위에서 의회가 바라다 보이는 전경에 주의를 기울인 이유는 웨스트민스터에서 화이트홀로 이어지는 부분이 영국뿐 아니라 제국의 중심지라고 믿었기 때문이다.

그러나 런던을 단순히 왕실의 거주지나 제국의 본거지로 인식했던 과거의 건축가들과 비교해볼 때 아버크롬비는 접근방식부터 달랐다. 그는 런던이 영국과 제국의 중심지로서 갖는 상징적 의미보다는 '행정' 중심지라는 사실에 더 주목하였다. 그에게 있어 런던은 '국왕의 도시'가 아닌 새로이 형성된 영국연방을 이끄는 '현대화'된 제국의 행정수도이어야 했던 것이다. 또한 런던을 '모범적'인 수도로 만들겠다는 목표아래 도시의 사회적 기능을 강조한 결과, 노동자들이 대거 거주하고 있던 도심 내의 주거환경개선과 더불어 템즈강이 갖고 있는 문화적 기능 개발도 중요하게 여겼다. 도시의 기능에 윤리성을 부과하는 이러한 태도는 20세기 후반에도 여전히 도시의 환경과 조경 형성에 주요한 이론적 배경을 제공하였다.

이상에서와 같이 템즈강은 선사 이래 런던이라는 도시가 형성되는 토대를 마련해주기는 했지만 런던이 확대되면서 강 자체에도 많은 변화가 일어났다. 인구증가의 가장 직접적인 결과는 바로 오염문제였다. 필자는 영국인들이 오염문제를 해결해 나가는 과정을 살펴보고 런던 재정비와 관련된 여러 계획서를 분석해본 결과, 템즈강의 의미가 단순히 물질을 공급해주는 생명줄의 의미로부터 벗어나 영국과 제국의 수도를 상징하는 주요한 상징물로 변화되어 갔음을 발견할 수 있었다. 그렇다면 템즈강이 이처럼 중요한 의미를 지니게 된 이유를 단순히 지정학적 위치를 넘어 좀 더 실질적인 역할 분석을 통해 살펴보아야 할 것이다. 또한 20세기 중반이후 영국의 사회와 경제에 일어난 변화가 템즈강에 미친 영향에 대해서도 살펴봄으로써 템즈강의 역할변화에 대한 분석과 함께 영국인과 템즈강의 관계를 이해하는데 보탬이 되고자 한다.

Ⅲ. 정치와 경제의 중심에서 문화의 중심으로

위에서 살펴본 바와 같이 시대를 막론하고 영국인들은 템즈강과 강 유역 재정비사업을 통해 런던이 영국과 제국의 수도로서 한결 더 돋보이기를 원했다. 그러나 이들은 왕실과 귀족의 거주지에서 행정의 중심지가 된 웨스트민스터와 화이트홀을 가로지르는 템즈강의 상징성에 치중한 나머지 강의 존재가 영국 역사에 미친 영향에 대해서는 별다른 언급을 하지 않고 있다. 사실상 템즈강은 영국 역사에 경제적 그리고 정치 및 전략적으로 중요한 영향을 미쳐왔다. 템즈강은 로마인과 바이킹 그리고 노르망디의 윌리엄 공 등과 같은 외부정복자들을 런던으로 끌어들이는 통로 혹은 이정표 역할을 했을 뿐 아니라 내부적으로도 대헌장 서명과 1759년 수병들의 반란에 있어 주요한 공간적 배경이 되었던 곳이기도 하다. 1215년 존 왕은 대헌장에 서명하기 위해 윈저성을 나서 템즈 강변에 있는 러니미드(Runnymede)로 가야했다. 1381년 와트 타일러와 농민들도 템즈강을 건너 런던으로 들어갔으며, 1759년 반란을 일으켰던 샌드위치호의 수병들은 템즈강을 봉쇄하였다.

그러나 그 누구보다도 템즈강의 의미를 잘 이해했던 사람은 제2차 세계대전 당시 영국을 폭격했던 독일 공군이었을 것이다. 이들은 하늘에서 강을 따라 런던으로 진입하여 영국 경제의 중심지이던 더 시티와 템즈강의 도크(docks: 정박구를 말하며 런던 항구[the Port of London]를 구성하는 가장 중요한 요소)와 선창 그리고 주변의 공장지대를 폭격하였다. 북해에서 출발하여 런던을 가로지르는 운송로인 템즈강은 영국, 특히 잉글랜드의 가장 중요한 생명선이었기 때문에 만약 독일군이 이를 봉쇄한다면 그 결과는 치명적이었을 것이다. 독일군은 그 강의 운명이 곧 런던과 영국의 운명과 직결됨을 그 누구보다도 더 잘 알고 있었던 것이다. 당시 나치의 선전장관 괴벨스는 독일 폭격기의 날개아래 템즈강과 런던 도크가 무기력한 모습으로 누워 있는-조작된-사진을 통해 영국의 운명을 암시하며 독일인들의 사기를 북돋우려 했다.

독일군이 인식한 바와 같이 템즈강은 런던 나아가 잉글랜드(독일군에게는 템즈강이 아마도 영국 전체를 의미하였을 것이다)를 상징하는 강이었으며, 경제적으로도 제국의 확장과 함께 영국 경제의 핵심역할을 맡고 있었다. 템즈강의 도크는 헨리 8세가 작은 규모의 어촌이었던 뎁포드에 조선소 및 선박 수리를 위한 도크를 만든 것에서부터 비롯되었다. 이후 1697년 템즈강에 정박해 있던 배가 약탈당하거나 장소가 협소하여 발생할 수 있는 문제들을 해결하고자 라더하이쓰(Rotherhithe)에 처음으로 도크가 만들어졌다. 당시 런던은 17세기 세계무역이 확대되는 과정에서 함께 성장하고 있었다. 1700년 런던 항구는 이미 영국 대외무역의 약 77%를 담당하고 있었으며, 1790년에는 해외로부터 유입되는 수입품의 약 70%가 템즈강의 도크를 지나 영국 각지로 운송되었다. 런던이 제국의 중심부가 되면서 템즈강은 세계에서 가장 분주한 물길 중의 하나가 되었던 것이다. 그리고 1800년대에는 더 많은 도크가 템즈강에 건설되었다. 예를 들어, 조지(George) 시대에는 웨스트 인디아 도크(The West India, 1802년 건설), 런던 도크(1805), 이스트 인디아 도크(The East India, 1807), 서리 도크(The Surrey, 1807), 성 캐서린 도크(St. Katharine, 1828), 웨스트 인디아 사우스 도크(The West India South, 1829)가 건설되었고, 빅토리아 여왕의 통치하에는 로얄 빅토리아 도크(The Royal Victoria, 1855), 밀월(Millwall, 1868), 로얄 알버트 도크(The Royal Albert, 1880)가 건립되었다. 20세기에 들어와서 1921년에 킹 조지 5세 도크(The King George V)가 만들어졌다.

이러한 도크에는 영국에서 외국으로 그리고 외국에서 영국으로 오가는 각종 물품이 하역되거나 혹은 운송되기를 기다리며 창고에 재여 있었다. 1900년 템즈강의 도크는 영국 내에서 화물을 가장 많이 저장하는 장소였고, 이는 1930년대 경제침체기에도 마찬가지였다. 이는 당시 런던이 유럽에서 가장 큰 소비시장이었기 때문이다. 그러므로 적에게 있어 템즈강은 영국의 부와 권력의 중심부로 이끄는 지름길로 여겨졌을 것이다. 그리고 영국인들도 이 사실을 잘 알고 있었다.

전간기에 전쟁을 예감한 영국인들이 템즈강의 안전문제와 그것이 영국의 운명에 미칠 영향에 대해 사전 논의를 하게 된 것도 같은 맥락에서였다. 1932년 당시 추밀원 장관이었던 스탠리 볼드윈(Stanley Baldwin)은 독일 폭격기의 공격으로부터 템즈강을 방어하기가 불가능할 것으로 내다보았다. 또한 1939년 전쟁이 임박한 즈음에 처칠은 템즈강을 포기해야 할지도 모른다고 경고하였다. 실제로 템즈강의 도크는 전쟁기간 동안 가장 지속적으로 그리고 가장 심하게 폭격당한 민간시설이었다. 블리츠에 참여했던 한 독일 공군 장교는 폭격 때 하늘에서 템즈강을 바라보면서 그 아래에 놓여있는 거대한 창고, 그리고 그 안에 저장되어 있을 곡식과 석유 등 영국이 전쟁을 수행하기 위해 필요한 모든 물자를 파괴해야한다는 생각을 줄곧 했었다고 진술하였다. 그리고 도크 자체도 해상무역을 통해 대국이 된 섬나라 영국에게는 없어서는 안될 중요한 시설이었기 때문에 도크를 파괴하는 것이 곧 영국을 파괴하는 것과 같다는 교육을 받았었다고 증언했다. 그러나 템즈강의 도크지역은 블리츠 기간 동안 계속된 폭격으로 말미암아 극심한 피해를 입었음에도 불구하고 그 기능을 상실하지 않고 전쟁수행에 중요한 역할을 해내었다. 1944년 6월 노르망디상륙 작전에 필요한 임시 부두시설 구조물도 템즈강에서 사전 제작되었으며, 1940년 5월 말 던컥(Dunkirk)에서 후퇴하는 프랑스군과 영국군을 위하여 템즈강의 거의 모든 배가 징집되었던 것과 마찬가지로 상륙작전수행을 위하여 다시 가능한 한 모든 배가 징집되었던 것이다.

하지만 도크의 끈질긴 생명력도 종전 이후에 불어온 새로운 변화의 바람을 피할 수는 없었다. 사실상 전쟁이 발발한 지 일 여년 만에 템즈강 도크를 오가는 물품의 양이 전쟁 전(前) 수준의 약 사분의 일로 감소하였는데, 문제는 종전 후에도 예전 수준을 회복하지 못한 데 있었다. 수송로로서 철도와 도로의 역할비중이 커진 원인도 있었지만 영국제국이 축소되면서 도크를 오가는 무역량이 급격히 줄어들었기 때문이다. 더구나 1966년 이후 거대한 짐을 운반하기위해 크레인이 새로이 사용되기 시작하였고 대규모의 해양 컨테이너 화물선이 만들어졌다. 그 결과 도크에서는 크레인이 부두 노동자를 대체하였다. 그리고 기존의 도크시설로는 새로운 컨테이너 화물선을 정박시키기가 힘들 뿐 아니라 선박으로부터 하역한 짐을 운반하는 화물차조차도 컨테이너 크기에 맞추어 덩치가 커지면서 오래된 이스트앤드 도로를 이용하는 것이 점점 더 큰 문제점으로 지적되기 시작했다. 결국 영국 정부는 템즈강 하류에 인접한 틸버리(Tilbury)와 펠릭스토(Felixstowe)에 새로운 도크를 만듦으로써 이러한 문제를 타결하고자 하였지만, 이미 상황이 악화되어있던 런던의 도크지역은 타 지역의 도크건설로 인해 기사회생의 기회마저 잃게 되었다. 사실상 부두 노동자가 일자리를 잃게 되면 노동자와 관련된 사업들도 도산하는 등 그 파급 효과가 매우 컸다. 이에 운송 및 일반근로자 노조(Transport and General Works Union)와 더불어 영국에서 가장 강력한 노조중의 하나였던 부두노조 조합원들이 일자리를 구하기 위해 스트라이크를 벌였지만 이러한 몸부림도 시대의 흐름을 바꾸어 놓을 수는 없었다.

결국 런던 도크는 1967년부터 1981년 사이에 모두 사라지게 되었다. 도크가 폐쇄됨으로써 지역경제에 미치는 영향을 살펴보기 위해 1967년 가장 먼저 문을 닫은 이스트 인디아 도크의 경우를 예로 들어보자. 이스트 인디아 도크는 인근의 블랙월 조선장(Blackwall Yard)의 일부로서 선박조립과 수리를 위해 조지 시대인 1807년 동인도회사에 의해 건설되었다. 도크의 건설과 함께 동인도회사의 무역량이 급격히 확대되자 이스트 인디아 도크 부근

지역까지 향신료 무역상과 후추분쇄상 등 아시아로부터 들여오는 물품을 가공하는 산업이 파생적으로 생겨나는 등 주변 지역경제에도 큰 영향을 미쳤다. 이스트 인디아 도크는 웨스트 인디아 도크 혹은 빅토리아 시대에 건설된 로얄 도크들과 비교해 볼 때 훨씬 규모가 작았음에도 불구하고 천톤 급 선박을 한번에 250척을 수용할 수 있었다. 그러나 앞서 언급한 바와 같이 제2차 세계대전 기간 동안의 공습과 대규모 컨테이너선박의 출현으로 인해 이스트 인디아 도크는 연안선과 준설선이 정박하는 장소로 변모되었다가 1967년 마침내 문을 닫았다. 이스트 인디아 도크의 폐쇄는 주변 지역경제에 치명적인 결과를 가져왔다. 이스트 앤드의 5개 구(Boroughs: Greenwich, Lewisham, Newham, Tower Hamlets & Southwark) 구민 중 약 20%가 직장을 잃었으며 인구도 감소하였다. 이 사례는 1981년까지 순차적으로 진행된 템즈강 도크의 폐쇄가 도크노동자의 주 거주지역이던 이스트 엔드지역 사회와 경제 전반에 미친 영향을 짐작케 할 수 있을 것이다.

사실상 도크지역을 재개발하기 위한 노력은 도크 폐쇄와 동시에 시작되었다고 볼 수 있다. 그러나 재건사업의 계획에서부터 실행단계에 이르기까지 많은 시간이 소요되었다. 무엇보다 도크지역을 런던항구청, 대광역런던 시의회, 런던가스공사, 5개의 구의회, 영국철도청 및 중앙전력협회 등이 소유하고 있었기 때문에 그들 간에 복잡한 이해관계가 가장 큰 걸림돌이 되었다. 이에 도크지역과 이스트엔드를 개발할 책임을 맡은 대처(M. Thatcher) 정권의 첫 환경청 장관 마이클 헤즐타인(Michael Heseltine)은 1981년 이들 집단을 넘어서는 법적 권위가 부여된 협회(London Docklands Development Corporation)를 형성하는 것으로서 도크지역개발사업의 첫발을 내디뎠다.

먼저 런던타워 다리에서부터 약 13㎞에 달하는 도크지역(Isle of Dogs)에 본격적인 재정비사업(Canary Wharf Project)이 시작되었다. 그렇다면 대처와 헤즐타인이 궁극적으로 추구했던 목표는 무엇이었을까? 이는 결국 도크지역을 새로운 금융거점으로 재구축하여 외국인 투자자와 외국자본을 끌어 들임으로써 더 시티와 함께 런던을 다시 유럽과 세계의 금융중심지로 만들려는 것이었다. 문제는 도크재정비 사업의 최종목표가 경제발전이었기 때문에 도크폐쇄와 함께 직장을 잃은 부두 노동자와 점점 더 쇠락해져가던 이스트엔드지역 거주민들의 상황을 염두에 두지 않은 점이었다. 또한 개발과정에서 그들의 역사와 문화를 감안하지 않은 점도 재정비 프로젝트가 장기적으로 '절반의 성공'으로 밖에 평가받을 수 없었던 원인을 제공하였다.

사실상 도크에서 일하는 노동자들은 대부분 짐을 나르는 단순노동을 제공하는 비숙련노동자였다. 도크지역의 중심부인 아일 어브 독스(Isle of Dogs)로 통하는 길이 하나뿐이듯 이들 노동자들은 외부세계와 거의 단절된 상태에서 자신들만의 독특한 슬랭을 구사하고, 런던의 타 지역과 구별되는 그들 특유의 문화를 향유하고 있었다. 이스트엔드는 영국 사회주의의 근원지였으며 역사적으로 외국인 디아스포라의 현장이었다. 그러나 개발자들은 기존에 존재하던 도크지역의 역사와 문화를 유지하는 데 별다른 관심을 기울이지 않았고 도크의 역사를 일부 재현한 박물관을 세운 것만으로 자신들의 책무를 다한 것으로 여겼다. 결과적으로 도크가 문을 닫은 이후에 이스트엔드 거주자들이 겪었던 경제적 문제는 해결되지 않았고 오히려 주택가격만 인상시켜 이들의 삶의 터전을 빼앗았던 것이다.

그럼에도 불구하고 대처 정권이 주도한 도크지역 재정비사업이 템즈강을 대중과 직접 연결시킨 점이 간과되어서는 안될 것이다. 즉, 대처 정권이 템즈강을 왕국 및 제국의 수도를 상징하는 강으로 여겼던 이전 시대와는 달리 현대 영국의 정치·경제적 이상과 부합되는 새로운 실체로서 또한 문화적인 기능을 부각시킴으로써 대중에게 한걸음 다가서게 한 점에서 평가받아야 하는 것이다, 재정비사업을 통해 대대로 고립된 지역이었던 이스트엔드에 지하철이 개통되고 기존의 도크지역은 공원 · 쇼핑몰 · 박물관 · 공연장 · 레스토랑, 기타 사람들이 즐길 수 있는 오락시설을 갖춘 새로운 문화공간으로 태어나게 되었다. 사실 템즈강이 일반 대중을 위한 문화적 공간을 제공한 것은 비단 20세기의 일만은 아니다. 특히 강의 오염문제가 해결된 1870년대 이후 비록 제한적이긴 했으나 도시로부터 탈출하기 원하는 영국인들은 배를 타고 템즈강을 '탐험' 하였다. 1870년대는 하루 약 800여 척 정도가 강의 동쪽 버크셔에 지어진 록(Boultler's Lock: 배가 강의 얕은 지역을 지나갈 수 있도록 고안된 시설)을 지났으며, 1895년에는 약 400여개의 증기선이 템즈강을 오갔다. 그러나 적어도 템즈강의 중 · 상류지역은 튜더와 스튜어트 시대이래 왕과 귀족들의 휴양지로 여겨져 함턴 코트(Hampton Court) · 큐(Kew) · 리치몬드(Richmond) · 화이트홀 · 그리니치(Greenwich) 등에 그들의 궁전과 별장이 지어졌다.

사실상 강 · 대중 · 문화라는 복합적인 개념을 도시계획과 직접 연결하여 템즈강의 문화적 기능을 런던이라는 도시의 사회적 기능과 연결시킴으로써 강을 일반 대중들도 즐길 수 있는 문화 공간으로 탈바꿈시키려는 계획은 20세기 들어와서야 본격적으로 구상되기 시작한 듯하다. 특히 아버크롬비의 계획안에서 구체화되는 것으로 보여 지는데, 아버크롬비는 런던 중심부를 지나는 약 63.2km의 템즈강 중에서 단 5.8km 정도만이 일반인들에게 통행이 허용되어 있으며, 나머지는 산업시설 · 부두 · 창고 · 철로로 사용되고 있음을 지적하였다. 그는 이러한 산업시설 때문에 강의 경관이 가려질 뿐 아니라 일반인들에게는 통행이 제한되는 점을 강조하면서 퇴색해가는 도심의 재개발과 함께 템즈강 유역을 일반인들이 즐길 수 있는 녹색공간으로, 그리고 레저와 스포츠의 장소로 제공해야 한다고 주장하였다. 결국 전쟁과 영국의 정치 · 경제적 변화로 인해 도크지역이 폐쇄되면서 아버크롬비가 일찍부터 주장하였던 템즈강의 문화적 기능을 강화시킬 수 있는 기회가 제공되었으니

이 또한 역사적 아이러니가 아닐 수 없을 것이다.

헤즐타인의 템즈강 도크지역재개발 사업은 토니 블레어(Tony Blair)정권으로 이어지면서 한층 더 구체화되었다. 첼시와 화이트홀 그리고 웨스트민스터와 더 시티로 이어지는 발달된 강북지역과 달리 대대로 빈민들이 모여 살던 "강의 잘못된 쪽(the wrong side of the river)"이라는 별칭을 가진 강의 남쪽, 즉 사우스 방크(South Bank) 개발사업이 시작되었던 것이다. 기존에 선창과 공장 및 창고가 있던 강남 제방에 밀레니움을 상징하는 회전차인 런던 아이(London Eye)가 들어서고, 유럽에서 가장 큰 아트센터인 사우스 방크 센터(South Bank Centre)가 개조되었으며, 셰익스피어 연극 전용관(The Globe Theatre of 1999)이 새로 지어졌다. 또한 기존의 화력발전소를 개조하여 현대 미술관인 테이트 모던(Tate Modern)을 만들었으며, 강의 북쪽에 더 시티와 세인트 폴 대성당 그리고 강의 남쪽에 테이트 모던을 연결해주는 다리(Millennium Bridge: a foot bridge)도 만들어졌다. 이들과 비교해 볼 때 다소 덜 성공적이긴 했으나 밀레니움 돔이 만들어져 현재 작은 극장과 전시관, 그리고 레스토랑과 카페테리아를 갖춘 새로운 문화공간으로 탈바꿈하기 위해 노력하고 있다.

템즈강을 일반인이 즐길 수 있는 녹색공간으로 제공하자던 아버크롬비의 계획안은 1996년 '템즈 강변길(The Thames Path)'이 완성되면서 마무리 되었다. 템즈강의 근원지인 코츠월드에서 북해로부터 조수가 밀려드는 것을 막기 위해 설치된 제방(The Thames Barrier: 울위치[Woolwich]에 위치)에 이르기까지 약 296㎞에 달하는 강변길이 일반인에게 공개된 것이다. 이 산책길은 강의 근원지를 출발하여 때로는 산업단지나 주택으로 인해 서로 연결이 끊어지기도 하지만 웨스트민스터와 화이트홀을 지나 울위치에 이르기까지 강변을 산책하고자 하는 이에게 새로운 기쁨을 제공하고 있다.

이렇듯 21세기에 템즈강은 강을 찾는 이에게 여러 종류의 즐거움을 제공하고 있다. 수상 스포츠에서부터 시작하여 공원, 극장과 미술관, 박물관 그리고 전시관 및 각종 볼거리와 레스토랑과 커피숍 등이 영국인뿐 아니라 해마다 많은 관광객들을 끌어들이고 있다. 테이트 모던만 하더라도 2006년 4월에서 2007년 3월까지 모두 5백23만여 명의 관람객이 다녀갔다. 결국 템즈강이 '제국의 강'에서 '대중의 강'으로 탈바꿈했다고 보아도 과언이 아닌 것이다.

IV. 논의 및 전망

이상에서 살펴본 바와 같이 템즈강은 잉글랜드 역사를 고스란히 담고 있는 역사의 발원지이다. 템즈강은 영국의 수도이자 제국의 수도였던 런던 중심부를 관통하는 곳에 위치하여 영국의 정치 · 경제 · 사회 · 문화는 물론 역사발전에도 큰 영향을 미친 주체로 인식되어 왔다. 본 글에서 필자는 템즈강의 역사를 영국의 역사와 동일시하여 영국의 역사발전과정에 있어 템즈강의 역할에 주목함으로써 그 강의 의미를 살펴보고자 하였다.

템즈강은 런던이 로마인의 지배시기에 행정중심지로 탈바꿈하면서 영국에서 가장 큰 도시로 성장하는 가운데, 런던의 발전에 직접적인 영향을 미치는 한편 자신도 그 과정에 직접 영향을 받으면서 시대의 흐름에 따라 새로운 의미를 부여받아 왔다. 18세기를 살았던 건축가 그윈에게 있어서 템즈강은 영국 '국왕의 강'인 동시에 영국이 세계상업제국이 될 수 있었던 주요 인프라였다. 그러나 19세기 후반 강의 오염문제를 해결하기위해 제방건설사업을 주도한 MBW의 책임자 바잘젯에게 있어서 템즈강은 더 이상 영국의 강이 아니었다. 그에게 템즈강은 '제국의 강'이었으며, 이렇듯 템즈강을 제국의 강으로 인식하는 태도는 20세기에 들어와서도 크게 변화되지 않은 듯하다. 1930년대와 40년대 초반에 만들어진 아버크롬비 계획서와 영국정부의 전후재건사업 제안서에서 드러난 바와 같이 런던을 영국제국에 걸맞은 수도로 재건하려던 아이디어가 모두 템즈강을 염두에 두고 있었던 것은 결코 우연이 아니었던 것이다.

다만 템즈강의 역할 또는 용도에 대해서는 시대별로 약간씩의 변화가 발견된다. 앞서 지적한 바와 같이 그윈은 템즈강을 주요 상업 인프라이며 런던과 타 지역을 연결시키는 커뮤니케이션을 위한 장으로 보았다. 바잘젯은 이러한 기능 외에도 템즈강이 런던 중심부에 필요한 도로와 철도, 하수도, 가스 라인 그리고 부두, 페리선착장 등을 갖춘 편이성을 제공하는 동시에 '제국의 수도'로서 그 위상을 나타낼 수 있는 공간이라고 보았다. 아버크롬비를 비롯한 20세기 도시계획자들은 제국의 수도로서 런던의 상징성을 부각시키는 동시에 도시로서의 사회적 기능을 강조하면서 템즈강이 도시의 사회적 기능에 있어서 가장 주요한 한 부분인 문화적 기능을 충족시킬 수 있다고 보았다. 이와 같이 시대의 흐름에 따라 템즈강에 대한 영국인들의 생각과 기대에도 많은 변화가 나타났다. 사실상 영국 역사에 있어 템즈강의 경제적 그리고 정치적 및 전략적 역할을 부인할 이는 아무도 없을 것이다. 이는 비단 영국인들뿐만 아니라 고대 로마인으로부터 20세기 독일인에 이르기까지 외국인들도 나름대로 그 중요성을 인식하고 있었던 것이다.

인간과 더불어 흘러오면서 템즈강은 다리와 록(locks)의 설치와 제방건설 등 무수하게 그 외양이 바뀌었지만 도크의 건설만큼 템즈강에 큰 변화를 가져온 사건도 없을 것이다. 도크의 건설은 템즈강에 새로운 위상과 의미를 부여하였는데, 이로 인해 템즈강은 비로소 영국 제국경제의 중심으로 거듭날 수 있었으며, 동시에 제국의 수도를 의미하는 상징성을 부여받게 된 것이다. 그러나 도크가 폐쇄됨으로써 강의 정치 및 전략적 의미도 자연히 사라지게 되었다. 1979년 이후 도크지역의 재개발사업을 추진하게 된 보수당 정권에는 그 지역의 용도뿐 아니라 템즈강에 새로운 의미를 부여해야 하는 임무가 주어졌다. 그러나 대처와 헤즐타인의 아이디어는 기존 템즈강의 역할범주를 벗어나지는 못했다. 도크지역을 금융 중심지로 변화시킴으로써 템즈강의 역사적인 경제적 역할을 그대로 수용하였기 때문이다. 그리고 그 과정에서 도크지역이 새로운 문화공간으로 태어나게 된 것은 어찌 보면 경제발전을 위한 재개발사업에서 파생된 하나의 결과로 평가될 수도 있을 것이다. 그에 비해 블레어정권은 강의 남쪽제방을 새로운 문화공간으로 탈바꿈하기 위한 노력을 체계화함으로써 일찍이 아버크롬비가 보여주었던 문화적 비전을 좀 더 구체화하였고 템즈강에 20세기와 21세기라는 현대시대를 상징하는 새로운 역할을 부여하였다.

제2차 세계대전 이후 템즈강은 재정비 사업을 통해 새로운 사회·경제적 역할이 강조되었는데, 이러한 변화 속에는 영국제국이 사라지고 런던의 경제적 기반이 과거와는 다르다는 사실이 반영되어 있다. 또한 시간이 흐르면서 템즈강의 문화적 기능이 강조되는 것은 새로운 시대상에 부응하는 것으로 영국제국의 퇴장과 함께 템즈강이 제국의 수도를 상징하는 중심부에서 영국인들과 더불어 사는 강으로 변화하게 된 것을 의미한다. 템즈강에는 매년 옥스퍼드-캠브리지 대학의 보트레이스가 열린다. 1826년에 시작되어 오늘날까지 계속되고 있는, 과거 영국 정계와 재계의 엘리트를 배출해 내던 두 대학 간의 시합은 단순히 시합을 넘어 계급과 영국적인(아마도 잉글랜드적인) 전통적 가치를 재현하는 것이다. 템즈강은 앞으로도 이러한 전통적 가치가 이어지는 장을 마련해주는 한편 새로운 시대상을 반영하면서 영국이라는 타피스트리에 하나의 실과 같이 영국인의 삶을 만드는 일부로서 '대중의 강'으로서의 역할을 계속해 나갈 것이다.

| 참고문헌 |

페르낭 브로델 · 주경철(역)

  2003 『물질문명과 자본주의 I-2: 일상생활의 구조(하)』(까치글방)

Arnold, A. J.

  2000 *Iron Shipbuilding on the Thames 1832-1915: An economic and business history* (Aldershot, Burlington USA, Singapore, Sydney: Ashgate)

Dickens, C.

  1966 *Oliver Twist* (New York: Penguin Books)

Kimbrough, R.(ed.)

  1988 *Joseph Conrad, Heart of Darkness: an authoritative text backgrounds and sources criticism*, 3rd. ed. (New York and London: W. W. Norton & Company).

Gilbert, D.

  2004 "London of the Future: The Metropolis Reimagined after the Great War", *Journal of British Studies* Vol. 43, Iss. 1, Jan.

Mort, F.

  2004 "Fantasies of Metropolitan Life: Planning London in the 1940s", *Journal of British Studies*, Vol. 43, Iss. 1, Jan.

Ogborn, M.

  2004 "Designs on the City: John Gwynn's Plans for Georgian London", *Journal of British Studies*, Vol. 43, Iss. 1, Jan.

Otter, C.

  2004 "Cleansing and Clarifying: Technology and Perception in

Nineteenth- Century London", Journal of British Studies, Vol. 43, iss. 1, Jan.

Porter, D. H. and Clifton, G. C.

1988 "Patronage, Professional values and Victorian Public Works: Engineering and Contracting the Thames Embankment", *Victorian Studies*, Spring.

Schneer, J.

2005 *The Thames* (New Haven & London: Yale University Press)

Sinclair, M.

2007 *The Thames: A Cultural History* (Oxford & New York: Oxford University Press)

Weightman, G.

2004 *London's Thames: The River That Shaped a City and Its History* (New York: St. Martin's Press)

, http://www.londonlandscape.gre.ac.uk/abercrombie.htm

, http://www.museumofhealthcare.ca/exhibits/glass/tracking.html.

, http://www.tate.org.uk/about/tatereport/2007/audience/attendancefigures.htm

, http://en.wikipedia.org/wiki/River_Thames

, http://en.wikipedia.org/wiki/Port_of_London

, http://en.wikipedia.org/wiki/Stanley_Baldwin#cite_note-Middlemas1-13

, http://en.wikipedia.org/wiki/East_India_Docks2007

유프라테스-티그리스 강 종합 개발계획(GAP)과 중동의 경제문화

이 희 수 _ 한양대학교 문화인류학과 교수

I. 유프라테스 강과 티그리스 강의 발원지, 터키

인류문명의 젓줄인 유프라테스(Euphrates)와 티그리스(Tigris) 강은 터키 남동부 토로스(Toros) 산맥에서 발원한다. 이 두 강이 흐르고 흘러 시리아와 이라크 땅을 적시고 이라크 남부 바그다드 지역에서 만나 샤트 알 아랍(Shatt al-Arab) 수로를 만들고 걸프해로 흘러들어간다. 두 강이 만나는 이라크 남부 지대를 메소포타미아라 부르고 이곳에서 수메르 도시국가를 중심으로 인류최고의 문명이 발생하였다. 강줄기를 따라 사람들이 모여살고, 역사상에 찬란한 족적을 남긴 수많은 오리엔트 문명을 일구었다.

두 강이 발원하는 터키는 1976년 <GAP 프로젝트>라는 거대한 국토개발계획을 발표하고 두 강을 종합적으로 이용하고자 하는 목표를 밝혔다. GAP 프로젝트는 2010년 완성을 앞두고 있고, 현재 유프라테스-티그리스 강 줄기는 전혀 새로운 기능과 역할을 하기 시작했다. 5천년간 쉴새없이 흘러왔던 문명과 삶의 메시지 통로는 더러는 막히고, 더러는 잠기고, 더러는 새 길을 찾으면서 21세기 유프라테스-티그리스 강으로 거듭나고 있다.

22개에 달하는 거대 댐과 19개의 발전소를 통해 21만 MW 규모의 전력생산이 가능해졌고, 관개수로를 통해 170만 헥타르의 경작지가 새로 만들어지면서 수확량 증대가 달성되고 있다. 이로써 터키 영토의 10%를 차지하는 낙후된 아나톨리아의 개발이 가속화되고 있다(빅토르, 2007: 230). 이처럼 GAP 프로젝트는 터키로서는 사활이 걸린 문제다. 사용 가능한 수자원의 28%를 전력생산과 농업생산에 돌려서, 2010년경에는 식량과 에너지의 자급자족을 이룰 수 있기 때문이다(빅토르, 2007: 230-231). 그러나 GAP 프로젝트는 주변국가와의 물 문제를 둘러싼 첨예한 대립, 인구이동, 환경문제, 유적지 훼손 같은 복잡한 문제를 야기 시키고 있다. 시리아와 이라크롤 흐르는 강 줄기와 수량을 터키가 전적으로 조절하게 됨으로써 터키와 시리아, 터키와 이라크 사이에는 물 문제로 첨예한 정치-외교적 갈등이 심화되고 있다. 터키 내부에서는 GAP 프로젝트 권역이 대부분 쿠르드 소수민족 거주지역인 관계로 쿠르드 정체성을 약화시키려는 터키정부의 계획된 의도로 보는 쿠르드 노동당을 중심으로 하는 급진주의자의 집요한 공격도 거세지고 있다.

이처럼 깊은 문명을 이루고 인류의 삶의 질에 지대한 영향을 주었던 강과 물은 인간의 오만과 독점으로 때로는 본래의 역할을 잃어가고 있다. 그리고 많은 부분 변화를 경험하고 있다. 과연 역사상 수많은 문명과 인간의 삶에 지대한 영향을 끼쳤던 유프라테스-티그리스 강의 인위적 이용과 개발이 그 지역 주민은 물론 주변 시리아와 이라크에 나아가 메소포타미아 문명의 후광 속에 있는 중동 전반에 어떤 사회-경제적 영향을 미치게 될 것인지를 살펴보는 것이 이 논문의 근본취지다.

Ⅱ. 유프라테스-티그리스 강의 역사적 의미

유프라테스 강의 역사적 의미

역사적으로 유프라테스란 강 이름은 그리스시대에 붙여졌다. 초기 수메르 시대에는 부라눈(Buranun), 아카디아 시대에는 푸라툼(Purattum), 고대 페르시아 시대에는 우프라트(Ufrat), 아랍어로는 푸라트(Furat), 터키어로는 프라트(Firat)로 불린다(F. Kolars, 1991:4). 유프라테스 강은 티그리스 강과 함께 인류최초의 도시문명인 메소포타미아 문명의 요람이다. 강 줄기를 따라 관개수로를 만들고 비옥한 경작지에서 공동체의 합동 노력으로 수확을 시작함으로 풍요로운 식량을 바탕으로 화려한 고대문명의 꽃을 피울 수 있었다. 메소포타미아 문명에 그친 것만이 아니라, 이 두강은 오리엔트에서 끊임없이 명멸해 간 수많은 후계문명을 배태한 산실 역할도 했다.

　유프라테스 강은 터키 동남부의 고원에서 발원하여 걸프해로 흘러들어가는 2,781km의 중동 문명의 젖줄이다. 총 수량은 359억㎥에 달한다. 유프라테스 강은 동서 두 강이 합쳐 흐르는데, 카라수(Kara Su)강과 무라트(Murat) 강이다. 서 유프라테스를 이루는 카라 강은 오늘날 터키 동부의 에르주룸 북부에 있는 아르메니아 고원에서 발원하고, 동 유프라테스인 무라트 강은 중동 최고의 설산인 아라라트 산과 반(Van) 호수에서 발원한다. 이 두 강 줄기는 엘라지그 근교에서 합해져 북쪽에서는 협곡과 계곡을 지나고 남쪽으로 흘러가 시리아의 카라카미스(Karakamis)에 이른다. 시리아를 관통한 유프라테스 강은 카부르(Khabur) 강과 발리크(Balikh) 강을 만나 물을 보탠다. 그리고는 해수 53m 지점에 있는 이라크의 북부 도시 히트(Hit)로 흘러간다. 이 지점부터 유프라테스 강은 많은 관개수로로 나뉘어지고 함마르 호수에 갇히면서 급격히 수량을 잃어간다.

유프라테스 강은 이라크 남쪽의 바스라 북부의 쿠르나(Qurna) 지점에서 티그리스 강과 만나 메소포타미아 평원을 이루고 샤트 알 아랍(Shatt al-Arab) 수로를 만들어 이란과 이라크 국경을 만들며 걸프해로 흘러들어간다. 이 강은 바스라에서 많은 물줄기로 바뀌어 경작을 위한 넓은 습지를 형성하게 된다. 그런데 1990년대 사담 후세인 정부에 의해 이 지역에 근거를 둔 반정부적인 마르시(Marsh) 아랍부족들을 몰아내기 위해 물줄기를 끊어 사막화가 진행 중이며, 2003년 이라크 전쟁 이후 다시 물줄기를 끌어당겨 경작지 복원에 힘쓰고 있다.

유프라테스 강은 강폭이 좁아 많은 구간에서 작은 보트로만 운행이 가능하다. 보트를 타면 강줄기를 거슬러 올라 1,930km나 떨어져 있는 이라크 북부 도시 히트(Hit)까지 갈 수 있다. 북부 터키 산악지대의 눈이 녹아 생기는 범람 현상은 최근 들어 터키가 구축한 댐과 대형 저수지 등으로 통제가 가능해졌다. 지금은 교통의 편리한 연계를 위해 유프라테스와 티그리스 강 사이를 연결하는 885km 길이의 운하가 개통되었다.

티그리스 강의 역사적 의미

티그리스란 명칭은 수메르 시대에는 이디그나(Idigna), 아카디아 시대에는 이디글라트(Idiglat), 고대 페르시아 문헌에는 티그라(Tigra), 헤로도투스의 역사서에는 티그리스(Tigris)로 적혀있다 유프라테스와 마찬가지로 그리스 시대에 만들어진 용어를 우리가 쓰고 있다. 오늘날 아랍과 터키에서는 디즐레(Dicle)로 불린다(F. Kolars, 1991:8).

티그리스 강도 터키 동부의 고원지방에서 발원하는 1,840km의 두 번째 긴 강이다. 유프라테스 강과는 달리 이 강의 주된 지류는 이라크의 강들이다. 티그리스 강은 터키 동부의 시리아-이라크 접경지대에 있는 지즈레까지 흘러가서 시리아 땅을 32km 흘러 이라크 영토로 들어간다. 이라크에서 다행

히도 티그리스 강은 큰 잡(Zap) 강, 작은 잡 강, 아드하힘(Adhaim) 강, 디얄라(Diyala) 강 등과 합해지면서 수량을 늘린다. 그리고는 쿠르나에서 유프라테스 강과 합해져 샤트 알 아랍 수로를 형성하고 걸프해로 흘러들어가면서 긴 항해를 끝낸다. 티그리스 강은 유프라테스 강에 비해 수량이 월등히 많은 편이다. 흐르는 도중에 많은 강들이 합해지고 자그로스 산맥에서 흘러내리는 강물과 여름철의 눈 녹은 물이 흘러들기 때문이다. 그 대신 티그리스 강은 집중적으로 관개수로와 경작용 물로 분산 소비되면서 70~80% 정도를 소진하고 샤트 알 아랍 수로에 도달한다(F. Kolars, 1991:7)

티그리스 강은 바그다드에서 디얄라 강과 합해지면서 비로소 남쪽 항해가 가능해진다. 유프라테스 강과는 달리 티그리스의 범람은 예측이 불가능할 정도로 불규칙적이어서 고대부터 경작에 많은 애로점이 있었다. 이를 위해 이라크 당국은 관개수로를 분산하고 유프라테스 강과 연결하여 급작스러운 범람에 대비하고 있다. 5천년전 고대인들이 경험하면서 가졌던 준비를 지금까지 계속하고 있는 셈이다. 티그리스 강이 인류문명에 끼친 가장 큰 공헌도 바로 관개시설을 통한 물의 통제와 이용이라는 지혜일 것이다.

III. GAP 프로젝트는 무엇인가?

유프라테스-티그리스 두 강 종합 개발계획인 GAP(Guney Dogu Project: 남동부 프로젝트) 프로젝트는 터키 동남부 아나톨리아 지방의 1천만 주민들의 삶을 근본적으로 바꾸는 획기적인 국토 개조사업이다. 주요 목표는 다음과 같다.

1) 물 부족과 토지 사막화로 고통 받고 있는 이 지역 주민들의 삶의 질을

지속적으로 개선한다

2) 지역간 균형발전을 도모하고 기술집약적 대규모 사업으로 국가브랜드 가치를 창출한다.

3) 전력 확보와 고용창출을 통해 국가경제의 기틀을 다진다

4) 쿠르드 소수민족들이 살고 있는 동남부 아나톨리아 지방의 경제적 안정과 수입증대를 통해 지역 안보의 확보와 쿠르드 소수민족들의 분리주의 운동을 차단한다.

5) 주변 국가에 대한 정치-경제적 통제의 강화한다.

이 중 1)2)3)항은 터키 정부 GAP 공식 홈페이지http://www.gap.gov.tr/ Turkish/Genel/sdurum.pdf)에서 추구하는 내용이다.

2010년을 1차 마무리 목표로 정한 GAP 프로젝트의 총 소요예산은 약 350

억달러(412억 YTL)에 달하며 그 중 200 달러(256억YTL)가 이미 집행되었고, 2007년말까지 총투자규모의 62.2%가 달성되었다(Southeastern Anatolia Project Action Plan 2008~2012, 11쪽). 현재 GAP 프로젝트의 영향을 받는 터키 지역은 아드야만, 바트만, 디야르바크르, 가지엔텝, 킬리스, 시르트, 샨르 우르파, 마르딘, 시르나크 등 9개주에 이른다. 대부분 유프라테스-티그리스 강 상류 분지와 메소포타미아 북부 지역에 위치에 있다. 총면적은 75,358 ㎢으로 터키 전체 국토의 약 9.7%에 해당되는 광대한 영역이다. 13개의 주요 GAP 프로젝트 공사 중 7개는 유프라테스 강 유역에, 6개는 티그리스 강 유역에 집중되어 있다. 이 지역들은 터키에서도 가장 낙후된 곳이고 사람들의 삶이 가장 열악한 상태에 있다 할 수 있다.

터키 전체	GAP 지구	터키전체에서의 비중	
면 적	780,000㎢	75,358㎢	9.7%
인구(2007년 통계)	7006만	720만	10.2%
인구증가율(1990~2000)	1.8%	2.5%	

현재 추진 중인 GAP 프로젝트의 주요 사업 내용은 관개, 수력발전, 농업 및 경작, 도시 및 농촌의 사회기반시설 확충, 조림, 교육환경개선, 건강증진 등이다. 이를 위해 22개의 댐이 건설되고, 19개의 수력발전 시설, 17,000㎢에 달하는 관개수로 사업, 7개의 공항이 이미 건설되었다. GAP의 19개의 수력발전소에서 2010년까지 터키 전체 전기생산의 약 22%를 차지할 전망이다. 시간당 8,900 gigawatt를 공급하는 세계최대의 발전 용량을 갖추었다.

그 외 프로젝트가 완성되면 터키전체 저수량의 28.5%가 인공적으로 관리, 통제된다. 이는 연간 약 530억 ㎥이상 방류되는 유프라테스-티그리스 강의 효율적인 관리를 의미한다. GAP 프로젝트로 터키 관개토지의 20%에 해당되는 약 170만 ha의 토지에 관개가 가능해지며, 터키 연간 에너지의 22%에 해당되는 270억 **KWh**의 에너지를 생산하게 된다.

농업 부분에서는 전반적으로 **GAP** 프로젝트의 완성으로 4.5배 이상의 경제생산이 기대되며, 350만명의 이 지역 인구가 9백만에서 1천만명 수준으로 증가될 전망이다. 이 지역 주민들의 1인당 **GDP**는 2배 이상(약209%) 증대될 것이며, 약 380만개의 새로운 일자리 창출 효과를 가져다 줄 것이다(**GAP** 공식 홈페이지 www.gap.gov.tr/최신보고서(Latest Situation Report, p.1).

〈관개시설의 확충으로 인한 수확량 증대〉

밀 104%

보리 69%

면화 388%(터키 전체의 36%)

토마토 556%

렌틸콩 24%

채소 80%

〈성장율〉

Gross Regional Product : 7.7 %

농   업 : 4.9 %(비중 40%--->23%)

공   업 : 10 %(비중 15%--->24%)

건   설 : 6.6 %

서비스 : 9 %(비중 44%--->53%)

주변국가들과의 관계에 있어서도 특히 두 강이 시리아와 이라크로 흘러가는 중요한 수자원이기 때문에 **GAP** 프로젝트는 필연적으로 터키-시리아-이라크 사이에 심각한 외교적 분쟁을 초래하게 되었다. 특히 바로 국경지대에 위치한 일리수(Ilisu) 댐은 양국을 극도로 긴장시켰다. 왜냐하면 일리수 댐이 완공되면 두 나라로 흘러들어가는 수량의 감소가 피할 수 없기 때문이다. 이라크 수자원부의 추산에 따르면, 2011년 일리수 댐이 완공되면 티그리스 강수량 연 47%까지 감소하여 모술 지방의 여름 강수량의 약 50%가 줄어들 것이라고 예상했다. (Al-Sabah July 3). 이라크는 연간 500억 m³의 물을 필요로 하는데 지금까지 티그리스 강이 약 60% 유프라테스 강이 나머지 약 40%를 충당해 왔다. 이라크로서는 바로 북부의 터키 동남부의 댐 건설은 자국민들의 생존과 직결된 문제인 만큼 국가적인 이슈로 이 문제를 다루고 있다.

이런 여러 가지 사정 때문에 GAP 프로젝트는 당초 2010년을 완공목표로 잡았으니 현재는 2047년까지 연장된 상태다. 그렇지만 이미 가시적인 성과가 나타나고 있다. 22개 댐 중 15개 댐이 완공되어 약 1백만㏊에 관개가 가능한 저수능력을 갖추었으며, 2008년 말까지 272,972ha의 면적이 관개수로가 가능하게 되었다. 그렇지만 현재 추진중인 GAP 프로젝트는 국내외 환경단체들의 집요한 반발과 일리수 댐을 둘러싼 국제적인 분쟁 때문에 계획수립에 많은 차질을 보이고 있다.

쿠르드 소수민족들을 위한 배려〈----〉민족 정체성 약화 의도

터키 현 수상 레젭 에르도안은 전반적인 경제환경의 불투명에도 불구하고 2005년에만도 150억달러 정도의 투자기금을 마련하고 있다. 물론 에르도안 수상의 목표는 다분히 정치적인 의도도 함축하고 있다. GAP 지역이 전통적인 쿠르드 소수민족 거주지이기 때문이다. 현재 터키내에는 1000만명~1200만명 정도의 쿠르드인들이 살고 있다. 중동 최대의 소수민족으로서 이란-이라크-시리아-터키 등지에 분산되어 있는 쿠르드인들의 절대자수가 터키내에 살고 있다. 대부분의 터키 내 쿠르드인들은 동화되어 별 다른 마찰이나 차별 없이 살아가지만 민족의식이 강한 일부 강경집단들은 조직적으로 터키정부당국에 저항하면서 무장투쟁을 하고 있다. 쿠르드인들은 GAP의 시행으로 민족정체성이 약화되어 터키로의 동화가 가속화되리라는 우려를 하지만 한편으로는 이 지역주민들의 삶의 질이 개선되어 고용창출과 경제개발에 도움이 되리라는 기대를 하고 있다(빅토르, 2007: 231).

실제로 GAP이 완성되는 시점, 4백만개의 새로운 일자리가 창출될 예정이다. 이는 쿠르드 소수민족들의 실업율이 터키 평균치의 반에도 채 미치는 못하는 상황에서 급진 쿠르드 분리주의 세력인 PKK가 점차 세력을 넓혀가고 있다는 우려에서 비롯된다. 쿠르드 거주지역인 터키 동남부의 총체적인 개발과 고용창출은 터키안보의 가장 중요한 근간이라는 집권층의 강한 인식도 GAP에 대한 집착을 강화시키고 있다. 현재 이 지역에서 30년간 진행 중인 쿠르드 분리주의 세력과의 "대테러전쟁"이 보다 효율적이고 가시적인 성과를 얻기 위해서는 비무력적 방식인 삶의 질 개선, 고용창출을 통한 불만해소, 교육과 의료혜택의 확충이 시급한 상황이다. 결국 GAP 프로젝트는 다종족 사회인 터키의 통합과 안전만 확충이라는 장기적이고 지속족인 정치적 목표를 함축하고 있다고 할 수 있다.

Ⅳ. GAP 프로젝트의 발상과 과정

유프라테스와 티그리스 강을 개발하여 적극적으로 이용하려는 시도는 1920~1930년대 터키의 국부이자 초대 대통령인 케말 아타튀르크의 결단으로부터 출발하였다. 터키가 국가운명을 걸고 추진 중인 국책사업인 GAP 프로젝트는 1960년대 말부터 본격적인 추진이 기획되었다. 그 당시 두 강을 이용하려는 주된 목적은 수력발전을 통한 에너지 확보였다. 오스만 제국시대

의 유전지대가 모두 빼앗긴 상태에서 석유자원이 절대적으로 부족한 터키의 에너지 확보전략이었다.

이를 실천에 옮기기 위해 전기연구회가 1936년 설립되어 본격적으로 강물을 이용한 에너지 생산계획을 추진하게 되었다. 이 연구회는 "Keban Dam" 프로젝트를 발족하고 유프라테스 강의 유속과 강수량 등에 대한 과학적이고 체계적인 연구를 시작했다. 오늘날의 GAP 프로젝트는 1970년대 유프라테스와 티그리스 강을 이용한 관개수로 시설과 에너지 전력생산을 목표로 시작되었다. 그러다가 1980년대초 점차 사회-경제적인 종합계획으로 그 성격이 확대 재편되었다. 개발계획에는 관개시설과 전력생산은 물론 농업, 이 지역 도시와 농촌의 사회기반시설 확충, 임업과 조림, 교육과 의료 서비스 등을 포함하게 되었다. 1988-1989년경에는 GAP 프로젝트의 기본적인 목표에 삶의 질 개선과 소득증대를 통해 터키 다른 지역과의 경제적 편차를 줄이고 사회통합을 이루려는 노력이 추가되었다.

특히 인구증가의 불균형과 이 지역 농촌의 급속한 황폐화고 GAP 프로젝트의 중요한 견인요인이 되었다. 1990년대 이 지역의 도시인구 증가는 놀랍게도 4.6%로 다른 지역의 평균 도시인구 증가율 2.9%를 훨씬 상회하고 있었다. 반면 이 지역 농촌인구 증가율을 감소하는데 터키 평균 농촌 인구 감소율 -7%보다는 느린 속도인 -0.5%를 기록했다. 이 지역 도시인구대 농촌인구 대비는 1990년의 56%/44%에서 1997년의 64%/36%로 도시인구 증가폭이 가속화되었다. 이처럼 이 지역 도시인구의 급증은 그렇잖아도 부족한 사회기반 시설을 더욱 약화시켜 커다란 사회문제와 도시문제를 야기해 왔다. GAP 프로젝트가 이러한 사회적 문제에 대한 해결의 측면이 강하게 작용했다. 경제적 이유에서 사회적 이슈로 GAP의 성격이 전환한 것이다. 이는 당시 과격화되던 PKK의 무장투쟁과 GAP 프로젝트에 대한 공격시도에 대한 적절한 사회적 대응으로 보인다.

V. GAP 프로젝트를 둘러 싼 터키-시리아-이라크의 갈등과 분쟁

GAP 프로젝트의 시행과 함께 터키와 시리아 이라크 간의 긴장과 갈등도 잦아지게 되었다. 시리아와 이라크는 더 많은 안정적인 물 공급을 요구했고, 터키는 대규모 댐 건설을 통해 총체적인 두 강의 통제능력을 높여 갔다. 무엇보다 외부의 공격에 대비해 거의 요새에 가까운 견고한 안정성에 중점을 두었다. GAP 프로젝트가 완성되면 터키 댐이 가둘 수 있는 물의 양은 유프라테스 강의 1년치 수량과 맞먹는다. 따라서 유프라테스 강수량은 110억㎥, 티그리스 강수량은 60억㎥ 각각 줄어들게 된다. 이런 문제를 놓고 터키는

1987년 시리아와 조약을 맺고 초당 500m³를 흘려보내고, 그리고 그 물의 58%는 이라크로 흐르게 합의했다. 그러나 시리아나 이라크의 입장에서 보면 그정도의 물을 가지고는 농지를 개간하는데 턱없이 부족하고 수질도 갈수록나빠질 것이 뻔하기 때문에 받아들일 수 없는 상황이다(빅토르, 2007: 231).

터키 내부 사정도 있어 GAP 프로젝트는 1990년대 초반 한때 중단위기에놓이기도 했다.

첫째, 쿠르드 노동당인 PKK가 GAP 지역에서 본격적인 무장 투쟁을 시작했기 때문이었다. PKK는 외국에서의 투자재원이 GAP에 대한 투자보다는 대테러 무기구입에 사용된다는 비난논리를 폈고, GAP 지역의 댐과수로에 대한 공격을 감행하고 기술자들에 대한 조직적인 살해를 계속했다.

둘째, 1990년대초의 경제위기도 겹쳐 GAP 프로젝트는 상당부분 지연되었다. 당시 경제위기는 이라크에 대한 유엔 경제제재가 직접적인 계기가 되었다. 이라크를 통한 대중동 교역이 거의 중단상태에 빠지면서 터키 동남부지역경제의 기반이 크게 흔들렸기 때문이었다.

셋째, 정부 공공부분의 예산 불균형이 심화되면서 필요한 재원조달에 어려움을 겪었기 때문이었다.

마지막으로 댐 공사로 인한 유적지 훼손과 거주지 이전에 대한 보상문제등 법률적이고 사회적인 문제들이 터지기 시작했다.

터키-시리아

역사적으로 시리아 사람들은 유프라테스 강을 다만 경작을 위해 부분적으로 이용해 왔다. 그러다가 프랑스 식민지배를 받으면서 유프라테스 강에댐을 건설하고 관개시설을 갖추면서 시리아 북부지방의 면화재배에 적극적으로 활용하기 시작했다. 독립한 이후인 1950년대 후반에는 오린테스(Orintes)

강과 유프라테스 강이 체계적으로 활용되었다. 무엇보다 소련연방과의 관계가 증진되면서 양국 공동으로 타브카(Tabqa) 댐을 건설하기로 하였다. 이 댐은 1973년 7월 완공되었고 이어 아사드(Asad) 댐도 건설되었다. 이 댐은 약 640,000ha에 달하는 관개경작을 가능하게 하여 농업생산에 큰 기여를 하였다. 그러나 1980년대 이후 관개경작지의 황폐화와 토양의 영양부족, 효과적인 관리의 부재로 관개경작면적은 급속히 줄어들고 있는 실정이다. 아사드 댐의 최대 관개경작 면적이 240,000ha에서 1983-86 사이에는 8,500ha로 줄어들었다. 유프라테스에 비해 티그리스 강은 시리아에 크게 도움이 되지 못하고 있다. 소규모 경작이나 식수 등에 제한적으로 이용되고 있다.

시리아의 유프라테스 강 이용도 터키의 대규모 댐 완공이후에는 심각한 물 부족과 어려움에 처하게 되었다. 유프라테스로 흐르던 시리아 내의 작은 강 두 개도 상류의 터키로부터 물이 감소되자 더 이상 유프라테스로 흘러들지 않게 되었다. 시리아 정부 발표에 따르면 시리아의 물 수요는 갈수록 늘어나는데, GAP으로 인해 강수량의 40%가 감소할 것이라고 한다. 1979년~2000년 사이 시리아 인구는 700만명에서 1,500만명으로 2배이상 늘어난 상태다. 유엔도 시리아가 2025년까지 심각한 물 부족 사태를 겪을 것이라고 전망하고 있다(빅토르, 2007: 232).

시리아의 유프라테스와 타브카 댐에 대한 의존도는 그만큼 더 늘어났다. 현재 시리아 전체전력의 약 50%를 이 댐이 공급하고 있을 뿐만 아니라, 관개시설에 필요한 물을 대고 있다. 물 부족을 해결하기 위해 시리아 정부는 발리키 강에 1개, 카부르 강에 2개의 추가 댐을 건설하였다. 이러한 댐 건설로 시리아는 개인토지 240,000ha를 포함하여 총 387,000ha의 관개면적을 갖게 되었다. 그리고 티츠린 댐은 알레포와 다마스커스 등 시리아 대도시의 상수원으로 이용된다.

이제 시리아에게는 터키의 GAP 프로젝트가 오랜 역사적 삶의 패턴을 바

꾸는 중요한 생존의 문제와 직결되어 있다. 시리아와 국경 분쟁 등으로 오랫동안 불편한 관계를 유지해 왔던

터키는 아타튀르크 댐 공사를 시작으로 22개의 유프라테스-티그리스 강 조절 댐 공사를 완성하면서 주변 국가(시리아·이라크)에 대한 강력한 외교력을 행사하기 시작했다. 때로는 유프리테스 강의 방류량을 감소하면서 위협을 가하고 있다. 결국 피해국가인 이라크와 시리아는 1975년 협정을 체결하고 시리아 타크라 댐의 운용에 관해 합의하면서 부분적인 공동대응을 하고 있다.

무엇보다 유프라테스 강을 둘러싼 터키와 시리아 사이의 관계는 날로 악화되고 있다. 생존권이 걸려있는 문제임으로 자칫 전면전으로까지 벌어질 정도로 분위기가 심상치 않다. 시리아에게는 유프라테스 강이 거의 유일한 삶의 터전이기 때문이다. 이러한 문제를 방지하기 위해 터키와 시리아는 일찍이 1987년 아타튀르크 댐에 대한 활용과 방수량에 관한 협정을 체결했다. 당시 수상이었던 투르구트 오잘(Turgut Ozal)의 시리아 방문으로 이루어진 이 협정으로 터키는 초당 500㎥의 강물을 시리아 국경으로 방류하도록 했다. 이 협정에도 불구하고 양국간에 물 문제는 정치적인 함수관계를 가지면서 잦은 외교적 분쟁으로 이어졌다. 특히 시리아의 쿠르드 분리주의 세력에 대한 지원이 터키를 자극하여 그럴 때마다 터키는 물을 흘려보내지 않겠다고 정치적인 협박을 하고 있다. 시리아는 이미 1980년대 터키가 GAP 프로젝트를 실천에 옮기자 터키에 대항하는 정치적 카드로 터키내의 극단 분리주의자들인 PKK에 대한 지원과 자국내 훈련캠프를 제공해왔다. (Murakami 1995:2-3/Bulloch and Darwish 1993:60). 1998년 터키는 시리아에서 활동 중인 PKK 우두머리 압둘라 오잘란을 추방하지 않으면 당장 유프라테스의 강줄기를 잘라버리겠다고 극단적인 위협을 하기도 했다(빅토르, 2007: 233).

여기다 두 나라 사이에는 역사적으로 얽혀 있는 깊은 감정의 골도 크게 작용하고 있다. 1차 세계대전 당시 시리아는 영국군과 협력해서 오스만 제국에 반기를 들었고 오스만 제국의 멸망에 한 몫을 했기 때문이다. 같은 이슬람국가로서 시리아의 배신행위는 터키인들의 민족 정서에 부정적인 영양을 끼치고 있다.

이러한 역사적이고 민족적인 배경에서 이제 물 문제는 양국간의 협정에도 불구하고 매우 의미있는 정치적 무기가 된 셈이다. 무엇보다 아사드 대통령 시절, 시리아의 태도는 터키인들에게 극도의 불신을 심어주어 당시 터키 대통령 술레이만 데미렐은 "이라크나 시리아, 누구도 터키 강에 대한 소유권을 주장할 수 없다. 터키가 시리아나 이라크에 있는 과거 우리의 석유를 주장하지 않는 것처럼....터키의 물은 터키 국민들의 것이다"는 유명한 언급을 했다. "물 주권" 문제를 부각시키는 계기가 되었고, 터키인들의 물에 대한 정서를 적절히 반영하고 있다(Bulloch and Darwish 1993:74).

이에 반해 시리아는 유프라테스-티그리스 강은 역사적으로 경제적으로나 국제적 수역이며 각국의 물 소비량에 따라 적정하고 공평하게 분배되어야 한다고 주장한다. 우선 이해당사국의 물 소비량을 전체 강수량과 비교하여 공급이 수요를 충족하면 그대로 하고, 공급부족일 경우에만 부족분을 물 소비량의 비율에 따라 공평하게 감소시켜야 한다는 논리에 집착한다. 그리고 시리아는 이 문제는 국제적인 이슈이기 때문에 유엔이 개입하여 유엔의 틀 속에서 해결되어야 한다는 입장을 견지하고 있다.

이러한 요구와 주장이 당장은 실현되기 어려운 상황에서 시리아는 유프라테스 강을 이용한 지속가능한 관개경작과 수력발전을 위해 유프라테스 강을 가두는 아사드 호수의 높이를 일정하게 유지할 수 있기를 바라고 있다. 이를 위해 최근에는 빈번한 양국간의 사절단 교류로 이 문제를 외교적으로 풀어가고 있다. 더욱이 터키에 친 이슬람 성향의 정의발전당이 집권한 이후에는 시리아와의 관계도 크게 진전되고 있다. PKK 소탕에 대한 터키정부의 강력한 요청에 부응하면서 터키로부터 안정적인 물의 공급을 보장받으려 하고 있다. 나아가 양국간의 전반적인 경제협력도 가속화되고 있다.

한편 시리아의 물 문제는 이스라엘과도 밀접한 관련성을 가진다. 터키의 물 공급이 제한될 경우 시리아는 골란고원의 수자원에 더욱 의존하게 되는데, 현재 이스라엘이 점령하고 있는 골란고원의 반환이 더욱 어려질 수 있다. 이스라엘도 골란고원 수자원에 크게 의존하고 있기 때문이다. 시리아는 터키와의 원만한 협상을 통해 필요한 물을 공급받고 이스라엘에게는 골란고원의 수자원을 보장해줌으로써 중동평화의 물꼬를 틀 수 있다는 점에서도 매우 중요한 이슈다. 이러한 문제해결을 위해 미국이 개입하여 터키를 설득하고 상응하는 경제적 지원을 터키에게 해주면서 중동평화를 가시화하려는 노력도 이루어지고 있다.(이종택, 2000:139-140).

결국 시리아는 두 가지 중요한 정책과제를 안게 되었다. 하나는 상류의 터키와의 순조로운 외교를 통해 필요한 수량을 공급받는 일이고, 또 다른 하나는 시리아 내의 강을 적절히 이용하는 대안을 위해 아이디어를 짜내어야 할 때다.

터키-이라크

이라크는 아주 고대로부터 유프라테스 강에 의존한 삶을 살아왔다. 이미 기원전 3000년경부터 관개시설을 통해 경작을 하였고, 유프라테스-티그리스 강 사이의 하류 평원에서 강을 이용한 고대문명을 이루었다.

유프라테스 강을 인공적으로 이용하고자 하는 근대적 시도는 1911년 영국인 수력 발전 기술자 윌리엄 윌콕스(William Willcox)가 당시 오스만 제국에게 두 강 이용 종합 보고서를 제출하면서였다. 그의 계획에 의하면, 유프라테스 강에 알 힌디야(Al-Hindiya) 저수지, 티그리스 강에 쿠트(Kut) 저수지와 함께 베쿠메(Bekhume) 댐과 모술(Mosul) 댐을 건설하는 것이었다.

그 후 영국 식민통치시대와 이라크 왕국 시대에는 메소포타미아 지방의 관개시설 확충과 운용을 전담하는 관련부서가 설치되었고, 이라크가 공화국으로 거듭난 이후에는 소련과의 관계가 좋아지면서 2000년까지 소련으로부터 토질 종합 개선과 활용을 위한 지원을 받았다. 그러나 사담 후세인이 잡은 후 연이은 걸프전쟁과 서방의 경제제재로 이 모든 프로젝트가 가동을 멈추고나 무기한 중지되었다.

현재 이라크에는 7개의 댐(Haditha Dam, Bagdadi Dam, Ramadi Barrage, Hindiya Barrage, Fallouja Dam, Hammurabi Dam 등)이 가동되고 있다. 이 중 하디사 댐만이 수력발전용으로 사용되고 나머지는 관개용으로 활용되고 있다. 현재 이라크는 관개수로를 이용하여 약 120만ha에 달하는 경작지를 확보하고 있다. 경작지 면적은 유프라테스 강을 완전 활용할 경우 180만

ha에 까지 이를 수 있을 것으로 추산된다. 다만 전쟁 중인 현재의 이라크 상황으로 관개수로와 두 강 종합 계획은 일상적인 정치, 경제적 현안에 밀려나 있다.

티그리스 강도 이라크와 오스만 당국에 의해 많은 댐을 중심으로 적극적으로 이용되었다. 현재 모술 댐이 수력발전과 관개, 홍수조절용 등 다목적으로 사용되고 있고, 사마라 댐과 알 쿠트 저수지는 제한적으로 관개에 활용되고 있다. 그외에도 큰 잡 강의 베크메(Bekhme) 댐, 작은 잡 강의 도칸(Dokan) 댐과 디비스(Dibbis) 댐, 디얄라 강의 다르반디칸(Darbandikhan) 댐과 하므린(Hamrin) 댐 등이 티그리스 강을 중심으로 운용 중인 댐과 저수지들이다. 그 외에도 4개의 댐이 계획 중이거나 건설 중에 있다.

터키와 시리아의 유프라테스 강에 대한 활용도 증대와 수량 조절은 이라크 정부에게 커다란 위협이 되고 있다. 상류의 댐 건설로 인해 이라크는 초당 100㎥의 물밖에 구할 수가 없는데, 이 양은 식수용과 관개용으로 필요한 물에 절대적으로 부족한 양이다. 조약에서 보장한 수량의 절반에도 미치지 못하는 수준이다. 더욱 심각한 것은 그마저도 수질이 좋지않다는 점이다. 상류의 농약 잔류 유출, 공장 폐수, 생활하수로 인해 오염된 물은 염도가 높아 토지에 악영향을 주고, 장티푸스 같은 건강장애를 불러 일으키고 있다. 1994년에 2천명에 불과하던 장티푸스 환자는 2000년에 이미 28,000명을 넘긴 상태다(빅토르, 2007: 232).

이 때문에 이라크도 시리아와 마찬가지로 메소포타미아 문명을 일구었던 유프라테스-티그리스 강의 역사성을 내세우며 이는 국제적인 수역이라고 주장하고 있다. 이라크가 이 강들을 이용한 관개권리는 5천년이 넘는 역사적 권리라는 것이다. 따라서 두 강 수량의 분배는 이해당사국에 의해 공평하게 이루어져야 한다고 본다. 이에 따라 이라크 정부는 터키에 대해 최소 초당 500㎥, 가능하면 초당 700㎥의 수량을 흘러 보내길 요구하고 있다.

시리아와 함께 이라크는 1987년에 터키와 맺은 조약의 개정을 요구하고 있다. 현 조약내용으로는 물 수요를 충족할 방법이 없기 때문이다. 그들은 나아가 유프라테스-티그리스 강의 국제하천 지정을 서두르고 있다[1]. 하지만 터키는 1997년 유엔의 "국제하천의 이용에 관한 협약"에 서명하지 않았다. 이라크와 시리아가 국제사법재판소로 사건을 가져갈 구실을 아예 없애버린 것이다.

이러한 요구를 계속하는 한편 이라크로서는 유프라테스 상류의 두 국가의 위협을 비교적 덜 받는 티그리스 강의 개발과 활용도 증대에 더 많은 관심과 투지를 할 수밖에 없는 처지다. 아직까지는 두 강을 둘러싼 세 나라 사이에 무력충돌이나 군사적 긴장상태가 야기되지는 않았다. 그러나 대형 댐 공사를 둘러싸고 미묘한 신경전과 긴장감을 더 큰 분쟁으로 이어질 가능성을 담고 있다. 최근 이라크와 시리아 양국은 터키의 GAP 프로젝트의 일방적인 운용에 공개적인 불만을 표시하고 있다. 이라크와 시리아는 터키의 GAP 프로젝트로 두 나라로 흐르던 유프라테스 강수량의 심각하게 감소할 것이라고 우려하고 있다. 시리아로 흐르던 강수량은 약 40%, 이라크로는 약 90% 정도가 줄어들 것이라고 예상하고 있다(F. Kolars, 1991:84).

그러나 물 문제와 관련하여 터키-시리아 관계에 비추어 터키-이라크 사이에는 비교적 협력적인 관계가 지속되어 왔다. 이미 두 나라는 1946년 유프라테스-티그리스 운용과 강수량 조절에 간한 협정을 체결하고 양국 감시 하에 두 강의 흐름과 관개이용에 관하여 협의를 계속해 왔다. 1980년에는 양국간에 공동기술위원회를 설치하여 전문가 그룹으로 하여금 공동조사를 하고 자료와 결과를 공유해 왔다. 1982년 시리아가 이 위원회에 가입함으로써 새로운 협정이 체결되었다. 그러나 이러한 공조체제도 1990년 터키가 유프라테스 강을 완전 통제하는 아타튀르크 댐을 완성하자 위기에 봉착했고 이 위원회는 해체되었다.

시리아-이라크

유프라테스와 티그리스 두 강의 하류에 있는 시리아와 이라크 사이에는 터키의 GAP 프로젝트가 가동되기 이전부터 물 문제로 인한 여러 차례 분쟁을 경험했다. 무엇보다 1960-70년대 시리아가 유프라테스 강에 대한 관개 시설을 확충하고 결정적으로 대규모 아사드 호수를 건설하여 강물을 비축함으로써 양국간 갈등이 촉발되었다. 아사드 호수의 건설로 강수량이 절반 이상으로 줄어진 이라크는 1974년 양국간 협정으로 수량조절에 합의했으나, 시리아가 번번이 이를 어기자 아랍연맹에 중재를 요청하기에 이르렀다 (Biswas, 1994: 34).

아랍연맹의 중재결정에도 시리아의 강경자세를 버리지 않고 1975년 말부터 이라크와의 관계가 급속히 냉각되면서 이라크와의 국경과 영공을 폐쇄하였다. 충돌 일보직전에 사우디아라비아의 중재로 비공개 협정으로 맺고 유프라테스 강수량의 40%를 시리아가 확보하고 40%를 이라크에 흘려보내기로 합의하였다.

Ⅵ. GAP 프로젝트로 인한 터키의 생활경제 변화

역사적으로 터키 동남부 지역은 동서를 잇는 주요한 교통의 요충지였다. 동시에 다양한 사람들이 왕래하고 섞이면서 풍성한 문화의 용광로 지대였다. 그러나 전통적인 교통로가 바뀌고 농업 기술의 발달로 점차 이 지역의 중요성은 약화되었다.

1989년의 종합계획은 이 지역의 사회, 경제, 문화적 삶을 활성화시키기 위한 통합프로젝트로 구상되었다. 이 프로젝트로 얻어지는 수익은 중앙정부에 예산에 편성되지 않고 곧 바로 그 지역경제와 사회, 문화 활동, 그리고 복지에 재투자되었다.

GAP 프로젝트가 이처럼 순조롭게 항해를 계속한 것은 아니었다 예상치 못한 여러 가지 어려움이 노출되었다. 첫째가 환경문제였다. 프로젝트의 지속가능성 문제와 주민 참여도 원래 GAP 프로젝트에서 소홀히 다룬 큰 문제였다. 이 때문에 유엔 기구들의 도움을 얻어 프로젝트가 수정과 보완을 거쳤다. 무엇보다 터키의 유럽연합 가입과 맞물리면서 제8차 경제개발5개년 계획에 GAP 프로젝트기 포함되었고, 터키의 국책사업으로 국제적인 수준과 통제를 받는 사업으로 기본 개념이 바뀌었다.

GAP의 기본철학은 미래세대가 누릴 수 있는 지속가능한 인간발전 모델을 창출하는 목표에 초점이 두어졌다. 따라서 균형 있는 발전, 주민참여, 환경보호, 세대를 잇는 장기고용, 사회기반시설의 확충이 강조되었다. 이러한 목표에 도달하기 위해 가장 중요한 것은 터키 동남부 지역 주민들의 삶을 개선시켜 터키 다른 지역과의 격차를 줄여나가는 것이었다. 이 프로젝트의 실현으로 약 350만~400만명의 새로운 고용창출이 기대된다.

관개시설

GAP 프로젝트는 터키 관개 경작지 면적을 두 배로 늘이는 목표를 달성했다. 면화 생산은 150,000 톤에서 400,000톤으로 증대되었고, 터키 전체 면화 생산의 주산지로 발돋음했다. 산르 우르파 남쪽의 하란 평원에서만 17,000 km²의 경작지가 생겨났다.

최근의 보고서에 따르면, 아타튀르크 댐의 완성으로 면화, 밀, 보리, 렌틸, 여타 곡물 생산량이 평균 세 배로 급증했다. 새로운 영농기술의 소개로 이 지역에서 전혀 생산되지 않았던 새로운 과일과 채소, 땅콩 등이 대체작물로 선보이기 시작했다. 결과적으로 토지가격, 가구별 소득, 농기구 및 자동차 숫자가 증대되었고, 일부 지역에서는 지난 8년 동안에 세 배까지 급증하는 결과를 보였다.

문화유적 훼손과 환경 문제

GAP 지역은 선사시대부터 인류가 거주해온 오랜 역사적 유적지들이 많이 분포하고 있다. 때문에 GAP 프로젝트는 문화유적 훼손과 환경문제에 대한 심각한 논쟁을 불러일으켰다. 댐의 건설과 물줄기 흐름의 변화로 관개수로의 무분별한 확충, 경작지 개간, 이주와 도시화의 급속한 진전 등으로 고대 문화유적들이 크게 훼손되거나 사라질 위기에 빠졌다.. 물론 고고학자들은 국제적인 관심과 재원의 조달로 고고학 구제발굴이 활성화되리라는 긍정적인 주장도 내놓고 있다. 1976년 GAP 개발계획이 시행 된 이후 지금까지 400개 마을이 전체 혹은 일부가 물에 잠기고, 20만명이 삶을 터전을 잃고 이주를 해야 했다. 기원전 4세기의 주그마 유적도 피해를 입었다. 도자기와 동상, 모자이크 몇 점을 제외하고는 유적 전체가 물에 잠겼다. 20세기의 폼페이라고 불리는 주그마 유적지의 훼손은 인류역사에서 개발과 문화재 복원이라는 동전의 양면성을 잘 보여준 또 다른 아픈 경험이었다(빅토르, 2007: 230-231).

〈주그마 유적의 의미와 긴급 구제 발굴〉

마케도니아의 왕 알렉산더의 사령관 중의 한 사람이었던 셀레우코스 니카토르는? 유프라테스 강변에 그의 이름을 딴 도시를 건설하고 자신의 모습 새겨진 동전을 주조했다. 그리고 유프라테스 강을 가로질러 주그마와 아페미아 두 도시를 연결하는 다리를 건설했다. 주그마 다리는 단순한 다리로서의 의미보다는 유프라테스 강변의 색색의 돌로 만든 장대한 규모의 모자이크, 프레스코, 동상, 건축 구조 등에서 당시의 예술과 문화의 수준과 경향을 반영하는 역사적 유적으로서 가치가 높이 평가되는 다리이다.

주그마에는 디오니소스, 유프라테스, 오세아누스, 피시케, 포세이돈 같은 신화를 간직하고 있을 뿐만 아니라, 이 도시를 거쳐간 그리스-로마-비잔틴의 깊은 흔적들을 잘 간직하고 있다. 주그마 다리는 또한 무역과 정보 교류의 통로로서 시리아의 안티옥에서 출발해서 중국으로 가는 고대 실크로드의 중요한 요충지였다.

고대 도시 주그마가 처음 발견된 것은 1917년 F.쿠몽에 의해서였지만 본격적인 조사는 1970년대에 와서야 가능했다. 와그너 팀이 지표조사를 통해 이 도시의 성격에 대해 중요한 정보를 얻게 되었기 때문이다. 이를 토대로 1987년 최초의 본격적인 발굴이 이루어졌는데, 가지엔텝 박물관에 의해 벨키스 언덕 남쪽면 발굴이 시작되었다. 주그마 유적은 성격에 따라 크게 세 지역으로 나뉘어 발굴과 복원이 진행되고 있다.

Zone A-2000년 6월 이후 수몰예정지인 댐 표면 높이 372미터 아래 면을 9년간 구제발굴 수행

Zone B-댐 최고 수위인 385미터 아래 지역 발굴하여 2000년 10월까지 작업완료

Zone C-댐 수위에 영향을 받지 않는 지역으로 주그마 도시의 약 70%를 차지하는 주요지역이다. 이 지역에서는 **Zone A-B** 발굴 및 조사 결과를 토대로 장기간 발굴 및 정밀한 도시 복원 사업을 추진중이다.

벨키스 언덕과 주그마 유적 발굴로 인해 주거지 및 주택, 상점, 공작소, 초기 기독교 시대 종교구역, 신전 유적, 하수시설 등이 확인되었고, 현재 사진 및 데이터 작업이 진행 중에 있다. 암굴 무덤에서는 이 유적의 주인공으로 여겨지는 상당수의 석상들이 발견되었다. 주요 출토품들을 보면, 유리창 장식, 뛰어난 모자이크 벽화, 인형, 유리제품, 동상, 동전, 헬멧, 철제 방패와 칼, 금반지, 금잎 장식, 태양신 헬리오스와 악수하는 콤마게네 왕 안티오쿠스 부조, 기름 등잔, 유리, 금속, 세라믹 조각들이다.

결과적으로 주그마 유적 발굴로 고고학적 파일이 완성되면서 수백점의 도판, 수천점의 자료, 500점 이상의 사진, 2,376개의 디지털 영상, 1천점 이상의 소형 동전 등이 기록되고 복원되었다. 사라진 유적에 대한 편린이나마 인류가 이 지역에 대한 기초자료를 갖게 돈 셈이다. 특히 이 곳에서 출토된 인장의 숫자는 아마 세계 최대 규모인 것으로? 추정된다(www.gap.gov.tr/zeugma.html). 주그마 유적지에 관한 연구와 조사는 2008~2012 GAP 5개년 실행계획에 포함되어 지속적으로 이루어지고 있다(Southeastern Anatolia Project Action Plan 2008~2012, 32쪽).

〈일리스 댐 건설과 하산 케이프 유적 수몰 논쟁〉

문화유산 보호와 환경 문제의 논쟁에 불씨를 당긴 또 다른 경우가 일리스 댐 건설이다. 티그리스 강 상류에 건설 중인 일리수 댐으로 약 1만년전의 고대도시인 하산케이프(Hasankeyf)가 물 속에 잠기게 된다는 점이 논쟁의 핵심이다. 전통적인 쿠르드인 거주지에 건설될 일리스 댐으로 인해 역사적으로 문화적으로 쿠르드인들에게 특별한 의미가 있는 도시가 사라진다는 것이 쿠르드 인권단체들의 주장이다. 그들은 일리스 댐이 쿠르드인들의 중요한 역사적 유적지를 사라지게 함으로써 쿠르드인 존재를 부정하려는 고도의 정치적 함의가 숨어있다고 주장한다.

일리수 댐이 완공되면 50개에서 68개의 작은 마을들이 완전히 물속에 잠기고 57개 마을은 부분적으로 침수될 전망이다. 이는 대부분이 쿠르드인들인 78,000명 정도의 주민들이 이주를 해야 하는 상황을 의미한다. 수천년간 살아 온 삶을 터전을 버린다는 것은 문화적으로 단순히 이주이상의 의미를 지니게 된다.

이미 많은 마을들이 터키 행정당국에 의해 소개되었으며, 집들이 파괴되었다. 나아가 댐건설로 인한 저수량 증가는 인류의 유산으로 중요한 가치가 있는 수백-수천개의 고대 흔적들을 수몰시킬 것이다. 이 유적에는 초기 농경의 중요한 실마리가 되는 곡물, 아시리아나 로마 시대의 유적들을 포함하고 있다. 오리엔트 고대 역사의 주인공들인 쿠르드, 아르메니아, 아시리아인들이 이룩한 고유한 전통과 문화적 흔적들, 천년이상이나 된 무슬림과 크리스천들의 성소들이 물에 잠기게 될 것이다.

보고서의 작성자인 Maggi Ronayne에 따르면 GAP 프로젝트로 인류의 이 대한 문화유산들이 사라지게 될 것이며, 특히 터키 내 소수민족인 쿠르드인과 아르메니아인들이 이룩한 문화유산에 대한 무시와 의도적인 파괴는 유럽연합의 규정과 정신에 정면으로 위배된다고 밝히고 있다. 인권단체와 쿠르드 조직들은 일리스 댐건설을 터키의 EU 가입저지운동으로 연계시키고 있다. 그 결과 약간의 가시적인 성과도 나타났다. 일리수 댐 건설에 참여하기로 했던 영국 회사 Balfour Beatty 회사는 일리수 댐 반대론자들의 요구에 굴복해 댐 공사 컨소시움에 참여하지 않기로 결정했다.

무엇보다 쿠르드인들에게 특별한 문화적 의미를 가진 고대도시 하산케이프의 수몰은 인류전체의 손실이기도 하다. 터키정부나 공사업체들의 문화유산 보호약속에도 불구하고 일리스 댐의 건설과 함께 하산케이프도 사라지게 될 것이 분명하다. 반대론자들은 댐의 실질적인 활용 수명이 고작 50-70년인 점을 고려하면, 이를 위해 수천년의 문화를 고스란히 버린다는 것은 비문화적 발상이라고 꼬집는다. 그렇지만 터키 정부로서는 댐 건설로 얻게 될 전력부족문제의 해소, 관개를 통한 농경지 확대, 고용창출과 같은 현실적인 경제적 이익을 결코 외면하기는 어려울 것이다.

어쨌든 일리수 댐의 건설로 인한 터키동남부 지역의 문화적 영향과 변화는 상당한 파장을 불러 올 것이다. 이주에 따르는 보상도 토착민들의 원래의 삶을 유지하는데 턱없이 부족한 액수라고 주장한다.

그럼에도 불구하고 일리수 댐 건설을 전제로 한 하산케이프 유적 발굴과 조사는 진행 중에 있다. 유적보존의 목표는 지역에 있는 모든 문화유산에 대한 조사에 두고 있다. 종합 건축구조, 토양, 유물지도제작, 유물 발굴, 보호대책, 유물 안전 이동, 관련 자료 데이터 베이스 및 출간 등의 내용을 포함하고 있다.

유적 조사와 구제 발굴은 1991년에 시작되어 터키 문화관광부와 GAP 당국에 의해 협력의정서 체결하였으나, 지역 주민의 반발과 국제단체들의 유물보존 호소 등으로 1998년까지 사업에 대한 진척 없었다. 그러다가 1998년에 구제발굴이 재개되어 중요한 데이터와 고대 거주지에 대한 사료는 물론 도시계획의 전체모습을 파악하게 되었다.

2006년 한 해 동안의 발굴성과를 보면 186명의 발굴관련자가 참여하여 고대 무덤, 카시미예 지방의 4채의 저택, 왕궁, 이맘 압둘라 교육장 터, 다리 밑부분 터, 몰라 할릴 모스크 등이 발굴되었다. 이와 아울러 환경 및 토질 조사도 병행하면서 일리수 댐으로 인한 유적지 복원과 유산 지도를 남기려 애쓰고 있다. 2000년부터 본격적으로 진행된 하산 케이프의 복원과 조사연구는 국제적 비난에도 불구하고 2010년경 마무리 될 예정이다(Southeastern Anatolia Project Action Plan 2008~2012, 32쪽).

아무튼 터키 당국의 일리수 댐 건설은 개발과 문화유산 보호, 민족적 정체성 유지라고 하는 세 가지의 각각 다른 축들이 얽히면서 복잡한 국제적 이슈로 떠올랐다.

VII. 논의 및 전망

지구는 물의 지구다. 지구표면의 3/4은 물로 뒤덮여있다. 물론 그 중 98%는 바다이고 다만 2%만이 지표면을 흐르는 담수다. 그나마 90%의 담수는 극지방의 얼음으로 있거나 지하수를 이룬다. 따라서 인간이 실제로 사용하는 물은 지구전체 물의 0.26%에 불과하다. 그나마 물의 편중이 심하여 담수의 50%가 유럽을 흐르고 있으며, 중동에서는 심각한 물 부족으로 전쟁의 위기를 맞고 있다. 인구의 40%를 차지하는 88개의 개발도상국의 물 부족도 그들의 성장을 저해하는 중요한 요인이다.

물부족이 구조적으로 특히 심한 지역이 전통적으로 터키-수단-파키스탄을 잇는 삼각지대였다. 이 지역의 연간 담수 사용량은 1000㎥를 밑돌아 만성적인 물 부족에 시달리고 있다(르몽드 세계사 2008:16). GAP 프로젝트를 추진하는 집단들의 논리에도 이 문제가 자주 등장한다.

현재 지구촌의 약 11억명이 깨끗한 물을 공급받지 못하고 있다. 매일 최소 6천명, 특히 어린이들이 물 부족과 더러운 물 때문에 사망한다고 한다. 그 결과 연간 500만명 이상이 수인성 전염병으로 목숨을 잃는다. 이는 전쟁으로 인한 사망자보다 10배나 높은 수치이다(르몽드 세계사 2008:16). 이러한 끔찍한 현실을 줄이기 위해 유엔환경계획은 "물에 대한 권리"를 "인권"으로 선언하면서 1990~2015년까지 25개년 계획을 수립하고 이 비극적인 통계를 반으로 줄이는 사업을 펼치고 있다. 2006년 3월, 멕시코 시티에서 열린 <세계물 포럼>에서는 깨끗한 물을 공급받는 것을 '인간의 보편적 기본권'으로 승격시킬 것을 긴급히 요청하기도 했다. 지난 100년동안 세계인구는 3배가 늘어난 반면 담수 소비량은 7배나 늘어났다(폴라트 2008: 351-352). 더 이상 물 문제가 한 국가의 이해관계에 얽매이거나 특정 지역이나 집단에 독점되어서는 아니되는 인류의 보편적 요구가 어느 때 보다 거세지고 있다.

유프라테스-티그리스 강을 이용하여 터키 동남부를 총체적으로 개발하는 GAP 프로젝트는 자연환경을 인위적으로 바꾸어 새로운 삶을 창출하려는 거대한 인간의 꿈을 담고 있다. 그러나, 삶의 편의성과 문명의 또 다른 상징으로 시행되는 다목적 댐은 오늘날 많은 비판에 직면한다. 일부의 긍정적, 순

기능이외에 환경과 위생, 삶의 질에 또 다른 역기능과 부정적 측면이 드러나기 때문이다. 가끔은 물의 독점 문제로 "물의 정치학"이 대두되면서 주변 국가와의 정치적 마찰의 원인이 되기도 한다.

유프라테스-티르리스 강은 전통적으로 경계가 없는 자유의 흐름, 독점되지 아니한 공유의 개념, 상생하는 문명창출의 원천이었다. 이 강줄기를 따라 온갖 기술과 정보가 흐르고, 사상과 신화가 전달되고, 사람과 물자가 교류되던 소통의 채널이었다. 모든 것에 열리고 주고받는 과정을 통해 인류는 당시 최고이자 최초의 문명을 만들어낼 수 있었다.

이러한 유프라테스-티그리스 강의 역사적 기능과 역할은 축소되거나 변질되고 있다. 그것은 강물이 공유의 개념이 아니라 독점의 지위로 바뀌면서 시작되었다. 자연적인 흐름이 아니라 인위적인 물줄기를 바꿈으로써 새로운 변화와 새로운 고통이 시작되었다. 더러는 변화의 혜택으로 덕을 보고 보다 풍요한 물질적 수확이라는 선물을 얻었지만, 또 많은 사람들에게는 물 부족과 식량부족, 정든 땅을 등지고 이주하는 정신적 방황을 경험하게 되었다. 물은 공유되어야 하고, 강물을 강물처럼 흘러야 한다. 왜냐하면 신이 인간에게 내린 선물은 누구에게만 독점될 수 없는 인류의 공유재산이기 때문이다. 깨끗한 물을 먹을 수 있는 권리를 인간의 보편적인 기본권으로 정하자는 <세계물 포럼> 루아크 포숑 의장의 호소가 유난히 우리의 귓전을 때린다.

| 참고문헌 |

빅토르, 장 크리스토프(김희균 옮김)

　2007 아틀라스 세계는 지금, 책과 함께

플라토, 에리히 · 융, 알렉산더(김태희 역)

　2008 자원전쟁, 영림카디널

Murakami, Masahiro

　1995 Managing Water for Peace in the Middle East, Tokyo

이종택

　2000 "시리아-이스라엘간 수자원 분쟁과정과 협상전망", <한국이슬람학
　　　 회 논총> 제 10-1.

르몽드 디플로마티크 기획(권지현 옮김)

　2008 르몽드 세계사, 휴머니스크

Kolars, John F. · Mitchell, William

　1991 The Euphrates River and the Southeast Anatolia Development
　　　 Project. Illinois: Southern Illinois University Press,

Biswas, Asit K.

　1994 International Waters of the Middle East: From Euphrates-Tigris to
　　　 Nile. Bombay; New York: Oxford University Press

Braun, Armelle

　1994 "The Mega-Project of Mesopotamia," Ceres: FAO Review, March
　　　 "Turkey' s Position Relating to the Water Resources," Ministry of
　　　 Foreign Affairs, http://www.turkey.org/groupc/Water, 3.

Bulloch, John · Darwish,Adel

　1993 Water Wars: Coming Conflicts in the Middle East. London; Victor

Gollancz

Allan, J.A/Mallat, Chibli(eds.)

1995 Water in the Middle East: Legal, Political, and Commercial
Applications. London: New York:

GAP 공식 홈페이지 www.gap.gov.tr/zeugma.html/

GAP 공식 홈페이지 www.gap.gov.tr/chltls 보고서(Latest Situation
Report)

Allan, J.A and Chibli Mallat(eds).

1995 Water in the Middle East: Legal, Political, and Commercial
Applications. London: New York

Biswas, Asit K.

1994 International Waters of the Middle East: From Euphrates-Tigris to
Nile. Bombay; New York: Oxford University Press.

Bulloch, John and Adel Darwish.

1993 Water Wars: Coming Conflicts in the Middle East. London: Victor
Gollancz.

Hillel, Daniel.

1994 Rivers of Eden: the Struggle for Water and the Quest for Peace in
the Middle East New York: NY: Oxford University Press

Kliot, Nurit.

1994 Water Resources and Conflict in the Middle East. London: New
York: Routledge.

Kolars, John F.

1991 The Euphrates River and the Southeast Anatolia Development
Project. Illinois: Southern Illinois University Press.

Murakami, Masahiro.

1984 Managing water for Peace in the Middle East: Alternative Strategies. Tokyo.

Naff, Thomas and Ruth C. Matson.

1984 Water in the Middle East: Conflict or Cooperation. Colorado: Westview Press

Starr, Joyce. "Water wars" Foreign Policy, 82 (Spring 1991): 17-36.

Southeastern Anatolia Project Action Plan(2008~2012)

http://www.gap.gov.tr

9차 발전 계획 (2007~2013) 수행

본문 각주

1) 황산진과 두 곳의 가야진 위치와 그것을 둘러싼 신라와 가야세력의 동향에 대해서는 전덕재, 「삼국시대 황산진과 가야진에 대한 고찰」『한국고대사연구』47(한국고대사학회, 2007)이 참조된다.

2) 여기서 낙동강 중류의 범위는 대구광역시 달성군 하빈면과 경북 성주군 선남면 낙동강을 북쪽 경계로 하고, 남강과 낙동강이 합류하는 경남 의령군 지정면 성산리와 창녕군 남지읍 용산리까지의 낙동강을 南界로 설정하였다.

3) (善德女王) 十三年爲蘇判 秋九月 王命爲上將軍 使領兵伐百濟加兮城 · 省熱城 · 同火城等七城 大克之 因開加兮之津(『三國史記』列傳第1 金庾信上).

4) 금호강과 남강에 위치한 나루의 위치나 성격에 대하여 여기서 자세하게 검토하지 않을 예정이다. 참고로 금호진은 대구광역시 북구 팔달동 금호강변에 위치한 나루이고, 달천진은 대구광역시 달성군 다사읍 달천리와 세천리를 연결하던 나루이다. 저탄진은 정확한 위치를 알 수 없다. 정암진은 경남 의령군 의령읍 정암리 정암마을과 함안군 군북면 월촌리 정암마을을 연결하는 나루이다.

5) 高道巖津은 경북 칠곡군 석적면 중지리 창마 근처에 위치하였다.

6) 寡乙浦는 경북 고령군 개진면 釜里에 위치한 長澤(또는 진늪)의 북쪽 1∼2리 정도 떨어진 지점에 위치한 늪으로 추정된다.

7) 경상북도 · 경북향토사연구협의회, 『慶北마을誌』〈中卷〉(1991), p.401.

8) 고령군지편찬위원회, 『고령군지』(1996), pp.1224-1225.

9) 김재완, 「19세기말 낙동강유역의 鹽 유통 연구」, 서울대학교 박사학위논문(1999), p.143.

10) 경상북도 · 경북향토사연구협의회, 앞 책(1991), p.328.
   고령군지편찬위원회, 앞 책(1996), p.1214.

11) 경상북도 · 경북향토사연구협의회, 앞 책(1991), p.145.

12) 고령군지편찬위원회, 앞 책(1996), p.1235.

13) 고령군지편찬위원회, 같은 책, p.1243.

14) 객기리에 그릇점이 있던 점터마을, 또는 지형이 솥같이 생겼다고 하여 정터(鼎基)마을이 존재하였고, 현재는 이곳을 正基라고 부른다고 한다〔고령군지편찬위원회, 앞 책(1996), p.1235〕. 馬丁津이란 명칭에 유의하건대, 본래 마정진은 정터마을에 위치하였으나 후대에 낙동강의 유로 변경에 따라 거기에 위치한 나루가 폐쇄되고, 새로이 손터마을에 나루가 개설되면서 객기진이라고 불렀지 않았을까 여겨진다.

15) 창녕군지편찬위원회, 『창녕군지』하(2003), pp.564-565.

16) 昌寧 於縣西礪浦 載舡 至洛東江水路 九日過嶺至慶原倉 陸路四日程(『慶尙道地理志』序 道內租稅捧上).

17) 창녕군지편찬위원회, 앞 책(2003), pp.585-586.

18) 의령군지편찬위원회, 『의령군지』상(2003), pp.422-423.

19) 壬辰初夏 賊兵陷密陽分路 一路直向鳥嶺 一路自靈山昌寧玄風茂溪星州開寧金山 入湖西. ── 未幾賊船 多自洛江下來草溪高靈 皆來請援 郡將孫仁甲又領兵赴之. 追及於馬首院江中 指揮衆軍 一時齊進 賊

勢窮蹙 爭墜江中 流屍蔽江 八船之倭無一人逃死 第以墜江者多 故斬級則不多 賊屍流下 爲宜寧昌寧人
所得 斬首獻級 衆所共知. 此二大戰也(『來庵先生文集』卷12, 雜著「遺與兒孫昌後看」).

20) 洛東之水 至昌山治西爲馬首院津 楊氏世管亭在其東岸 余自永慕亭?而上 舍舟而登覽焉. 有楊氏二少年
出迎 由戶?以往 禮數可觀. 因問世管之義曰 吾父吾祖上之 至七世 始居于此. 而爲此亭 自七世至吾祖
吾父之子若孫 凡讀書爲文者 無不居于. 此亭之所由名也(『修山集』권3 記「世管亭記」).

21) 의령군지편찬위원회, 앞 책(2003), p.417.
한편 경남 창녕군 남지읍 본동리와 남포리에 걸쳐 위치한 나루도 역시 亐叱浦(웃개, 乻浦津, 亐叱浦
津, 亐浦津), 즉 上浦라고 불렀으며, 여기에서 낙동강을 건너면 함안군 칠북면 계내리 진동의 나루터
에 닿았다.

22) 이밖에 금호강에 위치한 無苔津, 江倉津, 달천진, 彌加里津, 伊川津이 있다고 전한다.

23) 1895년에 간행된 초계군읍지 산천 所也江條에 '於草溪蔚於津'이라고 전한다.

24) 합천군 청덕면 묘리의 황강변에 위치한 나루이다.

25) 이밖에 남강에 위치한 나루로서 鼎巖津, 十甑津, 楡谷津, 釜谷津, 虎尾津, 住峴津, 楓灘津, 赤谷津, 城
堂津, 馬山津. 遜池津이 있다고 전한다.

26) 대구직할시교육위원회, 『우리고장 대구-지명유래-』(1988).

27) 고령군지편찬위원회, 앞 책(1996), p.1232.

28) 고령군지편찬위원회, 같은 책, p.1229.

29) 江倉 在縣東開山浦二十里(『輿地圖書』경상도「고령현읍지」).

30) 고령군지편찬위원회, 앞 책(1996), p.1226.

31) 창녕군지편찬위원회, 앞 책(2003), p.583.
등림나루 또는 江津나루에서 강을 따라 육로로 남쪽으로 가는 길은 없다. 남쪽의 이방면 현창리를
가려면, 다시 송곡리쪽으로 나가 우회하여 가야만 한다.

32) 김재완, 앞 논문(1999), p.145.

33) 창녕군지편찬위원회, 앞 책(2003), pp.565-566.

34) 창녕군지편찬위원회, 같은 책, pp.581-582.

35) 낙동강 중류의 東岸에 위치한 산성에 대해서는 조효식, 「낙동강 중류역 동안 삼국시대 성곽 조사보
고」『박물관연보』3(경북대학교 박물관, 2005b)을 참고하여 정리한 것이다. 이하에서는 낙동강 동
안의 산성에 대해서 설명할 때 여기서 참조한 내용은 일일이 각주를 달지 않을 것이다.

36) 田稅 三月收捧 四月裝載本州洛江邊東安津 發船沿江十餘日 下泊梁山仇火谷津 移載海船 候風過三四日
納于東萊釜山倉 己卯條爲準(『輿地圖書』경상도「성주목읍지」).

37) 조효식, 「낙동강 중류역 삼국시대 성곽 연구」, 경북대학교 고고인류학과 석사학위논문(2005a), p.70.

38) 사문진의 왜물고에 관해서는 장순순, 「조선 전기 왜관의 성립과 조·일 외교의 특질」『한일관계사연
구』15(2001), pp.82-87이 참조된다.

39) 조효식, 앞 논문(2005b), pp.80-81.

40) 경북대학교 박물관, 『대구 화원 성산리 1호분』(2003).

정창희, 「5~6세기 대구 낙동강연안 정치체의 구조와 동향」, 경북대학교 대학원 석사학위논문(2004), pp.15-16.

41) 한편 대구광역시 달성군 화원읍 설화리 남서쪽에 설화리성지가 소재하는데, 종래에 그것을 화원고성의 감시와 방어기능을 보완하기 위하여 축성하였다고 이해하였다[조효식, 앞 논문(2005a), pp.31-32; 조효식, 앞 논문(2005b), pp.81-88].

42) 낙동강 중류지역 西岸의 산성에 대해서는 조효식, 「낙동강 중류역 서안 삼국시대 성곽 조사보고」, 「박물관연보」 14·15승(대구교육대학교 박물관, 2005c)을 참조하여 정리한 것이다. 이하에서는 낙동강 서안 산성에 대해서 설명할 때, 이것을 참조한 경우 일일이 각주를 달지 않을 것이다.

43) 월성리성지에서 가까운 고령군 다산면 노곡리고분군에서 소형 장경호를 비롯한 대가야식 토기가 발견되므로 대가야가 그것을 쌓았다고 보아도 좋을 것이다.

44) 近嶺各邑則輸運于可興倉 其遠邑則各從便近 輸運于仁同之中旨倉 星州之茂溪倉 梁山之甘同倉 泗川之場巖倉 漕運入京(『遇伏先生文集』卷之八 啓辭 復命書啓 甲子).

45) 경상북도·경북향토사연구협의회, 앞 책(1991), p.325 및 p.328.
고령군지편찬위원회, 앞 책(1996), p.1211.

46) 김세기, 『고분 자료로 본 대가야 연구』(학연문화사, 2003), pp.68-69.

47) 조효식, 앞 논문(2005b), p.94에서 서산성은 5세기 초를 전후한 시기에 축조하였을 것이라고 추정하였다.

48) 田稅 三月收捧 四月裝載于洛東江開山浦津船 移載于梁山郡甘同倉津頭海船 五月納于東萊府 木二十八 同三十疋十五尺一寸 四月收捧以陸路輸納東萊府 己卯爲準(『輿地圖書』 경상도 「고령현읍지」).

49) 영남문화재연구원, 『고령 도진리고분군』(2002).
고령군지편찬위원회, 앞 책(1996), pp.888-889.

50) 창녕군지편찬위원회, 『창녕군지』 상(2003), p.609.

51) 김세기, 앞 책(2003), p.71.

52) 田稅 四月甘勿倉江頭 收捧廣船裝載 因爲發船八日 到金海黑江 移載海船三四日 達于東萊納于釜山倉 己卯條爲準(『輿地圖書』 경상도 「초계군읍지」).

53) 城內場 初五日開市 每朔六市 甘勿倉津商船 魚鹽入于市(『邑誌〈1832년〉』 「초계군읍지」 場市).

54) 경남 창녕군 이방면 현창리에서 합천군 쌍책면 성산리로 가는 지름길은 황강의 수로를 이용하는 것이다. 육로로는 상당히 우회하여 가야하기 때문에 시간이 많이 걸리고 교통도 불편한 편이다.

55) 박천수·홍보식·이주헌·류창환, 『가야의 유적과 유물』(학연문화사, 2003), pp.97-98.
의령군지편찬위원회, 앞 책(2003), pp.1573-1574.

56) 조효식, 앞 논문(2005a), p.54.

57) 대부분의 학자들은 임나 10국의 하나로 전하는 多羅를 경남 합천으로 비정하였다, 그 근거는 多羅와 합천의 고지명인 大耶의 음이 서로 통하기 때문이었다. 그런데 최근에 고고학자들을 중심으로 다라를 성산리 옥전고분군과 연관시켜 이해하여 커다란 반향을 일으켰다[조영제, 『옥전고분군과 다라국』(혜안, 2007); 이희준, 『신라고고학연구』(사회평론, 2007)]. 고고학자들은 옥전고분군에 분포하

는 고분의 규모가 거대할 뿐만 아니라 거기에서 출토된 유물이 질과 양적인 측면에서 모두 우수하다는 점, 多羅里란 마을이 근처에 존재한다는 점을 근거로 제시하였다. 경남 하동의 고지명은 多沙 또는 帶沙였는데, 이것은 多와 帶의 음이 서로 통하였음을 반증하는 증거이다. 또한 加耶를 加羅로도 표기하듯이 羅와 耶 역시 서로 통하는 음이라고 볼 수 있다. 따라서 다라를 大耶 또는 大良의 異表記로 보아도 언어학상 크게 문제가 되지 않는다. 한편 1789년 조선의 인구통계를 정리한『戶口總數』에 草溪郡의 德眞面에 多羅谷村이 있다고 전한다. 多羅谷村은 바로 오늘날의 다라리를 가리킨다고 보인다. 이에서 다라는 본래 골짜기의 이름이며, 그것을 그대로 마을 이름으로 칭하였다고 추정해볼 수 있다. 그런데 다라라는 가야 소국은 하나의 국명에 해당한다. 일반적으로 소국의 중심지역을 후대에 현이나 군으로 편제하였다. 그런데 합천군 쌍책면 다라리는 본래 현이나 군의 명칭으로 사용된 적이 없고, 게다가 조선 후기에 面의 명칭으로 사용된 적도 없었다. 반면에 대야는 군의 명칭으로 사용되었고, 게다가『삼국사기』에 초계지역에 위치한 草八國에 관한 기록이 전하고, 그 명칭은 후에 草八兮縣(草溪縣)으로 계승되었다. 이와 같은 측면을 감안하건대, 옥전고분군 근처에 多羅里란 마을이 존재한다고 하여서 그것을 다라국과 연결시키는 견해는 재고가 필요할 듯싶다. 특히 다라라는 골짜기 이름을 근거로 그것을 다라국과 연결시키는 것에 대해서는 더욱 그러하다. 필자는 다라국은 합천에 위치하였다고 보는 것에 크게 무리가 없다고 보나 그렇다고 옥전지역을 임나 10국의 하나인 散半下國과 연계시키는 것에 대해서는 약간 주저되는 면이 없지 않다. 본고에서는 옥전고분군을 어떤 가야 소국과 연계시키지 않고 논지를 전개할 예정이다.

58) 옥전고분군의 조사 성과와 그에 대한 연구성과에 대해서는 조영제, 앞 책(2007)이 참조된다. 이하 옥전고분군의 여러 무덤에 대한 설명은 이것을 기초로 하였음을 밝혀둔다.

59) 최근에 M1, M2, M3호분의 수혈 내부에 목곽이 존재하였음을 주목하여 이들 고분의 양식을 '築石木槨墓'라고 분류하는 연구성과가 제기되었다(권용대, 「옥전고분군 목곽묘의 분화양상과 위계화에 대한 일고찰」, 경상대학교 석사학위논문(2005)). 참고로 M1, M2호분 전단계에 축조된 23호분은 圍石木槨墓로 분류하였다.

60) 조영제, 앞 책(2007), pp.124-125.

61) 이희준, 「토기로 본 대가야의 圈域과 그 변천」『가야사연구-대가야의 정치와 문화-』(경상북도, 1995), p.400.

62) 加羅國 三韓種也. 建元元年(479) 國王荷知使來獻 詔曰 量廣始登 遠夷洽化. 加羅王荷知款關海外 奉贊東遐. 可授輔國將軍·本國王(『南齊書』列傳第39 東夷 加羅國).

63) 高句麗與靺鞨入北邊 取狐鳴等七城 又進軍於彌秩夫. 我軍與百濟·加耶援兵 分道禦之. 賊敗退 追擊破之泥河西 斬首千餘級(『三國史記』新羅本紀第3 炤知麻立干 3년 3월).

64) 박천수·홍보식·이주헌·류창환, 앞 책(2003), pp.97-98.

65) 조효식, 앞 논문(2005a), pp.51-52.
조효식, 앞 논문(2005b), pp.54-55.

66) 조효식, 앞 논문(2005a), p.54.

67) 전덕재, 앞 논문(2007), pp.61-69.

68) 의령군 지정면 유곡리의 유곡리성지에서 지정면 성산리의 성산성까지 낙동강변을 따라 직접 연결하기 어려운 지형이 자리잡고 있다는 점도 이와 관련하여 참고된다고 하겠다.

69) 경상대학교 박물관, 『의령 예둔리고분군』(1994), pp.142-143.

70) 영남매장문화재연구원, 『의령 천곡리고분군』Ⅰ·Ⅱ(1997).

71) 경상대학교 박물관, 『의령 중동리고분군』(1994).
    박천수·홍보식·이주헌·류창환, 앞 책(2003), pp.368-371.

72) 조효식, 앞 논문(2005a), pp.29-30.
    한편 정창희, 「5~6세기 대구 낙동강연안 정치체의 구조와 동향」, 경북대학교 대학원 석사학위논문(2004), p.51에서 문산리성과 죽곡리성의 축조 연대를 5세기 3/4분기로 추정하였다.

73) 조효식, 앞 논문(2005a), p.70〈표 3〉동안 성곽 특성표 참조.

74) 拜伊湌實竹爲將軍. 徵一善界丁夫三千 改築三年·屈山二城(『三國史記』新羅本紀第3 炤知麻立干 8년 봄 정월).

75) 전덕재, 「신라 주군제의 성립 배경 연구」, 『한국사론』22(서울대 국사학과, 1990), pp.45-55.

76) 徵役夫 築波里·彌實·珍德·骨火等十二城(『三國史記』新羅本紀第4 智證王 5년 가을 9월).

77) 王親定國內州郡縣. 置悉直州 以異斯夫爲軍主 軍主之名始於此(같은 책, 同王 6년 봄 2월).

78) 일반적으로 지증왕 6년 주군현의 획정기사를 주군제의 전면적인 실시를 반영한 것이 아니라 5세기 후반 이래 정비하였던 행정(성)촌 사이의 관할 영역 범위를 정확하게 획정한 조치와 연관시켜 이해한 바 있다〔朱甫暾, 『新羅 地方統治組織의 整備過程과 村落』(신서원, 1998), pp.75-85〕.

79) 『양직공도』는 526~536년 사이에 蘇繹이 양나라에 파견된 외국인 사절을 그림으로 그리고, 그 옆에 해설기사를 써 넣은 것이다. 521년(무령왕 21)에 무령왕이 양나라에 사신을 보내 조공을 바쳤으므로 반파 등은 당시에 백제 곁에 존재하였던 여러 소국들을 가리킨다고 볼 수 있다.

80) 旁小國有叛波 卓 多羅 前羅 斯羅 止迷 麻連 上己文 下枕羅等附之(『梁職貢圖』).
    일반적으로 叛波는 고령의 대가야, 卓은 卓淳과 연결시켜 경남 창원시, 多羅는 경남 합천에 위치한 가야 소국으로, 前羅는 함안의 아라가야, 斯羅는 신라, 上己文은 섬진강 유역의 남원, 임실, 장수 일대로, 下枕羅는 제주도로 비정한다〔김태식 등, 『역주 가야사사료집성』(가락국사적개발연구원, 2004), p.378〕.

81) 조효식, 앞 논문(2005a), p.71〈표 4〉서안 성곽 특성표에서 4세기 말~5세기 초에 축조하였다고 추정한 월성리산성을 제외한 나머지 서안의 성들을 5세기 후반 또는 6세기 초에 축조하였다고 추정한 사실이 이와 관련하여 참고가 된다고 하겠다.

82) 高句麗圍百濟雉壤城 百濟請救. 王命將軍德智率兵以救之 高句麗衆潰. 百濟王遣使來謝(『三國史記』新羅本紀第3 炤知麻立干 17년 가을 8월).
    동일한 기사가 고구려본기와 백제본기에도 나온다.

83) 設柵於炭峴以備新羅(같은 책, 百濟本紀第4 東城王 23년 7월).

84) 遣使入梁朝貢. 先是 爲高句麗所破 衰弱累年. 至是 上表稱累破高句麗 始與通好 而更爲强國(같은 책, 武寧王 21년 겨울 11월).

85) 百濟遣姐彌文貴將軍・州利卽爾將軍 副穗積臣押山〈百濟本記云 委意斯移麻岐彌〉. 貢五經博士段楊爾. 別奏云 伴跋國略奪臣國己汶之地. 伏願 天恩判還本屬(『日本書紀』권17 繼體天皇 7년 여름 6월).

86) 김태식, 앞 책(1993), pp.114~125.

87) 於朝庭 引列百濟姐彌文貴將軍 斯羅汶得至 安羅辛已奚及賁巴委佐 伴跋旣殿奚及竹汶至等 奉宣恩勅. 以己汶・滯沙 賜百濟國(같은 책, 繼體天皇 7년 겨울 11월).

88) 百濟王謂下哆唎國守穗積臣押山臣曰 夫朝貢使者 恒避嶋曲〈謂海中嶋曲崎岸也 俗云美佐祁〉每苦風波 因茲 濕所齎 全壞无色. 請 以加羅多沙津 爲臣朝貢津路. 是以 押山臣爲請聞奏. 是月 遣物部伊勢連父根・吉士老等 以津賜百濟王. 於是 加羅王謂勅使云 此津 從置官家以來 爲臣朝貢津涉. 安得輒改賜隣國 違元所封限地. 勅使父根等 因斯 難以面賜 却還大嶋. 別遺錄史 果賜扶余. 由是 加羅結儻新羅 生怨日本. 加羅王娶新羅王女 遂有兒息. 新羅初送女時 并遣百人 爲女從. 受而散置諸縣 令着新羅衣冠. 阿利斯等 嗔其變服 遣使徵還. 新羅大羞 飜欲送女曰 前承汝聘 吾便許婚. 今旣若斯 請還王女. 加羅己富利知伽報云 配合夫婦 安得更離. 亦有息兒 棄之何往. 遂於所經 拔刀伽・古跛・布那牟羅 三城. 亦拔北境五城(같은 책, 繼體天皇 23년 봄 3월).

89) 田中俊明, 『大加耶連盟の興亡と「任那」-加耶琴だけが殘った-』(吉川弘文館, 1992), pp.74~77.

90) 加耶國送白雉 尾長五尺(『三國史記』新羅本紀第3 炤知麻立干 18년 봄 2월).

91) 이와 비슷한 기록이 『일본서기』권17 계체천황 23년(529)조에 보인다. 그 내용은 上臣 伊叱夫禮智干岐가 金官을 비롯한 4개 촌을 공격하여 취하였다는 것이다. 여기서 대신 이질부례지간기를 혹은 伊叱夫禮奈末이라고도 전하기도 한다고 언급하였다. 이질부례지(이사부)가 금관 등 4개 촌을 취한 연대에 대하여 현재 의견이 매우 분분하다. 다만 혹본에 그의 관등을 나말이라고 전한 것으로 보아서 이사부가 젊었을 때에 금관 등 4개 촌을 취하였을 가능성도 배제할 수 없으므로 지증왕대에 발생한 사건을 『일본서기』 편찬자들이 529년에 일어난 것처럼 부회하였을 가능성도 완전히 배제할 수 없다. 이에 대해서는 차후에 좀 더 세밀하게 검토하도록 하겠다.

92) 신라의 서진과 관련하여 옥전고분군 부장 유물의 변화상을 주목할 필요가 있다. M3호분에 대가야 양식의 토기가 집중적으로 부장되다가 그 다음 단계의 수혈식석곽묘 M6호분에서 여전히 대가야 양식의 토기가 출토되나, 그것과 아울러 출자형 금동관이 출토되었다고 한다. 그리고 같은 시기에 축조된 M10호분은 낙동강 동안에서 보편적으로 발견되는 횡구식석실묘였다고 알려졌다. 출자형 금동관이 M6호분 피장자의 위세품이라는 점에서 생전에 그가 신라국가와 일정한 관계를 맺고 있었다고 추정해볼 수 있다. 신라의 영향력 증대는 M10호가 낙동강 동안에서 흔히 발견되는 횡구식석실분이라는 사실을 통해서도 방증할 수 있다. 묘제는 비교적 보수성이 강하므로 신라 영역권 내에서 발생하여 발전한 횡구식석실묘를 옥전지역에서 수용한 것은 신라세력의 영향력 증대를 전제한다고 말할 수 있기 때문이다. 510년대에 백제와 신라가 대가야세력을 압박하였던 정황을 참조한다면, M6과 M10호분은 6세기 초반 옥전고분군 축조세력에 대한 신라국가의 영향력 증대를 반증하는 증거로 볼 수도 있지 않을까 한다.

93) 김태식 등, 앞 책(2004), p.194.

한편 末松保和, 『任那興亡史』(1949), p.127에서는 자탄과 만해는 진주 서쪽에서 섬진강 방면 사이에 위치한 지명으로 추정하였다.

94) 김태식 등, 앞 책(2004), p.194.

95) 김태식, 『미완의 문명 7백년 가야사』〈3권 왕들의 나라〉(푸른역사, 2002), pp.163-164.

96) 전영래, 「남원초촌리고분발굴조사보고서」, 전북유적조사보고 제12집(전주시립박물관, 1981).
    김태식, 앞 책(1993), p.129.

97) 이에 관해서는 김태식, 같은 책, p.129가 참조된다.

98) 『여지도서』 경상도 영산현읍지에서는 麻姑池라고 표기하고, 一名 馬耳라고 한다고 하였다.

99) 창녕군지편찬위원회, 앞 책(2003), p.385 및 pp.652-655.

100) 『大東地志』 慶尙道 靈山縣 方面條에 '馬丹 南初十二終二十'이라는 기록이 보인다. 여기서 馬丹은
     馬耳의 誤記이다.

101) 加耶國王遣使請婚 王以伊飡比助夫之妹送之(『三國史記』 新羅本紀第4 法興王 9년 봄 3월).

102) 王出巡南境拓地 加耶國王來會(같은 책, 同王 11년 가을 9월).

103) 박천수, 「삼국시대 창녕지역 집단의 성격 연구」 『영남고고학』13(1993).
     정징원·홍보식, 「창녕지역의 고분문화」 『한국문화연구』 7(1995).

104) 영남대학교 박물관, 『창녕 계성리 고분군-계남1·4호분-』(1991).

105) 정징원·홍보식, 앞 논문(1995), pp.43-51.

106) 이희준, 「4~5세기 창녕지역 정치체의 읍락 구성과 동향」 『영남고고학』 37(2005), p.11.

107) 예를 들면 정징원과 홍보식선생은 계남리 1호분과 4호분을 5세기 3/4분기로 편년하고, 옥전고분
     M1호와 M2호분을 5세기 4/4분기로 편년하였다. 그리고 이희준교수는 전자를 4세기 말로, 후자를
     5세기 초에서 전반 사이로 편년하였다.

108) 경상북도문화재연구원, 『대구 문산정수장건설부지 내 달성 문산리 고분군 Ⅰ지구』(2004).
     영남문화재연구원, 『달성 문산리고분군 Ⅰ-Ⅱ지구 M1·M2호분-』(2005).

109) 정창희, 앞 논문(2004), p.40.

110) 정창희, 같은 논문, pp.13-14.

111) 경북대학교 박물관, 『대구 화원 성산리 1호분』(2003).
     정창희, 같은 논문, pp.15-16.

112) 김세기, 『고분 자료로 본 대가야 연구』(학연문화사, 2003), pp.160-161 및 pp.251-252.

113) 영남문화재연구원, 『달성 문양리고분군Ⅰ』, 영남문화재연구원 학술조사보고 55집(2003).
     정창희, 앞 논문(2004), pp.32-34.

114) 이희준, 앞 책(2007), pp.221-235.

115) 부산대학교 박물관, 『부산화명동고분군』, 부산대학교 박물관 유적조사보고 제2집(1979).

116) 조영제, 앞 책(2007), pp.195-200.

117) 이한상, 「백제 금동관모의 제작과 소유방식」, 『한국고대사연구』51(한국고대사학회, 2008), pp.114-115.

118) 김두철, 「전기가야의 마구」 『가야와 고대일본』(1997).
     이상률, 「삼국시대 杏葉 소고」 『영남고고학』13(1993).

한편 신경철, 「복천동고분군의 갑주와 마구」『복천동고분군의 재조명』(1999)에서 이러한 형식의 행엽은 중국 동북지방 鏡板?의 경판을 모델로 하여 낙동강 하류지역에서 고안, 제작한 것이라고 주장하였다.

119) 以荒田別·鹿我別爲將軍. 則與久氐等 共勒兵而度之 至卓淳國 將襲新羅. 時或曰 兵衆少之 不可破新羅. 更復 奉上沙白·蓋盧 請增軍士. 卽命木羅斤資·沙沙奴跪〈是二人 不知其姓人也 但木羅斤資者 百濟將也〉領精兵 與沙白·蓋盧共遣之. 俱集于卓淳 擊新羅而破之. 因以 平定比自㶱·南加羅·喙國·安羅·多羅·卓淳·加羅七國(『日本書紀』 권9 神功皇后 攝政 49년 봄 3월).

120) 김태식, 『미완의 문명 7백년 가야사』〈3권 왕들의 나라〉(푸른역사, 2002), p.119.

121) 이희준, 앞 논문(2005), p.22.

122) 이밖에 『삼국사기』 신라본기 니사금시기와 열전의 기록에 于尸山國(울산광역시 울주군 웅촌면), 居柒山國(부산 동래구), 音汁伐國(경북 경주시 안강읍), 悉直國(강원도 삼척시), 押督國(경북 경산시) 등 경주 근처의 小國들을 비롯하여 경북 의성군 금성면의 召文國, 김천시 개령면의 甘文國, 영천시의 骨伐國, 상주시의 沙伐國, 영주, 예천 방면의 세력, 청도군의 伊西國 등 낙동강 동안의 소백산맥 동쪽의 소국들을 대부분 세력권 내로 편입시킨 내용이 전한다.

123) 전덕재, 「4세기 국제관계의 재편과 신라의 대응」『역사와 현실』36(2000), pp.99-106.

124) 전덕재, 앞 논문(2007), pp.38-50.

남한강 유역 조선백자 출토품을 통해 본 생산과 소비 (김경중)

1) 소비유적으로는 궁궐지·사지 등의 건물지, 산성, 고분 등 다양하지만 본 논고에서 소비유적은 그 시대의 생활상을 잘 파악할 수 있고 자기유물이 많이 확인되는 '조선시대 건물지'에 한정한다.

2) 생산유적으로는 선사시대 토기가마, 도기가마, 청자가마, 분청사기가마, 백자가마 등이 있지만 본 논고에서 생산유적은 '조선시대 백자가마'에 한정한다.

3) 官窯는 왕실용 자기를 생산하는 가마로 관요의 흔적(가마터)도 官窯라는 용어를 사용하였음.

4) 명문자기에는 분청사기와 백태청자·백자(철화·청화백자 포함) 모두를 포함한다. 분청사기는 명문을 도장을 찍거나 도구를 이용해서 새기며, 백자(철화·청화백자 포함)는 음각·선각, 정각(점각), 묵서 등의 방식으로 명문을 새긴다.

　음각·선각 : 유약 시유 후 또는 번조가 완료된 후 자기 바닥 등에 명문을 새김

　정각(점각) : 번조가 완료된 후 자기 바닥 등에 바늘과 같은 뾰족한 도구로 쪼아서 명문을 새김

　묵서 : 자기 바닥에 먹으로 명문을 새김

5) 『世宗實錄』 「地理志」 忠州牧

6) 『承政院日記』367册 肅宗 22年 9月 6日 ; 371册 숙종 23年 4月 16日 ; 372册 肅宗 23年 7月 26日

7) 백자의 품질 분류기준은 역삼각형굽 혹은 낮은굽, 직립굽에 가는 모래를 받쳐 갑번을 하였거나 단독으로 번조한 경우 양질백자로, 죽절굽 혹은 오목굽, 직립굽에 태토빚음이나 모래빚음, (흙물)+굵은모

래를 받쳐 여러 점을 포개서 번조한 경우 조질백자로 구분하였다.

8) 『承政院日記』84册 仁祖 21年 2月 18日 ; 104册 仁祖 27年 2月 2日 ; 166册 顯宗 2年 2月 12日 ; 192册 顯宗 7年 2月 9日 ; 213册 顯宗 10年 2月 12日.

9) 『承政院日記』410册 肅宗 29年 2月 26日.

10) 『世宗實錄』「地理志」驪興都護府

11) 『承政院日記』355册 肅宗 20年 2月 13日.

12) 후사 없이 돌아간 대군, 왕자, 공주, 후궁의 奉祭所이다.

13) 최영준, 『국토와 민족생활사』(1997), 한길사, pp.143~144.

중국 산동지역의 하운 (김종건)

1) 이상 산동의 자연지리적 개황에 대해서는 『膠澳志』(臺北: 成文出版社, 1928) 卷2 「方輿志」 3 「山川」; 孫慶基 等 主編, 『山東省地理』(中國地理叢書, 濟南: 山東敎育出版社, 1987); 翟忠義, 「山東地理槪述(上)」 『山東史志資料』 1982-2 (總第2輯, 山東省地方史志編纂委員會 編, 濟南: 山東人民出版社, 1982), pp.180-191; 翟忠義, 「山東地理槪述(下)」 『山東史志資料』 1983-1 (總第3輯, 1983), pp.169-185 참조.

2) 朱亞非 主編, 『山東通史(明清卷)』(安作璋 主編, 濟南: 山東人民出版社, 1994), p.290. 산동 운하도 구간별로 구분되는데 濟寧 부근은 濟州運河, 東平-臨清 구간은 會通河, 臨清-天津 구간은 御河로 별칭되었다. 명 중기 대운하의 노정에 대해서는 金聖翰, 「明 中期 大運河 路程 ―『圖相南北兩京路程』을 중심으로―」 『明清史研究』 19 (2003.10), pp. 135-176 참조.

3) 산동 지역 자연재해에 대해서는 魯史志, 「山東歷史上幾次災荒資料摘錄」 『山東史志資料』 1982-2 (總第2輯, 山東省地方史志編纂委員會 編, 濟南: 山東人民出版社, 1982), pp.174-179; 袁長極 外, 「清代山東水旱自然災害」 『山東史志資料』 1982-2, pp.150-173, 강판권, 「청대 산동지역의 자연재해와 정부의 대책」 『계명사학』 18 (2007.11), pp.59-106 참조.

4) 황하 유로 변천 과정에 대해서는 王育民, 『中國歷史地理槪論』 上册 (北京: 人民敎育出版社, 1985), pp.49-55; 류제헌, 『중국 역사 지리』(문학과 지성사, 1999), pp.66-72; 熊怡 等編著, 『中國的河流』(中國地理叢書, 北京: 人民敎育出版社, 1989), pp.143-146 참조.

5) 기존 山東 水利 문제를 다룬 국내 연구로는 鄭炳喆, 「明清時代 山東 小清河의 水利問題」 『歷史敎育』 54 (1993.12), pp.69-112; 하북 지방의 수리를 다룬 연구로는 정병철, 「명청시대 화북의 자연환경과 수리」 『역사속의 재난과 인간의 대응』 (부산경남사학회 주관 제4회 역사학 공동학술대회 논문집, 2006.10), pp.124-133; 鄭炳喆, 「명청시대 화북의 삼림문제와 永定河 治水」 『역사학연구』 (호남사학회, 2007.2), pp.353-381 등이 있다. 대운하에 관해서는 曺永憲, 「見聞錄을 통해 본 元·明·清時代 大運河」 『역사문화연구』 28 (역사문화연구소, 2007.10), pp.143-198 등이 있다.

6) 송 건국 이전의 산동 하운에 대해서는 袁長極, 「山東内河港道開發小史」 『山東史志資料』 1983-3 (總

第5輯, 1983), pp.149-168 참조. 대운하에 대한 개관은 星斌夫, 「明淸時代社會經濟史の硏究」(東京: 圖書刊行會, 1989)의 제1편 「大運河の社會經濟史的考察」, pp.9-17 참조.

7) 광제하를 비롯하여 汴渠, 惠民河, 金水河가 송대 4대운하로 꼽힌다(趙繼顔 主編, 『山東通史(宋元卷)』, 安作璋 主編, 濟南: 山東人民出版社, 1994), p.173.

8) 『宋史』(景仁文化社, 1979 影印本) 卷1, 「本紀」1, 「太祖」1, p.8; 楊兆煥 等纂, 『荷澤縣鄕土志』(光緖 34年石印本; 臺北: 成文出版社 1968年 印行本), p.112; 馮麟 等修, 曹垣 纂, 『續修定陶縣志』(民國5 年刊本, 臺北: 成文出版社, 1968年 印行本), p.111.

9) 『宋史』 卷92 「志」 44, 「河渠」 1, p.2257. 송대 산동 지역 홍수 피해 사례와 복구 노력에 대해서는 趙繼顔 主編, 『山東通史(宋元卷)』, pp.168-173 참조.

10) 송초 조량이 300만 석이었음을 감안하면 그 비중을 짐작할 수 있다. 역대 조량액 변천 내역에 대해서는 李文治 · 江太新, 『淸代漕運』(北京: 中華書局, 1995), pp.9-10의 표 참조.

11) 趙繼顔 主編, 『山東通史(宋元卷)』, p.175.

12) 『元史』(景仁文化社, 1979 影印本) 卷93 「志」 42, 「食貨」 1 「海運」, p.2364; 星斌夫 譯註, 『大運河 發達史 -長江から黃河へ-」(東京: 東洋文庫, 1982), pp.6-7.

13) 『元史』 卷93 「志」 42, 「食貨」 1 「海運」, p.2364; 『元史』 卷97 「志」 45下, 「食貨」 5 「海運」, p.2481; 星斌夫 譯註, 『大運河發達史 -長江から黃河へ-」, p.5. 원대 해로 조운액이 360만 석이라는 통계도 보인다(『膠澳志』 「沿革志」의 「歷代設置沿革」, p.23). 원대 운하를 통한 조운에 관해서는 袁冀, 「元 史硏究論集」(臺北: 商務印書館, 1974)의 제13장 「元初河漕轉運之硏究」, pp.266-286 참조.

14) 『元史』 卷97 「志」 45下, 「食貨」 5 「海運」, pp.2481-2482.

15) 『元史』 卷97 「志」 45下, 「食貨」 5 「海運」, p.2482.

16) 『元史』 卷127, 「列傳」 14, 「伯顔」, p.3111. "지금 남북이 하나가 되었는데 아직도 복속하지 않고 있는 세력들도 있으나 … 황제께서 한번 뱃길로 강남으로 건너가면 모두 복속해 올 것입니다"라고 건의하였다.

17) 『新元史』(景仁文化社, 1979 影印本) 卷171, 「列傳」 68, 「郭守敬」, p.1621.

18) 1274년 제1차 원정에 실패한 뒤 제2차 원정을 위한 준비가 至元 17년(1280) 본격적으로 추진되었다. 『元史』 卷11, 「本紀」 11, 「世祖」 8, pp.221-229. 1281년 제2차 일본 원정의 출동에서 철수까지의 경위는 『元史』 卷11, 「本紀」 11, 「世祖」 8, pp.229-237 참조.

19) 『元史』 卷65 「志」 17上, 「河渠」 2, p.1626.

20) 이상 『元史』 卷15, 「本紀」 15, 「世祖」 12, p.324.

21) 『元史』 卷64 「志」 16, 「河渠」 1, pp.1608-1609.

22) 이상 趙繼顔 主編, 『山東通史(宋元卷)』, pp.178-179.

23) 『元史』 卷64 「志」 16, 「河渠」 1, p.1588.

24) 『元史』 卷92 「志」 41下, 「百官」 8, p.2335.

25) 『元史』 卷97 「志」 45下, 「食貨」 5, 「海運」, pp.2481-2482.

26) 교래운하의 길이는 375리, 282리, 270리 등 다양한 견해가 있으나, 國民黨 山東省 당국이 운하를

계측한 뒤 작성한 「疏浚膠萊河計劃」(「山東建設月刊」 2卷 4期)은 운하 길이를 270리라고 하였다. 「明史」 卷87 「志」 63, 「河渠」 5, 「膠萊河」, p.2141; 「膠澳志」 卷2 「方輿志」 4, 「島嶼」, p.174 등에서는 그 길이를 300리라 하고 있다.

27) 山東省地方史志編纂委員會 編, 「山東通志」 4 「自然地理志」(濟南: 山東人民出版社, 1996), p.125.

28) 「續修高密縣志」(靑島: 膠東書社, 1935 鉛印本; 臺北: 成文出版社, 1967 印行本) 卷1, 「總紀」, p.75.

29) 「膠澳志」 卷2 「方輿志」 4, 「島嶼」, p.174.

30) 이하 원대 교래운하에 관한 보다 상세한 내용은 馬小奇 編, 「靑島海港史」(北京: 人民交通出版社, 1986), pp.96-100; 星斌夫, 「元代の膠萊河と阿八赤新開河」(「山形大學紀要」 7-4; 星斌夫, 「明淸時代社會經濟史の硏究」 東京: 圖書刊行會, 1989, pp.87-98); 「膠萊新河考」(「東方學」 85; 星斌夫, 「明淸時代社會經濟史の硏究」, pp.99-115) 참조.

31) 「重修膠州志」(萬曆本; 馬小奇 編, 「靑島海港史」, p.99 再引用). 노선 내에 북으로부터 분수령까지 海倉口閘, 新河閘, 楊家圈閘, 玉皇廟閘, 周家閘, 亭口閘 등 6개 갑문을 건설하고 분수령으로 이남으로 吳家口閘, 陳家閘 등 2개 갑문을 갖추었다(「重修膠州志」, 王鎭 等, 道光 25年刊本, 卷1, pp.25-26).

32) 「元史」 卷65 「志」 17上, 「河渠」 2, p.1626.

33) 「元史」 卷11 「本紀」 11, 「世祖」 8, p.236.

34) 나머지 40만 석은 해로로 10만 석, 대운하로 30만 석 운송되었다고 통계치가 나온다(「續資治通鑑」 卷185, 至元 22년 2월 乙巳條).

35) 「元史」 卷13 「本紀」 13, 「世祖」 10, p.264; 「續修高密縣志」 卷1, 「總紀」, p.75.

36) 「元史」 卷65 「志」 17上, 「河渠」 2, pp.1626-1627.

37) 「元史」 卷12, 「本紀」 12, 「世祖」 9, p.256. 阿八赤과 姚演이 건설한 새 운하 공사에 官」 2,400錠과 糧米 73만 석이나 소요되는 등 재정을 허비한 죄가 거론되었다.

38) 洪武 연간 수도 南京으로부터 산동 연해 항로를 통해 遼東으로 년 70만 석의 군량을 보내었다(「膠澳志」 卷1「沿革志」 1, 「歷代設置沿革」, pp.23-24).

39) 永樂 15년(1417)의 통계에 따르면 남방으로부터 북경으로 운송된 식량이 508만 석이나 되었고, 宣德 7년(1432)년에는 674만 석으로 늘어났다.

40) 북경이 수도로 정착되는 과정과 대운하와의 밀접한 연계성에 대해서는 曺永憲, 「北京 首都論과 大運河」(「中國史硏究」 55, 2008) 참조.

41) 「明史」(景印文化社, 1977 影印本) 卷83 「志」 59 「河渠」 1 「黃河上」, p.2013.

42) 「明史」 卷83 「志」 59 「河渠」 1 「黃河上」, p.2014.

43) 「明史紀事本末」(谷應泰 著, 臺北: 三民書局, 1969 印行本) 卷24 「河漕轉運」, p.266.

44) 「明史」 卷85 「志」 61 「河渠」 3 「運河上」, p.2080; 「明史紀事本末」 卷24 「河漕轉運」, p.267.

45) 이 구간은 홍무 년간의 수해로 인해 폐색되어 육로로 8개소를 경유하느라 인력과 경비의 부담이 과중하던 상태였다. 이상 「明史紀事本末」 卷24 「河漕轉運」, p.267.

46) 「明史」 卷83 「志」 59 「河渠」 1 「黃河上」, p.2014. 이 때 濟寧-臨淸 구간에 갑문 15개소가 개설되었으며, 운하에 합류되는 하천의 수량을 조절하기 위한 수문과 제방도 합류 지점마다 수축되었고,

운하 통행에 적합한 淺船 3천여 척을 갖추면서 조운이 하운으로 통일되게 되었다(『明史紀事本末』 卷24「河漕轉運」, p.268).

47) 『明史』 卷85 「志」 61 「河渠」 3 「運河上」, p.2086.

48) 『明史』 卷83 「志」 59 「河渠」 1 「黃河上」, pp.2030-2032; 『明史』 卷85 「志」 61 「河渠」 3 「運河上」, p.2086.

49) 『明史』 卷83 「志」 59 「河渠」 1 「黃河上」, p.2038; 『明史』 卷85 「志」 61 「河渠」 3 「運河上」, pp.2087-2088.

50) 남양호에서 갑문을 통해 물을 당겨서 夏鎭(村)을 거쳐 留城까지 새 운하를 개착하여 기존 운하와 연결하였다.

51) 『明史』 卷83 「志」 59 「河渠」 1 「黃河上」, pp.2038-2039. 이상 嘉靖 년간의 운하 개수 정황에 대해서는 『明史紀事本末』 卷24「河漕轉運」, p.270의 내용도 참조.

52) 『明史』 卷85 「志」 61 「河渠」 3 「運河上」, p.2089. 이후의 황하 수해로 인한 운하의 피해 정황은 『明史』 卷83 「志」 59 「河渠」 1 「黃河上」, p.2039 이하 참조.

53) 『明史』 卷85 「志」 61 「河渠」 3 「運河上」, p.2096. 경비를 많이 쓰고도 수재가 끊어지지 않는다는 이유로 결국 양응룡은 파직되었다(『明史』 卷84 「志」 60 「河渠」 2 「黃河下」, pp.2058-2060).

54) 『明史』 卷85 「志」 61 「河渠」 3 「運河上」, p.2097. 유동성이 공사 도중 사망하였고, 운하의 수심이 얕아 통행이 어려워 어사대의 문책이 이어졌다(『明史』 卷84 「志」 60 「河渠」 2 「黃河下」, p.2066).

55) 『明史』 卷85 「志」 61 「河渠」 3 「運河上」, p.2097; 『明史』 卷84 「志」 60 「河渠」 2 「黃河下」, pp.2068-2069.

56) 도면은 姚漢源·譚徐明, 『漕河圖志』(中國水利古籍叢刊, 北京: 水利電力出版社, 1990), pp.2-3에서 인용함.

57) 『明史』 卷84 「志」 60 「河渠」 2 「黃河下」, pp.2051-2052.

58) 朱亞非 主編, 『山東通史(明淸卷)』(安作璋 主編, 濟南: 山東人民出版社, 1994), pp.277-278.

59) 『明史紀事本末』 卷24「河漕轉運」, p.268. 명대 조운 체계에 대해서는 姚漢源·譚徐明, 『漕河圖志』; 星斌夫, 『明代漕運の硏究』(東京: 日本學術振興會, 1963) 참조. 특히 명대 조운법에 대해서는 星斌夫의 책 제1장 「明代における漕運法の發展」, 산동 臨淸·德州倉에 대해서는 제6장 「漕運法の發展と倉廠の役割」, 명말 해운부활론에 대해서는 제8장 「河運期における江南海運の盛衰」 참조.

60) 예를 들어 江西, 湖廣, 浙江民은 淮南倉에 150만 석, 蘇, 松, 寧, 池, 廬, 安, 廣德民은 徐州倉에 274만 석, 應天, 常, 鎭, 淮, 楊, 風, 太, 滁, 和, 徐民은 臨淸倉에 220만 석 납부하게 하였으며, 여기서 관군을 동원하여 京, 通 2倉으로 운송하였다. 원래 山東, 直隸, 河南 3성민들은 직접 京倉으로 세량을 납부하였으나 宣德 4년 南陽, 懷慶, 汝寧 지구 세량을 臨淸倉, 開封, 彰德, 衛輝의 세량은 德州倉으로 납부하게 하였고, 뒤에 산동, 하남 세량 전체를 덕주창으로 납부하게 하였다.

61) 宣德 5년 平江伯 陳瑄의 건의에 따라 '兌運'이 개시되었고 대신 운송 경비는 농민들이 부담하게 하였다. 『明史紀事本末』 卷24「河漕轉運」, p.269.

62) 『明史紀事本末』 卷24「河漕轉運」, p.269. 명초 조운선은 크기가 일정하지 않고 숫자도 아주 많았

다. 그러다가 天順 년간 조운선 수를 1,770척, 조운 관군을 12만 명으로 확정하였다.

63) 명대 조운량이 가장 많았을 때가 1,200만 석이었고, 그중 400만 석이 수도로 운송되고, 나머지 800만 석은 변경으로 보내어졌다(『明史紀事本末』卷24「河漕轉運」, p.269).

64) 崔溥 著, 서인범 · 주성지 譯, 『漂海錄』(한길사, 2004), pp.194-198. 최부는 항주로부터 운하를 통해 북경으로 가는 여정을 아주 상세하게 기록하고 있다. 일자별로 통과 지점의 주요 도시, 갑문, 樓臺 등을 순서대로 적고 있음은 물론 풍랑이나 수심이 얕아져서 항해가 어려워진 경우 그 내용을 자세히 적었으며, 주변 지역의 치안 문제 등 사정도 담고 있어 그의 기행록을 통해 당시 운하 교통 사정과 주변 정황을 상세히 알 수 있다. 예를 들어 최부는 당시 산동 구간을 9일만에 통과하였다.

65) 조량 운송 군관이 조량미를 자기 것과 바꾸거나 운송 기간을 넘겨 운송 조량이 태부족하게 되거나 모래가 섞이거나 물에 젖는 일도 있었으며, 조정 관원이 운송 군관을 압박하여 이익을 챙기는 일도 일어났다. 이런 폐해는 산동, 하남의 경우 특히 심했다.

66) 해운 부활은 永樂13(1415)年 海運을 정지한 이후 157년만의 일이다. 그동안 山東 반도와 遼東을 잇는 군사용 海運은 간혹 있었지만, 강남 조량의 해운을 통한 공식적인 운송은 없었다.

67) 1573년 6월 해난 사건 직후 都給事中 賈三近, 御史 鮑希顔, 山東巡撫 傅希摯 등이 상주를 잇달아 올려 해운금지를 요구하였고, 그해 8월 해운이 폐지되었다(明『神宗實錄』14, 萬曆 元年 6月 壬戌條; 8月 癸丑條). 이상 명말 해운의 부활과 중단 경위에 대해서는 曹永憲, 「明 後期 '短命'으로 끝난 漕糧의 海運과 그 의미」(『역사교육』100, 2006) 참조. 이 논문에서는 해운 중단 원인을 단순히 해난 위험성 만이 아닌 관료들의 개인적인 이해, 高拱과 張居正 간의 권력 경쟁 구도, 해금정책의 강화 등의 관점에서 주목하였다.

68) 『明史』卷83「志」59「河渠」1「黃河上」, p.2039.

69) 만력 30년(1602) 북경으로 운송되는 조량이 130만 석으로 종전의 1/3 수준으로 줄어들었다.

70) 이상 朱亞非 主編, 『山東通史(明淸卷)』, pp.276-277 참조.

71) 『明史』卷80「志」56, 「食貨」4「鹽法」, pp.1931-1947.

72) 『地圖綜要』「漕河考」에도 영락 연간 "조운로가 개통되어 해운이 중단되었고 校萊 古道 역시 폐기되었다"고 기록하고 있다(이상 馬小奇 編, 『靑島海港史』, pp.100-101에서 재인용).

73) 『明史』卷85「志」63「河渠」5「膠萊河」, p.2139. 副使 王獻도 勞山 서쪽의 薛島, 陳島 인근 바다에 암초가 많아 위험하여 원대부터 먼 바다로 우회하였다고 지적하고 있다(『明史』卷85「志」63「河渠」5「膠萊河」, p.2139).

74) 『明史』卷85「志」63「河渠」5「膠萊河」, p.2139.

75) 『續修高密縣志』卷1, 「總紀」, p.79.

76) 산동 순무 胡續宗의 건의에서도 확인된다(『明史』卷85「志」63「河渠」5「膠萊河」, p.2139). 또 『續修高密縣志』卷2, 「地輿」, pp.130-131에서도 언급된다.

77) 「修河工移碑」(薛家島 官廳村 所在); 「新開膠州馬濠之記碑」(薛家島 官廳村 所在; 馬小奇 編, 『靑島海港史』, pp.100-106에서 재인용). 王獻은 마가호의 길이가 14리, 폭이 6丈이라 하고 있다(『明史』卷85「志」63「河渠」5「膠萊河」, p.2140).

78) 『明史』 卷85 「志」 63 「河渠」 5 「膠萊河」, p.2140.

79) 이상 『明史』 卷87 「志」 63, 「河渠」, 5, 「膠萊河」, p.2140. 관련 내용은 『膠澳志』 卷2 「方輿志」 4, 「島嶼」, p.174에도 채록되어 있다. 당시 總河 王以가 거듭 해운을 주장하고 平度新河를 먼저 개통 하자고 건의하자 황제가 논의가 경망하다고 진노하면서 왕헌을 해임하여 공사는 중단되었다.

80) 『續修高密縣志』 卷1, 「總紀」, p.80.

81) 『續修高密縣志』 卷1, 「總紀」, p.81.

82) 明 『神宗實錄』 卷131, 萬曆 10年 12月 丙戌條. 특히 隆慶年間은 明代 漕糧의 漂失이 가장 많았던 시기로 1년에 20~40萬石 정도가 漂失되었다. 당시 漕運 額數가 400萬石이었으므로(『明史』 卷79, 「志」 55, 「食貨」 3, 「漕運」, pp.1918-1921), 전체의 5~10% 정도가 '河患'으로 유실되었다고 볼 수 있다.

83) 『續修高密縣志』 卷2, 「地輿」, pp.130-131. 교래하 공사 중단 관련 사료는 星斌夫 譯註, 『大運河發 達史 -長江から黃河へ-』, pp.88-90에 잘 간추려져 있다.

84) 『膠澳志』 卷1 「沿革志」 1, 「歷代設置沿革」, p.25. 왜구에 대비한 산동 지역 방비에 대해서는 같은 책, p.24 참조.

85) "교래하 하류는 너비가 120公尺이나 되었으나 갈수기에는 불과 60公尺에 불과한데다 수심이 5公 寸에 불과하여"400년에 걸친 교래운하의 개착의 효과가 나타나지 않았다. 이상 『膠澳志』 卷2 「方 輿志」 4, 「島嶼」, p.175.

86) 『淸史稿』(淸代史料彙編, 香港: 益漢書樓 影印本), 卷133, 「志」 108, 「河渠」 2, p.1150.

87) 『山東通志』 卷126; 朱亞非 主編, 『山東通史(明淸卷)』, p.298.

88) 이상 『淸史稿』 卷133 「志」 108, 「河渠」 2, p.1150 이하 참조.

89) 『續修高密縣志』 卷2 「地輿」 4, p.130.

90) 청대 황하 범람에 관해서는 袁長極 等, 「淸代山東水旱自然災害」(山東省地方史志編纂委員會 編, 『山 東史志資料』 2, 1982), pp.150-173) 등 참조. 특히 1736년 이후 1911년까지 황하 치수 관련 자료 는 水利電力部水管司科技司・水利水電科學硏究院, 『淸代黃河流域洪澇檔案史料』(淸代江河洪』案史料 叢書, 北京: 中華書局, 1993) 참조.

91) 『淸史稿』 卷133 「志」 108, 「河渠」 2.

92) 朱亞非 主編, 『山東通史(明淸卷)』, p.280.

93) 본문의 〈그림4〉는 류제헌, 『중국 역사지리』, p.70에서 인용하였다.

94) 『淸史稿』 卷128 「志」 103, 「食貨」 3 漕運」, p.1086.

95) 청대 조운에 대해서는 李文治 江太新, 『淸代漕運』(北京: 中華書局, 1995) 참조.

96) 19세기초 강남으로부터 100만석을 운송하던 대운하는 1900년경에 이르러서는 연간 20여만 석을 운송하는 정도로 그 기능이 축소되었다. 李宏生 主編, 『山東通史(近代卷)』, 安作璋 主編, 濟南: 山東 人民出版社, 1994) 下册, p.514.

97) 李宏生 主編, 『山東通史(近代卷)』 下册, pp.514-515.

98) 해운론과 하운론 논쟁에 관한 보다 자세한 내용은 倪玉平, 『淸代漕糧海運與社會變遷』(上海書店出版

社, 2005), pp.387-401 참조. 이 문제에 대해서는 별고로 검토 예정이다.

99) 하운을 줄여 해운으로 이행하는 과정은 『淸史稿』 卷128 「志」 103, 「食貨」 3 「漕運」, pp.1094-1097 참조.

100) 『淸史稿』 卷129 「志」 104, 「食貨」 4 「鹽法」, p.1098 이하 참조.

101) 濟南 開埠의 경제적 의의에 대해서는 金亨洌, 「近代 濟南地域 商業經濟의 發展」 『中國史 研究』 40 (2006.2), pp.311-331 참조.

102) 膠濟鐵路 개통 이후 산동지역 경제구조 변화에 대해서는 金亨洌, 「靑島의 개항과 山東 內地 경제 구조의 변화」 『中國史研究』 44 (2006.10), pp.209-228

103) 賈蔚昌 主編, 『山東通史(現代卷)』(安作璋 主編, 濟南: 山東人民出版社, 1994) 下冊, pp.593- 594.

104) 20세기 후반 산동 운하 개보수 등 내용에 대해서는 〈當代中國的山東〉編輯委員會 編, 『當代中國的 山東』(當代中國叢書, 北京: 中國社會科學出版社, 1989) 上, pp.558-560 참조.

나일강과 이집트 문명 (이경구)

1) 헤로도토스 지음, 박광순 옮김, 『역사』(서울: 범우사, 2001), 159쪽.

2) 종래 나일강이 세계에서 가장 긴 강으로 알려져 왔으나, 근래에 들어 아마존강이 나일강보다 더 긴 것으로 보고 있다. 세계의 대표적인 강들의 길이에 순위를 매겨놓은 위키피디아 백과사전에서도 아마 존 강은 6,992km, 나 일 강은 6,650km로 기록해 놓고 있 다(wikipedia.org/wiki/ List_of_rivers_by_length). 2008년 5월에 페루의 라마 지리학회에서도 현지조사를 근거로 아마존 강이 나일강보다 더 길다고 보고하였다(네이버 백과사전). 그러나 강의 길이는 측정자의 기준에 따라 매우 유동적이기 때문에 정확한 길이를 측정하기가 매우 어렵다. 강의 발원지를 수원으로 볼 것인가, 호수로 볼 것인가, 강의 입구로 볼 것인가에 따라 강의 길이가 크게 달라지기 때문이다.

3) Jill Kamil, *The Ancient Egyptians* (Cairo: the American University in Cairo Press, 1996), p.5.

4) 크리스티앙 자크 지음, 윤정현 옮김, 『이집트 여행』(서울: 한발, 1997), 15쪽.

5) 프랑수아 트라사르 외 지음, 강주헌 옮김, 『파라오시대 이집트인의 일상』(서울: 북폴리오, 2005), 162쪽.

6) Paul F. Gemmill, "Egypt is the Nile," *Economic Geography*, Vol. 4, No.3(Jul., 1928), p.297.

7) *Ibid.*

8) 헤로도토스는 이집트 기행에서 돌아와 나일강은 하지를 기점으로 100일 동안 불어나고 그 날짜를 채 우면 줄어들기 시작하여 다음 하지가 올 때까지 겨울 동안에 조용히 낮은 수위를 유지한다고 보고하 였다. 헤로도토스 지음, 박성식 옮김, 『이집트 기행』(원제: *The Egypt of Herodotus, by George Rawlinson*), (서울: 출판시대, 1998), 31쪽.

9) Hermann Kees, *Ancient Egypt: A Cultural Topography* (Chicago: The University of Chicago

Press, 1961). p.48.

10) 헤로도토스, 「이집트 기행」, 27쪽.

11) 데이비드 롤 지음, 김석희 옮김, 「문명의 창세기」(서울: 해냄, 2001), 404쪽.

12) 키릴 알드레드 지음, 신복순 옮김, 「이집트 문명과 예술」(서울: 대원사, 1998), 108쪽.

13) 키릴 알드레드, 「이집트 문명과 예술」, 109쪽.

14) Nicholas Grimal, A History of Ancient Egypt (Balckwell, 1994), pp.41-42.

15) 크리스티앙 자크, 「이집트 여행」, 20쪽.

16) Jill Kamil, The Ancient Egyptians, p.35.

17) 프랑수아 트라사르, 「파라오시대 이집트인의 일상」, 157쪽.

18) Jill Kamil, The Ancient Egyptians, p.31.

19) Jill Kamil, The Ancient Egyptians, pp.31-33.

20) Jill Kamil, The Ancient Egyptians, pp.32-33.

21) Jill Kamil, The Ancient Egyptians, p.33.

22) 이런 점에서 볼 때 초창기 이집트의 신들의 속성은 후일 그리스 신들의 속성과 매우 흡사하였다. 이 점에 관하여 헤로도토스는 그리스인들이 사용하던 올림포스 12신의 이름을 이집트인들이 최초로 사용하였으며, 후일에 그리스인들은 이집트인들로부터 이를 받아들였다고 단언하였다. 헤로도토스, 「이집트 기행」, p.19.

23) 정규영 지음, 「문명의 안식처, 이집트로 가는 길」(서울: 르네상스, 2006), 23쪽.

24) 키릴 알드레드, 「이집트 문명과 예술」, 110쪽.

25) Paul F. Gemmill, "Egypt is the Nile," p.300.

26) Tom B. Jones, From the Tigris to the Tiber: An Introduction to Ancient History, 3ed. (The Dorsey Press, 1983), p.52.

27) 키릴 알드레드, 「이집트 문명과 예술」, 106쪽.

28) Hermann Kees, Ancient Egypt, p.53.

29) Hermann Kees, Ancient Egypt, p.52.

30) Jill Kamil, The Ancient Egyptians, p.19.

31) 수위가 낮을 때에는 강물이 강 언덕에서 9m 혹은 12m 정도나 낮게 흘렀기 때문에 수많은 농부가 인력으로 힘들게 물을 끌어올려야만 했다. Paul F. Gemmill, "Egypt is the Nile," p.300.

32) 세티 1세가 기원전 1,300년경에 세운 신전의 기둥에 새겨진 다음과 같은 명문은 당시의 이집트 지형을 생생하게 상기시켜준다. "그날 폐하는 주변의 사막을 살펴보셨다…. 그리고 이렇게 말씀하셨다. '물 없는 길이 얼마나 고생스럽겠느냐! 여행자들이 이런 길을 어떻게 견딜 수 있겠는가? 필시 목이 말라 죽고 말 것이다. 그들의 갈증을 어떻게 해소시키겠는가? 물 있는 곳은 멀리 있고, 사막은 드넓구나. 목마른 사람들은 이런 운명적인 나라에 불평만 늘어놓으리라…. 내가 그들을 위해 수로를 놓으리라. 그들에게 생명의 물을 다시 돌려주기 위해서!" 프랑수아, 「파라오시대 이집트인의 일상」, 162쪽.

33) 키릴 알드레드, 「이집트 문명과 예술」, 106쪽.

34) 정규영 지음, 『문명의 안식처, 이집트로 가는 길』, 21쪽.

35) Tom B. Jones, *From the Tigris to the Tiber*, p.56.

36) Jill Kamil, *The Ancient Egyptians*, p.31.

37) 키릴 알드레드, 『이집트 문명과 예술』, 134쪽.

38) 키릴 알드레드, 『이집트 문명과 예술』, 264쪽.

39) Jill Kamil, *The Ancient Egyptians*, p.30.

40) Hermann *Kees, Ancient Egyp*t, p.49. 이집트인들은 소티스가 새벽하늘에 나타나는 것을 이시
스가 돌아온 것이며, 그 여신의 눈물이 나일강의 수위를 높여주는 것이라고 종교적으로도 해석하였
다. 프랑수아 트라사르, 『파라오시대 이집트인의 일상』, 157쪽.

41) Tom B. Jones, *From the Tigris to the Tiber*, p.57.

42) John Baines, *Visual and Written Culture in Ancient Egypt* (New York: Oxford University
Press, 2007), pp.36-37.

43) 처음에는 이집트인들은 상형문자를 만들어 사용하였으나, 파피루스로 만든 일종의 종이가 발명되면
서 상형문자는 성용문자(고대 이집트인들이 상형문자를 흘려 쓴 초서체 문자)로 발전하였다. Tom
B. Jones, *From the Tigris to the Tiber*, p.55.

44) 키릴 알드레드, 『이집트 문명과 예술』, 136쪽.

45) 키릴 알드레드, 『이집트 문명과 예술』, 137-8쪽.

46) Paul F. Gemmill, "Egypt is the Nile," p.295.

유프라테스 - 티그리스 강 종합 개발계획(GAP)과 중동의 경제문화 (이희수)

1) 전 세계에 약 200여개의 강이 국경을 공유하고 있어 분쟁의 불씨가 되고 있다. 이 가운데 1/3 정도
만 조약이 맺어졌고, 그나마 국제하천으로 지정된 것은 몇 개 되지 않는다. 몰다우 강이 대표적이다.
현재 유프라테스-티그리스 강은 국제하천이 아니다.